现代会计学精品系列教材

施工企业会计

（第 3 版）

丁元霖　主编

清华大学出版社
北京交通大学出版社
·北京·

内 容 简 介

本书是根据财政部颁发的《企业会计准则》并结合施工企业的实际情况编写而成的。全书共分十三章，主要有施工企业会计的意义、特点、职能、对象和任务；施工企业的会计要素和会计科目；货币资金和结算业务的核算；存货、应收及预付款项的核算；固定资产、临时设施、无形资产和长期待摊费用的核算；金融资产、长期股权投资和投资性房地产的核算；负债和所有者权益的核算；工程成本和费用的核算；建造合同收入和其他业务收入的核算；税金和利润的核算，最后阐述财务报表的编制、分析和前期差错及其更正。

本书内容新颖，重点突出，详略得当，理论联系实际，深入浅出，通俗易懂。

本书可作为高等院校财经类专业的教材，也可供施工企业领导和财会人员自学参考。

图书在版编目（CIP）数据

施工企业会计/丁元霖主编. —3 版. —北京：北京交通大学出版社：清华大学出版社，2023.8

现代会计学精品系列教材

ISBN 978-7-5121-5028-7

Ⅰ.① 施⋯　Ⅱ.① 丁⋯　Ⅲ.① 施工企业-会计　Ⅳ.① F407.967.2

中国国家版本馆 CIP 数据核字（2023）第 123785 号

施工企业会计

SHIGONG QIYE KUAIJI

责任编辑：郭东青

出版发行：清 华 大 学 出 版 社　　邮编：100084　　电话：010-62776969　　http://www.tup.com.cn

　　　　　北京交通大学出版社　　邮编：100044　　电话：010-51686414　　http://www.bjtup.com.cn

印 刷 者：北京鑫海金澳胶印有限公司

经　　销：全国新华书店

开　　本：185 mm×260 mm　　印张：19.5　　字数：499 千字

版 印 次：2012 年 3 月第 1 版　　2023 年 8 月第 3 版　　2023 年 8 月第 1 次印刷

印　　数：1~2 000 册　　定价：59.90 元

本书如有质量问题，请向北京交通大学出版社质监组反映。对您的意见和批评，我们表示欢迎和感谢。

投诉电话：010-51686043，51686008；传真：010-62225406；E-mail：press@bjtu.edu.cn。

第 3 版前言

本书第 2 版出版至今已有 5 年，多年来政府降低了增值税税率，并对《企业会计准则》进行了修订，核算内容发生了较大的变更。为了使教材的内容跟上改革的步伐，以体现教材的时效性，我们对第 2 版进行了修订，编写了第 3 版。

本书全面系统地阐述施工企业的意义、产品和生产经营的特点；施工企业会计的特点、职能、对象和任务；会计基本假设、会计基础和会计信息质量要求；施工企业的会计要素和会计科目；货币资金和结算业务；存货、应收及预付款项；固定资产、临时设施、无形资产和长期待摊费用；金融资产、长期股权投资和投资性房地产；负债和所有者权益；工程成本与费用；收入、税金、利润和利润分配；财务报告的意义、作用、编制和分析；前期差错及其更正等内容。

本书的特点是内容新颖，重点突出，详略得当，理论联系实际，注重基本理论、基本技能和基本方法的训练，深入浅出，通俗易懂。但因编者水平有限，疏漏之处在所难免，恳请广大读者提出批评与建议，以利于今后改进。

本书配有教学课件，可以从北京交通大学出版社（http://press.bjtu.edu.cn）下载或发邮件至 cbsgdg@jg.bjtu.edu.cn。

本书可作为高等院校财经类专业的教材，也可供施工企业领导和财会人员自学参考。

本书共十三章，第一章至第十三章全部由丁元霖修订，练习题由刘芳源、应红梅、马洪照、孙伟桓、丁辰修订。全书由丁元霖主编并定稿。

编 者
2023 年 5 月

第 2 版前言

本书自 2012 年 3 月出版以来，承蒙广大读者厚爱，已印刷了 6 次，印数超过 1 万册。

本书出版至今已有 5 年，我国 2016 年全面实行了"营改增"的税制改革，核算内容发生了较大的变更。为了使教材的内容跟上改革的步伐，以体现教材的时效性，我们对第 1 版进行了修订，编写了第 2 版，为本书配套的《施工企业会计习题与解答》也进行了相应修订。

本书全面系统地阐述施工企业的意义、产品和生产经营的特点；施工企业会计的特点、职能、对象和任务；会计基本假设、会计基础和会计信息质量要求；施工企业的会计要素和会计科目；货币资金和结算业务；应收及预付款项；固定资产、临时设施、无形资产和长期待摊费用；对外投资、负债、所有者权益、工程成本与费用、收入、税金、利润和利润分配；财务报告的意义、作用、编制和分析；前期差错及其更正等内容。

本书的特点是内容新颖，重点突出，详略得当，理论联系实际，注重基本理论、基本技能和基本方法的训练，深入浅出，通俗易懂。但因编者水平有限，疏漏之处在所难免，恳请广大读者提出批评与建议，以利于今后改进。

本书配有教学课件，可以从北京交通大学出版社（http：//press. bjtu. edu. cn）下载或发邮件至 cbsgdg@ jg. bjtu. edu. cn。

本书可作为高等院校财经类专业的教材，也可供施工企业领导和财会人员自学参考。

本书共十二章，第一章至第十二章全部由丁元霖修订，第二章至第十二章的练习题由刘芳源、潘桂群、杨炜之、刘骥、石厚云、应红梅、马洪照、孙伟桓、丁辰、傅秋菊和吴峥修订。全书由丁元霖主编并定稿。

编　者

2017 年 7 月

第 1 版前言

　　建筑安装企业属第二产业，它是国民经济的重要组成部分。近年来，随着我国经济的快速发展和人民生活水平的不断提高，建筑安装企业得到很大的发展，并且在国民经济中发挥越来越重要的作用。会计作为管理工作的重要组成部分，也越来越显示出它的重要性。

　　为了满足会计教学工作和建筑安装会计人员培训、学习的需要，我们按照财政部颁发的《企业会计准则——基本准则》《企业会计准则第 1 号——存货》等 38 个具体准则和《企业会计准则——应用指南》的规定，根据建筑安装企业核算与管理的需要增删了一些会计科目，并联系建筑安装企业的实际情况，编写了这本《施工企业会计》。

　　本书的特点是内容新颖、重点突出、详略得当、理论联系实际，做到了深入浅出、通俗易懂。特别是财务报告部分，各种报表之间联系紧密，形成了一个完整的报表体系，对于报表中复杂的数据来历说明清楚，有的还列出算式。

　　本书共十二章，第一章至第十二章正文部分全部由丁元霖编写，第一章至第十二章的练习题由刘芳源、潘桂群、杨炜之、刘骥、丁辰、傅秋菊和吴峥编写。全书由丁元霖主编并定稿。由于编者水平有限，疏漏之处在所难免，恳请广大读者通过电子信箱 cbsgdq @ jg. bjtu. edu. cn，以利于今后的改正。

编　者

2012 年 3 月

目　　录

第一章　总　　论

第一节　施工企业会计概述

一、施工企业概述

（一）施工企业的意义

施工企业又称建筑安装公司，是指建筑工程和设备安装工程的生产企业。施工企业属于第二产业，是我国国民经济中的一个重要的支柱产业，它对加速我国现代化建设，改善和提高人民的生活水平和创造就业机会等方面发挥着重要的作用。

（二）施工企业的产品

施工企业的产品按其性质不同，可分为建筑工程和设备安装工程两类。

施工企业的建筑工程主要有：①各种房屋，如厂房、商厦、宾馆、医院、学校、仓库、住宅，以及各种建筑物，如瞭望塔、烟囱、水塔、水池等建造工程；②各种管道，如输油、输气、给水、排水等，以及电力、电信电缆导线的敷设工程；③设备的基础、支柱、工作台、梯子等建筑工程，炼铁炉、炼焦炉、蒸汽炉等各种窑炉的砌筑工程；④工程地质勘探、拆除旧建筑物、平整土地，以及建筑场地完工后的清理、绿化等工程；⑤矿井开凿、露天矿剥离工程，石油、天然气钻井等工程，以及铁路、公路、机场、桥梁等工程；⑥水利工程，如水库、堤坝、灌渠等工程；⑦地下建筑工程，如地铁、地下商场等。

施工企业的设备安装工程主要有：①生产、动力、起重、运输、传动和医疗、实验等单位各种需要安装设备的装配、装置工程，与设备相连的工作台、梯子、栏杆的装设工程；②为测定安装工程质量，对单体设备、系统设备进行单机试运行和系统联动无负荷试运行工作。

施工企业拥有承包建筑安装工程的技术经济管理人员、技术工人和一定数量的生产资料，如施工机械、运输设备等固定资产，钢材、水泥、木材等主要材料，通过投标、中标、分包或协议方式承揽建筑安装工程施工。

施工企业承包的工程，可以是一个工厂、一条公路、一个住宅区的建筑工程，或一个工厂、一个研究所、一个医院的设备安装工程，也可以是这些工程项目的某些特定部位或特定工序。施工企业只要按期保质、保量地完成合同规定的施工任务，就完成了建筑、安装产品，经验收合格后，就可取得工程结算收入。

（三）施工企业生产经营的特点

施工企业生产活动的对象均是不动产，与工业产品不同。因此，施工企业的生产与工业企业相比较，具有以下四个特点。

1. 施工企业生产的流动性

施工企业已承接的每一建筑工程、安装工程必须在建设单位指定的地点进行施工，因此建筑产品具有固定性，而施工企业必然随着承包工程所在地点的转移而转移，使得建筑安装工人和施工机械设备都必须在各个工地上流动。由于建筑、安装工程的施工活动分散在各个工地上进行，就需要合理安排施工人员，充分调动他们的积极性，重视施工机械设备和材料的管理。

2. 施工产品的单件性

施工企业承接的每一建筑工程、安装工程都有独特的形式和结构，需要单独设计的图纸，采用不同的施工方法和施工组织。即使采用相同的标准设计，由于建造地点的地形、地质、水文和气候等自然条件的不同，交通运输、原材料和设备供应等资源条件和人文风俗习惯等社会条件的不同，因此，施工企业在施工过程中，也往往需要对设计图纸及施工方法和施工组织作适当的变更。建筑、安装工程的这种多样性，使得施工企业的生产具有单件性的特点。

3. 受气候条件的影响大

施工企业已承接的建筑工程、安装工程主要在露天施工，往往有高空、地下、水下作业，因此，要受到气候条件的影响，使得施工企业的施工活动，在各个月份很难均衡。冬季寒冷、夏季高温和雨季，常常影响施工生产的顺利进行，完成的工程数量就少。由于建筑、安装工程施工在露天进行，使施工的机械设备等经常露天存放，受自然力侵蚀的影响很大。

4. 施工生产周期长

施工企业已承接的建筑工程、安装工程通常规模较大，由于工程的位置固定在指定的地点，使施工生产只能局限于一定的工作场所，按照一定的施工顺序进行作业，并且施工生产往往会受到各种气候条件的影响，因此施工生产周期较长，往往需要跨年度生产，有的甚至需要生产多年才能完工。

二、施工企业会计的特点

施工企业会计的特点是由施工企业生产经营的特点决定的，主要有以下五点。

1. 实行分级管理和核算

由于施工生产具有流动性的特点，施工企业的施工人员、施工机械、施工材料、施工管理和后勤服务等组织机构，都要随着施工地点的改变而流动。因此，施工企业通常实行公司、分公司和工程项目部三级管理和核算。公司是独立承担民事责任的企业法人，是独立核算单位，通常设置财务会计部、处理公司管理部门的日常财务会计业务，指导和监督所属分公司的会计工作，汇总所属分公司的会计信息，全面地核算企业的各项财务指标。分公司是公司内部的独立核算单位，经公司授权对外行使民事权利，通常设置财务会计科，组织和指导各工程项目部的成本核算，归集和分配分公司发生的施工间接费用，计算工程总成本，核算盈亏，并向公司报送财务报告。分公司所属的各项目工程部，负责工程的施工，它是非独立核算的基层单位，通常应配备会计人员，负责核算工程项目的实物工程量、工日和材料消耗、机械使用量及直接成本的核算。

2. 以承包工程合同收入作为建筑产品的价格

建筑安装工程由于功能和结构不同，即使按同一标准进行施工的同类型、同规模的工程，也会因自然条件、交通运输条件、原材料和设备供应等资源条件，以及人文风俗习惯等社会条件的不同而存在差异。因此，施工企业的产品不可能像对待工业产品那样为每件产品确定一个统一的价格，而是需要通过编制预算来确定其造价，并以此为基础签订工程承包合同，确定承包工程合同收入，而工程合同收入就是建筑产品的价格。

3. 以单位工程为对象进行成本核算和成本考核

由于建筑产品是按照建设单位的设计要求建造的，它具有单件性的特点。因此，施工企业必须以每一工程项目作为成本核算对象，组织工程成本核算，以反映各项工程的耗费。建筑产品单件性的特点使它与同类工程的成本具有不可比性。因此，施工企业在进行成本考核时，不能按同类工程的实物计量单位如建筑面积进行对比分析，而只能将每一项工程的实际成本与其预算成本相对比，来考核成本的节约或超支。

4. 按在建工程的施工进度定期结算工程款和工程实际成本

由于建筑产品体积庞大，结构复杂，施工周期长，资金使用量大，施工企业难以等到工程全部竣工再结算工程款。因此，施工企业需要根据工程的施工进度，定期计算和确认各期已完工程的价款收入和实际成本。一方面根据工程款收入与建设单位办理结算，收回资金；另一方面将确认的工程实际成本与预算成本进行对比，寻找成本节约或超支的原因，以便及时采取措施。

5. 协作关系复杂

建筑、安装工程通常规模大，结构复杂，技术难度高，往往需要多个单位共同协作完成，在这种情况下，通常采取总承包负责制的方式组织施工。这样，施工企业会经常与建设单位之间发生备料款和工程进度款的预收和扣还业务，也可能与分包单位之间发生备料款和工程进度款的预付和收回业务，还可能与设计单位、材料、机具供应单位发生经济往来，施工企业应正确处理与各协作单位之间的经济关系，使生产经营活动得以顺利进行。

三、施工企业会计的职能

施工企业会计具有会计核算和会计监督两大基本职能。会计的核算职能即反映职能，是指将施工企业已经发生的个别的、大量的经济业务，通过确认、计量、记录、汇总和报告，转化为全面、连续和系统的会计信息，以反映施工企业经济活动的全过程及其结果。

会计的监督职能即控制职能，是指控制和规范施工企业经济活动的运行，使其实现预定目标的职能。会计机构、会计人员要监督施工企业的经济活动是否符合国家的财经政策和财经纪律；监督会计核算反映的会计信息是否真实完整；监督经济活动是否按照事先确定的财务目标和编制的各项预算运行；及时反馈脱离预算的偏差，并及时采取措施，予以调整。

会计核算和会计监督这两大基本职能是相辅相成的。会计核算是会计监督的基础，只有正确地进行会计核算，会计监督才有真实可靠的依据。而会计监督则是会计核算的继续，只有严格地进行会计监督，才能使经济活动按预期的目的运行，会计核算才能在企业的经济管理中充分地发挥作用。

四、施工企业的会计对象

会计对象是会计的客体，也就是会计所反映和监督的内容。施工企业为了开展经济活动，必须拥有与其规模相当的资金。资金是指企业所有的各种财产物资的货币表现，包括货币本身。而会计的对象是指社会再生产过程中的资金及其运动。

施工企业的设立需要资金，可以通过吸收投资者的投资及向债权人借款取得，这部分进入施工企业资金的形态通常是货币，这种资金被称为货币资金。货币资金的一部分用于购置房屋、施工机械、生产设备等固定资产，形成固定资金；另一部分用于购买原材料和周转材料，形成储备资金，从货币资金转化为储备资金的过程称为供应过程。然后根据建设单位的要求进行工程施工，届时要消耗原材料等存货，施工机械、生产设备要发生损耗，并要支付职工薪酬和相关的费用，从而形成在建工程，这样储备资金、固定资金和货币资金的一部分就转化为生产资金，这个过程称为生产过程。随着施工项目的竣工，生产资金就转化为成品资金，届时就可以向建设单位结算工程款，随着工程款的收回，成品资金又转化为货币资金，这一过程称为销售过程。企业在整个经营过程中，还会发生期间费用。施工企业依次通过储备过程、生产过程和销售过程，实现了资金的循环。企业资金的不断循环形成了资金周转。通常，施工企业工程款收入的货币资金要大于其经营活动所发生的成本和费用，两者之间的差额即为企业的利润。企业的利润一部分以所得税的形式上交国家，另一部分以股利的形式分配给投资者作为其对企业投资的回报，这两部分资金便退出企业。其余利润作为企业的盈余公积和未分配利润，用于企业的自我积累。企业资金的取得、资金的循环周转和资金的退出构成了施工企业的资金运动。

五、施工企业会计的任务

施工企业会计的任务是由会计的两大基本职能所确定的，其任务主要有以下四点。

（一）维护国家的政策法令和财务制度

施工企业会计在对经济活动进行核算的同时，必须监督企业对国家政策、法令和财务制度的执行情况，促使企业严格按照国家的政策办事，使企业的施工生产经营活动符合国家产业政策的要求，及时制止不法行为，遵守财经纪律，从而为国家宏观经济调控提供真实可靠的会计信息。

（二）加强经济核算，扩大经营业务，提高经济效益

施工企业是自主经营、自负盈亏的经济实体，面对剧烈的市场竞争，施工企业必须加强经济核算，扩大经营业务，节约期间费用。通过施工企业会计的全面核算，监督企业在施工生产经营过程中工程成本和期间费用的支出，严格审查费用的发生是否合理，防止损公肥私、贪污和浪费行为的发生，并通过分析和比较，发现经营管理中存在的问题，寻求增加经营业务收入、降低工程成本和期间费用的途径，以提高企业的经济效益。

（三）及时正确地向各有关方面提供会计信息

施工企业应通过会计核算和分析，将取得的会计信息，及时正确地提供给企业领导层，以便其掌握企业的财务状况、经营成果和现金流量，作为经营决策的依据。同时将会计信息及时、正确地传递给投资者、银行和财政、税务等部门，以利于投资者进行投资决策，银行进行信贷决策；财政和税务部门对企业的经济活动进行监督。

（四）保护企业各项财产物资的安全和完整

施工企业的原材料、周转材料等存货和固定资产等其他各项财产物资是投资者拥有的资产，因此，施工企业通过会计工作对原材料、周转材料等存货和固定资产等其他各项财产物资的收入、发出和结存进行全面核算和监督，建立和健全原材料、周转材料等存货和固定资产等收入和发出的手续，以及其他各项财产物资的收入、领用和报废手续，并定期进行盘点，发生损耗、损坏或短缺应查明原因，及时处理，以保护企业原材料、周转材料等存货和固定资产等其他各项财产物资的安全和完整，以维护投资者的利益。

第二节 会计基本假设、会计基础和会计信息质量要求

一、会计基本假设

会计基本假设是指对会计核算所处的时间、空间环境和计量单位等所做的合理设定。会计基本假设是企业会计确认、计量和报告的前提，它包括会计主体、持续经营、会计分期和货币计量。

在市场经济的条件下，会计工作所处的社会经济环境极为复杂，面对变化不定的社会经济环境，人们从长期的会计实践中逐渐地认识和掌握了经济活动的规律，对各种变幻不定的经济现象做出了合乎客观规律的科学判断和假设，以保证会计核算正确地进行。我国会计基本假设包括会计主体、持续经营、会计分期和货币计量四项。

（一）会计主体

会计主体是指企业会计确认、计量和报告的空间范围。在会计主体假设下，企业应当对其本身发生的交易或事项进行会计确认、计量和报告，反映企业本身所从事的各项生产经营活动。明确界定会计主体是开展会计确认、计量和报告工作的重要前提。

首先，明确会计主体才能规定会计所要处理的各项交易或事项的范围。在会计工作中，只有那些影响企业本身经济利益的各项交易或事项才能加以确认、计量和报告。会计核算中涉及的资产、负债的确认，收入的实现，费用的发生等，都是针对特定会计主体的。

其次，明确会计主体才能将会计主体的交易或事项与会计主体所有者的交易或事项及其他会计主体的交易或事项区分开来。例如，企业所有者的经济交易或事项是属于企业所有者主体所发生的，不应纳入企业会计核算的范围，但是企业所有者投入企业的资本或企业向所有者分配的利润，则属于企业主体，所发生的交易或事项，应当纳入企业会计核算的范围。

（二）持续经营

持续经营是指在可以预见的将来，企业将会按当前的规模和状态继续经营下去，不会停业，也不会大规模削减业务。在持续经营假设下，企业进行会计确认、计量和报告应当以持续经营为前提。明确这一基本假设，就意味着会计主体将按照既定的用途使用资产，按照既定的合约条件清偿债务，会计人员就可以在此基础上选择会计政策和估计方法。

然而，在市场经济环境中，任何企业都存在破产清算的风险，因此企业不能持续经营的可能性总是存在的。如果可以判断企业不能持续经营，就应当改变会计核算的原则和方法，并在企业财务报告中作相应披露。

（三）会计分期

会计分期是指将一个企业持续经营的生产经营活动期间划分为若干连续的、长短相同的期间。根据持续经营假设，一个企业将按当前的规模和状态持续经营下去。要想最终确定企业的生产经营成果，只能等到企业在若干年后歇业时核算一次盈亏。但是，无论是企业的生产经营决策还是投资者、债权人等的决策都需要及时的信息，不能等到歇业时。因此，通过会计分期，将持续经营的生产经营活动期间划分成连续、相同的期间，据以结算盈亏，按期编报财务报告，及时向财务报告使用者提供有关企业财务状况、经营成果和现金流量的信息。

在会计分期假设下，企业应当划分会计期间，分期结算账目和编制财务报告。会计期间

分为年度和中期。年度和中期均按公历起讫日期确定。中期是指短于一个完整的会计年度的报告期间。

（四）货币计量

货币计量是指会计主体在进行会计确认、计量和报告时以货币计量，反映会计主体的财务状况、经营成果和现金流量。在会计的确认、计量和报告过程中选择货币作为基础进行计量，是由货币本身的属性决定的。货币的本质是一般等价物，是衡量一般商品价值的共同尺度。

在我国，由于人民币是国家法定的货币，因此规定以人民币为记账本位币。外商投资企业等业务收支以外币为主的企业，也可以选定某种外币为记账本位币，但编制和提供的财务报告应当折算为人民币反映。在境外设立的中国企业向国内报送的财务报告，也应当折算为人民币反映。

二、会计基础

企业会计的确认、计量和报告应当以权责发生制为基础。权责发生制是指以权利的形成和责任的发生为标准来确认收入与费用的方法。采用这种方法，凡是当期已经实现的收入和已经发生或应当负担的费用，无论是否收到和支付现金，均作为当期的收入和费用入账；反之，不属于当期的收入和费用，即使已经收到和支付现金，也不能作为当期的收入和费用入账。

在实际工作中，企业交易或者事项的发生时间与现金收付的时间往往会不一致。为了真实、公允地反映特定会计期间的财务状况和经营成果，《企业会计准则——基本准则》明确规定，企业在会计确认、计量和报告中应当以权责发生制为基础。

三、会计信息质量要求

会计信息质量要求是指在会计假设制约下，会计主体在会计核算中对会计对象进行确认、计量和报告的科学规范。会计信息质量要求是人们从会计实践中总结出来的经验，这些经验在得到会计界公认以后，就成为各个会计主体进行会计核算的共同依据。会计信息质量要求能保证会计信息的质量和可比性，更好地为投资者、债权人做出正确的决策服务，并能为国家进行宏观调控服务。我国的会计信息质量要求有以下八项。

（一）可靠性

可靠性是指企业应当以实际发生的交易或事项为依据进行会计确认、计量和报告，如实反映符合确认和计量要求的各项会计要素及其他相关信息，保证会计信息真实可靠、内容完整。

会计作为一个信息系统，其提供的会计信息是投资者、债权人、企业内部管理层和国家宏观经济管理部门进行决策的重要依据。如果会计信息不能真实客观地反映企业经济活动的实际情况，将无法满足有关各方进行决策的需要，甚至导致决策失误。

因此可靠性要求会计核算必须以实际发生交易或事项时所取得的合法的书面凭证为依据，不得弄虚作假，伪造、篡改凭证，以保证所提供的会计信息与会计反映对象的客观事实相一致。

(二) 相关性

相关性是指企业提供的会计信息应当与财务报告使用者的经济决策需要相关，有助于财务报告使用者对企业过去、现在或者未来的情况做出评价或者预测。

会计信息的价值在于其与决策相关，有助于决策。如果提供的会计信息没有满足会计信息使用者的需要，对其经济决策没有什么作用，就不具有相关性。因此相关性要求企业应当在确认、计量和报告会计信息的过程中，充分考虑财务报告使用者的决策模式和对信息的需要。

(三) 可理解性

可理解性是指企业提供的会计信息应当清晰明了、便于财务报告使用者理解和使用。

企业编制财务报告、提供会计信息的目的在于使用，而要使财务报告使用者有效地使用会计信息，应当能让其了解会计信息的内涵，弄懂会计信息的内容，这就要求财务报告所提供的会计信息应当清晰明了，易于理解。只有这样，才能提高会计信息的有用性，实现财务报告的目标，满足向财务报告使用者提供决策有用信息的要求。

(四) 可比性

可比性是指企业提供的会计信息应当具有可比性。它具体包括下列两个要求。一是同一企业不同时期发生的相同或者相似的交易或事项，应当采用一致的会计政策，不得随意变更。确实需要变更的，应当在附注中说明；二是不同企业发生的相同或者相似的交易或事项，应当采用规定的会计政策，确保会计信息口径一致、相互可比。

可比性要求各企业都采用一致的、规定的会计政策进行核算，使企业不同时期和各企业之间的会计信息建立在相互可比的基础上，使其提供的会计信息便于比较、分析、汇总，这样既能使投资者和债权人对企业的财务状况、经营成果和现金流量及发展趋势做出准确的判断，又能满足国民经济宏观调控的需要。

(五) 实质重于形式

实质重于形式是指企业应当按照交易或事项的经济实质进行会计确认、计量和报告，不应仅以交易或事项的法律形式为依据。

在实际工作中，交易或事项的外在法律形式并不总能完全真实地反映其实质内容。所以，会计信息要想反映其拟反映的交易或事项，就必须根据交易或事项的实质和经济现实来进行判断，而不能仅根据它们的法律形式。例如，融资租入的固定资产，在租赁期未满之前，从法律形式上来看，企业并不拥有其所有权，但是由于融资租赁合同中规定的租赁期长，该资产的租赁期限通常超过了该资产使用寿命的75%，而且租赁期满时，承租人能以很低的价格购置该项资产。因此，从经济实质上来看，承租人能够控制融资租入固定资产所创造的未来经济利益，所以应将其视为企业自有的固定资产。

(六) 重要性

重要性是指企业提供的会计信息应当反映企业财务状况、经营成果和现金流量等有关的所有重要交易和事项。

重要性与会计信息的成本效益直接相关。因此，对于那些对企业资产、负债、损益等有较大影响的，并进而影响财务报告据以做出合理判断的重要的交易或事项，必须按照规定的会计方法和程序进行处理，并在财务报告中予以充分、准确地披露；而对于次要的交易或事项，企业在不影响会计信息真实性和不至于误导财务报告使用者做出正确判断的前提下，则可适当简化处理。这样，有利于抓住那些对企业经济发展和制定经营决策有重大影响作用的关键性内容，达到事半功倍的效果，有助于企业简化核算工作和提高工作效率。

（七）谨慎性

谨慎性是指企业对交易或事项进行会计确认、计量和报告应当保持应有的谨慎，不应高估资产或者收益、低估负债或者费用。

在市场经济环境下，企业的生产经营活动面临着许多风险和不确定性，如应收账款的可收回性，固定资产的使用寿命，无形资产的使用寿命等。谨慎性要求企业对存在的风险和不确定性做出合理的预计，既不高估资产或者收益，也不低估负债或者费用。

（八）及时性

及时性是指企业对于已经发生的交易或事项，应当及时进行会计确认、计量和报告，不得提前或者延后。

在市场经济环境下，市场瞬息万变，企业之间的竞争日趋激烈，这就要求企业及时收集、整理、提供会计信息，以利于企业加强经营管理和经营决策，满足国家宏观经济管理的要求。企业在不影响会计信息真实性和不至于影响财务报告使用者做出正确判断的前提下，则可适当简化处理。

第三节　施工企业的会计要素和会计科目

一、施工企业的会计要素

（一）会计要素的意义

会计要素是指根据交易或事项经济特征所确定的会计对象的基本分类。它是用于反映企业财务状况，确定经营成果和现金流量的基本单位。通过对会计要素的分类，有利于依据各个要素的性质和特点，分别制定对其进行确认、计量、记录、报告的标准和方法，并为合理建立会计科目体系和设计财务报告提供依据和基本框架。

（二）会计要素的分类

我国将会计要素划分为资产、负债、所有者权益、收入、费用和利润六类。

1. 资产

资产是指过去的交易或事项形成的、由企业拥有或者控制的、预期会给企业带来经济利益的资源。它包括各种财产、债权和其他权利。资产可以是货币的，也可以是非货币的；可以是有形的，也可以是无形的，它是施工企业从事施工生产经营活动必须具备的物质基础。

2. 负债

负债是指过去的交易或事项形成的、履行该义务预期会导致经济利益流出企业的现时义务。它是企业筹措资金的重要渠道，但不能归企业永久支配使用，必须按期归还或偿付，它实质上反映了企业与债权人之间的一种债权债务关系。

3. 所有者权益

所有者权益是指企业资产扣除负债后，由所有者享有的剩余权益。所有者权益反映了所有者对企业资产的剩余索取权，是企业资产中扣除债权人权益后应由所有者享有的部分。所有者权益主要有实收资本、资本公积、其他综合收益、盈余公积和未分配利润等。

4. 收入

收入是指企业在日常活动中形成的、会导致所有者权益增加的、与所有者投入资本无关的经济利益的总流入。收入主要有主营业务收入和其他业务收入。企业应当合理确认收入的实现，并将实现的收入按时入账。

5. 费用

费用是指企业在日常活动中发生的、会导致所有者权益减少的、与向所有者分配利润无关的经济利益的总流出。费用主要有主营业务成本、其他业务成本、管理费用和财务费用等。企业应当以权责发生制为基础，合理地确认本期的费用。

6. 利润

利润是指企业在一定会计期间的经营成果。反映利润的指标有营业利润、利润总额和净利润。它是评价企业经营效益最主要的依据，也是投资者、债权人等做出投资决策、信贷决策等的重要参考指标。

(三) 会计要素的计量

1. 会计要素计量属性

会计要素计量属性是指反映会计要素金额的确定基础。它主要包括历史成本、重置成本、可变现净值、现值和公允价值等。

(1) 历史成本。历史成本又称实际成本，是指取得某项资产时所实际支付的现金或者其他等价物。在历史成本计量下，资产按照其购置时支付的现金或者现金等价物的金额，或者按照购置资产时所付出的对价的公允价值计量。负债按照其因承担现时义务而实际收到的款项或者资产的金额，或者承担现时义务的合同金额；或者按照日常活动中为偿还负债预期需要支付的现金或者现金等价物的金额计量。

(2) 重置成本。重置成本又称现行成本，是指按照当前市场条件，重新取得同样一项资产时所需支付的现金或者现金等价物金额。在重置成本计量下，资产按照现在购买相同或相似资产所需支付的现金或者现金等价物的金额计量；负债按照现在偿付该项债务所需支付的现金或者现金等价物的金额计量。

(3) 可变现净值。可变现净值是指在正常生产经营过程中，以预计售价减去进一步加工成本和销售所必需的预计税金、费用后的净值。在可变现净值计量下，资产按照其正常对外销售所能收到的现金或者现金等价物的金额扣减该资产至完工时估计将要发生的成本、估计的销售费用及相关税金后的金额计量。

(4) 现值。现值是指对未来现金流量以恰当的折现率进行折现后的价值，是考虑货币时间价值因素等的一种计量属性。在按现值计量的情况下，资产按照预计从其持续使用和最终处置中所产生的未来净现金流入量的折现金额计量；负债按照预计期限内需要偿还的未来净现金流出量的折现金额计量。

(5) 公允价值。公允价值是指在公平交易中，熟悉情况的交易双方自愿进行资产交换或者债务清偿的金额。在公允价值计量下，资产和负债按照在公平交易中，熟悉情况的交易双方自愿进行资产交换或者债务清偿的金额计量。

2. 会计要素计量属性的应用原则

企业在对会计要素进行计量时，一般应当按历史成本计价。采用重置成本、可变现净值、现值、公允价值计量的，应当保证所确定的会计要素金额能够取得并可靠地计量。

二、施工企业的会计科目

（一）设置会计科目的意义

会计科目是指为记录各项经济业务而对会计要素按其经济内容所进行分类的项目。

施工企业在为消费者提供施工、安装生产经营过程中，各项资产、负债和所有者权益必然会发生增减变动，并会发生收入和费用，这些业务都是会计核算和监督的具体内容。然而资产包括不少内容，它们分布在不同的形态上，发挥着各自的作用；负债和所有者权益也包括了不少内容，它们来自不同的渠道；收入的来源和费用的用途是多种多样的。为了全面、系统、分类地核算和监督施工企业的各项经济活动，以及由此而引起资金的增减变动情况，就必须结合经营管理的需要，通过设置会计科目，对会计要素的具体内容进行科学的分类。

（二）会计科目的分类

1. 按照会计科目反映的经济内容分类

施工企业的会计科目，按照其反映的经济内容不同，可以划分为资产类科目、负债类科目、共同类科目、所有者权益类科目、成本类科目和损益类科目六个大类，损益类科目又可分为费用类科目和收入类科目两个小类。施工企业会计科目的具体项目如图表 1-1 所示。

图表 1-1

会计科目表

顺序号	编　号	名　　称	顺序号	编　号	名　　称
		一、资产类	23	1502	债权投资减值准备
1	1001	库存现金	24	1503	其他债权投资
2	1002	银行存款	25	1504	其他权益工具投资
3	1003	备用金	26	1511	长期股权投资
4	1012	其他货币资金	27	1512	长期股权投资减值准备
5	1101	交易性金融资产	28	1521	投资性房地产
6	1121	应收票据	29	1522	投资性房地产累计折旧
7	1122	应收账款	30	1523	投资性房地产减值准备
8	1123	预付账款	31	1531	长期应收款
9	1131	应收股利	32	1601	固定资产
10	1132	应收利息	33	1602	累计折旧
11	1221	其他应收款	34	1603	固定资产减值准备
12	1231	坏账准备	35	1604	在建工程
13	1401	材料采购	36	1605	工程物资
14	1402	在途物资	37	1606	固定资产清理
15	1403	原材料	38	1607	临时设施①
16	1404	材料成本差异	39	1608	临时设施摊销②
17	1408	委托加工物资	40	1609	临时设施清理③
18	1411	周转材料	41	1610	临时设施减值准备④
19	1412	低值易耗品	42	1701	无形资产
20	1471	存货跌价准备	43	1702	累计摊销
21	1481	待摊费用	44	1703	无形资产减值准备
22	1501	债权投资	45	1711	商誉

注：①、②、③、④　这些科目是根据施工企业的特点，分别从"固定资产""固定资产折旧""固定资产清理""固定资产减值准备"科目中分离出来的。

顺序号	编号	名 称	顺序号	编号	名 称
46	1801	长期待摊费用	71	4201	库存股
47	1811	递延所得税资产			五、成本类
48	1901	待处理财产损溢	72	5001	生产成本
		二、负债类	73	5201	劳务成本
49	2001	短期借款	74	5301	研发支出
50	2201	应付票据	75	5401	工程施工
51	2202	应付账款	76	5402	工程结算
52	2203	预收账款	77	5403	机械作业
53	2211	应付职工薪酬			六、损益类
54	2221	应交税费			（一）收入类
55	2231	应付利息	78	6001	主营业务收入
56	2232	应付股利	79	6051	其他业务收入
57	2241	其他应付款	80	6101	公允价值变动损益
58	2501	长期借款	81	6111	投资收益
59	2502	应付债券	82	6115	资产处置损益
60	2701	长期应付款	83	6117	其他收益
61	2702	未确认融资费用	84	6301	营业外收入
62	2711	专项应付款			（二）费用类
63	2801	预计负债	85	6401	主营业务成本
64	2901	递延所得税负债	86	6402	其他业务成本
		三、共同类（略）	87	6403	税金及附加
		四、所有者权益类	88	6602	管理费用
65	4001	实收资本（股本）	89	6603	财务费用
66	4002	资本公积	90	6701	资产减值损失
67	4003	其他综合收益	91	6702	信用减值损失
68	4101	盈余公积	92	6711	营业外支出
69	4103	本年利润	93	6801	所得税费用
70	4104	利润分配	94	6901	以前年度损益调整

2. 按照会计科目提供核算指标的详细程度分类

会计科目可以划分为总分类科目和明细分类科目。总分类科目是指对会计要素的具体内容进行总括分类的项目，它又称一级科目。明细分类科目是指根据核算与管理的需要对某些会计科目所做的进一步分类的项目，按照其分类的详细程度不同，又可以分为子目和细目；子目又称二级科目，细目又称三级科目。例如，施工企业可设置"原材料"会计科目，它能反映企业原材料的总括情况，根据管理与核算的需要，又可将原材料划分为"主要材料""结构件""机械配件"等有关子目，以反映各类原材料的具体情况，还可以将"主要材料"子目再划分为"水泥""黄沙""石子"等细目，以反映各种原材料的详细情况。

会计科目是由财政部制定的《企业会计准则——应用指南》中规定的，企业在不影响会计核算要求和财务报表汇总及对外提供统一的财务报表的前提下，可以根据实际情况自行增设、减少或合并某些会计科目，子、细目除少数财政部有规定者外，一般由企业根据核算与管理的需要自行确定。

练 习 题

一、简答题

1. 什么是施工企业？试述施工企业的产品分类。

2. 试述施工企业生产经营的特点。

3. 试述施工企业的会计对象。

4. 施工企业会计有哪些任务？

5. 什么是会计基本假设和会计信息的质量要求？它们包括哪些内容？

6. 试述可靠性、相关性、实质重于形式和谨慎性信息质量要求的定义。

7. 什么是会计科目？施工企业的会计科目按照其反映的经济内容可以划分为哪几类？

二、名词解释题

持续经营　　会计分期　　权责发生制　　会计要素　　负债　　所有者权益　　费用
历史成本

三、是非题

1. 施工企业会计具有核算和监督两大职能。　　　　　　　　　　　　　　　（　　）

2. 会计监督是会计核算的基础，而会计核算则是会计监督的继续。　　　　（　　）

3. 企业会计的确认、计量和报告应当以权责发生制为基础。　　　　　　　（　　）

4. 可比性是指企业提供的会计核算资料应当具有可比性。　　　　　　　　（　　）

5. 会计要素由资产、负债、所有者权益、收入和费用组成。　　　　　　　（　　）

6. 负债是企业筹措资金的重要渠道，它实质上反映了企业与债务人之间的一种债权债务关系。

7. 所有者权益主要包括企业投资者对企业的投入资本、资本公积、其他综合收益和留存收益等。　　　　　　　　　　　　　　　　　　　　　　　　　　　　　　（　　）

四、单项选择题

1. 可理解性会计信息质量要求是指企业提供的_____应当清晰明了。

　　A. 会计记录　　　　　　　　　　　B. 会计信息

　　C. 财务报告　　　　　　　　　　　D. 会计制度

2. 资产是指企业过去的交易或者事项形成的、由企业拥有或者控制的、预期会给企业带来经济利益的资源。它包括_____。

　　A. 各种财产　　　　　　　　　　　B. 各种财产和债权

　　C. 各种财产和其他权利　　　　　　D. 各种财产、债权和其他权利

3. 所有者权益是指企业的资产扣除负债后，由_____享有的剩余权益。

　　A. 国家　　　　　B. 所有者　　　　　C. 企业职工　　　　D. 投资人

4. 企业在对会计要素进行计量时，一般应当按_____计价。

　　A. 重置成本　　　B. 现值　　　　　C. 公允价值　　　　D. 历史成本

五、多项选择题

1. 施工企业会计的特点是实行分级管理和核算、_____等。

　　A. 以单位工程为对象进行成本核算和成本考核

　　B. 协作关系复杂

C. 按在建工程的施工进度定期结算工程款和工程实际成本

D. 以承包工程合同收入作为建筑产品的价格

2. 会计的核算职能是指将施工企业已经发生的个别的、大量的经济业务，进行确认、计量、记录、_____，化为全面、连续和系统的会计信息，以反映施工企业经济活动的全过程及其结果。

　　A. 报告　　　　　　　　　　B. 分析

　　C. 比较　　　　　　　　　　D. 汇总

3. 会计基本假设包括会计主体、_____等内容。

　　A. 会计分期　　B. 自主经营　　C. 货币计量　　D. 持续经营

4. 会计信息质量要求包括相关性、可理解性、重要性、谨慎性、_____和及时性。

　　A. 实质重于形式　B. 可靠性　　C. 持续性　　D. 可比性

5. 施工企业的会计科目按照其反映的经济内容不同，可划为资产类、负债类和_____。

　　A. 损益类　　　　B. 所有者权益类　　C. 成本类　　D. 费用类

第二章 货币资金和结算业务

第一节 货币资金概述

一、货币资金的意义

货币资金是指企业以货币形态存在的资产。货币资金是企业流动性最强的资产，它是流动资产的重要组成部分。施工企业在开展经济活动中发生的资金筹集、购置固定资产和无形资产、采购存货、施工工程款结算、债权债务清偿、工资发放、费用开支、税金交纳、股利支付和对外投资等交易或事项，都是通过货币资金的收付而实现的。

施工企业必须保持一定的货币资金持有量，确保企业具有直接支付的能力，使其经济活动得以顺利进行。施工企业还必须注意对货币资金加强核算和管理，以防止货币资金被丢失、挪用、侵吞和盗窃。

二、货币资金的分类

货币资金按其存放地点和用途不同，可分为库存现金、备用金、银行存款和其他货币资金四类。

（一）库存现金
库存现金是指企业财会部门为了备付日常零星开支而保管的现金。

（二）备用金
备用金是指企业拨付给有关职能部门或工作人员在一定限额内周转使用的现金。

（三）银行存款
银行存款是指企业存放在银行或其他金融机构的各种款项。

（四）其他货币资金
其他货币资金是指企业除库存现金、备用金和银行存款以外的各种存款。它包括银行本票存款、银行汇票存款、信用卡存款和外埠存款等。

第二节 库 存 现 金

一、库存现金的管理

（一）库存现金限额的管理
我国颁布的《现金管理暂行条例》规定，各企业都要核定库存现金限额。库存现金限额原则上根据该企业 3~5 天的日常零星现金开支的需要确定。边远地区和交通不发达地区的库存现金限额可以适当放宽，但最多不得超过 15 天。由企业根据现金日常零星的支用情况提出所需的库存现金限额，报经开户银行核准。经核定的库存现金限额，企业必须严格遵守。企业的库存现金若超过了限额，超过限额的部分必须在当天解存银行。企业若需要补充库存现金时，必须签发现金支票，向银行提取现金。

（二）库存现金收入的管理

企业收入的现金在一般情况下必须于当天解存银行，如当天不能及时解存银行的，应于次日解存银行，不得予以"坐支"。"坐支"是指企业从业务收入的现金中直接支付。

企业因特殊情况需要坐支现金的，应当事先报经开户银行审查批准，由开户银行核定坐支范围和限额。企业应定期向银行报送坐支金额和使用情况。

（三）库存现金支出的管理

企业必须严格按照财务制度规定的下列八个使用范围支用库存现金。

（1）职工的工资和各种工资性津贴。

（2）个人劳动报酬。

（3）支付给个人的各种奖金，包括根据国家规定颁发给个人的各种科学技术、文化艺术、体育等各种奖金。

（4）各种劳保、福利费用及国家规定的对个人的其他现金支出。

（5）收购单位向个人收购农副产品和其他物资支付的价款。

（6）出差人员必须随身携带的差旅费。

（7）结算金额较小的零星开支。

（8）中国人民银行确定需要支付现金的其他支出。这是指因采购地点不确定、交通不便、抢险救灾及特殊情况等，办理转账结算不便，必须使用现金的单位，经开户银行核准后支用的现金。

凡不符合上述支付范围的，应通过银行办理转账结算。企业应按照规定的用途使用库存现金，不准用不符合财务制度的凭证顶替现金；不准单位之间相互借用现金；不准谎报用途套取现金；不准利用银行账户代其他单位和个人存入或支取现金；不准将单位收入的现金以个人名义存入储蓄账户；不准保留账外公款；不准发行变相货币；不准以任何票券代替人民币在市场上流通。

（四）库存现金的内部控制制度

为了加强对现金的管理，应坚持"钱账分管"的内部控制制度。企业现金的收付保管，应由专职或兼职的出纳人员负责。出纳人员除了登记现金日记账和银行存款日记账外，不得兼任费用、收入、债务、债权账簿的登记工作，以及稽核和会计档案的保管工作，以杜绝弊端。

二、库存现金的核算

企业应设置"库存现金"账户对库存现金进行总分类核算。"库存现金"是资产类账户，用以核算企业的库存现金。企业收入现金时，记入借方；企业付出现金时，记入贷方；期末余额在借方，表示企业持有的库存现金。

为了加强对库存现金的核算与管理，详细地掌握企业库存现金收付的动态和结存情况，企业还必须设置"现金日记账"，按照库存现金收支业务发生的时间先后顺序，逐日逐笔进行登记，并逐日结出余额，以便与实存库存现金相核对，做到日清日结、账款相符。

企业如发生库存现金短缺时，应借记"待处理财产损溢"账户，贷记"库存现金"账户；反之，如发生库存现金溢余时，则借记"库存现金"账户，贷记"待处理财产损溢"账户，以保持账款相符。待查明原因，确定处理意见时，再予以转账。对于短缺的库存现金如决定由企业列支时，应借记"营业外支出"账户；如决定由责任人赔偿时，则借记"其他应收款"账户，贷记"待处理财产损溢"账户。对于溢余的库存现金，经批准转账时，应借记"待处理财产损溢"账户，贷记"营业外收入"账户。

第三节 备 用 金

一、备用金的管理

企业对备用金实行定额管理。备用金的定额应由有关职能部门或工作人员根据工作上的需要提出申请，经财会部门审核同意，报经开户银行审批后才能确定。一经确定，不得任意变更。使用备用金的部门和工作人员应根据用款情况，定期或不定期地凭付出现金时取得的原始凭证向财会部门报账，财会部门收到报账的付款凭证时，应审核其是否符合财务制度规定的现金支用范围，审核无误后，根据付款凭证的金额拨付现金，以补足其备用金定额。

二、备用金的核算

企业拨付有关职能部门或工作人员备用金定额时，应设置"备用金"账户进行核算。

【例2-1】 大宇建筑公司经银行核准业务部门的备用金定额为1 000元。

（1）2月1日，签发现金支票1 000元，拨付业务部门备用金定额，作分录如下：

借：备用金　　　　　　　　　　　　　　　　　　　　　　　　1 000.00
　贷：银行存款　　　　　　　　　　　　　　　　　　　　　　1 000.00

（2）2月5日，业务部门送来报账发票，其中：市内交通费110元，招待客户用餐费580元，账页120元，清扫费100元。经审核无误，当即以现金910元补足其备用金定额，作分录如下：

借：管理费用——差旅费　　　　　　　　　　　　　　　　　　 110.00
　　　　　　——业务招待费　　　　　　　　　　　　　　　　 580.00
　　　　　　——其他费用　　　　　　　　　　　　　　　　　 220.00
　贷：库存现金　　　　　　　　　　　　　　　　　　　　　　 910.00

当存有备用金的部门或工作人员不再需要备用金时，企业应及时予以收回，届时借记"库存现金"账户；贷记"备用金"账户。

为了加强备用金的管理和核算，应按使用备用金的部门和人员设置二级明细分类账。并对备用金进行必要的抽查，以做到账款相符，防止被挪用。

"备用金"是资产类账户，用以核算企业内部各职能部门或个人周转使用的现金。企业拨付内部职能部门或个人备用金时，记入借方；收回备用金时，记入贷方；期末余额在借方，表示企业备用金的结存数额。

第四节 银 行 存 款

一、银行存款的管理

施工企业应根据业务的需要在当地银行或其他金融机构开立银行存款账户，进行存款、取款和各种收支转账业务的结算。企业的银行存款账户分为基本存款账户、一般存款账户、临时存款账户和专用存款账户四类。

施工企业只能选择一家银行的一个营业机构开立一个基本存款账户，主要用于办理日常的转账结算和现金收付。施工企业的工资、奖金等现金的支取，只能通过该账户办理。施工企业可在其他银行的一个营业机构开立一个一般存款账户，该账户可办理转账结算和存入现金，但不能支取现金。临时存款账户是存款人因临时经营活动需要开立的账户，如企业在异地设立临时机构、临时开展经营活动，届时企业可以通过临时存款账户办理转账结算，并根据国家现金管理的规定，办理现金的收付。专用存款账户是企业因特定用途需要开立的账户，如基本建设项目专项资金等。企业的经营业务收入不得转入专用存款账户。

为了加强对基本存款账户的管理，企业开立基本存款账户，要实行开户许可制度，必须凭中国人民银行当地分支机构核发的开户许可证办理，企业不得为还贷、还债和套取现金而多头开立基本存款账户；不得出租、出借账户；不得违反规定为在异地存款和贷款而开立账户。

施工企业银行存款收入的来源主要有：政府、其他企业和个人投资者投入企业的现款、施工工程款收入、其他业务收入及营业外收入；施工企业从银行或其他金融机构取得的短期借款和长期借款；企业发行债券、股票取得的现款等。

施工企业银行存款的支付范围主要有支付采购原材料、周转材料等存货的款项，购置各种固定资产、无形资产的款项，支付各项费用、缴纳税费、支付股利、其他业务成本、罚金、滞纳金等营业外支出及对外短期投资和长期投资的款项等。

二、银行存款的核算

施工企业应设置"银行存款"账户，对银行存款进行总分类核算。"银行存款"账户是资产类账户，用以核算企业存入银行或其他金融机构的款项。企业存入款项时，记入借方；企业付出款项时，记入贷方；期末余额在借方，表示企业存放在银行存款或其他金融机构的结存数额。

为了加强对银行存款的核算与管理，及时地、详细地掌握银行存款的收付动态和结存情况，以便与银行核对账目，施工企业还必须设置银行存款日记账，按照银行存款收支发生的时间先后顺序，逐笔进行登记，逐日结出余额，并与银行存款总分类账户核对，做到账账相符。银行存款日记账采用三栏式账页，其格式如图表2-1所示。

图表 2-1

银行存款日记账

单位：元

2023年		凭证号数	摘　要	对方科目	银行结算凭证		收　入	付　出	结　存
月	日				种类	号数			
1	1		上年结转						169 250.00
	2	1	借入款项	短期借款			200 000.00		
	2	3	支付上海钢铁公司钢筋款	在途物资	转支	54526		192 800.00	
	2	5	提取现金	库存现金	现支	31896		1 500.00	
	2	8	工程款收入	主营业务收入	转支	87328	212 500.00		
	2	10	汇付前欠江西水泥公司水泥款	应付账款	电汇			147 680.00	239 770.00

第五节　结算业务

一、结算业务概述

施工企业开展经济活动，必然与其他企业发生经济往来，因此需要通过结算来拨付清偿款项。款项的结算方式有现金结算和转账结算两类。

现金结算是指单位和个人在社会经济活动中使用现金进行货币给付的行为。而转账结算又称为非现金结算，是指单位和个人在社会经济活动中，使用票据、信用卡及托收承付、委托收款和汇兑等结算方式进行货币给付及其资金清算的行为。

由于转账结算具有方便、通用、迅速和安全的特点，因此，企业的各项结算业务，除了按照国家现金管理的规定可以采用现金结算外，都必须采用转账结算。没有在银行开立账户的个人，在向银行或其他金融机构交付款项后，也可以办理转账结算。

银行和企业办理转账结算，都必须遵守"恪守信用，履约付款；谁的钱进谁的账，由谁支配；银行不予垫款"的原则。票据和结算凭证是办理转账结算的工具。

企业使用票据和结算凭证，必须符合下列规定。

(1) 必须使用按中国人民银行统一规定印制的票据凭证和统一规定的结算凭证。

(2) 签发票据、填写结算凭证要标准化、规范化，要素要齐全、数字要正确、字迹要清晰、不错漏、不潦草、防止涂改，票据的出票日期要使用中文大写，单位和银行的名称要记全称或规范化简称。

(3) 票据和结算凭证的金额、出票或签发日期、收款人名称不得更改。而票据和结算凭证上的其他记载事项，原记载人可以更改，但应由原记载人在更改处签章证明。

(4) 票据和结算凭证金额以中文大写和阿拉伯数字同时记载，二者必须一致。

(5) 票据和结算凭证上的签章和其他记载事项要真实，不得伪造、变造。

目前施工企业采用的转账结算方式有支票、银行本票、银行汇票、商业汇票、信用卡、汇兑结算、托收承付结算和委托收款结算八种。

二、转账结算的核算

(一) 支票结算

1. 支票结算概述

支票是指出票人签发的、委托办理支票存款业务的银行在见票时无条件支付确定的金额给收款人或者持票人的票据。

开立支票存款账户，申请人必须使用其本名，并提交证明其身份的合法证件，还应当预留其本名的签名式样或印鉴，以便付款银行在支付票款时进行核查。开立支票存款账户和领用支票，应当有可靠的资信，并存入一定的资金。

根据支票支付票款的方式不同，可分为普通支票、现金支票和转账支票三种。普通支票是指既可以转账也可以支取现金的支票。由于普通支票未限定支付方式，采用画线来区分用于转账或用于支取现金。如用于转账，应在支票左上角画两条平行线，称为画线支票，未画线的则可用于支取现金。现金支票是指专门用于支取现金的支票。转账支票是指专门用于转账的支票。后两种支票在支票上端分别印明"现金""转账"字样。

支票结算作为流通手段和支付手段，具有清算及时、使用方便及收付双方都有法律保障和结算灵活的特点。它适用于单位和个人在同一票据交换区域的商品交易、劳务供应、资金交拨和其他款项的结算等。

2. 支票结算的主要规定

支票结算的主要规定有：签发支票应使用蓝黑墨水、墨汁或碳素墨水填写；支票必须记载表明支票字样、无条件支付的委托、确定的金额、付款人名称、出票日期和出票人签章六项内容；支票的金额和收款人名称可以由出票人授权补记；禁止签发空头支票和签章与预留银行签章不符的支票；支票的提示付款期限为 10 天，自出票日起算；持票人可以通过背书将支票权利转让给他人等。银行对签发空头支票和签章与预留银行签章不符的支票，除予以退票外，并按票面金额处以 5% 但不低于 1 000 元的罚款。同时持票人有权要求出票人支付支票金额 2% 的赔偿金。

3. 支票结算的核算

企业签发现金支票提取现金时，必须在支票联背面背书后才能据以向开户银行提取现金，留下存根联，据以借记"库存现金"账户，贷记"银行存款"账户。

企业采购原材料或购置设备签发转账支票后，以支票联支付原材料或设备的价款，留下存根联作为付款的入账凭证，据以借记"在途物资"或"固定资产"账户，贷记"银行存款"账户。

企业对外提供服务收到建设单位付来已完工程款的转账支票时，应填制"进账单"，一式两联，连同支票一并解存银行，取回"进账单（收账通知联）"作为收款的入账凭证，据以借记"银行存款"账户，贷记"主营业务收入"账户。

(二) 银行本票结算

1. 银行本票结算概述

银行本票是指由银行签发的，承诺自己在见票时无条件支付确定的金额给收款人或者持票人的票据。

银行本票可以用于转账，注明"现金"字样的银行本票可以向出票银行支取现金。银行本票分为不定额本票和定额本票两种。定额银行本票面额为 1 000 元、5 000 元、10 000 元和 50 000 元。

银行本票具有信誉高，支付能力强，并有代替现金使用功能的特点。它适用于企业在同一票据交换区域内的商品交易、劳务供应和其他款项的结算。

2. 银行本票结算的主要规定

银行本票必须记载表明"银行本票"的字样、无条件支付的承诺、确定的金额、收款人名称、出票日期、出票人签章等事项；银行本票的出票人在持票人提示见票时，必须承担付款的责任；申请人应向出票银行填写"银行本票申请书"，填明收款人名称、申请人名称、支付金额、申请日期等事项并签章；银行本票自出票日起，提示付款期限为 1 个月，最长不得超过 2 个月。

银行本票持票人可以通过背书将银行本票权利转让给他人，具体转让办法与支票相同，不再重述。

收款人、被背书人受理银行本票时应审查银行本票的收款人是否确为本单位或本人；本票是否在提示付款期内；本票必须记载的事项是否齐全；出票人签章是否符合规定，不定额银行本票是否有压数机压印的出票金额，并与大写出票金额一致；出票金额、出票日期、收款人名称是否更改，更改的其他记载事项是否由原记载人签章证明；银行本票正面是否有记载"不得转让"的字样。

3. 银行本票结算的核算

企业需要使用银行本票时，应填制一式数联的"银行本票申请书"，在支款凭证联上加盖预留印鉴，留下存根联作为入账依据，将其余各联送交开户银行。银行凭支款凭证扣取款项，然后据以签发银行本票交给企业。企业取得银行本票后，根据银行本票申请书（存根联）借记"其他货币资金——银行本票"账户，贷记"银行存款"账户。当企业持银行本票支付采购原材料的价款时，借记"在途物资"账户，贷记"其他货币资金——银行本票"账户。

企业对外进行工程施工，在收到对方以银行本票支付的工程款时，经审核无误后，据以借记"其他货币资金——银行本票"账户，贷记"主营业务收入"账户。企业若需要将收到的银行本票解存银行时，应在银行本票上加盖背书，并据以填制"进账单"一式数联，然后连同银行本票一并送交开户银行，经银行审核无误后，在进账单上加盖收款章，企业取回进账单收账通知联，作为收款的入账依据，据以借记"银行存款"账户，贷记"其他货币资金——银行本票"账户。

（三）银行汇票结算

1. 银行汇票结算概述

银行汇票是指出票银行签发的，由其在见票时按照实际结算金额无条件支付给收款人或者持票人的票据。

银行汇票具有使用面广泛，通汇面广，使用方便，灵活安全，兑现性强的特点。它适用于异地单位和个人之间的商品交易和劳务供应等。

2. 银行汇票结算的主要规定

银行汇票必须记载表明"银行汇票"的字样、无条件支付的委托、确定的金额、付款人名称、收款人名称、出票日期、出票人签章等事项；申请人应向出票银行填写"银行汇票申请书"，填明收款人名称、汇票金额、申请人名称、申请日期等事项并签章；银行汇票的提示付款期限为出票日起 1 个月。

持票人可以通过背书将银行汇票权利转让给他人，银行汇票具体转让办法与支票相同，不再重述。

收款人受理银行汇票时除了要审查与受理银行本票时相同的那些内容，还要审查银行汇票和解讫通知是否齐全、汇票号码和记载的内容是否一致。

收款人受理银行汇票后，在向银行交付银行汇票时，应在出票金额以内，将实际结算金额和多余金额准确、清晰地填入银行汇票和解讫通知的有关栏内。未填明实际结算金额和多余金额或实际结算金额超过出票金额的，银行不予受理。更改实际结算金额的银行汇票无效。

3. 银行汇票结算的核算

施工企业需要使用银行汇票时，应填制一式数联的"银行汇票申请书"，并在支款凭证联上加盖预留印鉴，留下存根联作为入账依据，并将其余各联送交签发银行。银行凭支款凭证收取款项，然后据以签发银行汇票，将银行汇票和解讫通知两联凭证交给企业。企业取得这两联凭证后，根据银行汇票委托书存根联，借记"其他货币资金——银行汇票"账户；

贷记"银行存款"账户。

当企业持银行汇票和解讫通知去异地采购材料，支付材料货款及其运杂费时，借记"在途物资"和"应交税费"账户，贷记"其他货币资金——银行汇票"账户；若采购材料有余款退回，则借记"银行存款"账户。

【例2-2】上海建筑公司去西山采购水泥，发生下列经济业务。

（1）7月2日，填制银行汇票申请书120 000元，银行受理后，收到同等数额的银行汇票及解讫通知。根据银行汇票申请书存根联，作分录如下：

借：其他货币资金——银行汇票　　　　　　　　　　　　　120 000.00
　　贷：银行存款　　　　　　　　　　　　　　　　　　　　　120 000.00

（2）7月6日，向西山水泥公司购进水泥一批，计货款118 000元，运杂费1 500元，一并以面额120 000元的银行汇票付讫，余额尚未退回，作分录如下：

借：在途物资——西山水泥公司　　　　　　　　　　　　　119 500.00
　　贷：其他货币资金——银行汇票　　　　　　　　　　　　　119 500.00

（3）7月10日，银行转来多余款收账通知，金额为500元，系本月2日签发的银行汇票使用后的余额，作分录如下：

借：银行存款　　　　　　　　　　　　　　　　　　　　　　500.00
　　贷：其他货币资金——银行汇票　　　　　　　　　　　　　　500.00

"其他货币资金"账户是资产类账户，用以核算企业的银行本票存款、银行汇票存款、外埠存款和信用卡存款等各种其他货币资金。企业取得上列各种存款时，记入借方；上列各种存款支用或转入银行存款时，记入贷方；期末余额在借方，表示企业持有的其他货币资金。

（四）商业汇票结算

1. 商业汇票概述

商业汇票是指出票人签发的、委托付款人在指定日期无条件支付确定的金额给收款人或者持票人的票据。

商业汇票根据承兑人的不同，可分为商业承兑汇票和银行承兑汇票两种。商业承兑汇票是指由出票人（收款人或付款人）签发、经付款人承兑的票据；银行承兑汇票是指由出票人（付款人）签发，并经其开户银行承兑的票据。承兑是指汇票付款人承诺在汇票到期日支付汇票金额的票据行为。

商业汇票作为一种商业信用，具有信用性强和结算灵活的特点。在银行开立账户的法人及其他组织之间必须具有真实的交易关系或债权债务关系，才能使用商业汇票。出票人不得签发无对价的商业汇票，用以骗取银行或者其他票据当事人的资金。

2. 商业汇票结算的主要规定

商业汇票必须记载表明"商业承兑汇票"或"银行承兑汇票"的字样、无条件支付的委托、确定的金额、付款人名称、收款人名称、出票日期、出票人签章等事项；商业汇票的付款期限最长不超过6个月，付款期限应当清楚、明确；商业汇票应按照规定提示承兑；商业承兑汇票由银行以外的付款人承兑、银行承兑汇票由银行承兑；商业汇票的提示付款期限，自汇票到期日起10日；持票人可以通过背书将商业汇票权利转让给他人；商业承兑汇票的付款人或银行承兑汇票的出票人应于汇票到期日前，将票款足额交存其开户银行。商业承兑汇票到期日，付款人存款账户不足支付或汇票上签章与预留银行签章不符时，其开户银行应填制付款人未付款通知书，连同商业承兑汇票提交持票人开户银行转交持票人。银行承兑汇票的出票人到期日未能足额交存票款时，承兑银行除凭票向持票人无条件付款外，并对出票人尚未支付的汇票金额按每天万分之五计收利息。

收款人、被背书人受理商业汇票时应审查商业汇票的收款人是否确为本单位或本人；必须记载的事项是否齐全；出票人、承兑人签章是否符合规定；大小写金额是否一致；出票日期是否使用中文大写；出票金额、出票日期、收款人名称是否更改，更改的其他事项是否由原记载人签章；汇票正面是否记载"不得转让"的字样。

3. 商业汇票结算的核算

商业汇票的核算分为不带息商业汇票的核算和带息商业汇票的核算两种。

（1）不带息商业汇票的核算。当施工企业采购材料，以不带息商业汇票抵付采购材料货款时，借记"在途物资"账户，贷记"应付票据"账户。

【例2-3】 东方建筑公司向嘉定建材市场购进黄沙一批，计货款36 000元，当即签发1个月期限的商业承兑汇票抵付账款，作分录如下：

借：在途物资——嘉定建材市场 36 000.00
　　贷：应付票据——面值——嘉定建材市场 36 000.00

施工企业签发的不带息商业汇票到期兑付票款时，应借记"应付票据"账户，贷记"银行存款"账户。

当施工企业收到建设单位抵付已完工程款的不带息商业汇票时，借记"应收票据"账户，贷记"主营业务收入"账户。

【例2-4】 东方建筑公司为浦江商厦建造商场，已完工程款为120 000元，当即收到对方工程款的不带息商业汇票，期限为2个月，作分录如下：

借：应收票据——面值——浦江商厦 120 000.00
　　贷：主营业务收入 120 000.00

商业汇票的执票人包括收款人或被背书人，到汇票到期日，填制委托收款结算凭证连同商业承兑汇票或银行承兑汇票及解讫通知一并送交开户银行办理收款。执票人凭取回的委托收款收账通知联，借记"银行存款"账户，贷记"应收票据"账户。

（2）带息商业汇票的核算。施工企业签发的带息商业汇票，应于期末按照事先确定的利率计提利息，并将其列入"账务费用"账户。

【例2-5】 1月31日，大洋建筑公司将1个月前签发并承兑给华宇公司的3个月期限的带息商业汇票60 000元，按6‰的月利率计提本月份应负担的利息，作分录如下：

借：财务费用——利息支出 360.00
　　贷：应付票据——利息——华宇公司 360.00

带息商业汇票到期兑付本息时，根据票据面值和计提的利息，借记"应付票据"账户；根据本期应负担的利息，借记"财务费用"账户；根据支付的本息，贷记"银行存款"账户。

【例2-6】 3月31日，大洋建筑公司3个月前签发给华宇公司带息商业汇票已到期，金额为60 000元，月利率6‰，当即从存款户中兑付本息，作分录如下：

借：应付票据——面值——华宇公司 60 000.00
　　应付票据——利息——华宇公司 720.00

财务费用——利息支出	360.00
贷：银行存款	61 080.00

"应付票据"是负债类账户，用以核算企业购进存货和接受劳务供应等所签发并承兑的商业汇票的面值和带息汇票计提的利息。企业以商业汇票抵付款项和带息汇票期末计提利息时，记入贷方；企业收到银行转来到期商业汇票的付款通知予以兑付时，记入借方；期末余额在贷方，表示企业尚未兑付的商业汇票的本息。

应付票据到期，如企业无力支付票款，应按应付票据的账面价值，借记"应付票据"账户，贷记"应付账款"账户。倘若是带息的应付票据，转入"应付账款"账户以后，期末不再计提利息。

为了加强对应付票据的管理，企业除了按收款人设置明细分类账户进行核算外，还应设置"应付票据备查簿"，详细记载每一应付票据的种类、号数、签发日期、到期日、票面金额、票面利率、合同交易号、收款单位名称及付款日期和金额等详细资料。应付票据到期结清时，应在备查簿内逐笔注销。

企业收到的带息商业汇票，到期末时，应按商业汇票的面值和确定的利率计提利息，届时借记"应收票据"账户，贷记"财务费用"账户。

【例 2-7】 3 月 31 日，光华建筑公司将 1 个月前收到的南浦公司签发并承兑的带息商业汇票，期限为 2 个月，面值为 150 000 元，按 6‰的月利率计提利息，作分录如下：

借：应收票据——利息——南浦公司	900.00
贷：财务费用——利息支出	900.00

带息商业汇票到期收到本息时，根据收到的本息借记"银行存款"账户；根据票据面值和计提的利息，贷记"应收票据"账户；将本期应收的利息冲减"财务费用"账户。

【例 2-8】 4 月 30 日，光华建筑公司 2 个月前收到的南浦公司的带息商业汇票一张，面值 150 000 元，月利率 6‰，已经到期，收到本息，存入银行，作分录如下：

借：银行存款	151 800.00
贷：应收票据——面值——南浦公司	150 000.00
应收票据——利息——南浦公司	900.00
财务费用——利息支出	900.00

"应收票据"是资产类账户，用以核算企业因结算工程款、销售商品、提供劳务而收到的用以抵付款项的商业汇票的面值和带息汇票计提的利息。企业收到商业汇票和期末计提带息汇票利息时，记入借方；企业持有的商业汇票到期兑现或到期前背书转让以及向银行贴现时，记入贷方；期末余额在借方，表示企业持有的尚未兑现的商业汇票的本息。

为了加强对应收票据的管理，以有利于及时向承兑人兑现，以及当汇票遭到拒绝承兑时及时行使追索权，企业除了按付款人设置明细分类账进行核算外，还应设置"应收票据备查簿"，逐笔登记每一应收票据的种类、号数和出票日期、票面金额、票面利率、交易合同号以及付款人、承兑人、背书人的单位名称、到期日期、收回日期和金额，如贴现的应注明贴现日期、贴现率和贴现净额，并将结清的应收票据在备查簿内逐笔注销。

4. 商业汇票的贴现及核算

商业汇票的收款人在需要资金时，可持未到期的商业汇票向其开户银行申请贴现。贴现是指票据持有人在票据到期前为获得票款，向银行贴付一定的利息，而将商业汇票的债权转让给银行的一种票据转让行为。

当商业汇票的收款人需要资金时，可持未到期的商业汇票向其开户银行申请贴现。经银行审查同意后，将按票面金额扣除从贴现日至汇票到期日的利息后，予以贴现。企业将商业汇票向银行贴现后，实收贴现值的计算公式如下：

$$贴现利息 = 汇票到期值 \times 月贴现率 \times \frac{实际贴现天数}{30 天}$$

$$实收贴现值 = 汇票到期值 - 贴现利息$$

实际贴现天数是按贴现银行向申请贴现人支付贴现金额之日起，至汇票到期前一日止，30 天折合为 1 个月。

无息商业汇票到期值即票面值，而带息商业汇票到期值是票面值加上到期的利息，利息的计算公式如下：

$$带息商业汇票到期利息 = 票面值 \times 月利率 \times \frac{汇票期限}{30 天}$$

【例2-9】4 月 30 日，上海建筑公司将 4 月 10 日收到的卢湾公司的带息商业汇票一张，该汇票金额为 90 000 元，月利率为 6‰，到期日为 5 月 30 日。现向银行申请贴现，月贴现率为 6.3‰。

$$汇票到期值 = 90\,000 + 90\,000 \times 6‰ \times \frac{50}{30} = 90\,900 （元）$$

$$汇票贴现利息 = 90\,900 \times 6.3‰ \times \frac{30}{30} = 572.67 （元）$$

$$实收贴现值 = 90\,900 - 572.67 = 90\,327.33 （元）$$

根据计算结果，作分录如下：

借：银行存款		90 327.33
贷：应收票据——卢湾公司		90 000.00
财务费用——利息支出		327.33

本例中，若到期利息小于贴现利息，其差额则应列入"财务费用"账户的借方。

企业已贴现的商业承兑汇票，在到期日承兑人的银行存款账户不足支付时，其开户银行应立即将汇票退给贴现银行。贴现银行则将从贴现申请人账户内收取汇票的到期金额，届时借记"应收账款"账户，贷记"银行存款"账户。

（五）信用卡结算

1. 信用卡概述

信用卡是指商业银行向个人和单位发行的，凭以向特约单位购物、消费和向银行存取现金，且具有消费信用的特制载体卡片。

信用卡按是否需要交存备用金，可分为贷记卡和准贷记卡。贷记卡是指发卡银行给予持卡人一定的信用额度，持卡人可在信用额度内先消费、后还款的信用卡。准贷记卡是指持卡人须先按发卡银行要求交存一定金额的备用金，当备用金额不足支付时，可在发卡银行规定的信用额度内透支的信用卡。

信用卡按使用的对象不同，可分为单位卡和个人卡。单位卡，又称商务卡，是指发卡银行发行的以商务服务为核心的信用卡。个人卡是指发卡银行向自然人发行的信用卡。

信用卡按持卡人的经济实力和信用等级不同，可分为金卡和普通卡。金卡是针对经济实力较强，信誉良好的个人而推出的信用卡。普通卡是发给经济实力、资信状况普通的个人使用的信用卡。

单位或个人申领信用卡应按规定填制申请表，连同有关资料一并交发卡银行。符合条件并按银行要求交存一定金额的备用金后①，银行为申领人开立信用卡存款账户，并发给信用卡。发卡银行可根据申请人的资信程度，要求其提供担保。担保方式可采用保证、抵押或质押。

信用卡具有安全方便、可以先消费后还款的特点。它适用于单位和个人的商品交易和劳务供应的结算。

2. 信用卡结算的主要规定

单位卡账户的资金一律从其基本存款账户转账存入，不得交存现金，也不得支取现金；单位卡不得用于 100 000 元以上的商品交易和劳务供应款项的结算；信用卡仅限于合法持卡人本人使用，持卡人不得出租或转借信用卡；特约单位受理信用卡，审查无误后，在签购单上压卡，填写实际结算金额、用途、持卡人身份证号码、特约单位名称和编号，然后交持卡人在签购单上签名确认，并将信用卡、身份证件和签购单回单交还给持卡人；信用卡透支额依据持卡人的征信等级评估确定，透支期限最长的为 56 天。

特约单位受理信用卡应审查的事项包括：受理的信用卡是否确为本单位可受理的信用卡；信用卡是否在有效期内，是否列入"止付名单"；签名条上是否有"样卡"或"专用卡"等非正常签名的字样；信用卡是否有打孔、剪角、毁坏或涂改的痕迹；持卡人身份证件或卡片上的照片与持卡人是否相符；卡片正面的拼音姓名与卡片背面的签名和身份证件上的姓名是否一致等。

特约单位在信用卡审查无误后，在签购单上压卡，填写实际结算金额、用途、持卡人身份证件号码、特约单位名称和编号，然后交持卡人在签购单上签名确认，并将信用卡、身份证件和签购单回单交还给持卡人。在每日营业终了，将当日受理的信用卡签购单汇总，计算手续费和净计金额，并填写汇计单和进账单，连同签购单一并送交收单银行办理进账。

3. 信用卡结算的核算

施工企业在银行开户存入信用卡备用金时，借记"其他货币资金——信用卡存款"账户；贷记"银行存款"账户。在开户时支付的手续费，应列入"财务费用"账户。企业持信用卡支付材料款、劳务费或费用时，根据购进材料、接受劳务或支付费用的凭证和签购单回单，借记"在途物资"或"工程施工"和"管理费用"等有关账户，贷记"其他货币资金——信用卡存款"账户。

【例 2-10】静安建筑公司在工商银行开立信用卡存款账户。

（1）3 月 1 日，存入信用卡备用金 50 000 元，发生开户手续费 40 元，一并签发转账支票付讫，根据转账支票存根联，作分录如下：

借：其他货币资金——信用卡存款　　　　　　　　　　　　　　　　　　50 000.00
　　财务费用　　　　　　　　　　　　　　　　　　　　　　　　　　　　　　40.00
　　贷：银行存款　　　　　　　　　　　　　　　　　　　　　　　　　50 040.00

（2）3 月 5 日，购进红砖一批，货款 16 000 元，以信用卡存款支付，根据发票及签购单回单，作分录如下：

----

① 贷记卡不需要交存备用金。

借：在途物资   16 000.00
　　贷：其他货币资金——信用卡存款   16 000.00

特约施工企业收取工程款、销售商品、供应劳务，受理客户信用卡结算时，应取得客户签字的签购单，当日营业终了，根据签购单存根联汇总后，编制计汇单，计算总计金额，根据发卡银行规定的手续费率，计算手续费，总计金额扣除手续费后为净计金额，并按净计金额填制进账单，然后一并送交收单银行办理进账，取回进账单回单入账。届时根据进账单金额借记"银行存款"账户，根据计汇单上列明的手续费借记"财务费用"账户；根据发票与计汇单上的总计金额，贷记"主营业务收入"或"其他业务收入"账户。

【例2-11】 静安建筑公司受理信用卡结算，取得工程收入款50 000元，信用卡结算手续费率为9‰。根据发票、签购单存根联及计汇单回单和进账单回单，作分录如下：

借：银行存款   49 550.00
　　财务费用——手续费   450.00
　　贷：主营业务收入   50 000.00

（六）汇兑结算

1. 汇兑结算概述

汇兑是指汇款人委托银行将其款项支付给收款人的结算方式。

汇兑按其凭证的传递方式不同，分为信汇和电汇两种，可由汇款人选用。信汇是银行将信汇凭证通过邮局寄给汇入银行。这种传递方式费用低，但收款较慢。电汇是银行将电汇凭证通过电报或其他电信工具向汇入银行发出付款通知。这种传递方式收款快，但费用较高。

汇兑结算具有适用范围大，服务面广，手续简便，划款迅速和灵活易行的特点。它适用于异地各单位和个人之间的商品交易、劳务供应、资金调拨、清理旧欠等各种款项的结算。

2. 汇兑结算的主要规定

汇款人签发汇兑凭证必须记载表明"信汇"或"电汇"的字样、无条件支付的委托、确定的金额、收款人名称、汇入地点、汇入银行名称、汇款人名称、汇出地点、汇出银行名称、委托日期和汇款人签章等事项。

未在银行开立存款账户的收款人凭信、电汇取款通知向汇入银行支取款项时，必须交验本人的身份证件，在信、电汇凭证上注明证件名称、号码及发证机关，并在"收款人签章"处签章。银行审查无误后，以收款人的姓名开立的临时存款账户，只付不收，付完清户，不计付利息。需要转汇的，应由原收款人向银行填制汇兑凭证，并由本人交验其身份证件。

3. 汇兑结算的核算

汇款人委托银行办理汇兑时，应填制一式数联的信、电汇凭证，全部送交开户银行；开户银行审查无误同意汇款时，在回单联上加盖印章后，退回汇款人，作为其汇款的入账依据。开户银行留下一联，其余各联转交收款人开户银行。收款人开户银行留下一联，将收款通知联转交收款人，作为其收款的入账凭证或取款的依据。

汇款人汇出款项函购材料时，凭信、电汇凭证回单联借记"应付账款"账户，贷记"银行存款"账户；收到函购原材料购进凭证时，借记"在途物资"账户，贷记"应付账款"账户。

【例2-12】（1）6月1日，大通建筑公司向江西预制构件公司函购空心板一批。填制电汇结算凭证，汇出金额80 000元，作分录如下：

借：应付账款——江西预制构件公司 80 000.00
　　贷：银行存款 80 000.00

（2）6月8日，江西预制构件公司发来函购空心板一批，并收到其附来的发票和运杂费凭证，开列货款77 800元，运杂费1 200元，并收到退回余款1 000元，存入银行，作分录如下：

借：在途物资——江西预制构件公司 79 000.00
　　银行存款 1 000.00
　　贷：应付账款——江西预制构件公司 80 000.00

汇款人派采购员到异地进行临时或零星采购时，应在信、电汇凭证上注明"留行待取"字样。若需支取现金，信、电汇凭证上必须有汇出银行按规定填明的"现金"字样才能办理。未填明"现金"字样，需要支取现金的，由汇入银行按照现金管理规定审查支付。采购员应在汇入银行以汇出单位名称或采购员的名义开立采购专户，采购专户只付不收，付完清户，不计付利息。

汇款人在汇出采购资金开立临时存款账户时，根据信、电汇凭证回单联，借记"其他货币资金——外埠存款"账户，贷记"银行存款"账户；收到采购材料购进凭证时，借记"在途物资"账户，贷记"其他货币资金——外埠存款"账户。

施工企业收到购货方汇入购买产品的信、电汇收款通知联时，借记"银行存款"账户，贷记"应收账款"账户；当企业将产品发给购货方时，借记"应收账款"账户，贷记"其他业务收入"等账户。

【例2-13】上海建筑公司所属金属构件公司承接南通建筑公司函购金属构件业务。

（1）9月5日，收到银行转来电汇收账通知一张，金额110 000元，系南通建筑公司汇来函购金属构件的款项，作分录如下：

借：银行存款 110 000.00
　　贷：应收账款——南通建筑公司 110 000.00

（2）9月7日，南通建筑公司函购的金属构件一批，货款108 500元，委托运输公司代运，当即签发转账支票支付金属构件运杂费1 250元，并退回多余款250元，金属构件已运出，做销售入账，作分录如下：

借：应收账款——南通建筑公司 110 000.00
　　贷：其他业务收入 108 500.00
　　　银行存款 1 500.00

（七）托收承付结算

1. 托收承付结算概述

托收承付是指根据购销合同由收款人发货后，委托银行向异地付款人收取款项，由付款人向银行承认付款的结算方式。

托收承付结算具有物资运动与资金运动紧密结合，由银行维护收付双方正当权益的特点。它适用于商品交易，以及因商品交易而产生的劳务供应。代销、寄销、赊销商品的款项，不得办理托收承付结算。

2. 托收承付结算的主要规定

办理托收承付结算的收付双方必须签有符合我国《民法典》的购销合同，并在合同上订明使用托收承付结算方式；收款人办理托收，必须具有商品确已发运的证件（包括铁路、航路、公路等运输部门签发的运单、运单副本和邮局包裹回执）；每笔金额的起点为 10 000 元；签发托收承付凭证必须记载表明"托收承付"的字样；确定的金额；付款人名称、账号及开户银行名称；收款人名称、账号及开户银行名称；托收附寄单证张数或册数；合同名称、号码；委托日期和收款人签章等；收款人按照签订的购销合同发货后，应将托收凭证并附发运证件和交易单证送交银行，委托银行办理托收。

付款人收到托收承付结算凭证后，应在承付期内审查核对，安排资金。承付货款的方式有验单付款和验货付款两种。验单付款是指付款方接到开户银行转来的承付通知联及有关单证等，与合同核对相符后就应承付货款，承付期为 3 天。从付款人开户银行发出承付通知的次日算起（承付期内遇法定休假日顺延）。验货付款是指付款单位除了收到开户银行转来的承付通知联及有关单证外，还必须等商品全部运到并验收入库后才承付货款，承付期为 10 天，从运输单位发出提货通知的次日算起。

付款人收到托收承付结算凭证后，应在承付期内审查核对，安排资金。付款人若发现收款人的托收款不符合托收承付结算的有关规定可以拒绝付款；付款人在承付期满日银行营业终了时，如无足够资金支付，其不足部分按逾期付款处理。付款人开户银行根据逾期付款金额和天数，按每天万分之五计算逾期付款赔偿金。

3. 托收承付结算的核算

销货方在发货后成为收款人，收款人应填制一式数联的托收承付结算凭证，连同销货凭证及运单等一并送交银行。有关单证经审核无误后，银行在回单联上加盖业务公章，退给收款人，表示同意托收。银行留下一联，其余三联连同有关单证一并寄交付款人开户银行，付款人开户银行留下两联，将付款通知联及有关单证送交付款人。付款人验单付款后，以付款通知联作为付款的入账凭证，付款人开户银行留下一联，将收账通知联通过收款人开户银行转交收款人，作为其收款的入账凭证。

施工企业发生异地销货采用托收承付结算方式，一般要委托运输单位运送货物，则要支付运输单位运杂费，这笔运杂费一般是由购货方负担的。施工企业在垫付时，应借记"应收账款"账户，贷记"银行存款"账户。

施工企业在办理托收时，应将垫付的运杂费与销货款一并向购货方托收，届时根据银行退回的托收承付结算凭证存根联借记"应收账款"账户；根据销货凭证和收回代垫运杂费凭证分别贷记"其他业务收入"和"应收账款"账户。当银行转来托收承付结算凭证收账通知联时，表示托收款已回笼。届时据以借记"银行存款"账户，贷记"应收账款"账户。

【例2-14】 上海建筑公司所属金属构件公司销售给杭州建筑公司一批 A 金属构件。

（1）2月11日，签发转账支票 1 380 元，为杭州建筑公司代垫 A 金属构件的运杂费，根据转账支票存根联，作分录如下：

借：应收账款——代垫运杂费 1 380.00
　　贷：银行存款 1 380.00

（2）2月12日，销售给杭州建筑公司 A 金属构件 132 000 元，连同垫付的运杂费 1 380 元一并向银行办理托收手续，根据托收承付结算凭证回单联及有关单证，作分录如下：

借：应收账款——杭州建筑公司 133 380.00
　　贷：其他业务收入 132 000.00
　　　　应收账款——代垫运杂费 1 380.00

（3）2月20日，收到银行转来杭州建筑公司承付货款及运杂费的收账通知，金额为133 380元，作分录如下：

借：银行存款　　　　　　　　　　　　　　　　　　　　133 380.00

　　贷：应收账款——杭州建筑公司　　　　　　　　　　　　　133 380.00

施工企业在购进材料支付货款时，根据购进材料凭证和材料的运杂费凭证借记"在途物资"账户，根据托收承付结算凭证付款通知联贷记"银行存款"账户。

（八）委托收款结算

1. 委托收款概述

委托收款是指收款人委托银行向付款人收取款项的结算方式。

委托收款结算具有恪守信用、履约付款、灵活性强和不受结算金额起点限制的特点。它适用于单位和个人凭已承兑的商业汇票、债券、存单等付款人债务证明办理款项的结算，同城异地均可以使用。

2. 委托收款结算的主要规定

收款人签发委托收款凭证必须记载表明"委托收款"的字样，确定的金额，付款人名称、账号及银行名称，收款人名称、账号及开户银行名称；委托收款凭据名称及附寄单据张数；委托日期和收款人签章等；收款人办理委托收款应向银行提交委托收款凭证和有关的债务证明；付款人应在接到银行转来的委托收款凭证付款通知及债务证明审核无误后，通知银行付款。

付款人在3天付款期内未向银行表示拒绝付款，银行则视作同意付款，就在付款期满的次日上午银行开始营业时，将款项划给收款人；付款人审查有关债务证明后，对收款人委托收取的款项需要拒绝付款的，必须在3天付款期内填写拒绝付款理由书，并连同有关债务证明送交开户银行，由其寄给被委托银行转交收款人。托收款收回的方式有邮划和电划两种，由托收方选用。

3. 委托收款的核算

收款人在收到托收款项时，借记"银行存款"账户；贷记"应收票据"等有关账户。付款人收到委托付款的付款通知支付款项时，借记"应付票据"等有关账户；贷记"银行存款"账户。

此外，在同城范围内，收款人收取公用事业费或根据国务院的规定，可以使用同城特约委托收款。收取公用事业费必须具有收付双方事先签订的经济合同，由付款人向开户银行授权，并经开户银行同意，报经中国人民银行当地分支行批准。

【例2-15】达安建筑公司收到银行转来上海电信公司的专用托收凭证，收取电话费990元，作分录如下：

借：管理费用　　　　　　　　　　　　　　　　　　　　990.00

　　贷：银行存款　　　　　　　　　　　　　　　　　　　　990.00

第六节　企业与银行对账的方法

一、企业与银行对账的目的和方法

企业对外结算主要是通过银行转账的，因此，银行存款的收支比较频繁。为了加强对银行存款收支的监督与控制，保证银行存款账目的正确无误，企业的银行存款日记账应经常与银行对账单进行核对，每月至少核对一次，以做到账实相符。为了完善企业的内部控制制度，出纳人员、银行存款日记账登记人员不宜参与核对，而应另行指定专人负责进行核对，以防发生弊端。

企业与银行对账时，将企业的银行存款日记账与银行转来的"对账单"逐笔进行核对。在核对过程中，如发现本单位记账错误，应按照错账更正的方法予以更正；如发现银行转来的"对账单"错误，应通过银行予以更正。核对的结果往往会发现未达账项，因此应通过编制"银行存款余额调节表"进行调节，经调节后双方的余额应该相等。

二、未达账项及其四种情况

"未达账项"是指企业与银行之间，由于结算凭证在传递时间上有先有后，而造成一方已登记入账，另一方因凭证未达而尚未登记入账的款项。未达账项通常有下列四种情况。

1. 银行已收款入账，企业尚未收款入账的款项

如托收承付结算、委托收款结算和汇兑结算，银行已收到收账通知，而当天未及通知收款单位。

2. 银行已付款入账，企业尚未付款入账的款项

如短期借款、长期借款利息等，银行已结算入账，而当天未及通知借款单位。

3. 企业已收款入账，而银行尚未收款入账的款项

如企业将收到的转账支票或信用卡结算取得客户签字的签购单填制进账单送交银行办理收款，取得回单入账，而当天银行未及办妥转账手续。

4. 企业已付款入账，而银行尚未付款入账的款项

如企业签发转账支票付款后，凭支票存根入账，而收款单位尚未将支票解存银行，或虽已解存银行，但银行未及办妥转账手续。

三、银行存款余额调节表的编制方法

银行存款余额调节表是在银行存款日记账余额和银行对账单余额的基础上，加减双方各自的未达账项，使双方的余额达到平衡，其调节公式如下。

$$银行存款日记账余额 + 银行已收账，而企业尚未收账数 - 银行已付账，而企业尚未付账数 = 银行对账单余额 + 企业已收账，而银行尚未收账数 - 企业已付账，而银行尚未付账数$$

【例 2-16】沪光建筑公司 6 月 29—30 日银行存款日记账和银行对账单如图表 2-2 和图表 2-3 所示。

图表 2-2

银行存款日记账

单位：元

2023 年		凭证号数	摘　要	借　方	贷　方	借或贷	余　额
月	日						
6	29	略	承上页			借	328 060
	29		提取现金（现支#35 721）		1 800	借	326 260

续表

2023 年		凭证号数	摘　要	借　方	贷　方	借或贷	余　额
月	日						
6	29	略	支付购料款（转支#69 125）		107 540	借	218 720
	29		工程款收入（转支#87 268）	97 800		借	316 520
	30		兑付推土机款（商业汇票）		95 200	借	221 320
	30		工程款收入（转支#66 811）	156 800		借	378 120
	30		支付购料款（转支#69 126）		132 600	借	245 520

图表 2-3

银行对账单

单位：元

2023 年		摘　要	借　方	贷　方	借或贷	余　额
月	日					
6	29	承上页			贷	288 700
	29	转支#69 125（支付购料款）	107 540		贷	396 240
	29	商业汇票（兑付推土机款）	95 200		贷	491 440
	29	现支#35 721（提取现金）		1 800	贷	489 640
	30	托收承付（收到工程款）		93 240	贷	396 400
	30	转支#87 268（收到工程款）		97 800	贷	298 600
	30	短期借款计息单	8 760		贷	307 360
	30	银行存款计息单		780	贷	306 580

通过核对后，有未达账项 5 笔，据以编制银行存款余额调节表如图表 2-4 所示。

图表 2-4

银行存款余额调节表

2023 年 6 月 30 日

单位：元

项　目	金　额	项　目	金　额
银行存款日记账余额	245 520	银行对账单余额	306 580
加：银行已收账，而企业尚未收账数：		加：企业已收账，而银行尚未收账数：	
托收承付（收到工程款）	93 240	转账支票#66811（工程款收入）	156 800
银行存款计息单	780		
减：银行已付账，而企业尚未付账数		减：企业已付账，而银行尚未付账数	
短期借款计息单	8 760	转账支票#69126（支付购料款）	132 600
调节后余额	330 780	调节后余额	330 780

　　企业银行存款日记账的余额与银行对账单的余额通过调节后取得了平衡，表明账簿的记录基本正确无误。对于本企业的未达账项，应于下次银行对账单到达时继续进行核对，如未达账项超过了正常日期，应及时与银行联系，查明原因予以解决，以免造成不必要的损失。

练 习 题

一、简答题

　　1. 谈谈库存现金的限额管理和库存现金的内部控制制度。

　　2. 分述各种银行存款账户的用途。

　　3. 什么是现金结算？什么是转账结算？谈谈转账结算的特点、原则和种类。

　　4. 企业使用票据和结算凭证必须符合哪些规定？

　　5. 支票有哪些种类？支票结算有哪些特点和主要规定？

　　6. 分述银行本票和银行汇票结算的特点和主要规定。

　　7. 什么是商业汇票？它有哪些种类？商业汇票结算有哪些特点和主要规定？

　　8. 什么是信用卡？信用卡结算有哪些主要规定？

　　9. 分述汇兑、托收承付和委托收款等结算的主要规定。

　　10. 试述企业与银行对账的目的和方法。

二、名词解释题

　　货币资金　　支票　　银行本票　　银行汇票　　商业汇票　　贴现　　汇兑
托收承付　　委托收款　　未达账项

三、是非题

　　1. 货币资金是企业生产经营资金在循环周转过程中，停留在货币形态的资金，它由
现金、银行存款和其他货币资金组成。　　　　　　　　　　　　　　　　　（　　）

　　2. 库存现金是指企业为了备付日常零星开支而保管的现金。　　　　　（　　）

　　3. 企业可以在其他银行的一个营业机构开立一个一般存款账户，该账户可以办理转账
结算和存入现金，但不能支取现金。　　　　　　　　　　　　　　　　　　（　　）

　　4. 银行对签发空头支票及签章与预留印章不符的支票，除予以退票外，并按票面金额
处以5%的罚款，同时出票人要支付持票人2%的赔偿金。　　　　　　　　（　　）

　　5. 支票的提示付款期限为10天，自出票的次日起算。　　　　　　　　（　　）

　　6. 银行汇票的法定付款提示期限为出票日起1个月。　　　　　　　　　（　　）

　　7. 商业汇票的付款期限最长不超过9个月。　　　　　　　　　　　　　（　　）

　　8. 带息商业汇票贴现时，其实收贴现值有可能大于其票面值，也可能小于其票面值。
　　　　　　　　　　　　　　　　　　　　　　　　　　　　　　　　　　（　　）

　　9. 企业银行存款日记账与银行对账单核对不符的原因就是存在未达账项。（　　）

四、单项选择题

　　1. 具有清算及时、使用方便、收付双方都有法律保障和结算灵活特点的票据
是_____。

　　　　A. 支票　　　　　　B. 银行本票　　　　　C. 银行汇票　　　　　D. 商业汇票

　　2. 具有信誉度高、支付能力强，并有代替现金使用功能特点的票据是_____。

　　　　A. 支票　　　　　　B. 银行本票　　　　　C. 银行汇票　　　　　D. 商业汇票

　　3. 仅适用于商品交易以及因商品交易而发生的劳务供应的结算方式有_____。

　　　　A. 银行本票　　　　B. 商业汇票　　　　　C. 委托收款　　　　　D. 托收承付

4. 具有结算金额起点限制的结算方式是_____。

  A. 银行本票   B. 银行汇票   C. 托收承付   D. 委托收款

5. 金额和收款人名称可以授权他人补记的票据是_____。

  A. 支票   B. 银行本票   C. 商业汇票   D. 银行汇票

五、多项选择题

1. 企业应坚持"钱账分管"的内部控制制度，出纳人员除了负责现金的收付、保管及登记现金日记账，不得兼办_____。

  A. 费用、收入账簿的登记工作   B. 债务、债权账簿的登记工作

  C. 稽核工作   D. 会计档案的保管工作

2. 按企业的银行存款账户分，可分为_____。

  A. 基本存款账户   B. 一般存款账户

  C. 临时存款账户   D. 专用存款账户

3. 转账结算具有方便、_____的特点。

  A. 通用   B. 灵活   C. 迅速   D. 安全

4. 同城可使用的票据和结算凭证有_____。

  A. 支票   B. 银行本票   C. 银行汇票   D. 商业汇票

  E. 委托收款   F. 汇兑

5. 异地可使用的票据和结算凭证有_____。

  A. 银行本票   B. 银行汇票   C. 商业汇票   D. 托收承付

  E. 委托收款   F. 汇兑

6. 通过"其他货币资金"账户核算的结算方式有_____。

  A. 银行本票   B. 银行汇票   C. 商业汇票   D. 信用卡

六、实务题

习题一

一、**目的**　练习货币资金的核算。

二、**资料**　申江建筑公司1月上旬发生下列有关的经济业务。

1. 2日，签发现金支票提取现金2 000元。

2. 2日，以现金分别拨付业务部门和总务部门备用金1 000元。

3. 8日，业务部门送来报账发票，其中招待客户用餐费450元，市内交通费180元，复印纸60元，快递费150元，经审核无误，当即以现金补足其备用金定额。

4. 10日，总务部门送来报账发票，其中：账页120元，保险箱修理费180元，市内交通费136元，快递费90元，印制单证360元，经审核无误，当即补足其备用金定额。

三、**要求**　编制会计分录。

习题二

一、**目的**　练习票据和信用卡结算的核算。

二、**资料**　沪光建筑公司3月发生下列有关的经济业务。

1. 1日，向惠南建材公司购进黄沙500 m³，每立方米65元，共计32 500元，当即签发转账支票付讫。

2. 3日，为江浦公司建造办公楼竣工，工程款收入为198 000元，当即收到转账支票，

存入银行。

3. 5日，签发现金支票1 800元，提取现金。

4. 8日，填制银行汇票申请书一份，金额180 000元，银行受理后，收到同等数额的银行汇票。

5. 10日，向大昌机械公司购进挖掘机1辆，计价款178 000元，运杂费800元，款项以面额180 000元的银行汇票支付，余款尚未退回。

6. 12日，银行转来多余款收账通知，金额为1 200元，系本月8日签发的银行汇票使用后的余款。

7. 14日，向上海钢铁公司购进钢筋10 t，每吨4 500元，共计45 000元，当即签发并承兑了3个月期的带息商业汇票抵付。该汇票月利率为6‰。

8. 15日，为静安商厦扩建商场竣工，工程款收入为150 000元，当即收到该商厦签发并承兑的带息商业汇票，金额为150 000元，期限为45天，月利率为6‰。

9. 18日，存入信用卡备用金30 000元，发生开户费40元，一并签发转账支票付讫。

10. 20日，向吴淞建材公司购进石子360 m³，每立方米70元，共计25 200元，以信用卡存款付讫。

11. 22日，45天前签发给东风公司的带息商业汇票一张，已经到期，金额为60 000元，月利率为6‰，当即从存款户中兑付本息。经查该汇票上月底已预提过利息。

12. 24日，将上月24日收到的期限为3个月的不带息商业汇票一张，金额为120 000元，向银行申请贴现，月贴现率为6.3‰，银行审查后同意贴现，并将贴现金额存入银行。

13. 26日，为新欣宾馆改建客房工程已竣工，工程款收入99 000元，采用信用卡结算，信用卡结算手续费率为9‰，当即将签购单和计汇单存入银行。

14. 28日，将上月28日收到的3个月期限的带息商业汇票一张，向银行申请贴现，月贴现率6.3‰。该汇票金额为192 000元，月利率为6‰。银行审查后同意贴现，并将贴现金额存入银行。

15. 31日，计提本月14日签发给上海钢公司的带息商业汇票的利息。

16. 31日，计提本月15日收到的静安商厦付来的带息商业汇票的利息。

三、**要求** 编制会计分录。

习题三

一、**目的** 练习转账结算的核算。

二、**资料** 黄浦建筑公司6月发生下列有关的经济业务。

1. 2日，向济南机械公司函购推土机1辆，填制电汇结算凭证，汇出款项175 000元。

2. 5日，电汇开远工商银行50 000元，开立采购专户。

3. 8日，从开远采石场购进石子800 m³，每立方米60元，共计48 000元，石子的运杂费1 600元，一并以本月5日在开远开立的采购专户支付。

4. 10日，收到银行转来电汇收款通知一份，金额为106 600元，系中原建筑公司汇来函购金属构件的款项。

5. 12日，开远采购专户已结清，余款已退回存入银行。

6. 15日，济南机械公司发来函购的推土机1辆，并收到其附来的发票和运输费凭证，开列价款174 000元，运输费750元，余款250元也已汇回，存入银行。

7. 18 日，中原建筑公司函购的 A 金属构件 3 件，每件 35 000 元，共计 105 000 元，委托运输公司代运，当即签发转账支票支付 A 金属构件的运杂费 960 元，并退回多余款 640元，A 金属构件已运出，做销售入账。

8. 20 日，签发转账支票 990 元，为金华建筑公司代垫发运 B 金属构件的运杂费。

9. 21 日，销售给金华建筑公司 B 金属构件 4 件，每件 26 500 元，共计 106 000 元，连同昨日垫付的运杂费一并向银行办妥托收手续。

10. 25 日，银行转来江南水泥公司托收承付结算凭证，金额为 34 500 元，并附来发票一张，开列水泥 100 t，每吨 330 元，共计 33 000 元；运杂费凭证一张，金额为 1 500 元。经审核无误，当即承付。

11. 28 日，收到银行转来金华建筑公司承付款项的收账通知，金额为 106 990 元。

12. 30 日，银行转来上海电信公司特约委托收款凭证付款通知联，金额为 1 200 元，系支付本月电话费。

三、**要求**　编制会计分录。

习题四

一、**目的**　练习编制银行存款余额调节表。

二、**资料**　卢湾建筑公司 6 月 29—30 日银行存款日记账和银行对账单内容如图表 2-5和图表 2-6 所示。

图表 2-5

银行存款日记账

单位：元

2023年		凭证号数	摘　要	借　方	贷　方	借或贷	余　额
月	日						
6	28	略	承上页			借	351 200
	29		支付挖土机款（转支#53 425）		168 750	借	182 450
	29		汇出函购款（电汇）		120 000	借	62 450
	29		支付进料款（转支#53 426）		35 480	借	26 970
	29		工程款收入（转支#23 172）	198 800		借	225 770
	29		提取现金（现支#33 578）		1 600	借	224 170
	30		工程款收入（转支#76 294）	148 500		借	372 670
	30		支付进料款（转支#53 427）		67 670	借	305 000

图表 2-6

银行对账单

单位：元

2023		摘　要	借　方	贷　方	借或贷	余　额
月	日					
6	28	承上页			贷	351 200
	29	电汇（函购款）	120 000		贷	231 200
	29	提取现金（现支#33 578）	1 600		贷	229 600
	29	转支#53 425（支付挖土机款）	168 750		贷	60 850

续表

2023 年		摘　要	借　方	贷　方	借或贷	余　额
月	日					
6	30	托收承付（收到销货款）		132 280	贷	193 130
	30	转支#23 172（工程款收入）		198 800	贷	391 930
	30	转支#53 426（支付进料款）	35 480		贷	356 450
	30	短期借款计息单	9 690		贷	346 760
	30	特约委托收款（水费）	1 180		贷	345 580

三、要求

（一）将银行存款日记账与银行对账单逐笔核对，找出未达账项。

（二）编制银行存款余额调节表，验算企业与银行双方账目是否相符。

第三章 存 货

第一节 存货概述

一、存货的意义

存货是指企业在日常活动中持有以备出售的产成品或商品，或者是处在生产过程中的在产品，在生产过程或提供劳务过程中耗用的材料和物料等。在施工企业生产经营活动过程中，存货处在不断地被销售、耗用和重置之中，因此它属于流动资产的范畴，并且是企业流动资产的一个重要的组成部分。

存货是企业重要的财产物资，它是为企业带来经济利益的重要的经济资源。存货在施工企业的流动资产中占有一定的比重，并且是流动资产中变现能力最弱的资产。存货的积压必然会引起企业资金周转的困难，进而影响经营活动的正常开展，而存货的不足又会直接影响企业的经营活动和营业收入，因此存货的储备必须适量。此外，存货还容易被偷盗、散失和毁损，因此必须加强对存货的管理和核算，正确确定各种存货的数量和金额，保护企业存货的安全与完整，为企业合理安排经营活动提供可靠的物质基础。

二、存货的确认条件

（一）与该存货有关的经济利益很可能流入企业

资产最重要的特征是预期会给企业带来经济利益。如果某一项目预期不能给企业带来经济利益，就不能确认为企业的资产。存货是企业一项重要的流动资产，因此，对存货的确认，关键是要判断其是否很可能给企业带来经济利益，或者其所包含的经济利益是否很可能流入企业。

（二）该存货的成本能够可靠地计量

成本能够可靠地计量是资产确认的一项基本条件。存货作为企业资产的组成部分，要予以确认也必须能够对其成本进行可靠的计量。存货的成本能够可靠地计量必须以取得确凿的、可靠的证据为依据，并且具有可验证性。如果存货成本不能可靠地计量，则不能确认其为存货。

三、存货的分类

施工企业构成存货的内容不少，为了加强对存货的管理与核算，施工企业需要对具有不同特点的存货，根据管理的要求进行科学的分类，存货通常有以下两种不同的分类。

（一）按照存货的经济内容分类

施工企业按照存货的经济内容不同，可分为原材料、周转材料、低值易耗品、未完施工及在产品和已完施工及产成品五种。

1. 原材料

原材料是指企业用于工程施工或产品生产的各种材料。原材料按其在施工生产中所起的作用不同，可分为主要材料、结构件、机械配件和其他材料四类。

（1）主要材料。它是指用于工程施工或产品生产，并能构成工程或产品实体的各种材料，它包括金属材料（如钢材、铜材、铝材）、木材（如原木、方材、板材）、硅酸盐材料（如水泥、石灰、砖瓦、黄沙、石子）、电器材料（如电线、灯）、小五金材料（如合页、钉子）、陶瓷材料（如瓷砖、面盆、坐便器）、化工材料（如涂料、胶水）等。

（2）结构件。它是指经过吊装，拼砌或安装即能构成房屋、建筑物实体的各种金属的、钢筋混凝土的和木质的结构物和构件，如钢屋架、木屋架、门、窗、钢筋混凝土预制件等。

（3）机械配件。它是指在施工生产过程中，用于施工机械、生产设备和运输工具等维护修理用的各种零件和配件，如齿轮、阀门、活塞、轴承、曲轴等。

（4）其他材料。它是指除主要材料、结构件和机械配件以外的各种一次性消耗的材料，如燃料、油料、冷冻剂、催化剂、爆破材料、防腐材料等辅助材料。

2. 周转材料

周转材料是指在施工生产中能够多次周转使用，仍保持其原有的实物形态，并逐渐转移其价值的工具性材料。周转材料按其在施工生产中的作用不同，可分为模板、挡板、架料和其他四类。

3. 低值易耗品

低值易耗品是指使用期限较短的，或者单位价值较低的，能多次使用而不改变其原有实物形态的各种用品和物品，如各种工具、管理工具、劳动保护用品和玻璃器皿等。

4. 未完施工及在产品

未完施工又称未完工程，是指尚未完成施工过程，已在建造的各类承包工程。在产品是指施工企业所属辅助生产部门尚未完成生产过程的产品。

5. 已完施工及产成品

已完施工又称已完工程，是指已经完成施工过程，但尚未与建设单位或总包单位结算的工程。产成品是指施工企业所属辅助生产部门已经完成生产过程的产品。

（二）按照存货的存放的地点分类

施工企业按照存货的存放地点不同，可分为库存存货、在途存货、委托加工存货和自制存货四种。

1. 库存存货

库存存货是指存放在仓库、施工及生产现场的各种存货。

2. 在途存货

在途存货是指货款已经支付，但尚未运达企业，或虽已运达企业，但尚未办妥验收入库手续的存货。

3. 委托加工存货

委托加工存货是指企业委托外单位正在进行加工制作的存货。

4. 自制存货

自制存货是指企业正在自行组织施工或生产的存货。

四、存货的核算方法

存货的核算方法是指在存货日常收发过程中采用什么价格核算，它通常有实际成本核算法和计划成本核算法两种。

1. 实际成本核算法

实际成本核算法是指存货在日常收入和发出时填制记账凭证和登记账簿都按取得时的实际成本计价核算的方法。这种核算的方法，核算的工作量大，适用于存货品种、规格较少的，收发业务不多的企业。

2. 计划成本核算法

计划成本核算法是指存货在日常收入和发出时，填制记账凭证和登记账簿均按预先制订计划成本计价核算的方法。采用计划成本核算法，应设置"材料成本差异"账户核算实际成本与计划成本的差额，月末通常对存货成本差异进行分摊，将发出存货的计划成本调整为实际成本。这种核算方法，可以简化存货的核算，适用于存货品种、规格、数量繁多、收发业务频繁的企业。

五、存货的管理

施工企业应当建立存货管理制度，它包括存货采购和验收制度及存货保管制度。

(一) 存货采购和验收制度

施工企业应对存货采购方式的确定、供应商的选择、验收程序和计量方法等做出明确规定，确保采购过程透明化。企业可以建立供应商评价制度，由采购、施工、财会、仓储等相关部门共同对供应商所提供存货的质量、价格、交货及时性和付款条件等进行综合评价，并根据评价的结果筛选供应商。施工企业应当根据存货的性质及供应情况确定采购方式。一般存货的采购通常采用订单采购或合同订货等方式，小额零星存货的采购，通常采取直接购买等方式。并对意外紧急需求存货的采购处理程序应做出明确的规定。

施工企业在验收存货时，应先检查订货合同与供应商开具的发票、运输单位的提货单和待验收存货的名称、规格、质量、数量、单价、金额和交货期限是否相符，对于验收合格的存货、应及时办理入库手续；对于验收不合格的存货，应及时办理退货手续或者向供应商索赔；对于不经过仓库储备直接投入施工的存货，应当采取适当的方法进行检验。

(二) 存货保管制度

施工企业应当建立和健全存货的领发手续，施工现场及辅助生产部门应当持生产管理部门或其他相关部门核准的领料单领取材料及其他存货。超过领料限额的存货，应当经过特别授权。施工企业应当确定发出存货的流程，落实责任人。施工企业还应当加强存货的日常保管工作，建立和健全存货的防潮、防鼠、防火、防盗和防变质等措施，以确保存货的安全。

存货管理部门应按照存货的类别、名称、型号、规格、设置保管账，登记各种存货的收入、发出和结存的数量，并定期与财会部门的明细账相核对。

六、存货的计量

(一) 存货的初始计量

企业取得存货时，应当按照成本计量。存货成本包括采购成本、加工成本和其他成本。

1. 外购存货的成本

外购存货的成本即存货的采购成本，它包括购买价款（买价）和采购费用。买价是指供应商开出的发票价格。采购费用是指存货从来源地运到工地仓库以前所发生的包装费、运输费、装卸费、保险费，以及合理的运输损耗费等。

2. 委托加工存货的成本

委托加工存货的成本包括委托加工过程中发出存货的成本、委托加工过程中支付的加工费用和往返的运输、装卸费用等。

3. 自制加工存货的成本

自制加工存货的成本包括自行加工过程中耗费的存货的采购成本、加工成本和其他成本。

（二）发出存货的计量

施工企业购进的存货由于产地、买价和采购费用的不同，因此各批购进存货的单位成本往往各异，则对发出存货的价值，就需要采用合理的计算方法来予以确定。根据《企业会计准则》的规定，企业对存货的计价可以选择使用先进先出法、移动加权平均法、综合加权平均法和个别计价法等。《企业会计准则》规定对于性质和用途相似的存货应当采用相同的计价方法。存货计价方法一经确定后，不得随意变更。

1. 先进先出法

先进先出法是指根据先入库先发出的原则，对于发出的存货，以先入库存货的单价进行计价，从而计算发出存货成本的方法。

采用先进先出法计算发出存货成本的具体做法是：先按第一批入库存货的单价计算发出存货的成本，领发完毕后，再按第二批入库存货的单价计算，以此类推。若领发的存货属于前后两批入库的，单价又不同时，就需要分别用两个不同的单价计算。

【例3-1】 凯达建筑公司1月水泥的期初余额、收发业务的有关资料如图表3-1所示，原材料明细分类账如图表3-2所示。

图表3-1

水泥的期初余额、收发料资料

金额单位：元

期初余额							
材料类别	编号	品名	规格	计量单位	数量	单价	金额
硅酸盐类	1301	水泥	32.5级	包(50kg)	1 600	16.20	25 920.00

本月收发业务资料							
2023年		业务号数	购进			发出数量	盘亏数量
月	日		数量	单价	金额		
1	5	7				600	
	10	14				550	
	11	16	1 050	16.40	17 220.00		
	15	20				580	
	20	25				420	
	22	29	1 500	16.50	24 750.00		
	27	38				620	
	31	42					1

图表 3-2

原材料明细分类账

原材料名称：水泥　　　编号：1301　　　规格：32.5级　　　数量单位：包（50kg）　　　金额单位：元

2023年		凭证号数	摘要	收 入			发 出			结 存		
月	日			数量	单价	金额	数量	单价	金额	数量	单价	金额
1	1		期初结存							1 600	16.20	25 920.00
	5	7	领用				600	16.20	9 720.00	1 000	16.20	16 200.00
	10	14	领用				550	16.20	8 910.00	450	16.20	7 290.00
	11	16	购进	1 050	16.40	17 220.00				1 500	450×16.20 1 050×16.40	24 510.00
	15	20	领用				450 130	16.20 16.40	7 290.00 2 132.00	920	16.40	15 088.00
	20	25	领用				420	16.40	6 888.00	500	16.40	8 200.00
	22	29	购进	1 500	16.50	24 750.00				2 000	500×16.40 1 500×16.50	32 950.00
	27	38	领用				500 120	16.40 16.50	8 200.00 1 980.00	1 380	16.50	22 770.00
	31	42	盘亏				1	16.50	16.50	1 379	16.50	22 753.50
1	31		本月合计	2 550		41 970.00	2 771		45 136.50	1 379	16.50	22 753.50

采用先进先出法由于期末结存存货的金额是根据近期入库存货的成本计价的，其价值接近于市场价格，并能随时结转发出存货的实际成本。但每次发出存货要根据先入库存货的单价计算，工作量较大，一般适用于收发存货次数不多的企业。

2. 移动加权平均法

移动加权平均法是指以各次存货收入的数量和金额与各次收入前存货结存的数量和金额为基础，计算出平均单价，再进而计算发出存货成本的方法。其计算公式如下：

$$平均单价 = \frac{本次收入前存货结存金额 + 本次存货收入金额}{本次收入前存货结存数量 + 本次存货收入数量}$$

$$发出存货成本 = 发出存货数量 \times 平均单价$$

移动加权平均法的具体计算方法如图表 3-1 和图表 3-3 所示。

图表 3-3

原材料明细分类账

原材料名称：水泥　　　编号：1301　　　规格：32.5级　　　数量单位：包（50kg）　　　金额单位：元

2023年		凭证号数	摘要	收 入			发 出			结 存		
月	日			数量	单价	金额	数量	单价	金额	数量	单价	金额
1	1		期初结存							1 600	16.20	26 920.00
	5	7	领用				600	16.20	9 720.00	1 000	16.20	16 200.00
	10	14	领用				550	16.20	8 910.00	450	16.20	7 290.00
	11	16	购进	1 050	16.40	17 220.00				1 500	16.34	24 510.00
	15	20	领用				580	16.34	9 477.20	920	16.34	15 032.80
	20	25	领用				420	16.34	6 862.80	500	16.34	8 170.00
	22	29	购进	1 500	16.50	24 750.00				2 000	16.46	32 920.00
	27	38	领用				620	16.46	10 205.20	1 380	16.46	22 714.80
	31	42	盘亏				1	16.46	16.46	1 379	16.46	22 698.34
1	31		本月合计	2 550		41 970.00	2 771		45 191.66	1 379	16.46	22 698.34

1月11日加权平均单价 = $\frac{7\,290 + 17\,220}{450 + 1\,050}$ = 16.34（元）　　　1月22日加权平均单价 = $\frac{8\,170 + 24\,750}{500 + 1\,500}$ = 16.46（元）

采用移动加权平均法计算发出存货的成本最为均衡，能随时结出发出存货的成本。但每次存货入库后几乎都要重新计算加权平均单价，工作量很大，一般适用于存货前后单价相差幅度较大、且每月收发业务不多的企业。

3. 综合加权平均法

综合加权平均法又称一次加权平均法，是指以一个月为计算期，综合计算存货的加权平均单价，再乘以发出存货的数量，从而计算发出存货成本的方法。其计算公式如下：

$$加权平均单价 = \frac{期初结存存货金额 + 本期收入存货金额 - 本期存货盘亏金额}{期初结存存货数量 + 本期收入存货数量 - 本期存货盘亏数量}$$

$$发出存货成本 = 发出存货数量 \times 加权平均单价$$

在日常工作中，由于加权平均单价往往不能整除，计算的结果必然会产生尾差，为了保证期末结存存货的数量、单价和金额的一致性，可以先计算期末结存存货金额，然后倒挤发出存货的成本，其计算公式如下：

$$期末结存存货金额 = 期末结存存货数量 \times 加权平均单价$$

$$发出存货成本 = 期初结存存货金额 + 本期收入存货金额 - 本期存货盘亏金额 - 期末结存存货金额$$

综合加权平均法的具体计算方法如图表 3-1 和图表 3-4 所示。

图表 3-4

原材料明细分类账

原材料名称：水泥　　编号：1301　　规格：32.5级　　数量单位：包（50kg）　　　　　金额单位：元

| 2023年 | | 凭证号数 | 摘要 | 收入 | | | 发出 | | | 结存 | | |
月	日			数量	单价	金额	数量	单价	金额	数量	单价	金额
1	1		期初结存							1 600	16.20	25 920.00
	5	7	领用				600			1 000		
	10	14	领用				550			450		
	11	16	购进	1 050	16.40	17 220.00				1 500		
	15	20	领用				580			920		
	20	25	领用				420			500		
	22	29	购进	1 500	16.50	24 750.00				2 000		
	27	38	领用				620			1 380		
	31	42	盘亏				1	16.20	16.20	1 379		
	31	45	结转发出材料成本						45 314.60	1 379	16.359 1	22 559.20
1	31		本月合计	2 550		41 970.00	2 771		45 330.80	1 379	16.359 1	22 559.20

$$加权平均单价 = \frac{25\,920 + 41\,970 - 16.20}{1\,600 + 2\,550 - 1} = 16.359\,1（元）$$

期末结存水泥金额 = 1 379×16.359 1 = 22 559.20（元）

发出水泥成本 = 25 920+41 970-16.20-22 559.20 = 45 314.60（元）

采用综合加权平均法计算发出存货的成本较为均衡，计算的工作量较小，但计算成本工作必须在月末进行，工作量较为集中，这种方法一般适用于存货前后单价相差幅度较大，且收发业务频繁的企业。

4. 个别计价法

个别计价法又称为分批实际计价法，是指认定每一件或每一批存货的实际单价，计算发出该件或该批存货成本的方法。其计算公式如下：

$$发出存货成本 = 发出存货数量 × 该件（批）存货单价$$

采用个别计价法，对每件或每批入库的存货应分别存放，并分户登记存货明细分类账。对每次发出的存货，应在领料单或发货单上注明入库的件别或批次，便于按照该件或该批存货的实际单价计算其耗用金额。

采用个别计价法能随时结转发出存货的成本。这种方法计算的结果符合实际，但计算起来工作量最为繁重，适用于存货的收发能分清件别、批次的企业。

第二节　原　材　料

一、材料采用实际成本法核算

(一) 外购材料的业务程序

外购材料是施工企业取得材料的主要来源。施工企业在保证施工生产任务顺利完成的前提下，节约使用资金，就需要及时编制材料采购计划，加强材料采购的管理工作。施工企业采购材料的工作由供应部门负责。供应部门应根据施工计划、生产计划、材料消耗定额和储备定额，结合库存情况制订材料采购计划和用款计划，作为材料采购的依据。在材料采购计划中，应列明采购材料的名称、规格、数量、单价和金额等内容。施工企业为了保证材料的及时供应，通常应与供应商签订材料供应合同，在合同中应列明材料的名称、规格、数量、单价、金额、交货日期和地点、账款结算方式，以及违反合同的惩罚办法等。财会部门应监督材料采购计划和材料供应合同的执行情况。

施工企业同城采购材料，供应部门取得供应商的发票与材料供应合同核对无误后转交财会部门。施工企业异地采购材料，财会部门取得银行发来的结算凭证及其所附属的供应商的发票，运输单位的运单和运费发票，经登记后，一并送交供应部门，供应部门将各种单证与材料供应合同核对无误后，再返还财会部门，财会部门据以向对方办理账款结算手续。材料到达后，由供应部门的仓库保管人员认真办理材料验收入库的手续，届时应填制"收料单""收料单"一式数联，仓库保管员根据"收料单"验收材料，如材料的品名、规格、数量和质量全部相符后，应在"收料单"各联上加盖"收讫"印章，并签章确认后，仓库自留一联，登记材料保管账，一联送交供应部门注销材料供应合同；另一联送交财会部门入账。

(二) 材料购进的原始凭证

施工企业购进材料取得的发票有两种：一种是增值税专用发票；另一种是增值税普通发票。

增值税专用发票除应列明购买方和销售方的有关资料外，还应列明货物或应税劳务、服务名称，规格型号，单位，数量，单价，金额，税率和税额等，其格式如图表3-5所示。

图表 3-5

江苏省增值税专用发票　　　　　　编号：237759

发　票　联

开票日期：2023 年 6 月 6 日

购买方	名　　　称：苏州建筑公司 纳税人识别号：456678154379612××× 地　址、电话：（略） 开户行及账号：工行苏州支行130312673525						密码区	（略）		
货物或应税劳务、服务名称	规格型号	单　位	数　量	单　价	金　额		税　率	税　额		
水泥	32.5级	t	200	330.00	66 000.00		13%	8 580.00		
水泥	42.5级	t	50	378.00	18 900.00		13%	2 457.00		
合　　计					￥84 900.00			￥11 037.00		
价税合计（大写）	玖万伍仟玖佰叁拾柒元整						（小写）　￥95 937.00			
销售方	名　　　称：苏州建材市场 纳税人识别号：456610125076144××× 地　址、电话：（略） 开户行及账号：农行苏州支行193108213780						备注			

收款人：王琳　　　复核：江海平　　　开票人：陈红　　　销售方盖章：（苏州建材市场 发票专用章）

（第二联：发票联　购买方记账凭证）

我国税法规定企业销售货物或者劳务、服务要缴纳增值税。增值税是价外税，不包括在货物、劳务、服务账款之中。增值税的纳税人同赋税人是分离的，纳税人是销售货物或者劳务、服务的单位和个人，赋税人都是消费者，因此，施工企业在购进材料，除了要支付账款外，还要为消费者垫付增值税。这部分垫支的增值税，在企业销售施工产品或者劳务、服务后，在按期缴纳增值税时，予以抵扣。因此，施工企业在购进材料或者劳务、服务时，应取得增值税专用发票（后文简称专用发票）的发票联和抵扣联两联单据。发票联作为入账的依据，抵扣联则作为日后抵扣增值税的依据。

施工企业购进材料验收入库的收料单应列明材料的编号、名称、规格型号、计量单位、单价[①]、金额[②]和备注等内容，其格式如图表3-6所示。

注：1. 图表3-6收料单系采用实际成本核算法的格式，其单价和金额栏为实际成本，如采用计划成本核算法，则应分别列出实际成本的单价、金额栏和计划成本的单价、金额栏。

2. 同上。

图表 3-6

收 料 单

编号：1718
材料类别：主要材料（硅酸盐材料）　　　　　　　　　　　　发票编号：547681
供应商：苏州建材市场　　　　　　2023 年 6 月 6 日　　　　材料仓库：甲库

材料编号	材料名称	规　格	计量单位	应收数量	实收数量	单　价	金　额	备　注
1301	水泥	32.5	t	200	200	330.00	66 000.00	
1302	水泥	42.5	t	50	50	378.00	18 900.00	
	合　计						84 900.00	

供应部门主管：周仁明　　　记账：张丽　　　收料：陈康　　　　　　制单：高晓红

（三）购进材料的核算

施工企业外购材料，由于采购地点和账款结算方式的不同，支付账款与材料验收入库的时间往往会出现以下三种情况。

1. 支付账款，材料同时验收入库

施工企业外购材料，支付账款与材料验收入库在同一天完成，届时应根据收料单的金额，借记"原材料"账户；根据专用发票上列明的税额，借记"应交税费"账户；根据付款结算凭证的金额，贷记"银行存款"账户。

【例 3-2】 6 月 6 日，苏州建筑公司向苏州建材市场购进规格 32.5 级水泥 200 t，每吨 330 元，金额 66 000 元，规格 42.5 级水泥 50 t，每吨 378 元，金额 18 900 元，增值税额 11 037 元，价税合计 95 937 元，水泥已验收入库，专用发票和收料单见图表 3-5 和图表 3-6，账款当即签发转账支票付讫，作分录如下：

借：原材料——主要材料——硅酸盐材料　　　　　　　　　　84 900.00
　　应交税费——应交增值税——进项税额　　　　　　　　　11 037.00
　　贷：银行存款　　　　　　　　　　　　　　　　　　　　　　95 937.00

如果施工企业签发并承兑商业汇票支付账款，则贷记"应付票据"账户。

2. 先支付账款，材料后验收入库

施工企业异地购进材料，往往结算凭证及其所附的专用发票先行到达，支付账款，届时应根据专用发票列明的金额和税额，借记"在途物资"和"应交税费"账户；根据付款结算凭证的金额，贷记"银行存款"账户。等材料验收入库时，再根据收料单的金额，借记"原材料"账户；贷记"在途物资"账户。

【例 3-3】 苏州建筑公司向上海钢铁公司采购钢筋 25 t。

（1）6 月 11 日，收到银行转来上海钢铁公司的托收凭证，并附来增值税专用发票，列明钢筋 25 t，每吨 3 980 元，金额 99 500 元，增值税额 12 935 元，运费和装卸费专用发票，金额 1 000 元，增值税额 90 元，经审核无误，当即承付，作分录如下：

借：在途物资——上海钢铁公司　　　　　　　　　　　　　100 500.00
　　应交税费——应交增值税——进项税额　　　　　　　　　13 025.00
　　贷：银行存款　　　　　　　　　　　　　　　　　　　　　113 525.00

（2）6 月 12 日，钢筋已运到，验收入库，仓库转来收料单，列明钢筋 25 t，每吨 4 020 元，共计 100 500 元，作分录如下：

　借：原材料——主要材料——金属材料　　　　　　　　　　　　　　　100 500.00
　　贷：在途物资——上海钢铁公司　　　　　　　　　　　　　　　　　　100 500.00

3. 材料先验收入库、后支付账款的核算

施工企业有时也会发生材料已运到验收入库，而发票和结算凭证尚未到达，账款尚未结算的情况，企业可暂不入账，等收到专用发票与结算凭证支付账款时，再予以入账，届时借记"原材料"和"应交税费"账户；贷记"银行存款"账户。但是，如果月末发票与结算凭证仍未到达，为了全面反映企业的资产与负债，则应对收到的材料按暂估价入账，通常以合同价作为暂估价，届时借记"原材料"账户；贷记"应付账款"账户，下月初，再编制相同的红字记账凭证予以冲回，待专用发票与结算凭证到达时，再予以入账。

【例 3-4】6 月 29 日，静安建筑公司向江西采石场购进石子 300 t，已验收入库，发票和结算凭证尚未到达。

（1）6 月 30 日，购进石子的专用发票和结算凭证仍未到达，暂按合同价每吨 62 元入账，作分录如下：

　借：原材料——硅酸盐材料　　　　　　　　　　　　　　　　　　　18 600.00
　　贷：应付账款——暂估应付款　　　　　　　　　　　　　　　　　　18 600.00

（2）7 月 1 日，用红字冲转暂估价入账的石子，作分录如下：

　借：原材料——硅酸盐材料　　　　　　　　　　　　　　　　　　　18 600.00
　　贷：应付账款——暂估应付款　　　　　　　　　　　　　　　　　　18 600.00

（3）7 月 2 日，收到银行转来江西采石场的托收凭证，并附来专用发票，列明石子 300 t，每吨 62 元，金额 18 600 元，增值税额 2 418 元，运费和装卸费金额为 1 600 元，增值税额 144 元，经审核无误，当即承付，作分录如下：

　借：原材料——硅酸盐材料　　　　　　　　　　　　　　　　　　　20 200.00
　　　应交税费——应交增值税——进项税额　　　　　　　　　　　　　2 562.00
　　贷：银行存款　　　　　　　　　　　　　　　　　　　　　　　　　22 762.00

"在途物资"是资产类账户，用以核算企业采取实际成本（或进价）进行原材料、周转材料等各种物资的日常核算以及货款已付尚未验收入库的在途物资的采购成本。企业购入原材料、周转材料等各种物资发生采购成本时，记入借方；原材料、周转材料等各种物资验收入库，结转采购成本时，记入贷方；期末余额在借方，表示尚未到达及虽已到达但尚未验收入库的在途物资。

"原材料"是资产类账户，用以核算企业库存的各种材料。当购进、委托加工收回材料验收入库和发生盘盈时，记入借方；当材料发出、盘亏和毁损时，记入贷方；期末余额在借方，表示期末库存材料的成本。

（四）购进材料发生短缺和溢余的核算

施工企业购进材料，应认真进行验收，以确保账实相符。如果材料发生短缺或溢余情况，除根据实收数量入账外，还应查明溢缺原因，及时予以处理。购进材料发生短缺或溢余的主要原因是，材料在运输途中合理的损耗或溢余；运输单位的失职造成事故或丢失材料；供应商工作上的疏忽造成少发或多发材料；不法分子贪污盗窃等。因此，对于材料短缺或溢余，要认真调查、具体分析、明确责任、及时处理，以保护企业财产的安全。

企业购进材料发生短缺或溢余，如属运输途中的正常损耗和溢余，应计入材料的采购成本。届时应按实收数量计算材料的单位成本。

仓库在验收材料时，如发现由于其他原因而发生的短缺或溢余必须会同运输单位进行核对，作好鉴定证明，并在"收料单"上注明实收数量，填制"材料购进短缺溢余报告单"一式数联。其中一联连同鉴定证明送供应部门，由其负责处理；另一联送交财会部门，审核后作为记账的依据。届时应按实收数额结转材料采购成本，将短缺或溢余金额先列入"待处理财产损溢"账户，等与对方联系解决后，如果属于供应商少发材料，经联系后，可由其补发材料或作退回账款处理；如果是责任事故，应由运输单位或责任人承担经济责任的，则作为"其他应收款"账户处理；如果属于自然灾害等非正常原因造成的损失，应将扣除材料残值、过失人或保险公司赔款后的净损失，报经批准后，在"营业外支出"账户列支；如果是供应商多发材料，可与对方联系，由其补来发票后，作为材料购进处理，或者将多发材料退还对方。

【例 3-5】 上海建筑公司向福建建材公司购进黄沙 360 t，每吨 60 t，计货款 21 600 元，增值税额 2 808 元，运费及装卸费 1 500 元，增值税额 135 元，采用托收承付结算方式。

(1) 6 月 25 日，接到银行转来的托收凭证及附来的 2 张专用发票，审核无误后，予以承付，作分录如下：

借：在途物资——福建建材公司 23 100.00
　　应交税费——应交增值税——进项税额 2 943.00
　贷：银行存款 26 043.00

(2) 6 月 27 日，黄沙运到后，验收时实收 300 t，短缺的 60 t，其中 50 t 系对方少发；10 t 系运输单位责任，由供应部门与对方联系解决。仓库填制"材料购进短缺溢余报告单"如图表 3-7 所示。

图表 3-7

材料购进短缺溢余报告单

2023 年 6 月 27 日

金额单位：元

货 号	品 名	单 位	应收数量	实收数量	单 价	短 缺		溢 余	
						数 量	金 额	数 量	金 额
1311	黄沙	t	360	300	60.00	60	3 600.00		
合 计							3 600.00		

供货单位：福建建材公司 发票号码：115686	处理意见：	短缺或溢余原因：50 t 系供应商少发 10 t 系运输单位责任

财会部门根据仓库转来的"收料单"及"材料购进短缺溢余报告单"，复核无误后，结转已入库黄沙的成本，并对短缺材料进行核算，作分录如下：

借：原材料——主要材料——硅酸盐材料 19 500.00
　　待处理财产损溢 3 600.00
　贷：在途物资——福建建材公司 23 100.00

(3) 经联系后福建建材公司开来红字专用发票，列明退货款 3 000 元，退增值税额 390 元，运输单位同意赔偿 600 元，账款尚未收到，作分录如下：

借：应收账款——福建建材公司 3 390.00
　　其他应收款——运输单位 600.00

```
    贷：待处理财产损溢                                    3 600.00
        应交税费——应交增值税——进项税额                   390.00
```

"待处理财产损溢"是资产类账户，用以核算企业已发生的各种财产物资的盘亏、盘盈、短缺和溢余。发生盘亏、短缺以及转销盘盈、溢余时，记入借方；发生盘盈、溢余以及转销盘亏、短缺时，记入贷方，在期末结账前处理完毕后，该账户应无余额。

（五）购货折扣的核算

施工企业在赊购材料时，赊销方为了促使赊购方尽快清偿账款而给予一定的折扣优惠，从而产生了购货折扣。购货折扣是指赊购方在赊购材料后，因迅速清偿赊购账款而从赊销方取得的折扣优惠。

施工企业赊购材料，当出现以付款日期为条件而发生购货折扣时，应采用总价法。总价法是以材料的发票所列的金额作为其买价入账，当企业取得购货折扣时，再冲减当期的财务费用。

【例3-6】 上海建筑公司向上海电器公司赊购电线、开关、插座等各种电器材料一批。对方给予的付款条件为：10天内付清账款，购货折扣为1%，超过10天支付的为全价。

（1）8月1日，赊购的各种电器材料一批，金额90 000元，增值税额11 700元，材料已验收入库，根据专用发票和收料单，作分录如下：

```
    借：原材料——主要材料——电器材料                    90 000.00
        应交税费——应交增值税——进项税额               11 700.00
    贷：应付账款——上海电器公司                        101 700.00
```

（2）8月11日，签发转账支票一张，金额为100 800元，系支付本月1日赊购各种电器材料的账款，作分录如下：

```
    借：应付账款——上海电器公司                        101 700.00
    贷：银行存款                                     100 800.00
        财务费用                                         900.00
```

"应付账款"是负债类账户，用以核算企业因购买材料、周转材料和接受劳务供应等经营活动而应付给供应单位的款项。发生应付款项时，记入贷方；偿还应付款项时，记入借方；期末余额在贷方，表示企业尚欠供应单位的款项。该账户应按供应单位进行明细分类核算。

（六）发出材料的业务程序和原始凭证

施工企业必须有严格的领发料手续，当施工部门、辅助生产部门和其他部门领用材料时，应根据具体情况，分别填制领料单、限额领料单、大堆材料耗用量计算单和集中配料耗用计算表等原始凭证。

1. 领料单

领料单是指一次性使用的领料单凭证。领料员根据用料计划或工作需要填制领料单，填明领用材料的名称、规格、请领数量及用途，经领料部门主管审核签章后，领料人再凭该单向仓库领料，仓库在审核无误后据以发料。届时根据实发情况填列实发数量，单价和金额，并由领、发料双方签章。领料单一式数联，一联由领料部门带回留存，仓库自留一联，登记材料保管账，另一联转交财会部门入账。领料单的格式如图表3-8所示。

图表 3-8

领 料 单

材料类别：金属材料　　　　　　　　　　　　　　　　　　　领料部门：第一工程部

用　　途：钢筋混凝工程　　　　　　2023 年 6 月 10 日　　　　材料仓库：乙库

材料编号	材料名称	规　格	计量单位	数　量		实际成本		备　注
				请　领	实　发	单　价	金　额	
1203	钢筋	12mm	t	2.5	2.5	4 750	11 875	
1205	钢筋	16mm	t	2	2	4 705	9 410	

仓库主管：刘敏华　　　记账员：王琳　　　发料员：胡松　　　领料部门主管：周文彬　　　领料员：陶仁

2. 限额领料单

限额领料单又称为定额领料单，是指在一定的时期和限额内可以多次使用的领料凭证。限额领料单通常采取一料一单的形式，它在有效期和限额范围内，可以不断地向仓库领料，其填制手续是多次完成的。限额领料单的有效期为 1 个月，它通常是在月初签发施工任务单的同时，由施工生产部门根据施工任务单所列的计划工程量，按照材料单位消耗定额计算出材料定额用量，将其作为领料限额予以签发。限额领料单一式数联，一联由施工生产部门留存；一联由领料部门作为领料依据；另一联交仓库作为发料凭证。每次领料时，由仓库保管员在领料单上登记，并由领、发料双方分别签章确认。对于超额的领料，必须按规定办理审批手续，追加数量。月末或工程竣工时，仓库保管员将施工部门保管的限额领料单收回，并在两联定额领料单上计算出实际领用数量和金额。其中一联由仓库保存登记材料保管账，另一联转交财会部门入账。限额领料单的格式如图表 3-9 所示。

图表 3-9

限额领料单

工程名称：303 工程

工程内容：钢筋混凝土工程　　　　　　　　　　　　　　　　　　领料部门：第一工程部

工程量：1 600m³　　　　　　　　　　2023 年 6 月　　　　　　　发料仓库：1 号库

材料编号	材料名称	规　格	计量单位	单位消耗定额	定额用量	追加数量	实际用量	节超数量	实际成本		备　注
									单　价	金　额	
1301	水泥	32.5 级	t	0.37	592		577	15	328	189 256	

领 料 记 录

		请领实发					退　回			限额结果
2017 年	数　量	领料部门主管	数　量	发料员	领料员	数　量	发料员	退料员	数　量
月	日									
6	1	220	蒋鸿金	220	王超	周兰苏				372
	10	200	蒋鸿金	220	王超	周兰苏				172
	25	160	蒋鸿金	160	王超	周兰苏				12
	26						3	王超	张国新	15

仓库主管：刘飞翔　　　记账：黄仁　　　施工员：胡大海　　　保管员：赵松涛

3. 大堆材料耗用量计算单

大堆材料耗用量计算单是指用料时不易清点数量，且难以分清用料对象的大堆材料的领料凭证。大堆材料是指露天堆放的砖、瓦、石子、黄沙、石灰等材料。这些材料耗用量大，使用次数频繁，每次领用时无法准确地点数计量，而且同一大堆材料往往有多项工程共同耗用，难以严格划分。因此，通常在月末采用实地盘点法，盘点结存数量，倒算出本月耗用数量，并以各成本核算对象的定额耗用量为分配标准，分配计算出各成本核算对象的实际耗用量。其计算公式如下：

$$本月实际耗用总量=期初结存数量+本期收入数量-本月调出数量-月末结存数量$$

$$\frac{某成本核算对象}{本月实际耗用量}=\frac{该成本核算对象}{的定额耗用量}×\frac{实际耗用总量}{定额耗用总量}$$

大堆材料耗用量计算单一式数联，一联由仓库留存，作为发料的依据，并据以登记材料保管账，另一联转交财会部门入账，大堆材料耗用量计算单如图表 3-10 所示。

图表 3-10

大堆材料耗用量计算单

2023 年 6 月

金额单位：元

材料编号	材料名称	规　格	计量单位	期初结存数量	本期收入数量	本期调出数量	期末结存数量	本期耗用数量	单　价
1311	黄沙	中粗	t	82	310		98	294	70.00
1321	石子	10~30	t	126	430		115	441	75.00

成本核算对象	黄　沙			石　子		
	定额用量	实耗数量	金　额	定额用量	实耗数量	金　额
381 商务楼工程	180	176.4	12 348.00	270	264.6	19 845
382 商品房工程	120	117.6	8 232.00	180	176.4	13 230
合　计	300	294	20 580.00	450	441	33 075

4. 集中配料耗用计算表

集中配料耗用计算表是指用料时虽能点清数量，但系集中配料或统一下料（如玻璃、涂料、木材等）的材料的领料凭证。仓库对于集中配料的领料单，应在该单上加盖"工程集中配料"戳记。月末由仓库管理员或领料部门按照材料的消耗定额，编制集中配料耗用量计算表，交财会部门据以分配计入成本核算对象，其计算方法与大堆材料基本相同，不再重述。

施工企业对于已经领用出库，但尚未使用或使用后多余的材料，如果下月不再继续使用的，应填制"退料单"，或用红字填制领料单，办理退料手续，将材料退回仓库；如果下月还需继续使用的，材料可以不退回仓库，但仍应办理退料手续，届时，填制本月退料单的同时再填制下月初的领料单，这种做法称为"假退料"。

退料单一式数联，由退料部门填制，收、退料双方签章确认后，一联由仓库留存，据以登记材料保管账，一联由退料部门带回作为其退料的依据；另一联缴交财会部门入账。

（七）发出材料的核算

施工企业的领料单、限额领料单、大堆材料耗用量计算单、集中配料耗用计算表和退料单等发退料的原始凭证是进行材料发出核算的原始凭证。由于施工材料领发业务频繁，因此，平时不直接根据每张领料凭证编制会计分录，而是在月末，财会部门根据各种发、退料凭证的领用部门和用途进行汇总，编制"发出材料汇总表"，作为编制会计分录的依据，以简化核算手续。

【例3-7】卢浦建筑公司根据6月各种发料凭证，编制发出材料汇总表如图表3-11所示。

图表3-11

发出材料汇总表

2023年6月1—10日

编号：2056
单位：元

材料类别 / 用料对象	主要材料				结构件	机械配件	其他材料	合 计
	金属材料	硅酸盐材料	其 他	小 计				
工程施工	150 000	102 000	54 000	306 000	99 000			405 000
其中：商务楼工程	90 000	61 200	32 400	183 600	59 400			243 000
商品房工程	60 000	40 800	21 600	122 400	39 600			162 000
机械作业部门						4 800		4 800
辅助生产部门			1 800	1 800			3 780	5 580
施工管理部门							900	900
行政管理部门							560	560
合 计	150 000	102 000	55 800	307 800	99 000	4 800	5 240	416 840

根据发出材料汇总表，作分录如下：

借：工程施工——商务楼工程　　　　　　　243 000.00
　　工程施工——商品房工程　　　　　　　162 000.00
　　机械作业　　　　　　　　　　　　　　　4 800.00
　　生产成本　　　　　　　　　　　　　　　5 580.00
　　工程施工——间接费用　　　　　　　　　　900.00
　　管理费用　　　　　　　　　　　　　　　　560.00
　　贷：原材料——主要材料　　　　　　　307 800.00
　　　　原材料——结构材料　　　　　　　 99 000.00
　　　　原材料——机械配件　　　　　　　　4 800.00
　　　　原材料——其他材料　　　　　　　　5 240.00

二、材料采用计划成本法核算

（一）采用计划成本法核算的要求

施工企业的材料采用计划成本法核算时，材料的收、发凭证、明细分类核算和总分类核算均按计划成本计价，因此，事先必须由供应部门和财会部门共同制定每一品种规格材料的计划成本。制定的计划成本应力求接近实际，除单位成本发生很大变动等特殊情况外，在年度内一般不作调整以保持计划成本的相对稳定。

（二）购进材料的核算

施工企业的材料采用计划成本核算时，应设置"材料采购"账户，当发生采购材料的实际成本时，记入该账户的借方；当材料验收入库时，按入库材料的计划成本，借记"原材料"账户；贷记"材料采购"账户。这样，"材料采购"账户的借方登记采购材料的实际成本，贷方登记采购材料的计划成本，两者之间的差额应转入"材料成本差异"账户。

【例3-8】3月10日，静安建筑公司收到银行转来鞍山钢铁公司的托收凭证，并附来2张专用发票，列明钢筋20 t，每吨3 960元，金额79 200元，增值税额10 296元，运费和装卸费1 100元，增值税额99元，经审核无误，当即承付；同时仓库转来收料单，入库钢筋20 t，每吨计划成本为3 950元。

（1）3月10日，根据托收凭证和专用发票承付钢筋账款，作分录如下：

借：材料采购——主要材料——金属材料　　　　　　　　　　　80 300.00

　　应交税费——应交增值税——进项税额　　　　　　　　　　10 395.00

　　　贷：银行存款　　　　　　　　　　　　　　　　　　　　　　90 695.00

（2）3月10日，根据收料单，将钢筋验收入库，作分录如下：

借：原材料——主要材料——金属材料　　　　　　　　　　　　79 000.00

　　　贷：材料采购——主要材料——金属材料　　　　　　　　　　79 000.00

施工企业在材料采购过程中，材料已运到，验收入库，而账款尚未结算，如果专用发票和结算凭证已经到达，而企业因资金不足，无力支付账款，应按专用发票所列金额，借记"材料采购"和"应交税费"账户，贷记"应付账款"账户，并按入库材料的计划成本，借记"原材料"账户，贷记"材料采购"账户；如果专用发票和结算凭证尚未到达，在收到材料时，暂不入账，待专用发票和结算凭证到达后再予以入账，若月末结算凭证和专用发票仍未到达的，应按计划成本入账，下月初再红字作同样的会计分录，予以冲转。

【例3-9】2月27日，静安建筑公司向安徽水泥公司购进水泥100 t，每吨310元，水泥已验收入库，但专用发票和结算凭证尚未到达，水泥每吨的计划成本为335元。

（1）2月28日，100 t水泥以计划成本入账，作分录如下：

借：原材料——主要材料——硅酸盐材料　　　　　　　　　　　33 500.00

　　　贷：应付账款——暂估应付款　　　　　　　　　　　　　　　33 500.00

（2）3月1日，冲转上项入账，作分录如下：

借：原材料——主要材料——硅酸盐材料　　　　　　　　　　 ｜33 500.00｜

　　　贷：应付账款——暂估应付款　　　　　　　　　　　　　　 ｜33 500.00｜

（3）3月3日，收到银行转来安徽水泥公司的托收凭证，并附来专用发票2张，列明水泥100 t，每吨310元，金额31 000元，增值税额4 030元；运费和装卸费1 800元，增值税额162元，经审该无误，当即承付。

① 根据托收凭证和发票，作分录如下：

借：材料采购——主要材料——硅酸盐材料　　　　　　　　　　32 800.00

　　应交税费——应交增值税——进项税额　　　　　　　　　　4 192.00

　　　贷：银行存款　　　　　　　　　　　　　　　　　　　　　　36 992.00

② 根据收料单，作分录如下：

借：原材料——主要材料——硅酸盐材料　　　　　　　　　　　33 500.00

　　　贷：材料采购——主要材料——硅酸盐材料　　　　　　　　　33 500.00

"材料采购"是资产类账户，用以采用计划成本进行材料日常核算的企业购入材料的采购成本的核算。企业支付材料账款、运输、装卸等采购费用和结转材料实际成本小于计划成本的差额时，记入借方；材料按计划成本验收入库和结转材料实际成本大于计划成本的差额时，记入贷方；期末余额在借方反映企业尚未到达及虽已到达，但尚未验收入库的在途材料的采购成本。该账户应按材料品种进行明细分类核算。

施工企业"材料采购"账户借方登记采购材料的实际成本，贷方登记入库材料的计划成本，月末应按材料类别编制材料采购汇总表，其格式如图表 3-12 所示。

【例 3-10】 3 月 31 日，静安建筑公司本月份购入主要材料有钢筋见例 3-8、水泥见例 3-9，据以编制材料采购汇总表如图表 3-12 所示。

图表 3-12

材料采购汇总表

2023 年 3 月 31 日 单位：元

材料类别	实际成本	计划成本	成本差异
主要材料——金属材料	80 300	79 000	1 300
主要材料——硅酸盐材料	32 800	33 500	−700
合 计	113 100	112 500	600

（1）根据材料采购汇总表，结转材料采购超支额（实际成本大于计划成本的差额），作分录如下：

借：材料成本差异——主要材料——金属材料 1 300.00

　　贷：材料采购——主要材料——金属材料 1 300.00

（2）根据材料采购汇总表，结转材料采购节约额（实际成本小于计划成本的差额），作分录如下：

借：材料采购——主要材料——硅酸盐材料 700.00

　　贷：材料成本差异——主要材料——硅酸盐材料 700.00

"材料成本差异"是资产类账户，它是"原材料"账户的调整账户，用以核算企业采用计划成本进行日常核算的材料计划成本与实际成本的差额。企业购进、加工收回材料验收入库时，实际成本大于计划成本的差额，以及分摊发出材料实际成本小于计划成本的差额时，记入借方；企业购进，加工收回材料验收入库时，实际成本小于计划成本的差额，以及分摊发出材料实际成本大于计划成本的差额时，记入贷方，期末余额若在借方，表示企业库存材料的实际成本大于计划成本的差额；期末余额若在贷方，则表示库存材料实际成本小于计划成本的差额。

（三）发出材料的核算

施工企业采用计划成本核算时，日常发出各种材料均以计划成本计价，月末为了正确地反映工程和产品的实际成本，必须将发出材料的计划成本调整成为实际成本。调整的方法是将期末的材料成本差异在已经发出材料和期末结存材料之间进行分摊，其计算公式如下：

$$计划成本差异率 = \frac{期初结存材料成本差异 + 本期收入材料成本差异}{期初结存材料计划成本 + 本期收入材料计划成本} \times 100\%$$

$$本期发出材料应分摊的材料成本差异 = 发出材料的计划成本 \times 材料成本差异率$$

$$期末结存材料应分摊的材料成本差异 = 期初结存材料成本差异 + 本期收入材料成本差异 - 本期发出材料应分摊的材料成本差异$$

计算的结果，如果是正数，表示实际成本大于计划成本，是超支；如果是负数，表示实际成本小于计划成本，是节约。

【例3-11】 3月，静安建筑公司"原材料——主要材料——金属材料"账户的期初余额为186 100元，本期收入金额为79 000元，本期发出金额为176 000元，"原材料——主要材料——硅酸盐材料"账户的期初余额为60 100元，本期收入金额为33 500元，本期发出金额为49 800元，"材料成本差异——主要材料——金属材料"账户的期初为借方余额2 835元，本期为借方净发生额1 400元，"材料成本差异——主要材料——硅酸盐材料"账户的期初为贷方余额905元，本期收入为贷方净发生额700元，计算这两类材料的成本差异如下：

$$金属材料成本差异率=\frac{2\ 835+1\ 300}{186\ 100+79\ 000}=1.56\%$$

本期发出金属材料应分摊的材料成本差异=176 000×1.56%=2 745.60(元)

期末结存金属材料应分摊的材料成本差异=2 835+1 300-2 745.60=1 389.40(元)

$$硅酸盐材料成本差异率=\frac{-905-700}{60\ 100+33\ 500}\times100\%=-1.71\%$$

本期发出硅酸盐材料应分摊的材料成本差异=49 800×(-1.71%)=-851.58(元)

期末结存硅酸盐材料应分摊的材料成本差异=-905-700-(-851.58)=-753.42(元)

施工企业月末应根据各种发、退料凭证的领用部门和用途进行汇总，编制"发出材料汇总表"，该表除了要反映各种材料的计划成本外，还应反映发出各种材料应负担的材料成本差异。其格式如图表3-13所示。

【例3-12】 浦江建筑公司根据5月各种发料凭证和计算的5月各类材料的成本差异率，编制发出材料汇总表如图表3-13所示。

图表3-13

发出材料汇总表

2023年5月1—31日　　　　　　　　　　　　　　　　　　　　编号：1138　单位：元

材料类别 / 用料对象	金属材料 计划成本	金属材料 差异(差异率1.5%)	硅酸盐材料 计划成本	硅酸盐材料 差异(差异率-2%)	其他主要材料 计划成本	其他主要材料 差异(差异率1.5%)	结构件 计划成本	结构件 差异(差异率1%)	机械配件 计划成本	机械配件 差异(差异率-1%)	其他材料 计划成本	其他材料 差异(差异率2%)	合计 计划成本	合计 材料成本差异
工程施工	136 000	2 040	97 700	-1 954	49 000	735	87 300	873					370 000	1 694
其中：商务楼工程	80 000	1 200	58 500	-1 170	29 200	438	49 500	495					217 200	963
商品房工程	56 000	840	39 200	-784	19 800	297	37 800	378					152 800	731
机械作业部门									4 600	-46	300	6	4 900	-40
辅助生产部门					2 000	30					3 600	72	5 600	102
施工管理部门											800	16	800	16
行政管理部门											500	10	500	10
合计	136 000	2 040	97 700	-1 954	51 000	765	87 300	873	4 600	-46	5 200	104	381 800	1 782

(1) 根据发出材料汇总表中的计划成本，作分录如下：

借：工程施工——商务楼工程　　　　　　　　　　　　　　　　　217 200.00

工程施工——商品房工程	152 800.00
机械作业	4 900.00
生产成本	5 600.00
工程施工——间接费用	800.00
管理费用	500.00
贷：原材料——主要材料——金属材料	136 000.00
原材料——主要材料——硅酸盐材料	97 700.00
原材料——主要材料——其他材料	51 000.00
原材料——结构件	87 300.00
原材料——机械配件	4 600.00
原材料——其他材料	5 200.00

（2）根据发出材料汇总表中的材料成本差异，作分录如下：

借：工程施工——商务楼工程	963.00
工程施工——商品房工程	731.00
生产成本	102.00
工程施工——间接费用	16.00
管理费用	10.00
材料成本差异——主要材料——硅酸盐材料	1 954.00
材料成本差异——机械配件	46.00
贷：机械作业	40.00
材料成本差异——主要材料——金属材料	2 040.00
材料成本差异——主要材料——其他材料	765.00
材料成本差异——结构件	873.00
材料成本差异——其他材料	104.00

三、委托加工材料的核算

施工企业从外购购入的材料，有时在品种、规格上还不能直接满足施工生产的需要，因此，要将这部分材料委托给外单位加工，如委托外单位将原木加工成木门、挡板、模板等，从而形成了委托加工业务。委托其他单位加工的材料称为委托加工材料。

施工企业供应部门在委托外单位加工材料前，必须与接受加工单位签订"委托加工材料合同"，在合同上要列明加工材料的品种、规格、数量、质量要求、交货期限、材料加工的损耗率、加工计费标准等，以作为双方执行的依据。

供应部门在按"委托加工材料合同"发出材料给加工单位时，应填制"发出材料委托加工单"，一式数联，其格式如图表3-14所示。

"发出材料委托加工单"经收发双方签章后，各自留下一联，加工单位将其作为收到材料的凭证，仓库将其作为发出材料的依据，一联转交供应部门留存备查；另一联送交财会部门，财会部门复核无误后，据以借记"委托加工物资"账户，贷记"原材料"账户。倘若"原材料"账户按计划成本计价，则还需要将发出原材料的计划成本，乘以上月的材料成本差异率，将其调整为实际成本。

【例3-13】 徐汇建筑公司委托松江钢铁公司加工钢筋，4月1日根据合同约定由仓库发出钢锭后，填制发出材料委托加工单如图表3-14所示。

图表3-14

发出材料委托加工单

加工单位：松江钢铁公司　　　　　　　　　　2023 年 4 月 1 日

编　号	材料名称	计量单位	应发数量	实发数量	单　价	金　额	材料成本差异率
1004	钢　锭	t	20	20	3 860	77 200.00	1.5%
加工内容： 16mm 钢筋 19.8 t		材料损耗率：1%		材料收回日期：5 月 10 日		加工合同：第 422 号	

（1）财会部门复核无误后，作分录如下：

借：委托加工物资——钢筋　　　　　　　　　　　　　　　　　77 200.00
　　贷：原材料——主要材料——金属材料　　　　　　　　　　　　77 200.00

（2）同时，将发出原材料的计划成本调整为实际成本，作分录如下：

借：委托加工物资——钢筋　　　　　　　　　　　　　　　　　　1 158.00
　　贷：材料成本差异——主要材料——金属材料　　　　　　　　　　1 158.00

企业委托加工材料的实际成本由发出加工材料的实际成本、加工费用和为加工业务而发生的运输、装卸费组成。因此，加工业务发生的加工费用和运输、装卸费均应列入"委托加工物资"账户。

【例3-14】 5月9日，松江钢铁公司送来加工完毕的19.8 t钢筋，徐汇建筑公司当即支付其加工费用4 000元，增值税额520元，加工材料往返运输、装卸费800元，增值税额72元，作分录如下：

借：委托加工物资——钢筋　　　　　　　　　　　　　　　　　　4 800.00
　　应交税费——应交增值税——进项税额　　　　　　　　　　　　　592.00
　　贷：银行存款　　　　　　　　　　　　　　　　　　　　　　　5 392.00

施工企业收回委托加工材料时，应认真进行验收，并根据验收的结果填制"委托加工材料收料单"，其格式与收料单基本相似。"委托加工材料收料单"一式数联，接受加工的企业留下一联，作为交料凭证；仓库自留一联，作为收料凭证；另一联送交财会部门，经复核无误后据以入账。届时，根据加工材料的计划成本借记"原材料"账户；根据加工材料的实际成本，贷记"委托加工物资"账户；其差额列入"材料成本差异"账户。

【例3-15】 5月10日，松江钢铁公司送来加工完毕的钢筋19.8 t，经仓库验收全部合格入库，转来委托加工材料收料单，钢筋每吨的计划成本为4 150元，经审核无误，作分录如下：

借：原材料——主要材料——金属材料　　　　　　　　　　　　　82 170.00
　　材料成本差异——主要材料——金属材料　　　　　　　　　　　　988.00
　　贷：委托加工物资——钢筋　　　　　　　　　　　　　　　　　83 158.00

"委托加工物资"是资产类账户，用以核算企业委托外单位加工的各种材料和物资的实际成本。企业发外单位加工材料和物资、支付加工材料和物资的加工费和运输、装卸费时，记入借方；企业结转加工材料和物资的实际成本时，记入贷方；期末余额在借方，表示企业期末尚未完工的委托加工材料和物资的成本。

第三节 周 转 材 料

一、周转材料概述

周转材料是指企业在施工生产过程中能够多次周转使用、仍保持其原有实物形态，并逐渐转移其价值的工具性材料。

(一) 周转材料的特点

周转材料是企业进行施工生产必不可少的劳动资料，它能够多次参加施工生产过程，而不改变其原有的实物形态，其价值随着损耗程度逐渐转移到工程成本中去。由于周转材料种类繁多、用量较大、价值低、使用期短，收发频繁，经常需要补充和更换。它既具有材料的特点，又具有低值易耗品的特点。因此将其作为流动资产管理。

(二) 周转材料的分类

周转材料按其在施工生产过程中的用途不同，可以分为以下四类。

1. 模板

模板是指浇灌混凝土使用的木模、组合钢模，以及配合模板使用的支撑材料、滑模材料等。价值高的，按固定资产管理的固定钢模和现场固定的大型钢模板不包括在内。

2. 挡板

挡板是指土方工程使用的挡板，以及配合挡板使用的支撑材料等。

3. 架料

架料是指搭设脚手架用的竹竿、木杆、跳板、钢管脚手架及其附件等。

4. 其他周转材料

其他周转材料是指除以上各类之外，作为流动资产管理的周转材料，如塔吊使用的轻轨、枕木（不包括附属于塔吊的钢轨），以及施工过程中使用的安全网等。

二、周转材料收入的核算

施工企业周转材料的计价与材料相同，即包括周转材料的买价和采购费用。本节采用计划成本法阐述周转材料的核算。周转材料收入的途径有购进、自制和委托加工。企业购进周转材料，支付账款时，按照周转材料的买价和采购费用，借记"材料采购——周转材料"账户；按照增值税额借记"应交税费"账户；按照价税合计金额，贷记"银行存款"账户。周转材料验收入库时，按其计划成本借记"周转材料"账户；贷记"材料采购——周转材料"账户。月末再将"材料采购——周转材料"账户实际成本与计划成本的差额转入"材料成本差异——周转材料"账户。企业委托加工周转材料发出材料的核算与委托加工材料相同，不再重述。收回加工周转材料时，按其计划成本借记"周转材料"账户；按其加工的实际成本贷记"委托加工物资"账户。将实际成本与计划成本的差额列入"材料成本差异——周转材料"账户。

"周转材料"是资产类账户，用以核算企业拥有的各种周转材料。当购进、自制、委托加工收回的周转材料验收入库时，记入借方；当周转材料领用、摊销、报废和盘亏时，记入贷方；期末余额在借方，表示企业在库周转材料的计划成本或实际成本，以及在用周转材料的摊余价值。

三、周转材料领用和摊销的核算

周转材料由于在施工生产过程中可以多次周转使用，其在使用过程中逐渐损耗，其价值也随之逐渐减少，这部分减少的价值通过摊销计入相关工程的成本。周转材料的摊销方法有以下三种。

1. 一次转销法

一次转销法是指周转材料在领用时，一次全额摊销其价值的方法。届时借记"工程施工"账户；贷记"周转材料"账户。采用计划成本法核算的周转材料，月末还要结转已领用周转材料的成本差异。这种方法适用于价值低，使用期限短的周转材料。

2. 分期摊销法

分期摊销法是指根据周转材料的预计使用期限，分期摊销其价值的方法。其计算公式如下：

$$\frac{周转材料}{每月摊销额} = \frac{周转材料计划成本 \times (1-预计残值率)}{预计使用年限 \times 12}$$

采用分期摊销法，施工企业在领用周转材料时，应借记"周转材料——在用周转材料"账户；贷记"周转材料——在库周转材料"账户。在按月摊销时，应借记"工程施工"账户；贷记"周转材料——周转材料摊销"账户。采用计划成本核算的企业，月末还应结转已领用周转材料的成本差异。

【例3-16】 6月1日，恒通建筑公司商务楼工程领用新钢管脚手架及其附件一批，计划成本为60 000元，成本差异率为1%，预计可使用5年，预计残值率为10%。

（1）6月1日，结转领用钢管脚手架及其附件计划成本，作分录如下：

借：周转材料——在用周转材料　　　　　　　　　　　　　　　　60 000.00
　贷：周转材料——在库周转材料　　　　　　　　　　　　　　　　　　60 000.00

（2）6月30日，计算本月份商务楼工程领用钢管脚手架及其附件的摊销额如下：

$$\frac{钢管脚手架及}{其附件摊销额} = \frac{60 000-(1-10\%)}{5 \times 12} = 900(元)$$

根据计算的结果，作分录如下：

借：工程施工——商务楼工程　　　　　　　　　　　　　　　　　　900.00
　贷：周转材料——周转材料摊销　　　　　　　　　　　　　　　　　　900.00

（3）6月30日，结转领用钢管脚手架及其附件的成本差异，作分录如下：

借：工程施工——商务楼工程　　　　　　　　　　　　　　　　　　600.00
　贷：材料成本差异——周转材料　　　　　　　　　　　　　　　　　　600.00

周转材料使用完毕，退回仓库时，按其原值借记"周转材料——在库周转材料"账户；贷记"周转材料——在用周转材料"账户。周转材料已满预计使用期限，如仍能继续使用的，在继续使用期内不再进行摊销。

分期摊销法适用于经常使用的周转材料，如脚手架、跳板、塔吊轻轨、枕木等周转材料。

3. 分次摊销法

分次摊销法是指根据周转材料的预计使用次数，分期摊销其价值的方法，其计算公式如下：

$$\frac{周转材料}{每次摊销额} = \frac{周转材料计划成本 \times (1-预计残值率)}{预计使用次数}$$

本月摊销额 = 周转材料每次摊销额 × 本月使用次数

分次摊销法的核算方法与分期摊销法相同，不再重述。这种方法适用于使用次数较少或不经常使用的周转材料，如预制钢筋混凝土构件时使用的定型模板和土方工程中使用的挡板等周转材料。

四、周转材料报废的核算

周转材料在丧失使用效能，经批准报废时，应将其残料估价验收入库。

采用一次转销法的周转材料，在领用时已全额转销其账面价值，因此报废后在残料估价验收入库时，应冲减工程成本，届时借记"原材料"账户；贷记"工程施工"账户。

采用分期摊销法或分次摊销法的周转材料如提前报废时，应补提其摊销额，将其列入工程成本。

【例3-17】 4月25日，武宁建筑公司的商品房工程竣工，经批准将在用的钢管脚手架报废，该批脚手架的计划成本为54 000元，预计可使用5年，预计残值率为10%，至今已摊销了58个月，残料估价5 100元，已验收入库，分别计算其已提摊销额和应补提摊销额如下：

$$钢管脚手架已提摊销额 = \frac{54\,000 \times (1-10\%)}{60} \times 58 = 46\,980（元）$$

钢管脚手架应补提摊销额 = 54 000 - 5 100 - 46 980 = 1 920（元）

（1）补提钢管脚手架摊销额，作分录如下：

借：工程施工——商品房工程	1 920.00
贷：周转材料——周转材料摊销	1 920.00

（2）残料验收入库，结转报废钢管脚手架的账面价值，作分录如下：

借：原材料	5 100.00
周转材料——周转材料摊销	48 900.00
贷：周转材料——在用周转材料	54 000.00

第四节 低值易耗品

一、低值易耗品概述

低值易耗品是指使用年限不满一年的，或者单位价值较低，能多次使用而不改变其原有实物形态的各种用具和用品。它具有品种多、规格复杂、数量大、价值低、易损耗、购置和领发频繁、保管分散、容易丢失的特点。因此，要加强对低值易耗品的管理，应根据其使用期限的长短和流动性大小等情况，建立和健全必要的收发手续和保管制度。

低值易耗品按照其在施工企业中的用途不同，可分为以下四类。

1. 生产工具

生产工具是指企业在施工或生产过程中使用的各种生产工具、器具和仪器，如手推车、铁锹、铁镐、扳手、钳子、钻头、电笔、灰桶、水平仪等。

2. 管理用具

管理用具是指企业在管理和服务工作中使用的各种用具和用品，如文件柜、办公桌、椅、打印机、电话机、传真机等。

3. 劳动保护用品

劳动保护用品是指企业为了保证职工在施工生产过程中的安全而发放的劳动防护品，如工作服、工作鞋、安全帽、安全带、防护罩、手套等。

4. 其他用品

其他用品是指不属于以上各类的低值易耗品，如炊事用具、试验用具、医疗器械、消防器具和玻璃器皿等。

二、低值易耗品的计价和收入核算

低值易耗品的计价与材料相同，即包括低值易耗品的买价和采购费用。本节采用实际成本法阐述低值易耗品的核算。施工企业购进低值易耗品取得专用发票支付账款时，按照低值易耗品的买价和采购费用，借记"在途物资"账户；按照增值税额借记"应交税费"账户；按照价税合计金额贷记"银行存款"账户；低值易耗品验收入库时，按其实际采购成本借记"低值易耗品"账户；贷记"在途物资"账户。

三、低值易耗品领用和摊销的核算

低值易耗品被领用后，在使用过程中逐渐损耗，其价值也随之逐渐减少，这部分减少的价值，应根据其不同的领用部门和用途通过摊销记入各相关的账户。

低值易耗品摊销的方法有"一次转销法"和"五五摊销法"。

企业领用低值易耗品采用一次转销法时，施工部门领用的，应借记"工程施工"账户；机械作业部门领用的，应借记"机械作业"账户；辅助生产车间领用的，应借记"生产成本"账户；行政管理部门领用的，应借记"管理费用"账户，贷记"低值易耗品——在库低值易耗品"账户。采用这种方法简便易行，但成本、费用的负担不均衡，且由于摊销后就注销其账面价值，成为账外资产，不利于实物的管理与控制，容易散失，因此，仅适用于价值低廉的低值易耗品。

五五摊销法是指企业在领用低值易耗品时，先摊销其价值的50%，报废时再摊销其余50%的方法。

【例3-18】 6月25日，武宁建筑公司商品房工程领用手推车3辆，每辆300元，机械作业部门领用千斤顶2只，金额700元，辅助生产车间领用专用工具2件，金额500元，施工管理部门领用传真机1台，金额400元，行政管理部门领用文件柜1只，金额1 000元，用五五摊销法摊销，作分录如下：

借：低值易耗品——在用低值易耗品　　　　　　　　　　　　　　　　3 500.00
　　贷：低值易耗品——在库低值易耗品　　　　　　　　　　　　　　　　　3 500.00
同时摊销其价值的50%，作分录如下：
借：工程施工——商品房工程　　　　　　　　　　　　　　　　　　　　450.00
　　机械作业　　　　　　　　　　　　　　　　　　　　　　　　　　350.00
　　生产成本　　　　　　　　　　　　　　　　　　　　　　　　　　250.00

工程施工——间接费用	200.00
管理费用	500.00
贷：低值易耗品——低值易耗品摊销	1 750.00

采用这种方法摊销的计算较为简便，并且低值易耗品报废前在账面仍有记录，这有利于对低值易耗品的管理和控制。这种方法适用于价值较高、使用期限较长的低值易耗品。

"低值易耗品"是资产类账户，用以核算企业拥有的各种低值易耗品的成本。低值易耗品购进、盘盈时，记入借方；领用、摊销、报废和盈亏时，记入贷方；期末余额在借方，表示企业拥有低值易耗品的净值。

四、低值易耗品修理和报废的核算

（一）低值易耗品修理的核算

企业为了充分发挥低值易耗品的使用效能，需要对低值易耗品进行必要的维修。当发生维修费用时，应根据低值易耗品使用的部门及用途入账。届时分别列入"工程施工""机械作业""生产成本""管理费用"等相关账户。如果低值易耗品交给其他单位修理，发生的增值税额应列入"应交税费"账户的借方。

（二）低值易耗品报废的核算

低值易耗品在丧失使用效能，经批准报废时，应将其残料估价验收入库或出售。

采用一次转销法的低值易耗品在领用时，已全额转销了其账面价值，因此，在残料估价验收入库时，应借记"原材料"账户，根据报废低值易耗品的部门及用途，应分别贷记"工程施工""机械作业""生产成本""管理费用"等相关账户。

采用五五摊销法的低值易耗品在报废将残料估价验收入库时，按已摊销的金额，借记"低值易耗品——低值易耗品摊销"账户；按残值估价的价值借记"原材料"账户；然后摊销其摊销价值与残值的差额，根据低值易耗品报废的部门及用途不同，将其差额借记"工程施工""机械作业""生产成本""管理费用"等相关账户，按账面原值贷记"低值易耗品——在用低值易耗品"账户。

【例3-19】6月30日，康定建筑公司商品房工程竣工时报废手推车1辆，原值360元，施工管理部门和行政管理部门各报废打印机1台，每台打印机原值320元，报废用品均已摊销了50%，手推车残料估价30元，打印机残料估价每台25元，残料均已验收入库，作分录如下：

借：低值易耗品——低值易耗品摊销	500.00
原材料	80.00
工程施工——商品房工程	150.00
工程施工——间接费用	135.00
管理费用	135.00
贷：低值易耗品——在用低值易耗品	1 000.00

第五节　存货的清查盘点

一、存货清查盘点概述

施工企业中的存货，在收发过程中由于人为的原因，难免会发生计量或计算上的差错。有的存货会由于自然条件的影响而发生损耗；有的存货可能被贪污、盗窃或毁损。因此必须建立和健全各种规章制度，对存货采取清查盘点的方法，以确保其安全，并做到账实相符。

由于施工企业的存货种类繁多，形态各异，体积、重量、价值和存放方式也各不相同，因此可采用不同的清查盘点的方法。存货通常采用清查的方法有实地盘点法和技术推算法两种。

实地盘点法是指对各项存货通过逐一清点或用计量器具来确定其实存数量的方法。这种方法适用面广，通常适用于能逐一清点的存货。

技术推算法是指通过对存货体积的计量，再用一定的技术方法推算其实存数量的方法。这种方法适用于量大成堆、难以逐一清点的存货，如黄沙、石子等。

存货清查盘点是企业的一项重要的财会基础工作。根据财务制度规定，企业的存货应当定期或不定期地进行清查盘点，每年至少在年终前进行一次全面的清查盘点。此外，还可根据管理上的需要随时进行局部盘点清查。对于盘盈、盘亏、毁损以及报废的存货，应及时查明原因，区别情况予以处理。

存货清查盘点是一项细致而复杂的工作，必须有领导、有组织、有计划地进行。在清查盘点前，应根据盘点的范围，确定参加盘点的人员，并组织分工。记账人员应将存货的收发凭证全部记入存货明细分类账，并结出余额，以便与盘点出来的实存数量相核对。清查盘点时，要根据存货的特点，采用不同的盘点方法和操作规程，避免发生重复盘、遗漏盘和错盘的现象。清查盘点后，由实物保管部门负责填制"存货盘盈盘亏报告单"。其格式如图表 3-15 所示。

图表 3-15

存货盘盈盘亏报告单

2023 年 5 月 27 日　　　　　　　　　　　　　　　　　　　　　金额单位：元

品　　名	计量单位	单　　价	账存数量	实存数量	盘　　盈		盘　　亏		原　　因
					数　量	金　额	数　量	金　额	
水泥	包	16.20	1 185	1 190	5	81.00			待查
齿轮	只	450.00	10	9			1	450.00	
合　　计	—					81.00		450.00	

存货盘盈盘亏报告单一式数联，实物保管部门留存一联，一联上报领导审核，另一联转交财会部门入账。

二、存货盘盈盘亏和毁损的核算

施工企业财会部门收到仓库转来存货盘盈盘亏报告单，经审核无误，若为盘盈，应借记"原材料"等存货账户，贷记"待处理财产损溢"账户；若为盈亏，则应借记"待处理财产损溢"账户，贷记"原材料"等存货账户，以达到账实相符。等查明原因后，若属于收发料工作中的差错，经领导批准核销转账时，盘盈的转入"营业外收入"账户。盘亏的转入"营业外支出"账户。盘亏的若责成保管人员赔偿时，则转入"其他应收款"账户。

【例 3-20】 恒顺建筑公司仓库转来存货盘盈盘亏报告单，计盘盈水泥 81 元，盘亏齿轮 450 元。

（1）5 月 27 日，根据仓库存货盘盈盘亏报告单，将盘盈水泥入账，作分录如下：

借：原材料——主要材料——硅酸盐材料　　　　　　　　　　　　81.00

　　贷：待处理财产损溢　　　　　　　　　　　　　　　　　　　　81.00

（2）5 月 27 日，根据仓库存货盘盈盘亏报告单，将盘亏齿轮入账，作分录如下：

借：待处理财产损溢　　　　　　　　　　　　　　　　　　　　450.00

　　贷：原材料——主要材料——机械配件　　　　　　　　　　　450.00

（3）5 月 30 日，查明盘盈的水泥系收发工作中的差错，经批准予以核销转账，作分录如下：

借：待处理财产损溢　　　　　　　　　　　　　　　　　　　　81.00

　　贷：营业外收入——盘盈利得　　　　　　　　　　　　　　　81.00

（4）5 月 31 日，查明盘亏的齿轮系收发工作中的重大差错，经批准其中 70% 予以核销入账，其余 30% 责成保管员赔偿，作分录如下：

借：营业外支出——盘亏损失　　　　　　　　　　　　　　　　315.00

　　其他应收款——保管员　　　　　　　　　　　　　　　　　135.00

　　贷：待处理财产损溢　　　　　　　　　　　　　　　　　　　450.00

施工企业当存货因自然灾害或意外事故造成毁损的非正常损失时，应按毁损存货的金额，借记"待处理财产损溢"账户；贷记"原材料"账户或其他有关的账户。等核销转账时，按毁损存货的残料，借记"原材料"账户；按保险公司承担的赔偿额，借记"其他应收额"账户；按存货的净损失，借记"营业外支出"账户；贷记"待处理财产损溢"账户。

第六节　存货的期末计量

一、存货成本与可变现净值孰低概述

存货在会计期末应当按照成本与可变现净值孰低计量。

存货成本与可变现净值孰低是指对期末存货按照成本与可变现净值两者之中的低者计量。即当期末存货的成本低于可变现净值时，按存货的成本计价；当期末存货可变现净值低于成本时，则按存货可变现净值计价。存货的可变现净值是指在日常活动中，存货估计的售价减去至完工将要发生的成本、估计的销售费用以及相关税费后的金额。

存货通常是按照历史成本计价的。然而当存货可变现净值低于成本时，表明给企业带来的未来经济利益低于其账面价值，按照谨慎性的要求，这种损失应按照存货成本与可变现净值孰低予以确认，将其可变现净值低于成本的差额计入当期损益。

企业在确定存货的可变现净值时，应当以取得的确凿证据为基础，并且考虑持有存货的目的、资产负债表日后事项的影响等因素。

为了生产而持有的材料等，用其生产的产成品的可变现净值高于成本，则该材料仍然应当按成本计量；材料价格的下降表明产成品的可变现净值低于成本的，则该材料应当按可变现净值计量。

为执行销售合同或者劳务合同而持有的存货，其可变现净值应当以合同价格为基础计算；企业持有存货的数量多于销售合同订购数量的，超出部分的存货可变现净值应当以一般销售价格为基础计算。

二、存货可变现净值低于成本的核算

企业通常应当按照单个存货项目计提存货跌价准备。对于数量繁多、单价较低的存货，也可以按存货类别计提存货跌价准备。与在同一地区生产和销售的产品系列相关、具有相同或类似最终用途或目的且难以与其他项目分别开来计量的存货，可以合并计提存货跌价准备。

不同的存货，计提存货跌价准备的核算方法也有所不同，现分别予以阐述。

（一）尚有使用价值和转让价值的存货

当企业的存货存在下列情况之一的，则属尚有使用价值和转让价值的存货。

（1）市价持续下跌，并且在可预见的未来无回升的希望。

（2）企业使用该项原材料生产产品的成本大于产品的销售价格。

（3）企业因产品更新换代，原有库存原材料已不适应新产品的需要；而该原材料的市场价格又低于其账面成本。

（4）因企业所提供的产品或劳务过时，或者消费者偏好改变，而市场的需求发生变化，导致市场价格逐渐下跌。

（5）其他足以证明该项存货实质上已经发生减值的情形。

由于这些存货尚有使用价值和转让价值，因此在期末，企业计算出存货可变现净值低于成本的差额时，借记"资产减值损失"账户，贷记"存货跌价准备"账户。

期末企业发生存货可变现净值低于成本时，应填制存货可变现净值低于成本报告单，其格式如图表3-16所示。

【例3-21】泰康建筑公司第一仓库存货可变现净值低于成本报告单如图表3-16所示。

图表3-16

泰康建筑公司第一仓库存货可变现净值低于成本报告单

填报部门：第一仓库　　　　　　　　2023年6月30日　　　　　　　　金额单位：元

品　名	规　格	计量单位	成本单价	可变现单价	单位减值额	结存数量	减值金额	减值原因
钢筋	12mm	t	4 885	4 750	135	30	4 050	市价下跌
钢筋	16mm	t	4 825	4 700	125	20	2 500	
合　计			—	—	—		6 550	

财会部门将存货可变现净值低于成本报告单审核无误后，作分录如下：

借：资产减值损失——存货减值损失　　　　　　　　　　　　　　　　6 550.00

　　贷：存货跌价准备　　　　　　　　　　　　　　　　　　　　　　　　6 550.00

企业每期都应当重新确定存货的可变现净值。如果以前减记存货价值的影响因素已经消失，则减记的金额应予以恢复，并在原已计提的存货跌价准备的金额内转回。届时应借记"资产减值损失"账户；贷记"资产减值准备"账户。

"存货跌价准备"是资产类账户，它是"原材料""周转材料""工程施工"等账户的备抵账户，用以核算企业提取的存货跌价准备。企业在期末发生存货可变现净值低于成本时，记入贷方；企业在已计提跌价准备的存货价值恢复和发出存货结转其跌价准备时，记入借方；期末余额在贷方，表示企业已经提取但尚未转销的存货跌价准备。

"资产减值损失"是损益类账户，用以核算企业按照规定计提各项实物资产和无形资产减值准备所形成的损失。企业发生实物资产和无形资产减值损失时，记入借方；企业计提减值准备的实物资产和无形资产的价值得以恢复予以转销，以及期末结转"本年利润"账户时，记入贷方。

(二) 完全丧失使用价值和转让价值的存货

当企业的存货存在以下一项或若干项情况的，则属完全丧失使用价值和转让价值的存货。

(1) 已霉烂变质的存货。

(2) 已过期且无转让价值的存货。

(3) 生产中已不再需要，并且已无使用价值和转让价值的存货。

(4) 其他足以证明已无使用价值和转让价值的存货。

这些存货已经完全丧失了使用价值和转让价值，届时，应区别情况进行核算。企业对于未计提过跌价准备的存货，应按其账面价值，借记"资产减值损失"账户，贷记"原材料"或其他有关账户。对于事前曾计提过跌价准备的存货，则应按该存货已计提的跌价准备，借记"存货跌价准备"账户，按存货的账面价值，贷记"原材料"或其他有关账户；两者的差额则应列入"资产减值损失"账户的借方。

练 习 题

一、简答题

1. 什么是存货？企业为何要加强对存货的管理和核算？

2. 试述存货的确认条件。

3. 试述存货的两种核算方法。

4. 发出存货有哪些计价方法？试述各种计价方法的优缺点和适用性。

5. 周转材料有哪些摊销方法？分述它们的优缺点和适用性。

6. 企业为什么要对存货进行清查？其通常采用哪些清查方法？

二、名词解释题

原材料　结构件　已完施工及产成品　计划成本核算法　先进先出法　综合加权平均法　个别计价法　分期摊销法　存货成本与可变现净值孰低

三、是非题

1. 周转材料是指在施工生产中能够多次周转使用，并逐渐转移其价值的工具性材料。
（　　）

2. 低值易耗品是指企业购入的使用期限较短的，并且单位价值较低的，能够多次使用而不改变其原有实物形态的各种用具和物品。（　　）

3. 未完施工是指尚未完成施工过程的各类承包工程。（　　）

4. 原材料的采购费用包括运输费、装卸费、保险费，以及合理的运输损耗费。（　　）

5. 材料采用计划成本法核算时，除单位成本发生很大变动等特殊情况外，在年度内一般不作调整。（　　）

6. 月末计算分摊材料成本差异时，计算的结果如果是正数，表示节约；如果是负数，表示超支。（　　　）

7. 周转材料按其在施工生产中的用途不同，可分为模板、挡板、架料和其他周转材料四类。（　　　）

8. 低值易耗品的摊销应根据使用部门的不同，分别列入"工程施工""生产成本""管理费用""机械作业"等账户。（　　　）

9. 存货跌价准备必须按单个存货项目的可变现净值低于成本的差额提取。（　　　）

四、单项选择题

1. _____是指用于工程施工或产品生产，并能构成工程或产品实体的各种材料。
   - A. 原材料
   - B. 委托加工材料
   - C. 主要材料
   - D. 结构件

2. 计算原材料耗用成本最符合实际的方法是_____。
   - A. 个别计价法
   - B. 综合加权平均法
   - C. 先进先出法
   - D. 移动加权平均法

3. 原材料的期末结存金额接近市场价格的计价方法是_____。
   - A. 个别计价法
   - B. 综合加权平均法
   - C. 先进先出法
   - D. 移动加权平均法

4. 企业取得购货折扣时，应_____。
   - A. 列入"营业外收入"账户
   - B. 冲减材料采购成本
   - C. 归入小金库不入账
   - D. 冲减"财务费用"账户

五、多项选择题

1. 存货按照经济内容的不同，可分为原材料、低值易耗品_____等。
   - A. 未完施工及在产品
   - B. 周转材料
   - C. 委托加工材料
   - D. 已完施工及产成品

2. 按原材料在施工生产中所起的作用不同，可分为主要材料，_____。
   - A. 机械配件
   - B. 辅助材料
   - C. 结构件
   - D. 其他材料

3. 外购存货的成本由_____组成。
   - A. 增值税额
   - B. 购买价款
   - C. 运输费
   - D. 采购费用

4. 发出材料的原始凭证有_____。
   - A. 限额领料单
   - B. 大堆材料用量计算单
   - C. 集中配料耗用计算表
   - D. 领料单

5. 企业应根据低值易耗品领用的部门和用途不同，通过摊销记入_____账户。
   - A. 工程施工
   - B. 机械作业
   - C. 生产成本
   - D. 管理费用

6. 存货的可变现净值是指企业在日常活动中，存货估计的售价减去_____后的金额。
   - A. 估计的销售费用
   - B. 估计的管理费用
   - C. 至完工将要发生的成本
   - D. 相关税费

六、实务题

习题一

一、**目的**　练习发出存货的计量。

二、**资料**　沪光建筑公司6月瓷水斗的期初余额及收发业务资料如图表3-17所示。

图表 3-17

6月瓷水斗的期初余额及收发业务资料

金额单位：元

期初余额						
材料类别	编 号	品 名	计量单位	数 量	单 价	金 额
陶瓷材料	1 505	瓷水斗	只	1 000	22.00	22 000.00

6月收发业务资料							
2023年		业务号数	购　进			发出数量	盘亏数量
月	日		数 量	单 价	金 额		
6	4	6				500	
	10	12				450	
	14	17	1 200	22.50	27 000		
	16	21				400	
	20	26				600	
	25	32	1 500	22.20	33 300		
	29	40				660	
	30	45					2

三、**要求**　分别用先进先出法、移动加权平均法和综合加权平均法计算并结转耗用瓷水斗的成本。

习题二

一、**目的**　练习原材料采用实际成本法的核算。

二、**资料**

2023年，嘉兴建筑公司发生下列有关的经济业务。

1. 6月2日，向嘉兴木材公司购进原木，专用发票列明原木30 m³，每立方米2 000元，金额60 000元，增值税额5 400元，账款当即签发转账支票支付，仓库也转来收料单，30 m³木材已验收入库。

2. 6月8日，银行转来江南水泥公司的托收凭证，并附来专用发票，列明水泥180 t，每吨270元，金额48 600元，增值税额6 318元，运费及装卸费发票金额2 000元，增值税额180元，经审核无误，当即承付。

3. 6月10日，仓库转来收料单，向江南水泥公司购进的180t水泥已验收入库。

4. 6月14日，银行转来托收承付凭证，并附来西山采石场和运输单位的专用发票，列明石子400 t，每吨61元，金额24 400元，增值税额3 132元，运费及装卸费2 500元，增值税额225元，经审核无误，当即承付。

5. 6月16日，仓库转来收料单，实收西山采石场石子355 t，并收到仓库转来的材料短缺溢余报告单，列明短缺石子 45 t，其中 40 t 系供应商少发，5 t 系运输单位责任，结转已入库石子的成本。

6. 6 月 18 日，向嘉兴建材市场赊购钢筋 22 t，每吨 4 300 元，金额 94 600 元，对方给予的付款条件为：10 天内付清账款，购货折扣为 1.5%，超过 10 天支付为全价。

7. 6 月 20 日，经联系后，西山采石场同意作退货处理，开来红字专用发票，列明退货款 2 440 元，退增值税额 317.20 元，运输公司同意赔偿 305 元，账款尚未收到。

8. 6 月 27 日，签发转账支票支付赊购嘉兴建材市场钢筋的账款。

9. 6 月 30 日，向佛山建材公司购进瓷水斗、坐便器等各种陶瓷材料一批，已验收入库，发票和结算凭证尚未到达，该批材料的合同金额为 69 000 元。

10. 6 月 30 日，根据各种发出材料凭证编制发出材料汇总表如图表 3-18 所示。

图表 3-18

发出材料汇总表

2023 年 6 月 1—30 日

编号：1866

单位：元

用料对象 \ 材料类别	主要材料				结构件	机械配件	其他材料	合　计
	金属材料	硅酸盐材料	其　他	小　计				
工程施工	175 000	120 600	61 000	356 600	108 350			464 950
其中：商务楼工程	105 000	72 000	35 200	212 200	65 600			277 800
商品房工程	70 000	48 600	25 800	144 400	42 750			187 150
机械作业部门						5 600		5 600
辅助生产部门							4 290	4 290
施工管理部门							930	930
行政管理部门							610	610
合　计	175 000	120 600	61 000	356 600	108 350	5 600	5 830	476 380

11. 7 月 1 日，冲转上月末按暂估价入账的陶瓷材料。

12. 7 月 3 日，银行转来佛山建材公司的托收凭证，并附来专用发票，列明瓷水斗、坐便器等各种陶瓷材料一批，金额 69 000 元，增值税额 8 970 元，运费和装卸费 1 800 元，增值税额 162 元，经审核无误，予以承付。

三、要求　编制会计分录。

习题三

一、目的　练习原材料采用计划成本法的核算。

二、资料

（一）杭州建筑公司 6 月 1 日有关账户的期初余额如下。

1. "原材料——主要材料——金属材料"　　　　　　　　　120 150 元

2. "原材料——主要材料——硅酸盐材料"　　　　　　　　57 800 元

3. "材料成本差异——主要材料——金属材料"（借方余额）　1 798 元

4. "材料成本差异——主要材料——硅酸盐材料"（贷方余额）1 102 元

5. "其他应付款——暂估应付款"账户（贷方余额）　　　　34 500 元

（二）6月发生下列有关的经济业务。

1. 1日，冲转上月末按每吨69元计划成本入账的石子500 t。

2. 3日，银行转来东山采石场托收凭证，并附来2张专用发票，列明石子500 t，每吨60.80元，金额30 400元，增值税额3 952元，运费和装卸费3 200元，增值税额288元，经审核无误，当即承付，查该批石子上月末已入库。

3. 8日，收到银行转来上海钢铁公司的托收凭证，并附来2张专用发票，列明16 mm钢筋24 t，每吨4 200元，金额100 800元，增值税额13 104元，运费和装卸费1 400元，增值税额126元，经审核无误，当即承付。

4. 11日，仓库转来收料单，上海钢铁公司发来的24 t钢筋，已验收入库，钢筋每吨的计划成本为4 320元，予以转账。

5. 16日，银行转来江西水泥公司托收凭证，并附来2张专用发票，列明水泥200 t，每吨309元，金额61 800元，增值税额8 034元，运费和装卸费3 800元，增值税额342元，经审核无误，当即承付。

6. 18日，仓库转来收料单，江西水泥公司发来的200 t水泥已验收入库，水泥每吨的计划成本为333元，予以转账。

7. 25日，银行转来安徽建材市场托收凭证，并附来发票，开列黄沙300 t，每吨56元，金额16 800元，增值税额2 184元，运费和装卸费2 400元，增值税额216元，经审核无误，当即承付。

8. 28日，仓库转来收料单，安徽建材市场发来的300 t黄沙，已验收入库，黄沙每吨的计划成本为65元，予以转账。

9. 30日，编制材料采购汇总表，据以结转材料成本差异。

10. 30日，商务楼工程领用金属材料72 000元，领用硅酸盐材料38 200元，商品房工程领用金属材料46 800元，领用硅酸盐材料25 600元，予以转账。

11. 30日，分摊本月份各种主要材料发出的材料成本差异。

（三）苏州建筑公司6月编制的发出材料汇总表如图表3-19所示。

图表3-19

发出材料汇总表

2023年6月1—30日

编号：1026
单位：元

材料类别 / 用料对象	金属材料 计划成本	金属材料 差异（差异率1.2%）	硅酸盐材料 计划成本	硅酸盐材料 差异（差异率-1.5%）	其他主要材料 计划成本	其他主要材料 差异（差异率1.8%）	结构件 计划成本	结构件 差异（差异率-6%）	机械配件 计划成本	机械配件 差异（差异率1.6%）	其他材料 计划成本	其他材料 差异（差异率1%）	合计 计划成本	合计 材料成本差异
工程施工	135 000	1 620	96 800	-1 452	49 000	882	86 900	-869					367 700	181
其中：商务楼工程	75 000	900	54 800	-822	27 500	495	46 400	-464					203 700	109
商品房工程	60 000	720	42 000	-630	21 500	387	40 500	-405					164 000	72
机械作业部门									5 500	88	400	5	6 000	93
辅助生产部门											3 800	38	3 800	38
施工管理部门											900	9	900	9
行政管理部门											600	6	600	6
合计	135 000	1 620	96 800	-1 452	49 000	882	86 900	-869	5 500	88	5 800	58	379 000	327

三、要求

（一）根据资料（一），开设"原材料——主要材料"账户所属的明细分类账户和"材料成本差异——主要材料"账户所属的明细分类账户，并开设"材料采购——主要材料"账户所属的明细分类账户。

（二）根据资料（二），编制会计分录。

（三）根据会计分录登记"材料采购——主要材料"账户所属明细分类账户，"原材料——主要材料"账户所属明细分类账户和"材料成本差异——主要材料"账户所属的明细分类账户。

（四）根据资料（三），编制会计分录。

习题四

一、目的 练习委托加工材料的核算。

二、资料 曹阳建筑公司4月发生下列有关的经济业务。

1. 1日，仓库根据合同发给上海钢铁公司钢锭22 t，委托其加工12 mm钢筋21.75 t，该钢锭的计划成本为3 900元/t，材料成本差异率为1%。

2. 10日，上海钢铁公司送来加工完毕的12 mm钢筋21.75 t，当即支付其加工费4 200元，增值税额546元及加工材料往返运输及装卸费900元，增值税额81元。

3. 12日，仓库转来收料单，上海钢铁公司加工的12 mm钢筋21.75 t已验收入库，其每吨计划成本为4 200元，予以转账。

4. 18日，仓库根据合同发给上海钢铁公司钢锭15 t，委托其加工18 mm钢筋14.85 t，该钢锭的计划成本为3 900元/t，材料成本差异率为1%。

5. 27日，上海钢铁公司送来加工完毕的18 mm钢筋14.85 t，当即支付其加工费用3 200元，增值税额416元及加工材料往返运输及装卸费600元，增值税额54元。

6. 30日，仓库转来收料单，上海钢铁公司加工的18 mm钢筋14.85 t已验收入库，其每吨计划成本为4 280元，予以转账。

三、要求 编制会计分录。

习题五

一、目的 练习周转材料的核算。

二、资料 虹桥建筑公司6月发生下列有关的经济业务。

1. 1日，商务楼工程领用新钢管脚手架及其附件一批，计划成本为75 000元，成本差异率为0.8%，预计可使用5年，预计残值率10%，钢管脚手架采用分期摊销法。

2. 15日，商务楼工程领用安全网一批，计划成本为300元，成本差异率为-1%。安全网采用一次转销法。

3. 26日，在建的商品房工程竣工，经批准将在用的钢管脚手架报废，该批脚手架的计划成本为63 000元，预计可使用5年，预计残值率为10%，至今已摊销了59个月，残料估价6 100元，已验收入库，予以转账。

4. 30日，计提商务楼工程本月份领用新钢管脚手架及其附件的摊销额。

5. 30日，结转商务楼工程本月份领用新钢管脚手架及其附件的成本差异。

三、要求 编制会计分录。

习题六

一、**目的**　练习低值易耗品的核算。

二、**资料**　长安建筑公司3月发生下列有关的经济业务。

1. 2日，向新光服装公司购进工作服，收到专用发票，列明工作服300套，每套120元，金额36 000元，增值税额4 680元，工作服已验收入库，账款当即签发转账支票付讫。

2. 6日，向文华家具公司购进文件柜，收到专用发票2张，列明文件柜2只，每只1 600元，金额3 200元，增值税额416元，运输及装卸费100元，增值税额9元，文件柜已验收入库，款项签发转账支票付讫。

3. 10日，商品房工程工人领用本月2日购进的工作服180套，采用五五摊销法摊销。

4. 12日，经理室和财会科领用本月16日购进的文件柜各1只，采用五五摊销法摊销。

5. 18日，商务楼工程领用手推车2辆，每辆330元，机械作业部门领用千斤顶1只，金额360元，辅助生产车间领用工作服2套，每套120元，采用五五摊销法摊销。

6. 20日，商务楼工程领用铁镐5把，每把50元，施工管理部门领用安全帽2顶，每顶30元，采用一次转销法摊销。

7. 25日，以现金支付商品房工程使用的手推车修理费80元，增值税额10.40元，支付行政管理部门的打印机修理费120元，增值税额15.60元。

8. 26日，经理室和财会科各报废文件柜1只，每只账面原值1 200元，已摊销了50%，每只残料估价40元，已验收入库。

9. 30日，商品房工程报废手推车1辆，原值320元，已摊销了50%，残料估价25元；已验收入库，报废铁镐2把，铁镐采用一次转销法，残料出售收入现金8元。

三、**要求**　编制会计分录。

习题七

一、**目的**　练习存货清查盘点和期末计量的核算。

二、**资料**　浦江建筑公司发生下列有关的经济业务。

1. 6月22日，仓库送来存货盘盈盘亏报告单如图表3-20所示，予以转账。

图表3-20

存货盘盈盘亏报告单

2023年6月22日

品　名	计量单位	单　价	账存数量	实存数量	盘盈		盘亏		原　因
					数量	金　额	数量	金　额	
瓷水斗	只	22.00	1 200	1 205	5	110.00			待查
木材	m³	2 000.00	10	9			1	2 000.00	待查
合　计	—	—				110.00		2 000.00	

2. 6月26日，今查明本月22日盘盈的瓷水斗，系收发工作中的差错经批准予以核销转账。

3. 6月27日，今查明本月22日盘亏的木材系保管员失职所造成，经批准其中75%予以核销转账，其余25%责成保管员赔偿。

4. 6月30日，仓库送来存货可变现净值低于成本报告单如图表3-21所示，经审核无误，予以转账。

图表3-21

存货可变现净值低于成本报告单

填报部门：仓库　　　　　　　　2023年6月30日　　　　　　　　金额单位：元

品　名	规　格	计量单位	成本单价	可变现单价	单位减值额	结存数量	减值金额	减值原因
钢筋	14mm	t	4 350	4 210	140	36	5 040	市价
钢筋	18mm	t	4 410	4 285	125	24	3 000	下跌
合　计							8 040	

5. 7月31日，6月30日计提减值的14 mm钢筋的价值，每吨上涨至4 360元；18 mm钢筋的价值上涨至每吨4 405元，结存数量不变，予以转账。

三、要求　编制会计分录。

第四章　应收及预付款项

第一节　应收及预付款项概述

一、应收及预付款项的含义

应收及预付款项是指企业在日常施工生产经营过程中发生的各项债权。应收及预付款项是企业变现能力较强的一项资产，也是企业流动资产的重要组成部分。

企业为了有利于施工经营活动的开展，往往采用商业信用的方式给予客户赊账或预付账款，以广泛地吸引客户，争取工程量和货源，因此而形成了对其他企业的债权关系。

在市场经济条件下，存在激烈的竞争，商业信用的应用虽然给企业的承接工程和商品交易提供了便利，同时也给企业带来了不确定的因素。应收及预付款项常常会有一部分不能及时收回，影响了企业的资金周转和偿债能力，造成坏账损失。因此，施工企业在承接工程和产品购销活动中，必须注意调查发包单位、购货单位和供货单位的信用状况，制定合理的信用标准，对已发生的应收及预付款项应及时进行清算或催收，以控制风险和损失，并应根据谨慎性会计信息质量要求计提坏账准备。

二、应收及预付款项的分类

应收及预付款项按其经济内容不同，可分为应收票据、应收账款、预付账款、应收股利、应收利息和其他应收款六种。

1. 应收票据

应收票据是指企业因工程结算、销售产品、材料和提供劳务等而收到的商业汇票。应收票据在第二章中已作了阐述，不再重复。

2. 应收账款

应收账款是指企业因工程结算、销售产品、材料和提供劳务等经营活动应向发包单位、购货单位或接受劳务单位收取的款项。

3. 预付账款

预付账款是指企业按照合同约定预付给分包单位的施工款项和预付给供应单位的款项。

4. 应收股利

应收股利是指企业应收取的现金股利和应收取其他单位分配的利润。应收股利的核算将在第六章中阐述。

5. 应收利息

应收利息是指企业交易性金融资产、持有至到期投资、可供出售金融资产等应收取的利息。应收利息的核算将在第六章中阐述。

6. 其他应收款

其他应收款是指企业除应收票据、应收账款、预付账款、应收股利、应收利息等以外的其他各种应收、暂付款项。

第二节 应收账款

一、应收账款的确认和计价

企业为了扩大营业收入以增加企业的利润，往往会给予建设单位、购货单位一定赊账付款期，这样赊账就成为企业促进承接施工业务、产品销售和提供劳务的手段之一，从而产生了应收账款。

企业的应收账款主要有工程结算收入、产品销售收入和提供劳务收入等组成。应收账款是由于赊账业务而产生的，因此确认应收账款的入账时间与赊账收入实现的时间是一致的。

应收账款通常按实际发生额计价入账，但计价时应考虑现金折扣等因素。

二、应收账款的核算

在正常情况下，应收账款按应收工程款或销售产品时确定的交易金额收回。然而，企业在给予客户赊账后，应收账款收回需要一定的日期，企业为了尽快收回账款，以加速资金周转，可以采用现金折扣的方式。

现金折扣是指债权人为鼓励债务人在规定的期限内付款，而向债务人提供的债务扣除。企业赊账后，为了鼓励客户提前偿还账款，通常与债务人达成协议，债务人在不同期限内付款，可享受不同比例的折扣。现金折扣一般用符号"折扣/期限"表示。如付款方在 10 天内付款可按账款给予 2%的折扣，用符号"2/10"表示；在 20 天内付款可按账款给予 1%的折扣，用符号"1/20"表示；在 30 天内付款，则不给折扣，用符号"n/30"表示。由此可见，现金折扣实质上是收款方为了尽快回笼资金而发生的理财费用。由于现金折扣在营业收入实现以后才发生，因此应收账款应按营业收入实现时发生的金额入账。企业实际发生现金折扣时，再将其列入"财务费用"账户。

采用现金折扣方式，收付款双方应事先订立合同，作为落实现金折扣的依据。施工企业对于营业收入的入账金额核算方法应采用总价法。总价法是指以未减去现金折扣前的收入作为营业收入入账。

【例 4-1】 江宁建筑公司对赊账的工程款给予现金折扣优惠，其折扣条件为"2/10，1/20，n/30"。

（1）3 月 11 日，为天成公司建造的办公楼已竣工，验收合格，当即开具专用发票，开列工程款 120 000 元，增值税额 10 800 元，作分录如下：

借：应收账款——应收工程款——天成公司   130 800.00
 贷：主营业务收入   120 000.00
   应交税费——应交增值税——销项税额   10 800.00

（2）3 月 21 日，收到天成公司转账支票一张，金额 128 400 元，系支付 3 月办公楼已完工程账款，作分录如下：

借：银行存款   128 400.00
  财务费用   2 400.00
 贷：应收账款——天成公司   130 800.00

"应收账款"是资产类账户，用以核算企业因工程结算、销售产品、材料和提供劳务等经营活动应向发包单位、购货单位和接受劳务单位收取的款项。企业的经营业务收入发生应收款项时，记入借方；企业收回应收款项、发生现金折扣和发生经确认的坏账损失转账时，记入贷方；期末余额在借方，表示企业尚未收回的应收账款。

第三节 预付账款和其他应收款

一、预付账款的核算

施工企业作为总包方，发包给分包单位工程时，往往需要预付部分工程款和备料款。通常由施工企业根据工程合同的约定预付给分包单位工程款和备料款，届时借记"预付账款"账户；贷记"银行存款"账户。等分包工程竣工结算分包工程款时，按全部分包工程款，借记"主营业务成本"账户；按预付工程款和备料款，贷记"预付账款"账户；两者之间的差额，贷记"银行存款"账户。

【例4-2】 静安建筑公司分包给南安建筑公司道路建筑工程，全部工程款220 000元。

（1）3月1日，根据工程合同约定，签发转账支票预付分包工程68 000元，备料款20 000元，作分录如下：

借：预付账款——南安建筑公司　　　　　　　　　　　　　　88 000.00
　贷：银行存款　　　　　　　　　　　　　　　　　　　　　　88 000.00

（2）4月25日，道路建筑工程竣工，验收合格，当即签发转账支票付清账款，作分录如下：

借：主营业务成本　　　　　　　　　　　　　　　　　　　220 000.00
　贷：预付账款——南安建筑公司　　　　　　　　　　　　　88 000.00
　　　银行存款　　　　　　　　　　　　　　　　　　　　132 000.00

施工企业为了满足施工生产的需求，在向供货单位定购特殊规格的材料时，往往需要预先支付定金或部分账款。采取预付账款方式应在购货合同上列明定购材料的名称、规格、数量、单价、金额、预付的金额和交货日期等，财会部门根据合同的约定预付账款时，借记"预付账款"账户、贷记"银行存款"账户。等收到供货单位的材料和专用发票时，根据专用发票上列明的材料金额，借记"原材料"或"周转材料"等有关账户；根据列明的税额，借记"应交税费"账户；根据价税合计金额，贷记"预付账款"账户和"银行存款"账户。

【例4-3】 卢湾建筑公司向精艺模具公司定购各种模具一批，货款30 000元，增值税额3 900元，根据合同约定先预付账款30%，30天后交货时，再支付70%。

（1）4月5日，签发转账支票预付精艺模具公司账款10 530元，作分录如下：

借：预付账款——精艺模具公司　　　　　　　　　　　　　10 530.00
　贷：银行存款　　　　　　　　　　　　　　　　　　　　10 530.00

（2）5月5日，收到精艺模具公司发来的模具及专用发票，开列货款30 000元，增值税额3 900元，模具已验收入库，当即签发转账支票支付模具其余70%的账款，作分录如下：

借：周转材料——在库周转材料   30 000.00
  应交税费——应交增值税——进项税额   3 900.00
  贷：预付账款——精艺模具公司   10 530.00
    银行存款   23 370.00

"预付账款"是资产类账户，用以核算企业按照合同约定预付的款项。企业预付工程价款或预付购货款时，记入借方；企业结算工程价款或收到材料等存货以及发生坏账损失转销预付款项时，记入贷方；期末余额在借方，表示企业预付的款项。

二、其他应收款的核算

其他应收款主要包括企业应收的各种赔款、罚款、存出保证金、应向职工收取的各种垫付款项，其中有些内容已在前面有关章节中作了阐述，这里仅阐述职工因工作需要临时借款的核算内容。

当有关职能部门或工作人员因零星采购、出差等业务需要临时借支款项时，应先提出用款申请，并列明借款金额和归还的日期，经领导审批、同意后，由财会部门拨付款项。使用后凭付款凭证向财会部门报账，财会部门审核无误后，采用多退少补的方式予以结清销账。

【例4-4】卢湾建筑公司工程师王鹏飞经批准预支差旅费1 500元。

（1）5月15日，王鹏飞预支差旅费1 500元，以现金付讫，作分录如下：

借：其他应收款——王鹏飞   1 500.00
  贷：库存现金   1 500.00

（2）5月22日，王鹏飞出差回来报销差旅费1 420元，并退回多余现金80元，以结清预支款，作分录如下：

借：管理费用——差旅费   1 420.00
  库存现金   80.00
  贷：其他应收款——王鹏飞   1 500.00

企业对职工因工作需要的临时借款应加强管理，对于超过报销期限的临时采购、出差的人员应督促其尽快报销清账。

"其他应收款"是资产类账户，用以核算企业除应收票据、应收账款、预付账款、应收股利、应收利息等以外的其他各种应收及暂付款项。企业发生各种其他应收及暂付款项时，记入借方；企业收回各种其他应收及暂时款项和发生确认的坏账损失转销时，记入贷方；期末余额在借方，表示尚未收回的其他各种应收及暂付款项。

第四节 坏账损失

一、坏账损失的确认

坏账是指企业无法收回或收回的可能性极小的应收款项。由于坏账而给企业造成的损失称为坏账损失。

企业确认坏账损失的条件有以下两点：一是因债务人破产或者死亡，以其破产财产或者遗产清偿后，仍然无法收回的应收账款；二是因债务人较长时期内未履行偿债义务，并有足够的证据表明无法收回或收回的可能性极小的应收账款。

企业对于已确认为坏账的应收款项，并不意味着企业放弃了追索权，一旦重新收回，应及时予以入账。

二、坏账损失的核算

坏账损失的核算方法有直接转销法和备抵法两种。

（一）直接转销法的核算

直接转销法是指在实际发生坏账时确认坏账损失，计入当期损益，同时注销应收账款的核算方法。

【例 4-5】 浦昌建筑公司应收广深公司账款 9 000 元，3 年来因该公司濒临破产，账款无法收回，转作坏账损失。作分录如下：

借：信用减值损失——坏账损失　　　　　　　　　　　　　　　9 000.00
　贷：应收账款——广深公司　　　　　　　　　　　　　　　　　9 000.00

如果应收账款作坏账损失处理后，又收回全部或部分账款时，应按实际收回的金额先借记"应收账款"账户，贷记"信用减值损失"账户；冲转原分录后，再借记"银行存款"账户，贷记"应收账款"账户。

这种核算方法简便易行。但本期的坏账损失是由于前期的赊账而发生的，因此影响了收入和费用的配比。故这种方法仅适用于应收账款较少，很少发生坏账损失的小型企业。

（二）备抵法的核算

备抵法是指按期预计坏账损失，形成坏账准备，当有应收款项被确认为坏账时，据以冲减坏账准备，同时转销相应的应收款项金额的方法。应收账款是应收款项的主体。

备抵法认为坏账损失与企业由于赊账而产生的应收账款有直接的联系，因此坏账损失应与赊账实现的收入计入同一会计期间，使企业的收入与费用相配比。因此，企业应在期末对应收账款进行全面检查，预计各项应收账款可能发生的坏账，对于没有把握能够收回的应收账款，应当计提坏账准备。

企业应当定期或者至少于每年年末分析各项应收款项的可收回性，预计可能产生的坏账损失。对没有把握能够收回的应收款项，应计提坏账准备。计提坏账准备的方法由企业自行确定。企业应当制定计提坏账准备的政策，明确计提坏账准备的范围、提取方法、账龄的划分和提取比例，按照管理权限，报经批准后执行。坏账准备计提的方法一经确定，不得任意变更。

施工企业采用备抵法进行坏账准备核算时，先要按期预计坏账损失。预计坏账损失的方法有余额百分比法、账龄分析法和赊账百分比法三种。

1. 余额百分比法

余额百分比法是指根据会计期末应收款项的余额和预计的坏账率，预计坏账损失，计提坏账准备的方法。能在会计期末计提坏账准备的应收款项有应收账款、预付账款和其他应收款。

企业根据会计期末应收款项余额预计的坏账损失是"坏账准备"账户的期末余额，在计提本期坏账准备时，还应考虑"坏账准备"账户原有的余额。其计算公式如下：

本期应计提坏账准备=预计的坏账损失-"坏账准备"账户贷方余额

预计的坏账损失=期末各应收款项的账户余额×预计坏账准备率

【例 4-6】 环球建筑公司采用余额百分比法计提坏账准备。该公司 3 月 31 日"应收账款""预付账款""其他应收款"账户的余额分别为 500 000 元、50 000 元和 20 000 元,预计坏账准备率为 5‰。"坏账准备"账户所属"应收账款""预付账款""其他应收款"明细账的余额分别为贷方余额 1 350 元、200 元和借方余额 320 元,计算本期应计提坏账准备如下:

$$计提本期应收账款坏账准备 = 500\,000 \times 5‰ - 1\,350 = 1\,150(元)$$

$$计提本期预付账款坏账准备 = 50\,000 \times 5‰ - 200 = 50(元)$$

$$计提本期其他应收款坏账准备 = 20\,000 \times 5‰ - (-320) = 420(元)$$

根据计算的结果,作分录如下:

借:信用减值损失——坏账损失   1 620.00

  贷:坏账准备——应收账款   1 150.00

    坏账准备——预付账款   50.00

    坏账准备——其他应收款   420.00

当企业发生坏账损失时,再借记"坏账准备"账户,贷记"应收账款""预付账款""其他应收款"等账户。

2. 账龄分析法

账龄分析法是指根据会计期末应收款项余额账龄的长短和不同账龄的预计坏账率,预计坏账损失,计提坏账准备的方法。账龄是指客户所欠账款的时间。这种方法考虑的是欠款单位拖欠账款的日期越长,收回账款的可能性就越小,那么坏账的可能性就越大,应提的坏账准备也就越多。

账龄分析法的具体计算方法,是通过将应收款项拖欠日期的长短划分为若干阶段,根据历史资料和经验为每一阶段确定一个坏账损失的比例,以此预计坏账损失。这一方法同应收款项余额百分比法一样,也应考虑坏账准备账户原有的余额。

【例 4-7】 星海建筑公司采用账龄分析法,2023 年 6 月 30 日"应收账款"账户余额为 776 850 元,"坏账准备——应收账款"账户余额在贷方,为 2 610 元。根据账龄预计坏账损失情况如图表 4-1 所示。

图表 4-1

坏账准备计算表

2023 年 6 月 30 日   单位:元

账 龄	应收账款余额	预计坏账准备率/%	坏账准备
未到期	500 000	0.1	500
逾期 1 个月以上	185 000	0.2	370
逾期 3 个月以上	60 000	0.3	180
逾期 6 个月以上	20 000	1	200
逾期 1 年以上	6 000	10	600
逾期 2 年以上	3 600	40	1 440
逾期 3 年以上	2 250	100	2 250
合 计	776 850	—	5 540

计算本期应计提坏账准备如下:

$$本期应提坏账准备 = 5\,540 - 2\,610 = 2\,930(元)$$

根据计算的结果，作分录如下：

借：信用减值损失——坏账损失　　　　　　　　　　　　　2 930.00

　　贷：坏账准备——应收账款　　　　　　　　　　　　　　　2 930.00

"坏账准备"是资产类账户，它是"应收账款""预付账款""其他应收款"等账户的抵减账户，用以核算企业应收款项的坏账准备。企业按规定提取坏账准备时，记入贷方；企业发生坏账损失时，记入借方；期末余额通常在贷方，表示企业已经提取尚未转销的坏账准备，若期末余额在借方，则表示企业的坏账损失超过坏账准备的数额。在"坏账准备"账户下，应分别设置"应收账款""预付账款""其他应收款"明细分类账。

3. 赊账百分比法

赊账百分比法是指根据赊账金额和预计坏账准备率，预计坏账损失，计提坏账准备的方法。这种方法是考虑到坏账仅与本期因赊账而发生的应收款项有关，而与前期的赊账无关。本期的赊账金额越大，发生的坏账损失也就越多。

备抵法的核算比较复杂。但它能将本期的坏账损失与本期的赊账金额相联系，使收入与费用配比，这种方法适用于绝大多数的企业。

练 习 题

一、简答题

1. 什么是应收及预付款项？它是怎样产生的？

2. 企业应收账款包括哪些内容？它是怎样确认和计价的？

3. 什么是坏账？什么是坏账损失？确认坏账损失的条件有哪些？

4. 坏账损失有哪两种核算方法？分述这两种方法的优缺点和适用性。

5. 什么是备抵法？其理论依据是什么？

二、名词解释题

应收账款　应收股利　其他应收款　现金折扣　直接转销法　余额百分比法　账龄分析法　赊账百分比法

三、是非题

1. 预付账款是指企业按照合同规定预付给分包单位的施工款项。　　　　　（　　）

2. 确认应收账款计价时还应考虑现金折扣的因素。　　　　　　　　　　　（　　）

3. 现金折扣是指债权人为鼓励债务人在规定的期限内付款，而给予债务人的一种优惠。

　　　　　　　　　　　　　　　　　　　　　　　　　　　　　　　　　（　　）

4. 坏账是指企业无法收回或收回的可能性极小的应收账款。　　　　　　　（　　）

5. 赊账百分比法是指根据销售金额和预计的坏账率，预计坏账损失，计提坏账准备的方法。　　　　　　　　　　　　　　　　　　　　　　　　　　　　　　　　（　　）

6. 坏账损失和现金折扣都会影响应收账款的如数收回。　　　　　　　　　（　　）

四、单项选择题

1. ＿＿＿＿＿＿是核算坏账损失简便易行的方法。

　　A. 余额百分比法　　　　　　　　　　　B. 账龄分析法

　　C. 赊账百分比法　　　　　　　　　　　D. 直接转销法

2. 某企业年末"坏账准备——应收账款"账户为借方余额 450 元，"应收账款"账户余额为 300 000 元，按 6‰计提坏账准备，应提取的金额为＿＿＿＿＿元。

A. 1 800　　　　　　　　　　B. 1 350

C. 2 250　　　　　　　　　　D. −1 350

五、多项选择题

1. 应收及预付款项包括应收票据、应收账款、预付账款和＿＿＿＿＿。

A. 应收股利　　　　　　　　B. 其他应收款

C. 暂付账款　　　　　　　　D. 应收利息

2. 坏账准备提取的方法有＿＿＿＿＿。

A. 余额百分比法　　　　　　B. 账龄分析法

C. 赊账百分比法　　　　　　D. 备抵法

3. 其他应收款主要包括＿＿＿＿＿。

A. 存出保证金　　　　　　　B. 应收的各种赔款和罚款

C. 应向职工收取的各种垫付款项　　D. 应向客户收取的各种垫付款项

六、实务题

习题一

一、**目的**　练习应收账款的核算。

二、**资料**　武宁建筑公司对赊账工程款给予现金折扣优惠，其折扣条件为"2/10，1/20，n/30"。3 月发生下列有关的经济业务。

1. 3 日，为长宁公司建造的职工宿舍已竣工，验收合格，当即开具专用发票，开列工程款 180 000 元，增值税额 16 200 元。

2. 6 日，为华声公司建造的办公楼已竣工，验收合格，当即开具专用发票，开列工程款 150 000 元，增值税额 13 500 元。

3. 10 日，为光明商厦建造的商场已竣工，验收合格，当即开具专用发票，开列工程款 220 000 元，增值税额 19 800 元。

4. 16 日，华声公司付来本月 6 日赊账工程账款的转账支票 1 张，已存入银行。

5. 23 日，长宁公司付来本月 3 日赊账工程账款的转账支票 1 张，已存入银行。

6. 31 日，光明商厦付来本月 10 日赊账工程账款的转账支票 1 张，已存入银行。

三、**要求**　编制会计分录。

习题二

一、**目的**　练习预付账款和其他应收款的核算。

二、**资料**　鸿兴建筑公司发生下列有关的经济业务。

1. 4 月 1 日，将商品房的基础工程分包给南通建筑公司，全部工程款 280 000 元，根据工程合同约定，签发转账支票预付分包工程款 80 000 元，备料款 25 000 元。

2. 4 月 5 日，向东平模具公司定购各种模具一批，货款 36 000 元，增值税额 4 680 元，根据合同约定，先预付账款的 40%，30 天后交货时再支付 60%。

3. 5 月 5 日，收到东模平模具公司发来的模具和专用发票，开列各种模具的货款共 36 000元，增值税额 4 680 元，当即签发转账支票支付模具其余 60%的账款，并将模具验收入库，结转其采购成本。

4. 5月28日，南通建筑公司分包的商品房基础工程已竣工，验收合格，当即签发转账支票付清其余的账款。

5. 6月26日，建筑工程师周明预支差旅费1 600元，以现金支付。

6. 6月30日，建筑工程师周明出差回来报销差旅费1 550元，并退回多余现金50元。

三、**要求**　编制会计分录。

习题三

一、**目的**　练习坏账损失的核算。

二、**资料**

（一）安庆建筑公司11月1日"坏账准备"账户所属的"应收账款""预付账款""其他应收款"明细账户的贷方余额分别为2 550元、296元、80元。接着又发生下列有关的经济业务。

1. 11月15日，应收华庆公司前欠工程尾款6 000元，因该公司已破产而无法收回，经批准转作坏账损失。

2. 11月30日，"应收账款""预付账款""其他应收款"账户余额分别为522 000元、75 000元、21 000元，预计坏账准备率为5‰，计提本月份坏账准备。

3. 12月20日，"预付账款"账户中预付昌明公司的定金6 000元，因该公司已破产半年，无法收回，经批准作坏账损失处理。

4. 12月31日，"应收账款""预付账款""其他应收款"账户余额分别为556 000元、69 000元、18 000元，预计坏账准备率为5‰，计提本月份坏账准备。

（二）曹阳建筑公司11月30日"坏账准备——应收账款"账户为贷方余额585元，11月和12月应收账款账龄及预计坏账准备率如图表4-2所示。

图表4-2

应收账款账龄及预计坏账准备率表

单位：元

账　　龄	预计坏账准备率/%	11月末应收账款余额	12月末应收账款余额
未到期	0.1	480 000	510 000
逾期1个月以上	0.2	192 000	188 000
逾期3个月以上	0.3	48 000	50 000
逾期6个月以上	1	22 000	24 000
逾期1年以上	10	8 000	9 000
逾期2年以上	40	3 200	3 500
逾期3年以上	100	25 000	2 700
合　　计		778 200	787 200

三、**要求**

（一）根据"资料（一）"，用余额百分比法编制会计分录。

（二）根据"资料（一）"第一、第三笔经济业务用直接转销法编制会计分录。

（三）根据"资料（二）"，用账龄分析法编制会计分录。

第五章 固定资产、临时设施、无形资产和长期待摊费用

第一节 固定资产

一、固定资产概述

(一) 固定资产的概念/定义

固定资产是指为生产商品、提供劳务、出租或经营管理而持有的、使用寿命超过一个会计年度、单位价值较高的有形资产。使用寿命是指企业使用固定资产的预计期间，或者该固定资产所能生产产品或提供劳务的数量。固定资产包括房屋建筑物、机器、机械、运输工具，以及其他与生产、经营有关的设备、器具和工具等。为了便于教学，现将固定资产单位价值定为2 000元以上（包括2 000元）。在实际工作中，企业应根据不同固定资产的性质和消耗方式，结合本企业的经营管理特点，具体确定固定资产的价值判断标准。

企业确认固定资产必须同时满足以下两个条件：一是与该固定资产有关的经济利益很可能流入企业；二是该固定资产的成本能够可靠地计量。

固定资产使用寿命长，单位价值高，具有实物形态，并且在使用过程中长期保持其原有的实物形态的特点。固定资产在施工生产经营过程中，由于不断地使用而逐渐发生损耗，其损耗的价值以折旧的形式逐步地转入工程成本、产品成本和管理费用中去，并从工程施工收入中得到补偿。这样，固定资产损耗的价值，随着时间的推移，不断地从实物形态转变为货币形态，直至固定资产报废清理时才全部完成这一转变过程。因此，占用在固定资产上的资金需要较长的时间才能完成一次周转。这与流动资产的不断循环周转，不断地从实物形态转变为货币形态，又从货币形态转变为实物形态的情况有很大的区别。

固定资产是施工企业开展施工生产经营活动所必需具备的劳动资料，其数量和质量在一定程度上反映了企业施工生产经营规模的大小和技术装备水平的高低。它在提高劳动生产率和工程质量、减轻劳动强度、降低存货损耗、改善经营管理和提高经济效益等方面发挥着重要的作用。

(二) 固定资产的分类

固定资产有多种不同的分类，施工企业经常采用的是按经济用途和使用情况综合分类，可以分为以下七类。

1. 生产经营用固定资产

生产经营用固定资产是指直接服务于企业施工生产经营过程的固定资产，如施工生产经营用房屋、建筑物、施工机械设备、器具、工具、运输工具和办公设备等。

2. 非生产经营用固定资产

非生产经营用固定资产是指不直接服务于施工生产经营过程的固定资产，如用于职工物质文化生活上需要的食堂、医务室、托儿所、职工宿舍、俱乐部等。

3. 租出固定资产

租出固定资产是指企业出租给外单位的固定资产。

4. 未使用固定资产

未使用固定资产是指已完工或已购建的尚未交付使用的固定资产和因进行改建、扩建等原因停止使用的固定资产。它不包括由于季节性或进行大修理等原因而暂时停止使用的固定资产。

5. 不需用固定资产

不需用固定资产是指本企业多余或不适用需要调配处理的固定资产。

6. 土地

土地是指企业已经估价单独入账的土地。

7. 融资租入固定资产

融资租入固定资产是指企业采取融资租赁方式租入的固定资产。

二、固定资产的计量

企业由于核算和管理的需要，对固定资产的计量有原始价值、净值和净额三种计量标准。

(一) 原始价值

原始价值（简称原值）是指企业取得某项固定资产时的成本。由于固定资产的来源不同，其原始价值的构成也各异，现分别予以阐述。

1. 外购的固定资产

按照购买价款、相关税费、使固定资产达到预定可使用状态前所发生的可归属于该项资产的运输费、装卸费、安装费和专业人员服务费等计量。相关税费是指进口固定资产发生的进口关税、消费税等。

2. 自行建造的固定资产

按照建造该项资产达到预定可使用状态前所发生的必要支出计量。

3. 投资者投入的固定资产

按照投资合同或协议约定的价值计量。

4. 融资租入的固定资产

按照租赁开始日租赁资产的公允价值与最低租赁付款额的现值两者中较低者计量。

5. 接受捐赠的固定资产

如捐赠方提供有关凭证的，按照凭证上标明的金额，加上支付的相关税费入账；如捐赠方未提供有关凭证的，按照同类或类似资产的市场价格，加上支付的相关税费计量。

6. 盘盈的固定资产

按照同类或类似固定资产的市场价格减去按该项资产新旧程度估计的价值损耗后的余额计量。

7. 在原有固定资产基础上进行改建、扩建的固定资产

按照原有固定资产账面原值，减去改建、扩建过程中发生的变价收入，加上由于改建、扩建使该项资产达到预定可使用状态前发生的支出计量。

(二) 净值

净值是指固定资产原始价值减去累计折旧后的价值。

固定资产按原始价值计量，可以反映投资者对企业固定资产的原始投资额及企业的生产经营能力，并作为计提折旧的依据。净值可以反映企业固定资产的现有价值，将其同原始价值对比，可以看出固定资产的新旧程度。

（三）净额

净额是指固定资产净值减去已计提的减值准备后的价值。它可以反映企业固定资产的实有价值。

三、固定资产取得的核算

企业取得固定资产的主要渠道有购建固定资产的核算、投资者投入固定资产的核算、接受捐赠固定资产的核算、融资租入固定资产的核算等。融资租入固定资产的核算将在第八章第三节中阐述。

（一）购建固定资产的核算

购建固定资产是指企业以现金或通过负债购置建造的固定资产。购建的固定资产应按发生的实际成本入账。

企业购置的固定资产，有的不需要安装，如房屋、建筑物、施工机械和运输工具等；有的需要安装，如机器设备、空调设备等，它们的计量范围和核算方法也各有所不同。

购置不需要安装的固定资产时，其入账的原始价值包括购买价款（简称买价）、运输费、装卸费和专业人员服务费等。

【例 5-1】 天津建筑公司向山东推土机公司购进推土机 1 台，2 张专用发票列明推土机买价 128 000 元，增值税额 16 640 元；运输费和装卸费 500 元，增值税额 45 元。全部款项一并从银行汇付给对方，推土机也已收到，达到预定可使用状态，并验收使用。作分录如下：

借：固定资产——生产经营用固定资产	128 500.00
应交税费——应交增值税——进项税额	16 685.00
贷：银行存款	145 185.00

购置需要安装的固定资产时，其入账价值除了包括买价、运输费和装卸费，还要加上安装费和专业人员服务费等，届时应通过"工程物资""在建工程"账户进行核算。

【例 5-2】 南昌建筑安装公司向上海机床公司购进车床 1 台，2 张专用发票列明车床买价 120 000 元，增值税额 15 600 元；运输费和装卸费 800 元，增值税额 72 元。

（1）全部款项一并从银行汇付对方，车床已验收入库，作分录如下：

借：工程物资	120 800.00
应交税费——应交增值税——进项税额	15 672.00
贷：银行存款	136 472.00

（2）本公司安装队领取车床进行安装时，作分录如下：

借：在建工程——安装车床	120 800.00
贷：工程物资	120 800.00

（3）本公司安装队领用车床安装材料 800 元，作分录如下：

借：在建工程——安装车床	800.00
贷：原材料	800.00

（4）分配车床安装调试人员的薪酬 2 400 元，作分录如下：

借：在建工程——安装车床   2 400.00
　贷：应付取工薪酬   2 400.00

（5）车床安装完毕，达到预定可使用状态，已验收使用，作分录如下：

借：固定资产——经营用固定资产   124 000.00
　贷：在建工程——安装车床   124 000.00

"固定资产"是资产类账户，用以核算企业固定资产的原始价值。企业购建、投入、融资租入、接受捐赠和盘盈固定资产时，记入借方；企业出售、报废、毁损、投资转出和盘亏固定资产时，记入贷方；期末余额在借方，表示企业现有固定资产的原始价值。

企业自行建造固定资产的核算方法与购置需要安装的固定资产相同，也通过"工程物资"和"在建工程"账户核算，不再重述。

"工程物资"是资产类账户，用以核算企业为在建工程准备的各种物资的成本，包括工程用材料、尚未安装的设备等。购入各种工程物资及各种工程退还领用多余工程物资时，记入借方；领用工程物资时，记入贷方；期末余额在借方，表示企业为在建工程准备的各种物资的成本。

"在建工程"是资产类账户，用以核算企业进行基建、安装和更新改造等固定资产在建工程发生的支出。企业发生各项固定资产在建工程支出时，记入借方；当固定资产在建工程竣工，达到预定可使用状态，交付使用，结转实际工程成本时，记入贷方；期末余额在借方，表示企业尚未达到预定可使用状态的固定资产在建工程的成本。本账户应按各工程项目进行明细分类核算。

（二）投资者投入固定资产的核算

投资者投入固定资产是指以投入资本形式进入企业的固定资产。这类投资企业可以根据"固定资产交接清单"等凭证，经审核无误后，才能据以入账。

企业收到投资者投入的固定资产时，应按投资合同或协议约定的价值，借记"固定资产"账户；贷记"实收资本"账户。

【例5-3】 天津建筑公司接受凯达公司投入推土机 3 台，投资合同约定 3 台推土机按 480 000 元计量，推土机已达到预定可使用状态，并已验收使用，作分录如下：

借：固定资产——生产经营用固定资产   480 000.00
　贷：实收资本   480 000.00

（三）接受捐赠固定资产的核算

企业接受捐赠的固定资产，按捐赠者提供的发票、报关单等有关凭证入账。如接受时没有明确的价目账单，应按照同类资产当前的市场价格入账。接受固定资产时发生的各项费用应计入固定资产原值。收到捐赠固定资产时，按确定的入账价值，借记"固定资产"账户，贷记"营业外收入"账户。

【例5-4】 天津建筑公司收到东海电器公司捐赠的液晶电视机 1 台，捐赠方提供的专用发票标明买价为 6 000 元，以转账支票支付手续费 300 元。液晶电视机已达到预定可使用状态，并验收使用，作分录如下：

借：固定资产——生产经营用固定资产   6 300.00
　贷：营业外收入   6 000.00
　　银行存款   300.00

四、固定资产折旧的核算

(一) 固定资产折旧概述

固定资产折旧是指在固定资产的使用寿命内，按照确定的方法对应计折旧额进行的系统分摊。使用寿命是指固定资产预期使用的期限。

应计折旧额是指应当计提折旧的固定资产的原价扣除其预计净残值后的金额。已计提减值准备的固定资产，还应当扣除已计提的固定资产减值准备累计金额。预计净残值是指假定固定资产预计使用寿命已满，并处于使用寿命终了时的预期状态，企业目前从该项资产中获得的扣除预计处置费用后的金额。

企业应当根据固定资产的性质和使用情况，合理确定固定资产的使用寿命和预计净残值。固定资产的使用寿命、预计净残值一经确定，不得随意变更。

企业在确定固定资产的使用寿命时，应考虑的因素有：该资产的预计生产能力或实物产量；该资产的有形损耗，如设备使用中发生磨损，房屋建筑物受到自然侵蚀等；该资产的无形损耗，如因新技术的出现而使现有的资产技术水平相对陈旧，市场要求变化使产品过时等；法律或者类似规定对资产使用的限制。

(二) 固定资产折旧的计提范围

企业的固定资产应按月计提折旧。除了已计提折旧仍继续使用的固定资产和按规定单独估价作为固定资产入账的土地外，所有的固定资产都应计提折旧。

企业在实际计提固定资产折旧时，当月增加的固定资产，当月不提折旧，从下月起计提折旧；当月减少的固定资产，当月仍计提折旧，从下月起停止计提折旧。

(三) 固定资产折旧的计算方法

企业应当根据与固定资产有关的经济利益的预期实现方式合理选择固定资产折旧的计算方法，可选用的折旧方法有平均折旧法和加速折旧法两类。固定资产折旧的计算方法一经确定，不得随意变更。

1. 平均折旧法

平均折旧法是指根据固定资产的损耗程度均衡地提取折旧的方法。根据具体计算方法不同，平均折旧法又可分为年限平均法和工作量法。

(1) 年限平均法。它又称为直线折旧法，是指根据固定资产的使用寿命平均计算折旧的方法。其计算公式如下：

$$年折旧率 = \frac{1 - 预计净残值率}{使用寿命}$$

$$月折旧率 = \frac{年折旧率}{12}$$

$$月折旧额 = 固定资产原始价值 \times 月折旧率$$

预计净残值率是指预计净残值与固定资产原始价值的比率。

【例5-5】沪西建筑公司有塔吊一座，原始价值 180 000 元，预计可使用 10 年，预计净残值率为 4%。该塔吊的年折旧率和月折旧额计算如下：

$$年折旧率 = \frac{1 - 4\%}{10} = 9.6\%$$

$$月折旧率=\frac{9.6\%}{12}=0.8\%$$

$$月折旧额=180\,000×0.8=1\,440（元）$$

以上计算的折旧率是按个别固定资产计算的，称为个别折旧率。个别折旧率是指某项固定资产在一定期限内的折旧额与该项固定资产原始价值的比率。

在实际工作中，由于企业拥有一定数量的固定资产，为了简化计算，也可以采用分类折旧率计算法。分类折旧率计算法是指固定资产分类折旧额与该类固定资产原始价值的比率。采用这种方法应将性质、结构和使用寿命接近的固定资产归并为一类，计算出一个平均的折旧率，用该类折旧率计算出该类固定资产折旧额。其计算公式如下：

$$年分类折旧率=\frac{全年应提该类固定资产折旧总额}{该类固定资产原始价值总额}×100\%$$

$$月分类折旧率=\frac{年分类折旧率}{12}$$

月分类折旧率确定后，只要将各类固定资产月初余额乘以该类固定资产月折旧率就可取得月折旧额。其计算公式如下：

$$分类固定资产月折旧额=该类固定资产原始价值总额×月分类折旧率$$

【例 5-6】 卢湾建筑公司办公楼等房屋类原始价值总额为 1 250 000 元，房屋类月折旧率为 2‰，其月固定资产折旧额计算如下：

$$房屋类月折旧额=1\,250\,000×2‰=2\,500（元）$$

（2）工作量法。工作量法是指根据固定资产的实际工作量计提折旧额的方法。用这种方法可以正确地为各月使用程度相差较大的固定资产计提折旧，如汽车等运输设备可按其行驶里程计算折旧。其计算公式如下：

$$每单位工作量折旧额=\frac{固定资产原始价值×（1-预计净残值率）}{预计使用寿命内总的工作量}$$

$$固定资产月折旧额=每单位工作量折旧额×该固定资产当月实际的工作量$$

2. 加速折旧法

加速折旧法是指在固定资产预计使用寿命内，前期多提折旧、后期少提折旧的方法。采用加速折旧法计提折旧可以在较短时期内收回固定资产的大部分投资，加速固定资产的更新改造，减少因科技进步带来的固定资产无形损耗的投资风险。加速折旧法有双倍余额递减法和年数总和法两种。

（1）双倍余额递减法。双倍余额递减法是指在不考虑固定资产净残值的情况下，根据每期期初固定资产账面余额乘以两倍的直线法折旧率计算折旧的方法。其计算公式如下：

$$双倍直线折旧率=\frac{2}{预计使用寿命}×100\%$$

$$年折旧额=固定资产净值×双倍直线折旧率$$

企业采用双倍余额递减法计提折旧，在固定资产使用的后期应注意，当发现某一年双倍余额递减法计算的折旧额少于平均年限法计算的折旧额时，可以改用平均年限法计提折旧，通常采用下列公式进行判断。

$$当年按双倍余额递减法计算的折旧额<\frac{账面净值-预计净残值}{剩余使用寿命}$$

【例 5-7】 大通建筑公司有挖掘机 1 台，原值 160 000 元，预计使用寿命 8 年，预计净残值 7 500 元，用双倍余额递减法计算挖掘机各年的折旧额。

$$挖掘机年折旧率 = \frac{2}{8} \times 100\% = 25\%$$

挖掘机各年应提折旧额如图表 5-1 所示。

图表 5-1

双倍余额递减法折旧计算表

单位：元

年　次	年初固定资产净值	双倍直线折旧率/%	折旧额	累计折旧额	年末固定资产净值
1	160 000.00	25	40 000.00	40 000.00	120 000.00
2	120 000.00	25	30 000.00	70 000.00	90 000.00
3	90 000.00	25	22 500.00	92 500.00	67 500.00
4	67 500.00	25	16 875.00	109 375.00	50 625.00
5	50 625.00	25	12 656.25	122 031.25	37 968.75
6	37 968.75	—	10 156.25	132 187.50	27 812.50
7	27 812.50	—	10 156.25	142 343.75	17 656.25
8	17 656.25	—	10 156.25	152 500.00	7 500.00

$$第6、第7、第8年3年的折旧额 = \frac{37\,968.75 - 7\,500}{3} = 10\,156.25 （元）$$

（2）年数总和法。它又称合计年数法，是指将固定资产的原值减去预计净残值后的余额，乘以逐年递减的分数计算折旧的方法。这个分数的分子表示固定资产继续可使用的年数，分母表示各年可使用年数的总和，其计算公式如下：

$$年折旧额 = \left(\begin{array}{c} 固定资产 \\ 原始价值 \end{array} - \begin{array}{c} 预计 \\ 净残值 \end{array} \right) \times 年折旧率$$

$$年折旧率 = \frac{尚可使用年数}{年数总和}$$

$$尚可使用年数 = 预计使用年数 - 已使用年数$$

【例 5-8】 大通建筑公司有推土机 1 台，原始价值 150 000 元，预计净残值 6 000 元，预计使用寿命为 8 年，用年数总和法计算推土机各年的折旧额如下：

$$年数总和 = 8+7+6+5+4+3+2+1 = 36 （年）$$

推土机各年应提折旧额如图表 5-2 所示。

图表 5-2

年数总和法折旧计算表

单位：元

年　次	原始价值减预计净残值	尚可使用年数/年	折旧率	折旧额	累计折旧
1	144 000	8	8/36	32 000	32 000
2	144 000	7	7/36	28 000	60 000
3	144 000	6	6/36	24 000	84 000
4	144 000	5	5/36	20 000	104 000

年　　次	原始价值减 预计净残值	尚可使用 年数/年	折旧率	折旧额	累计折旧
5	144 000	4	4/36	16 000	120 000
6	144 000	3	3/36	12 000	132 000
7	144 000	2	2/36	8 000	140 000
8	144 000	1	1/36	4 000	144 000

固定资产折旧是按月提取的，因此还要将前述两种加速折旧法计算的结果除以 12，作为每月提取折旧的依据。

(四) 固定资产折旧的核算

由于固定资产折旧是固定资产在施工生产经营过程中损耗的价值，因此施工企业按月提取固定资产折旧时，根据施工机械和运输设备的折旧额，借记"机械作业"账户；根据施工部门其他固定资产折旧额，借记"工程施工"账户；根据辅助生产部门固定资产折旧额，借记"生产成本"账户；根据行政管理部门固定资产折旧额，借记"管理费用"账户；贷记"累计折旧"账户。

【例 5-9】静安建筑公司根据计算的结果，提取本月份固定资产折旧费 11 000 元，其中：施工机械和运输设备 7 600 元，施工部门其他固定资产 620 元，辅助生产部门 1 000 元，行政管理部门 1 800 元，作分录如下：

```
借：机械作业                            7 600.00
    工程施工——间接费用                  620.00
    生产成本                            1 000.00
    管理费用                            1 780.00
  贷：累计折旧                                      11 000.00
```

"累计折旧"是资产类账户，它是固定资产的抵减账户，用以核算企业固定资产的累计折旧额。企业在提取固定资产折旧时，记入贷方；企业在出售、报废、毁损、投资转出的固定资产报经批准清理和盘亏固定资产时，记入借方。期末余额在贷方，表示企业固定资产累计折旧额。"固定资产"账户余额减去"累计折旧"账户余额，就是固定资产净值。

五、固定资产后续支出的核算

(一) 固定资产后续支出概述

企业的固定资产投入使用后，为了维护或提高固定资产的使用效能，或者为了适应新技术发展的需要，往往需要对现有的固定资产进行维护、改建、扩建或者改良，如果这项支出增强了固定资产获取未来经济利益的能力，提高了固定资产的性能，比如延长了固定资产的使用寿命，改善了企业的服务环境，提高了企业的服务质量，从而形成可能流入企业的经济利益超过了原先的估计，则应将该项后续支出予以资本化，计入固定资产的账面价值；否则应将这些后续支出予以费用化，计入发生当期的损益。

(二) 资本化后续支出的核算

企业通过对办公楼、生产车间等建筑物进行改建、扩建或者改良时，使其更加坚固耐用和美观，延长了其使用寿命，扩大了其使用面积，改善了生产环境；企业通过对施工机械的改建，提高了工作效率，也提高了企业在市场上的竞争力。上述这些都表明后续支出提高了固定资产原定的创利能力。因此应将后续支出予以资本化。企业在将后续支出予以资本化时，后续支出的计入，不应导致计入后的固定资产账面价值超过其可收回的金额。

企业在对固定资产进行改建、扩建或者改良时，应将固定资产的账面价值转入"在建工程"账户，届时根据固定资产净额，借记"在建工程"账户；根据已提累计折旧额，借记"累计折旧"账户，如已计提了减值准备，还应根据已计提的减值准备，借记"固定资产减值准备"账户；根据固定资产原值，贷记"固定资产"账户。在固定资产改建、扩建或者改良时所发生的耗费，都应列入"在建工程"账户。在改建、扩建或者改良工程竣工，达到预定可使用状态时，如果"在建工程"账户归集的金额小于其可收回金额，应将其全部金额转入"固定资产"账户。如果"在建工程"账户归集的金额大于其可收回金额，则应按其可以收回金额，借记"固定资产"账户，按照"在建工程"账户归集的金额与可收回金额的差额，借记"营业外支出"账户，按照"在建工程"账户归集的金额，贷记"在建工程"账户。

【例5-10】 鸿兴建筑公司有塔吊一座，原值175 000元，已提折旧52 500元，已提减值准备2 000元，委托南通机械公司进行改造。

(1) 结转改造塔吊账面价值，作分录如下：

借：在建工程——改造塔吊	120 500.00
累计折旧	52 500.00
固定资产减值准备	2 000.00
贷：固定资产	175 000.00

(2) 收到南通机械公司专用发票，开列改造塔吊金额45 000元，增值税额5 850元，当即签发转账支票支付，作分录如下：

借：在建工程——改造塔吊	45 000.00
应交税费——应交增值税——进项税额	5 850.00
贷：银行存款	50 850.00

(3) 该塔吊已改造完毕，并达到预定可使用状态，验收使用，该客房预计可收回金额为166 000元，予以转账，作分录如下：

借：固定资产——生产经营用固定资产	165 500.00
贷：在建工程——改造塔吊	165 500.00

(三) 费用化后续支出的核算

固定资产在使用过程中会不断地发生有形损耗，为维持其预定效能，使其一直处于良好的工作状态，就必须对固定资产进行必要的维修。

固定资产的维修按其规模不同分为大修理和小修理两类。

固定资产大修理是指为恢复固定资产的性能，对其进行大部分或全部修理。一般是对固定资产的主要组成部分或大多数零部件进行修复或更换。例如，对施工机械进行大修理就需将设备全部分解，修理基础件，更换或修复所有磨损、腐蚀、老化等已丧失工作性能的主要部件和零件，设备要重新喷漆；对房屋、建筑物大修理就必须进行翻修或换梁等。固定资产大修理具有修理范围大、支出费用多、间隔时间长和发生次数少的特点。

固定资产小修理是指为保持固定资产的正常使用所进行的小部分修缮和维护。一般是对固定资产的个别磨损部分进行修理或更换少量零部件等。例如，对施工机械的局部修理和更换轴承、齿轮、皮带、照明灯具等；对房屋粉刷和门窗的修理。小修理具有修理范围小、支出费用少、间隔时间短和发生次数多的特点。

因固定资产修理而发生的后续支出并未提高固定资产原定的创利能力，应予以费用化。届时应根据固定资产使用的部门不同，分别列入"工程施工""机械作业""生产成本""管理费用"账户，发生的增值税额列入"应交税费"账户的借方。

【例5-11】　东方建筑公司机械作业部门的挖掘机、施工管理部门和经理办公室的小汽车分别进行大修理，收到专用发票，开列修理费分别为22 000元、15 500元和18 200元，增值税额7 241元，账款全部签发转账支票支付，作分录如下：

```
借：机械作业                                        22 000.00
    工程施工——间接费用                            15 500.00
    管理费用                                        18 200.00
    应交税费——应交增值税——进项税额              7 241.00
    贷：银行存款                                                62 941.00
```

六、固定资产处置的核算

企业固定资产处置的去向主要有出售、报废、毁损和投资转出等。为加强固定资产管理，充分合理地提高固定资产的利用效率，企业在处置固定资产时应严格按规定的程序进行审批，并填制相应的凭证，财会部门根据原始凭证，经审核无误后及时进行账务处理。

（一）出售固定资产的核算

企业为合理使用资金，充分发挥资金的效能，可以将闲置的不需用的固定资产出售。出售固定资产应办理严格的审批手续，在报经批准出售时，按固定资产净额，借记"固定资产清理"账户；按已提累计折旧额，借记"累计折旧"账户；按已提的减值准备，借记"固定资产减值准备"账户；按固定资产原值，贷记"固定资产"账户。当企业取得出售固定资产收入时，企业出售固定资产时，要开具专用发票，根据列明的价税合计金额，借记"应收账款"或"银行存款"账户，根据列明的出售金额，贷记"固定资产清理"账户，根据列明的增值税额，贷记"应交税费"账户；发生出售固定资产支出时，记入"固定资产清理"账户的借方，通过"固定资产清理"账户来核算固定资产出售的净收益或净损失，并将其转入"资产处置损益"账户。

【例5-12】　东平建筑公司有旧的推土机1台，原始价值150 000元，已提折旧60 000元，未提减值准备。

（1）经领导批准决定出售推土机，予以转账，作分录如下：

```
借：固定资产清理——出售推土机                      90 000.00
    累计折旧                                        60 000.00
    贷：固定资产                                               150 000.00
```

（2）推土机出售，专用发票列明出售金额90 500元，增值税额11 765元，收到全部账款，存入银行，作分录如下：

```
借：银行存款                                       102 265.00
    贷：固定资产清理——出售推土机                              90 500.00
        应交税费——应交增值税——销项税额                      11 765.00
```

（3）将出售推土机净收益转账，作分录如下：

借：固定资产清理——出售推土机　　　　　　　　　　　　　　　500.00
　　贷：资产处置损益　　　　　　　　　　　　　　　　　　　　　　　500.00

"资产处置损益"是损益类账户，用以核算企业处置固定资产、在建工程、无形资产等资产的处置收益和损失。企业发生资产处置收益或期末将资产处置损失结转"本年利润"账户时，记入贷方；企业发生资产处置损失或期末将资产处置收益结转"本年利润"账户时，记入借方。

（二）报废、毁损固定资产的核算

固定资产由于长期使用而发生损耗，会丧失原有的功能，不能继续使用，或者由于社会进步，必须以先进的设备替代落后的设备，这就需要将它们报废。有的固定资产由于遭到意外事故或灾害以致毁损。固定资产发生报废、毁损都要经有关部门批准后才能进行清理。如果报废毁损的固定资产没有提足折旧，也不需要补提折旧。

报废、毁损的固定资产进行清理时，按固定资产净额，借记"固定资产清理"账户；按已提折旧额，借记"累计折旧"账户；按已提的减值准备，借记"固定资产减值准备"账户；按固定资产账面原值，贷记"固定资产"账户。

【例 5-13】 东平建筑公司报废办公楼 1 幢，其原值为 900 000 元，已提折旧为 856 900 元，办公楼已提减值准备 9 000 元。

（1）经批准将办公楼报废清理时，作分录如下：

借：固定资产清理——清理办公楼　　　　　　　　　　　　　　　34 100.00
　　累计折旧　　　　　　　　　　　　　　　　　　　　　　　856 900.00
　　固定资产减值准备　　　　　　　　　　　　　　　　　　　　9 000.00
　　贷：固定资产　　　　　　　　　　　　　　　　　　　　　900 000.00

（2）以转账支票支付办公楼清理费用 6 000 元，作分录如下：

借：固定资产清理——清理办公楼　　　　　　　　　　　　　　　6 000.00
　　贷：银行存款　　　　　　　　　　　　　　　　　　　　　　6 000.00

（3）出售清理办公楼残料，专用发票列明出售金额 30 200 元，增值税额 3 926 元，收到全部账款存入银行，作分录如下：

借：银行存款　　　　　　　　　　　　　　　　　　　　　　　34 126.00
　　贷：固定资产清理——清理办公楼　　　　　　　　　　　　30 200.00
　　　　应交税费——应交增值税——销项税额　　　　　　　　3 926.00

（4）办公楼清理完毕，将清理净损失转账，作分录如下：

借：资产处置损益　　　　　　　　　　　　　　　　　　　　　9 900.00
　　贷：固定资产清理——清理办公楼　　　　　　　　　　　　9 900.00

（三）投资转出固定资产的核算

企业为扩大投资范围，减少经营风险，向其他企业投资时，可以将自有的固定资产进行对外投资。企业在决定将固定资产对外投资时，应先将固定资产净额转入"固定资产清理"账户。在投出固定资产时，再按投资合同或协议约定的价值，借记"长期股权投资"账户；按固定资产净额，贷记"固定资产清理"账户。两者之间的差额列入"营业外收入"或"营业外支出"账户。

【例 5-14】 浦江建筑公司与新欣公司合资经营，拨出房屋 1 幢，原始价值为 1 000 000

元，已提折旧额为 200 000 元，该房屋已提减值准备 10 000 元。

(1) 准备将房屋对外投资时，作分录如下：

借：固定资产清理——房屋对外投资　　　　　　　　　　790 000.00

　　累计折旧　　　　　　　　　　　　　　　　　　　　200 000.00

　　固定资产减值准备　　　　　　　　　　　　　　　　 10 000.00

　　贷：固定资产——经营用固定资产　　　　　　　　　　　　　　1 000 000.00

(2) 将房屋拨付对方，按投资合同约定的价值 795 000 元计量，作分录如下：

借：长期股权投资　　　　　　　　　　　　　　　　　　795 000.00

　　贷：固定资产清理——房屋对外投资　　　　　　　　　　　　 790 000.00

　　　　资产处置损益　　　　　　　　　　　　　　　　　　　　　 5 000.00

"固定资产清理"是资产类账户，用以核算企业因出售、报废、毁损和投资转出等原因转入清理的固定资产价值，以及在清理过程中所发生的清理费用和清理收入。企业在转入出售、报废、毁损和投资转出固定资产价值，支付清理费用及将清理净收益转账时，记入借方；企业在取得清理收入及将清理净损失转账时，记入贷方。若余额在借方，表示企业期末未清理完毕的固定资产净损失；若余额在贷方，则表示企业期末未清理完毕的固定资产净收益。

七、固定资产清查的核算

固定资产清查是保证固定资产核算的真实性，保护企业财产安全完整，以及发掘企业现有固定资产潜力的一个重要手段。企业应定期或者至少每年年末必须对固定资产进行全面的盘点清查。

固定资产清查的方法一般采用"账账核对"和"账物核对"。即先以固定资产总账的金额与固定资产明细账的金额核对相符后，再以固定资产明细账的数量与保管账的数量核对相符。账账相符后，将保管账的数量与固定资产实物逐一清点，做到账实相符。

固定资产清查后，若发现盘亏，应按其净额，借记"待处理财产损溢"账户；按其已提折旧额，借记"累计折旧"账户；按已提减值准备，借记"固定资产减值准备"账户；按其账面原值，贷记"固定资产"账户。关于固定资产盘盈的核算，将在第十三章第八节"前期差错及其更正"中阐述。

固定资产发生盘亏，应及时查明原因，报经上级批准后再转入"营业外支出"账户。

【例 5-15】 江南建筑公司年末进行固定资产清查，盘亏抽水机 1 台，原值 3 600 元，已提折旧 3 000 元，但未提减值准备。

(1) 根据抽水机账面价值转账。作分录如下：

借：待处理财产损溢　　　　　　　　　　　　　　　　　600.00

　　累计折旧　　　　　　　　　　　　　　　　　　　 3 000.00

　　贷：固定资产——生产经营用固定资产　　　　　　　　　　　 3 600.00

(2) 报经领导批准，予以核销转账。作分录如下：

借：营业外支出——盘亏损失　　　　　　　　　　　　 600.00

　　贷：待处理财产损溢　　　　　　　　　　　　　　　　　　　　 600.00

八、固定资产减值的核算

企业经营环境的变化和科学技术的进步，或者企业经营管理不善等原因，往往会导致固定资产创造未来经济利益的能力大大下降，使得固定资产可收回金额低于其账面价值，从而发生固定资产减值。

可收回金额应当根据资产的公允价值减去处置费用后的净额与资产预计未来现金流量的现值两者之间较高者确定。处置费用包括与资产处置有关的法律费用、相关税费和搬运费及为使固定资产达到可销售状态所发生的直接费用等。

企业应当在期末判断固定资产是否存在可能发生减值的迹象。存在下列迹象的，表明固定资产可能发生了减值：① 固定资产市价大幅度下跌，其跌价幅度明显高于因时间推移或正常使用而预计的下跌；② 企业所处的经济、技术或者法律等环境，以及资产所处的市场在当期发生或者将在近期发生重大变化，从而对企业产生不利影响；③ 市场利率或者其他市场投资报酬率在当期已经提高，从而影响企业计算固定资产预计未来现金流量现值的折现率，并导致固定资产可收回金额大幅降低；④ 有证据表明固定资产已经陈旧过时或者其实体已经损坏；⑤ 固定资产已经或者将被闲置、终止使用或者计划提前处置；⑥ 其他有可能表明资产已发生减值的迹象。

企业判断固定资产发生减值后，应计算确定固定资产可收回金额，按可收回金额低于账面价值的差额计提固定资产减值准备，并计入当期损益。届时，借记"资产减值损失"账户，贷记"固定资产减值准备"账户。

【例 5-16】 新闻建筑公司有小汽车 1 辆，原始价值 180 000 元，已提折旧 30 000 元，现由于市场价大幅下跌，其可收回金额为 145 000 元，计提其减值准备，作分录如下：

 借：资产减值损失——固定资产减值损失   5 000.00
  贷：固定资产减值准备   5 000.00

固定资产减值损失确认后，减值资产的折旧应当在未来期间作相应调整，以使该资产在剩余使用寿命内，系统地分摊调整后的资产账面价值。资产减值损失一经确认，在以后会计期间不得转回。

"固定资产减值准备"是资产类账户，它是"固定资产"账户的抵减账户，用以核算企业提取的固定资产减值准备。企业期末发生固定资产减值，予以计提时，记入贷方；企业已计提减值准备的固定资产处置时，记入借方；期末余额在贷方，表示企业已提取的固定资产减值准备。

九、固定资产的明细分类核算

固定资产是企业的重要财产，也是进行施工生产经营的重要劳动资料。为了加强固定资产的管理，除了进行总分类核算外，还必须进行明细分类核算，以便掌握各项固定资产的原值、新旧程度、利用程度以及结构分布情况，并为计算固定资产折旧提供资料。在实际工作中主要通过设置固定资产明细分类账（卡）对各项固定资产进行明细分类核算，根据每一项目的固定资产设置一个明细分类账（卡），并兼记固定资产的折旧和减值准备。其格式如图表 5-3 所示。

图表 5-3

固定资产明细分类账（卡）

类别 .... 预计残值 .... 编号 ....

名称 .... 预计清理费用 .... 页次 ....

规格 .... 月折旧率 .... 所在地 ....

预计使用寿命 .... 月折旧额 ....

年		凭证号数	摘　要	原始价值			累计折旧			净　值	已提减值准备
月	日			借方	贷方	借方余额	借方	贷方	贷方余额		

第二节　临时设施

一、临时设施概述

（一）临时设施的定义和特征

临时设施是指企业为了保证施工生产和管理工作的正常进行而建造的各种临时性生产、生活设施。由于建筑工程在固定的地点进行施工生产，从而形成了施工生产的流动性。当施工人员进入新的建筑安装工地时，为了保证施工生产和管理工作的顺利进行，施工企业需要进行材料、施工机械的储备和施工生产的安排等生产问题，以及施工人员的饮食、住宿等生活问题，往往需要在建筑工地建造各种临时的生产、生活设施。临时设施是施工生产、经营活动中必须具备的劳动资料，它与固定资产相比较，具有为某一特定施工工程使用的特征，随着施工工程的竣工，这些临时设施也就失去了原来的作用，也就随之予以拆除或出售。

（二）临时设施的内容

临时设施包括：现场的临时办公室，工地收发室，临时仓库和施工机械设备库，工具储藏室，临时预制构件和加工材料场所，临时铁路专用线，临时道路，塔式起重机路基，临时围墙，临时给水、排水、供电、供热设施，临时职工宿舍，食堂，浴室，理发室，医务室，休息室，茶水供应室和厕所等。

二、临时设施的核算

（一）临时设施购建的核算

施工企业购置临时设施时，借记"临时设施""应交税费"账户；贷记"银行存款"账户。

【例 5-17】 静安建筑公司在施工现场购置简易房屋 1 间，作为施工管理临时办公室，专用发票列明房屋买价 180 000 元，增值税额 16 200 元，当即签发转账支票付讫，房屋已验收使用，作分录如下：

借：临时设施——办公室 180 000.00
　　应交税费——应交增值税——进项税额 16 200.00
　贷：银行存款 196 200.00

施工企业自行搭建临时设施时，应通过"在建工程"账户核算，等搭建工程完工时再转入"临时设施"账户。

【例 5-18】 静安建筑公司在施工现场自行搭建临时仓库和职工宿舍。

（1）搭建临时仓库和职工宿舍各一幢，分别领用材料 120 000 元和 150 000 元，作分录如下：

借：在建工程——搭建临时仓库 120 000.00
　　在建工程——搭建临时职工宿舍 150 000.00
　贷：原材料 270 000.00

（2）分配搭建临时仓库和职工宿舍应负担的职工薪酬，金额分别为 12 000 元和 15 000元，作分录如下：

借：在建工程——搭建临时仓库 12 000.00
　　在建工程——搭建临时职工宿舍 15 000.00
　贷：应付职工薪酬 27 000.00

（3）两项搭建工程已全部竣工，达到预定可使用状态，验收使用，作分录如下：

借：临时设施——临时仓库 132 000.00
　　临时设施——临时职工宿舍 165 000.00
　贷：在建工程——搭建临时仓库 132 000.00
　　　在建工程——搭建临时职工宿舍 165 000.00

"临时设施"是资产类账户，用以核算企业为保证施工生产和管理的正常进行而拥有的临时设施的原始价值。企业购建临时设施时，记入借方；企业清理临时设施时，记入贷方。期末余额在借方，表示企业现有临时设施的原始价值。

（二）临时设施摊销的核算

临时设施的实物形态通常与属于固定资产的长期使用的房屋相似，但由于其搭建标准低，为临时性建筑物，因此使用期限比固定资产低得多，其在使用过程中损耗的价值通过摊销的方法，逐步地转移到受益的工程成本中去。临时设施的摊销期限通常为某一工地工程项目的施工工期，其摊销额的计算公式如下：

$$临时设施月摊销额 = \frac{临时设施原值 \times (1 - 预计净残值率)}{预计使用月数}$$

施工企业按月计提临时设施摊销额时，借记"工程施工"账户；贷记"临时设施摊销"账户。

【例 5-19】 静安建筑公司为商品房工程购置的作为施工管理临时办公室的简易房屋 1间，价值 180 000 元，该商品房工程施工期为 25 个月，施工期满后预计该简易房屋仍可按原值的 50% 出售，计算其月摊销额如下：

$$月摊销额 = \frac{180\,000 \times (1 - 50\%)}{25} = 3\,600 (元)$$

根据计算的结果，作分录如下：

借：工程施工——间接费用   3 600.00

  贷：临时设施摊销——办公室   3 600.00

"临时设施摊销"是资产类账户，它是临时设施的抵减账户，用以核算临时设施的累计摊销额。企业计提临时设施摊销额时，记入贷方；企业在清理临时设施时，记入借方。期末余额在贷方，表示企业临时设施的累计摊销额。

（三）临时设施清理的核算

企业在施工的工程竣工后，对于不需用的临时设施要进行清理，清理的方式有出售和拆除等。届时，将其账面价值转入"临时设施清理"账户核算。发生临时设施的清理费用，应列入"临时设施清理"账户的借方；发生临时设施出售收入和残料估价验收入库时，应列入"临时设施清理"账户的贷方。临时设施清理后，若发生净损失，则应转入"营业外支出"账户，若发生净收益，则应转入"营业外收入"账户。

【例5-20】 静安建筑公司有临时职工宿舍1幢，原值165 000元，已摊销148 500元。

（1）因施工工程已竣工，经批准而决定拆除清理，予以转账，作分录如下：

借：临时设施清理——职工宿舍   16 500.00

   临时设施摊销——职工宿舍   148 500.00

  贷：临时设施——职工宿舍   165 000.00

（2）分配拆除临时职工宿舍人员的职工薪酬4 800元，作分录如下：

借：临时设施清理——职工宿舍   4 800.00

  贷：应付职工薪酬   4 800.00

（3）拆除临时职工宿舍的残料估价21 100元，已验收入库，作分录如下：

借：原材料   21 100.00

  贷：临时设施清理   21 100.00

（4）临时职工宿舍清理完毕，将清理净损失转账，作分录如下：

借：营业外支出   200.00

  贷：临时设施清理——职工宿舍   200.00

"临时设施清理"是资产类账户，用以核算企业因出售、拆除等原因转入清理的临时设施的账面价值，以及在清理过程中所发生的清理费用和清理收入。企业在转入出售、拆除临时设施账面价值，支付清理费用及将清理净收益转账时，记入借方；企业在取得清理收入及将清理净损失转账时，记入贷方。若期末余额在借方，则表示企业未清理完毕的临时设施净损失；若期末余额在贷方，则表示企业未清理完毕的临时设施的净收益。

第三节 无形资产

一、无形资产概述

（一）无形资产的定义和确认的条件

无形资产是指企业拥有或者控制的没有实物形态的可辨认非货币性长期资产。

资产满足下列条件之一的，符合无形资产定义中的可辨认性标准：一是能够从企业中分离或者划分出来，并能单独或者与相关合同、资产或负债一起用于出售、转移、授予许可、租赁或者交换；二是源自合同性权利或其他法定权利，无论这些权利是否可以从企业或其他权利和义务中转移或者分离。

尽管无形资产没有实物形态，但以其独有的无形的知识形态和某项技术、特权为企业带来超额利益，使企业在竞争中处于领先地位。例如，可口可乐配方技术长久以来为"可口可乐"带来经久不衰的畅销势头，从而赢得超额收益。由此可见，无形资产虽然是看不见摸不着的一种虚拟资产，但它却确实存在而且能给企业带来长期的收益，是企业生产经营活动中的一项资产。

企业确认无形资产必须同时满足以下两个条件：一是与该无形资产有关的经济利益很可能流入企业；二是该无形资产的成本能够可靠地计量。

企业在判断无形资产产生的经济利益是否很可能流入时，应当对无形资产在预计使用寿命内可能存在的各种经济因素做出合理估计，并且应当有明确证据支持。

（二）无形资产的特征

无形资产不同于流动资产和具有实物形态的固定资产，有其自身的特征，主要表现在以下六个方面。

1. 没有实物形态

无形资产所体现的是一种权力或获得超额利润的能力，它没有实物形态，但具有价值，或者能够使企业获得高于同行业平均的盈利能力。它虽然可以买卖，但它看不见摸不着，它以某种特有技术知识和权利形式存在，如专利权、商标权。

2. 能在较长的时期内使企业获得经济效益

无形资产能供企业长期使用，从而使企业长期受益，企业为取得无形资产所发生的支出，属于资本性支出。

3. 持有无形资产的目的是使用

企业持有无形资产的目的是用于生产产品或提供劳务、出租给他人，或用于行政管理，而不是用于对外销售。无形资产一旦脱离了生产经营活动，就失去了其经济价值。

4. 无形资产所提供的经济利益具有不确定性

无形资产的经济价值在很大程度上受企业外部因素的影响，其预期获利能力难以准确地予以确定。例如，某项专利权，企业在自创制时估计有 10 年寿命，但在第 6 年，由于技术市场上有更先进的专利替代，那么该项专利权的经济价值也就此终结，由该项专利权可望带来的经济效益也随之告终。

5. 无形资产的经济价值与其成本之间无直接因果关系

在企业中，往往有些无形资产，其取得的成本较低，却能给企业带来较高的经济效益；而有些无形资产取得的成本较高，仅能给企业带来较低的经济效益。

6. 无形资产是有偿取得的

只有企业发生成本而取得的无形资产才能计价入账；否则，即使具有无形资产的性质，但也不能作为无形资产计价入账。

（三）无形资产的分类

无形资产可以分为专利权、非专利技术、商标权、著作权、土地使用权和特许权。

1. 专利权

专利权是指发明人对其发明的成果提出申请，经国家专利机关审查批准，在一定期限以内依法享有的专有权。发明人申请获得专利，需公开其全部秘密。为保护发明人的权益，国家对专利给予法律保护。专利权按专利对象分为发明专利权、实用新型专利权和外观设计专利权。专利权是一种有期限的财产权，保护期满，专利权自动终止。

2. 非专利技术

非专利技术又称为专有技术或绝密技术。非专利技术是指运用先进的、未公开的、未申请专利的，可以带来经济效益的技术及诀窍。非专利技术不受法律保护，所有人依靠自我保密的方式来维持其独占权。非专利技术主要包括以下三个方面的内容。

（1）工业专有技术。它是指生产上已经采用，仅限于少数人知道，不享有专利权或发明权的生产、装配、修理、工艺或加工方法的技术知识。

（2）商业（贸易）专有技术。它是指具有保密性质的市场情报、原材料价格情报及用户、竞争对象的情况的有关知识。

（3）管理专有技术。它是指生产组织的经营方式、管理方法、培训职工方法等保密知识。

3. 商标权

商标权是指商标使用人在向国家商标权局申请商标注册，经核准后而获得的一定期限内的专用权。商标是指用来辨认特定的商品或劳务的标记。商标权受到法律保护。商标权的有效期为 10 年，可以续展，一次续展 10 年，可无限制续展。

4. 著作权

著作权又称为版权，是指自然人、法人或者其他组织对文学、艺术和科学作品享有的财产权利和精神权利的总称。这种权利除法律另有规定外，未经著作人许可或转让，他人不得占有和行使。

5. 土地使用权

土地使用权是指土地使用者对其所使用的土地，按照法律规定在一定期限内享有利用和取得收益的权利。

6. 特许权

特许权又称为专营权，是指获准在一定区域和期限内，以一定形式生产经营某种特定商品或劳务的专有权利。特许权有两种形式：一种是由政府机关授予的，如电力、电话、煤气、烟草、酒等的特许经营权；另一种是由一个企业授予另一个企业商号生产经营以该企业商号、商标、专利和非专利技术等制造商品或提供劳务的权利，如肯德基快餐、麦当劳快餐等连锁商店。

二、无形资产的计量

企业取得的无形资产，应按取得时的成本计量。取得时的成本，应按以下规定确定。

1. 外购的无形资产

按照无形资产的购买价款、相关税费及直接归属于使该项资产达到预定用途所发生的其他支出计量。

2. 自行开发的无形资产

按照企业内部开发项目自开发阶段起至该项目达到预定用途前所发生的支出总额计量。

3. 投资者投入的无形资产

按照投资合同或协议约定的价值计量。

4. 接受捐赠的无形资产

捐赠方提供了有关凭据的，按照凭据上标明的金额加上应支付的相关税费计量；捐赠方没有提供有关凭据的，按同类或类似无形资产的市场价格估计的金额，加上应支付的相关税费计量。

三、无形资产取得的核算

企业取得无形资产主要有外购、企业自行开发、投资者投入等方式。由于取得的方式不同，其核算的方法也各异。

（一）外购无形资产的核算

企业购入无形资产时，应按照专用发票列明的买价和使无形资产达到预定用途所发生的专业服务费用，测试无形资产是否能够正常发挥作用的费用之和，借记"无形资产"账户；按照列明的增值税额，借记"应交税费"账户；按照支付的全部账款，贷记"银行存款"账户。

【例5-21】 南京建筑公司向恒通地产公司购买 E 地块土地使用权 30 年，专用发票列明买价 960 000 元，增值税额 86 400 元，在洽购时，发生咨询费 20 000 元，增值税额 1 200 元，款项一并签发转账支票付讫，作分录如下：

借：无形资产——土地使用权 980 000.00
　　应交税费——应交增值税——进项税额 87 600.00
　　贷：银行存款 1 067 600.00

"无形资产"是资产类账户，用以核算企业的专利权、非专利技术、商标权、土地使用权、著作权和特许权等无形资产的原值。企业取得各种无形资产时，记入借方；企业以无形资产对外投资、出售及无形资产预期不能为企业带来经济利益，予以转销时，记入贷方。期末余额在借方，表示企业现有无形资产的原值。

（二）企业自行开发无形资产的核算

企业自行开发无形资产，对于开发项目的支出，应区分研究阶段支出与开发阶段支出。研究是指为获取并理解新的科学或技术知识而进行的独创性的有计划调查；开发是指在进行商业性生产或使用前，将研究成果或其他知识应用于某项计划或设计，以生产出新的或具有实质性改进的材料、装置、商品等。

企业自行开发无形资产，研究阶段的支出应当于发生时计入当期损益；开发阶段的支出才能确认为无形资产。

企业确认自行开发的无形资产，必须同时满足以下五个条件。

（1）完成该无形资产以使其能够使用或出售，在技术上具有可行性。

（2）具有完成该无形资产并使用或出售的意图。

（3）无形资产产生经济利益的方式，包括能够证明适用该无形资产生产的商品存在市场或无形资产自身存在市场，无形资产将在内部使用的，应当证明其有用性。

（4）有足够的技术、财务资源和其他资源的支持，以完成该无形资产的开发，并有能力使用或者出售该无形资产。

（5）归属于该无形资产开发阶段的支出能够可靠地计量。

【例5-22】 中恒建筑公司自行研究开发一项施工新技术，发生下列有关的经济业务。

（1）1月31日，分配施工新技术开发人员在施工新技术研究阶段的工资 9 000 元，并计提职工福利费 1 260 元，作分录如下：

```
借：研发支出——费用化支出                                    10 260.00
    贷：应付职工薪酬——工资                                    9 000.00
        应付职工薪酬——职工福利                                1 260.00
```

（2）1 月 31 日，结转费用化支出，作分录如下：

```
借：管理费用                                                 10 260.00
    贷：研发支出——费用化支出                                 10 260.00
```

（3）2 月 5 日，专利项目进入开发阶段，领用原材料 79 200 元，作分录如下：

```
借：研发支出——资本化支出                                    79 200.00
    贷：原材料                                                79 200.00
```

（4）2 月 28 日，分配施工新技术开发人员在开发阶段的工资 20 000 元，并计提职工福利费 2 800 元，作分录如下：

```
借：研发支出——资本化支出                                    22 800.00
    贷：应付职工薪酬——工资                                   20 000.00
        应付职工薪酬——职工福利                               2 800.00
```

（5）3 月 2 日，结转开发施工新技术项目的成本，作分录如下：

```
借：无形资产——非专利技术                                   102 000.00
    贷：研发支出——资本化支出                                102 000.00
```

"研发支出"是成本类账户，用以核算企业进行研究与开发无形资产过程中所发生的各项支出。企业发生无形资产研究、开发支出时记入借方；企业结转无形资产研究、开发成本时记入贷方。期末余额在借方，表示企业正在开发的无形资产的成本。

（三）投资者投入无形资产的核算

企业取得投资者投入无形资产时，应按照投资合同或协议约定的价值入账，届时借记"无形资产"账户；贷记"实收资本"账户。

【例5-23】中恒建筑公司接受沪光建筑公司一项专利权的投资，按投资合同约定的价值 150 000 元入账，作分录如下：

```
借：无形资产——专利权                                       150 000.00
    贷：实收资本                                             150 000.00
```

四、无形资产摊销的核算

无形资产是企业的一项长期资产，在其使用寿命内持续为企业带来经济利益，它的价值会随着使用而不断地减少，直到消失，因此应当于取得无形资产时分析判断其使用寿命。

无形资产的使用寿命为有限的，应当估计该使用寿命的年限或者构成使用寿命的产量等类似计量单位数量；无法预见无形资产为企业带来经济利益期限的，应当视为使用寿命不确定的无形资产。

使用寿命有限的无形资产，其应摊销金额应当在使用寿命内系统合理地摊销。企业摊销无形资产，应当自无形资产可供使用时起，至不再作为无形资产确认时止。

企业选择的无形资产摊销方法，应当反映与该项无形资产有关的经济利益的预期实现方式。无法可靠确定预期实现方式的，应当采用直线法摊销。

企业摊销无形资产时，借记"管理费用"账户；贷记"无形资产"账户。

【例 5-24】 中恒建筑公司自行开发的非专利技术的成本为 102 000 元，有效使用期限为 10 年，按月摊销时，作分录如下：

借：管理费用——无形资产摊销　　　　　　　　　　　　　　　850.00
　　贷：累计摊销　　　　　　　　　　　　　　　　　　　　　　　850.00

"累计摊销"是资产类账户，它是"无形资产"账户的抵减账户。用以核算企业对使用寿命有限的无形资产计提的累计摊销额。企业在计提无形资产摊销时，记入贷方；企业在处置无形资产时，记入借方；期末余额在贷方，表示企业无形资产的累计摊销额。"无形资产"账户余额，减去"累计摊销"账户余额就是无形资产的净值。

使用寿命不确定的无形资产不应摊销。企业应当在每个会计期间对使用寿命不确定的无形资产的使用寿命进行复核，如有证据表明无形资产的使用寿命是有限的，应当估计其使用寿命，并按规定进行摊销。

五、无形资产处置的核算

企业无形资产处置的去向主要有出售、出租和对外投资等。

（一）无形资产出售的核算

出售无形资产是指企业转让无形资产所有权，出售企业对售出的无形资产不再拥有占有、使用及处置的权利。企业将无形资产出售时，按收到的专用发票上列明的价税合计金额，借记"银行存款"或"应收账款"账户，按已计提的累计摊销额，借记"累计摊销"账户，按已计提的减值准备，借记"无形资产减值准备"账户；按专用发票列明的增值税额，贷记"应交税费"账户；按出售无形资产的账面原值，贷记"无形资产"账户。将这些账户相抵后的差额列入"营业外收入"或"营业外支出"账户。

【例 5-25】 卢湾建筑公司将土地使用权出售给泰康公司，专用发票列明出售金额700 000 元，增值税额 63 000 元，收到全部账款存入银行，该项土地使用权账面原值 960 000 元，已计提摊销额 320 000 元，作分录如下：

借：银行存款　　　　　　　　　　　　　　　　　　　　　　763 000.00
　　累计摊销　　　　　　　　　　　　　　　　　　　　　　320 000.00
　　贷：应交税费——应交增值税　　　　　　　　　　　　　　63 000.00
　　　　无形资产——土地使用权　　　　　　　　　　　　　960 000.00
　　　　营业外收入——非流动资产处置利得　　　　　　　　　60 000.00

（二）无形资产出租的核算

出租无形资产是指企业仅将该项无形资产部分使用权让渡给其他企业，其仍保留对所出租的无形资产的所有权，并拥有占有、使用及处置该项无形资产的权利。企业在出租无形资产时，应开具专用发票，届时根据列明的价税合计金额，借记"银行存款"或"应收账款"账户；根据列明的出售金额，贷记"其他业务收入"账户；根据列明的增值税额，贷记"应交税费"账户。但仍应保留该项无形资产的账面价值，在出租过程中发生的相关税费应作为出租成本列入"其他业务成本"账户。

（三）无形资产对外投资的核算

企业出于自身发展及减少投资风险、扩大影响的目的，可以将自己的无形资产向外投资以获取投资收益。届时应按投资合同或协议约定的价值，借记"长期股权投资"账户；按该项无形资产已计提的摊销额，借记"累计摊销"账户；按该项无形资产已计提的减值准备，借记"无形资产减值准备"账户；按无形资产的账面原值，贷记"无形资产"账户；借贷方账户相抵后的差额应列入"资产处置损益"账户。

【例5-26】　静安建筑公司以非专利技术作为对汉口建筑公司的投资，非专利技术的账面余额为120 000元，该非专利技术已计提摊销额24 000元，按投资合同约定的价值100 000元入账时，作分录如下：

借：长期股权投资——其他股权投资　　　　　　　　　　　　　　　100 000.00
　　累计摊销　　　　　　　　　　　　　　　　　　　　　　　　　 24 000.00
　　贷：无形资产　　　　　　　　　　　　　　　　　　　　　　　120 000.00
　　　　资产处置损益　　　　　　　　　　　　　　　　　　　　　　4 000.00

六、无形资产减值的核算

企业应当在期末判断各项无形资产是否存在可能发生减值的迹象，无形资产可能存在的六种减值迹象与固定资产相同，不再重述。

企业对于可收回低于账面价值的无形资产应当计提减值准备，届时借记"资产减值损失"账户；贷记"无形资产减值准备"账户。

【例5-27】　嘉华建筑公司的一项非专利技术账面原值为110 000元，已计提摊销了45 100元。因该项非专利技术的盈利能力大幅下降，预计其未来现金流量的现值为55 000元，计提其减值准备，作分录如下：

借：资产减值损失——无形资产减值损失　　　　　　　　　　　　　9 900.00
　　贷：无形资产减值准备　　　　　　　　　　　　　　　　　　　　9 900.00

无形资产减值损失确认后，减值资产应当在未来期间作相应调整，以使该资产在剩余使用寿命内，系统地分摊调整后的资产账面价值。资产减值一经确认，在以后会计期间不得转回。

"无形资产减值准备"是资产类账户，它是"无形资产"账户的抵减账户，用以核算企业提取的无形资产减值准备。期末发生无形资产减值时，记入贷方；已计提减值准备的无形资产处置时，记入借方。期末余额在贷方，表示企业已提取但尚未转销的无形资产减值准备。

第四节　长期待摊费用

一、长期待摊费用概述

长期待摊费用是指企业已经发生，但应由本期和以后各期负担的分摊期限在一年以上的各项费用。它主要有下列两项内容。

1. 租入固定资产改良支出

租入固定资产改良支出是指企业为增加以经营租赁方式租入固定资产的效用，进行改装、翻修或改建的支出。由于所租的固定资产的所有权是出租单位的，因此对租入固定资产发生的改良支出，不能追加计入固定资产的原始价值，而作为企业的长期待摊费用。

2. 其他长期待摊费用

其他长期待摊费用是指摊销期在 1 年以上的除租入固定资产改良支出以外的待摊费用，有股票发行费用等。股票发行费用是指按面值发行新股而发生的股票承销费、注册会计师费、评估费、公关及广告费、印刷费及其他直接费用。

二、长期待摊费用的核算

当企业发生租入固定资产改良支出和其他长期待摊费用时，借记"长期待摊费用"账户；贷记"银行存款""原材料""应付职工薪酬"等账户。如发生增值税额应列入"应交税费"账户的借方。

发生的长期待摊费用应采用直线法分期平均摊销，摊销时根据租用的部门不同，分别借记"工程施工""机械作业""生产成本""管理费用""财务费用"等账户，贷记"长期待摊费用"账户。

对于不同的长期待摊费用，其摊销期限的计算方法有所不同，租入固定资产的改良支出应在租赁期限与租赁资产尚可使用寿命两者孰短的期限内平均摊销；股票发行费用在不超过两年的期限内摊销。

【例 5-28】 金陵建筑公司以经营租赁方式租入推土机 1 台，租赁期为 2.5 年，尚可使用 4 年，经出租方同意，进行改良。

（1）签发转账支票支付山东推土机公司改良费用 10 800 元，增值税额 1 404 元，作分录如下：

借：长期待摊费用——租入固定资产改良支出   10 800.00
      应交税费——应交增值税——进项税额   1 404.00
   贷：银行存款   12 204.00

（2）按月摊销租入推土机改良支出时，作分录如下：

借：工程施工   360.00
   贷：长期待摊费用——租入固定资产改良支出   360.00

"长期待摊费用"是资产类账户，用以核算企业已经支出，但摊销期限在 1 年以上的各项费用，企业发生摊销期限在 1 年以上的各项费用时，记入借方；企业摊销长期待摊费用时，记入贷方。期末余额在借方，表示企业尚待摊销的长期待摊费用。

练 习 题

一、简答题

1. 试述固定资产确认的条件和特点。
2. 固定资产有哪几种计量标准？分述各种计量标准的定义。
3. 什么是平均折旧法？什么是加速折旧法？它们各自又分为哪两种方法？
4. 固定资产有哪些后续支出？它们在核算上有何不同？
5. 固定资产在什么情况下要计提减值准备？计提时应怎样核算？
6. 什么是临时设施？它有哪些特征？
7. 什么是无形资产？确认无形资产应满足哪些条件？
8. 无形资产有哪些特征？

9. 试述各种无形资产的初始计量。

10. 企业确认自行开发的无形资产必须同时满足哪些条件？

二、名词解释题

固定资产　固定资产折旧　应计折旧额　预计净残值　年限平均法　年数总和法　专利权　非专利技术　特许权　长期待摊费用

三、是非题

1. 外购的固定资产应按照购买价款、相关税费、使固定资产达到预定可使用状态前所发生的运输费、装卸费、安装费和专业人员服务费等计量。　　　　　　　　　（　　）

2. 固定资产净额可以反映企业固定资产的实有价值。　　　　　　　　　（　　）

3. 企业接受投资者投入的固定资产，应按投资合同或协议约定的价值，借记"固定资产"账户，贷记"实收资本"账户。　　　　　　　　　（　　）

4. 应计折旧额是指应当计提的固定资产损耗的价值。　　　　　　　　　（　　）

5. 企业除了按规定单独估价作为固定资产入账的土地外，所有的固定资产都应计提折旧。　　　　　　　　　（　　）

6. 固定资产可收回金额应当根据固定资产的公允价值减去处置费用后的净额与资产预计未来现金流量的现值两者之间的较高者确定。　　　　　　　　　（　　）

7. 固定资产减值损失确认后，减值资产的折旧应当在未来期间作相应的调整。（　　）

8. 固定资产报废时，如清理收入大于清理费用，其差额应列入"营业外收入"账户。　　　　　　　　　（　　）

9. 专利权和非专利技术均受到国家法律的保护。　　　　　　　　　（　　）

10. 使用寿命有限的无形资产应当在使用寿命内系统合理摊销；使用寿命不确定的无形资产不应摊销。　　　　　　　　　（　　）

11. 企业出售无形资产需要转销其账面价值，而出租无形资产则不需要转销其账面价值。此外，在核算上没有什么区别。　　　　　　　　　（　　）

12. 长期待摊费用包括固定资产改良支出和其他长期待摊费用。　　　　（　　）

四、单项选择题

1. 企业采用加速折旧法是为了_____。
   A. 在较短的时间内收回固定资产的全部投资
   B. 合理地提取固定资产折旧
   C. 在近期内减少企业的利润
   D. 在较短的时间内收回固定资产的大部分投资

2. 对于各月使用程度相差较大的设备采用_____最合理。
   A. 年限平均法　　　B. 工作量法　　　C. 年数总和法　　　D. 双倍余额递减法

3. 固定资产发生盘亏时应根据_____转入"待处理财产损溢"账户。
   A. 原始价值　　　B. 净值　　　C. 市场价格　　　D. 净额

4. _____是指被获准在一定区域和期限内，以一定的形式生产经营某种特定商品或劳务的专有权利。
   A. 专利权　　　B. 非专利技术　　　C. 著作权　　　D. 特许权

5. _____是指先进的、未公开的、未申请专利的，可带来经济利益的技术、资料、技能和知识等。

    A. 专利权   B. 非专利技术   C. 商标权   D. 著作权

五、多项选择题

1. 固定资产按其经济用途可分为_____。

    A. 生产经营用固定资产   B. 自有固定资产

    C. 融资租入固定资产   D. 非生产经营用固定资产

2. 企业在确定固定资产折旧使用寿命时，应考虑的因素有该资产的_____。

    A. 预计无形损耗   B. 预计有形损耗

    C. 预计生产能力或实物产量   D. 有关资产使用的法律或类似的限制

3. 计提固定资产折旧的范围有_____。

    A. 当月增加的固定资产   B. 当月减少的固定资产

    C. 大修理停用的固定资产   D. 作为土地入账的固定资产

4. 通过固定资产清理账户核算的有_____。

    A. 报废、毁损的固定资产   B. 盘亏的固定资产

    C. 出售的固定资产   D. 投资转出的固定资产

5. 列入"资产处置损益"账户的业务有_____。

    A. 固定资产报废净损失   B. 固定资产计提减值准备

    C. 固定资产出售净损失   D. 经核准固定资产盘亏损失

6. 固定资产的后续支出包括对现有的固定资产进行扩建、_____。

    A. 改建   B. 重建   C. 改良   D. 维护

7. 临时设施包括临时办公室、临时职工宿舍、临时职工食堂、_____等。

    A. 临时仓库   B. 临时施工机械设备库

    C. 工地收发室   D. 临时给水、排水、供电、供热设施

8. 企业确认无形资产必须同时满足_____的条件。

    A. 该无形资产不具备实物形态

    B. 与该无形资产有关的经济利益很可能流入企业

    C. 该无形资产所提供的经济利益具有不确定性

    D. 该无形资产的成本能够可靠地计量

9. 无形资产有专利权、商标权、土地使用权、_____等。

    A. 非专利技术   B. 特许权   C. 商誉   D. 著作权

六、实务题

习题一

一、**目的**   练习固定资产取得的核算。

二、**资料**   武泰建筑安装公司 6 月发生下列有关的经济业务。

1. 5 日，向济南建筑机械公司购进掘土机 1 台，2 张专用发票列明买价 135 000 元，增值税额 17 550 元，运输及装卸费 400 元，增值税额 36 元，款项一并从银行汇付对方，掘土机也已运到，达到预定可使用状态，并验收使用。

2. 11 日，向南京机床公司购进车床 1 台，专用发票上列明买价 110 000 元，增值税额 1 430 元，运输及装卸费 700 元，增值税额 63 元，全部款项一并从银行汇付对方，车床也已

验收入库。

3. 15 日，本公司安装队领取车床进行安装。

4. 16 日，本公司安装队领用车床安装材料 750 元。

5. 20 日，接受卢湾公司投入掘土机 2 台，打桩机 2 台，这批施工机械按投资合同约定的 500 000 元计量入账。

6. 25 日，分配车床安装人员薪酬 2 200 元。

7. 26 日，车床安装完毕，已达到预定可使用状态，验收使用。

8. 30 日，收到泰达公司捐赠的搅拌机 1 台，根据其提供的价目账单表明搅拌机的买价为 8 000 元，签发转账支票支付搅拌机的运输费 300 元，增值税额 27 元。搅拌机已达到预定可使用状态，验收使用。

三、**要求**　编制会计分录。

习题二

一、**目的**　练习固定资产折旧的核算。

二、**资料**

（一）闸北建筑公司 5 月 1 日有关固定资产明细账户的资料如图表 5-4 所示。

图表 5-4

固定资产明细账有关资料

单位：元

固定资产名称	计量单位	数量	原始价值	预计使用寿命/年	预计净残值率/%	月折旧额	使用部门
塔吊	台	1	180 000	10	4		机械作业部门
挖掘机	台	3	420 000	8	4		机械作业部门
推土机	台	2	300 000	8	4		机械作业部门
搅拌机	台	4	36 000	6	4		机械作业部门
车床	台	1	120 000	8	4		辅助生产部门
办公楼	幢	1	1 050 000	40	4		行政管理部门
小汽车	辆	1	150 000	6	4		行政管理部门
合　计			2 256 000				

（二）接着发生下列有关的经济业务。

1. 5 月 20 日，购入复印机 1 台，买价 15 000 元，增值税额 1 950 元，款项以转账支票支付。该复印机预计使用 4 年，预计净残值率为 4%，复印机已由行政管理部门验收使用。

2. 5 月 31 日，计提本月份固定资产折旧额。

3. 6 月 30 日，计提本月份固定资产折旧额。

三、**要求**

（一）根据"资料（一）"和"资料（二）"，用年限平均法计算各项固定资产的折旧额，并编制会计分录。

（二）根据"资料（一）"和"资料（二）"，分别用双倍余额递减法和年数总和法计算挖掘机和复印机的年折旧额。

习题三

一、**目的**　练习固定资产折旧和后续支出的核算。

二、资料

（一）苏州建筑公司 3 月 1 日各类固定资产明细账有关资料如图表 5-5 所示。

图表 5-5

固定资产明细账有关资料

单位：元

固定资产类别	原始价值	年折旧率/%	使用部门
钢筋水泥结构房屋	1 200 000	2.4	行政管理部门
砖木结构房屋	300 000	3.2	施工管理部门
施工机械设备	1 080 000	12	机械作业部门
机器设备	240 000	9.60	辅助生产部门
交通运输工具	270 000	12	机械作业部门
交通运输工具	150 000	12	行政管理部门
管理设备	36 000	16	行政管理部门

（二）该公司又发生下列有关的经济业务。

1. 3 月 18 日，将 1 辆起重机委托隆兴机械公司进行改造，该起重机的原始价值为 90 000 元，已提折旧 30 000 元，已提减值准备 1 000 元，予以转账。

2. 3 月 20 日，收到隆兴机械公司专用发票，开列改造起重机金额 35 000 元，增值税额 4 550 元，当即签发转账支票支付全部账款。

3. 3 月 25 日，起重机已改造完毕，达到预定可使用状态，验收使用，该起重机预计可收回金额为 95 000 元，予以转账。

4. 3 月 31 日，按分类折旧率计提本月份固定资产折旧额。

5. 4 月 10 日，收到东方汽车修理公司专用发票，分别开列行政管理部门和施工管理部门的小汽车大修理费用 19 800 元和 17 200 元，增值税额 4 810 元，当即签发转账支票支付全部账款。

6. 4 月 20 日，收到大隆机械修理公司专用发票，开列机械作业部门塔吊的大修理费用 21 600 元，增值税额 2 808 元，当即签发转账支票支付全部账款

7. 4 月 30 日，按分类折旧率计提本月份固定资产折旧额。

三、要求　编制会计分录。

习题四

一、目的　练习固定资产处置、清查和减值的核算。

二、资料　嘉宝建筑公司 12 月发生下列有关的经济业务。

1. 2 日，有挖掘机 1 台，原始价值为 150 000 元，已提折旧 75 000 元，已提减值准备 2 000 元，经领导批准准备出售，予以转账。

2. 5 日，出售挖掘机 1 台，专用发票列明出售金额 70 000 元，增值税额 9 100 元，收到全部账款存入银行。

3. 6 日，将出售挖掘机的净损失转账。

4. 10 日，经批准报废清理办公楼 1 幢，原始价值为 840 000 元，已提折旧 806 400 元，已提减值准备 8 000 元，予以转账。

5. 15 日，签发转账支票支付办公楼清理费用 5 500 元。

6. 20 日，出售清理办公楼的残料，专用发票列明出售金额 31 200 元，增值税额 4 056

元，收到全部账款存入银行。

7. 22 日，清理办公楼完毕，予以转账。

8. 26 日，拨付合资经营的大隆公司房屋 1 幢，原始价值为 1 080 000 元，已提折旧 324 000 元，已提减值准备 9 000 元，按投资合同约定的 748 000 元计量，予以转账。

9. 29 日，盘亏搅拌机 1 台，原始价值为 9 000 元，已提折旧 6 000 元，已提减值准备 500 元，予以转账。

10. 30 日，盘亏的搅拌机报经领导批准，予以核销转账。

11. 31 日，有计算机 3 台，每台原始价值 7 500 元，已提折旧 3 500 元，现由于市价持续下跌，其可收回金额仅为 3 500 元，计提其减值准备。

三、**要求** 编制会计分录。

习题五

一、**目的** 练习临时设施的核算。

二、**资料** 南市建筑公司承接商品房工程后发生下列有关的经济业务。

1. 2020 年 1 月 2 日，在施工现场购置简易房屋 1 间，作为施工管理临时办公室，专用发票列明房屋买价 196 000 元，增值税额 17 640 元，当即签发转账支票付讫，房屋已验收使用。

2. 2020 年 1 月 3 日，在施工现场自行搭建临时仓库、临时职工宿舍和工地收发室，分别领用材料125 000 元、160 000 元和 32 000 元。

3. 2020 年 1 月 31 日，分配本月搭建临时仓库、临时职工宿舍和工地收发室应负担的职工薪酬，金额分别为 12 600 元、15 500 元和 2 500 元。

4. 2020 年 1 月 31 日，搭建的临时仓库、临时职工宿舍和工地收发室已全部竣工，达到预定可使用状态，验收使用。

5. 2020 年 2 月 28 日，商品房施工期为 30 个月，购置的简易房屋施工期满后，预计仍可按原值的 55% 出售，计提其本月份摊销额。

6. 2020 年 2 月 28 日，临时仓库、临时职工宿舍和工地收发室净残值率分别为 10%、20% 和 5%，分别计提其本月份摊销额。

7. 2022 年 6 月 30 日，商品房工程已竣工，相关的各种临时设施已计提了 29 个月的摊销，今经批准将分别进行清理，予以转账。

8. 2022 年 7 月 6 日，出售简易房屋 1 间，专用发票列明出售金额 110 000 元，增值税额 9 900 元，当即收到全部账款存入银行。

9. 2022 年 7 月 8 日，简易房屋清理完毕，根据清理的结果转账。

10. 2022 年 7 月 10 日，分配拆除临时仓库、临时职工宿舍和工地收发室人员的职工薪酬分别为 4 500 元、4 750 元和 900 元。

11. 2022 年 7 月 11 日，拆除临时仓库、临时职工宿舍和工地收发室的残料估价分别为 18 500 元、38 920 元和 2 500 元，已验收入库。

12. 2022 年 7 月 12 日，临时仓库、临时职工宿舍和工地收发室已清理完毕，根据清理的结果转账。

三、**要求** 编制会计分录。

习题六

一、**目的**　练习无形资产和长期待摊费用的核算。

二、**资料**　新光建筑公司发生下列有关的经济业务。

1. 4 月 30 日，本公司自行研究开发一项施工新技术，分配施工新技术开发人员在研究阶段的工资 7 500 元，并计提职工福利费 1 050 元。

2. 4 月 30 日，结转施工新技术研发支出。

3. 5 月 2 日，施工新技术进入开发阶段，领用原材料 81 500 元。

4. 5 月 30 日，分配施工新技术开发人员在开发阶段的工资 22 000 元，并计提职工福利费 3 080 元。

5. 5 月 31 日，施工新技术项目开发成功，结转其开发成本。该项施工新技术预计使用寿命 8 年。

6. 5 月 31 日，向华安地产公司购买 C 地块土地使用权 30 年，专用发票列明买价 880 000 元，增值税额 79 200 元，在洽购时支付咨询费 18 000 元，增值税额 1 080 元，账款一并签发转账支票支付。

7. 6 月 15 日，与华夏建筑公司合资经营，华夏建筑公司以专利权作为其投资额，按投资合同约定的 120 000 元入账，该项专利权预计使用寿命 8 年。

8. 6 月 30 日，摊销应由本月份负担的非专利技术、土地使用权和专利权费用。

9. 7 月 10 日，将本公司拥有的 B 地块的土地使用权出售给南海公司，专用发票列明出售金额 620 000 元，增值税额 55 800 元，当即收到全部账款存入银行。该项土地使用权的账面原值为 720 000 元，已摊销了 180 000 元。

10. 7 月 15 日，将一项非专利技术向嘉兴建筑公司投资，账面原值为 136 000 元，已摊销了 27 200 元，按投资合同约定的 110 000 元入账。

11. 7 月 30 日，有一项专利权，账面原值为 120 000 元，已摊销了 40 000 元，因其盈利能力大幅下降，预计其未来现金流量的现值为 75 000 元，计提其减值准备。

12. 7 月 31 日，租入的挖掘机经出租单位同意进行改良，签发转账支票支付东海建筑机械公司改良费用 12 000 元，增值税额 1 560 元。

13. 8 月 31 日，挖掘机租赁期为 3 年，尚可使用 4 年，摊销应由本月负担的挖掘机的改良支出。

三、**要求**　编制会计分录。

第六章 金融资产

第一节 金融资产概述

一、金融工具和金融资产的含义

金融是现代经济的核心，金融市场的健康及可持续发展需要金融工具的广泛运用和不断创新。金融工具是指形成一方的金融资产，并形成其他方的金融负债或权益工具的合同。由此可见金融工具包括金融资产、金融负债和权益工具。

金融资产是指企业持有的现金；持有的其他方的权益工具；从其他方收取现金或其他金融资产的合同权利；在潜在有利条件下，与其他方交换金融资产或金融负债的合同权利；将来须用或可用企业自身权益工具进行结算的衍生工具和非衍生工具的合同权利等资产。

权益工具是指能证明拥有某个企业在扣除所有负债后的资产中的剩余权益的合同。

衍生工具是指具有下列特征的金融工具或其他合同：① 其价值随特定利率、金融工具价格、商品价格、汇率、价格指数、费率指数、信用等级、信用指数或其他类似变量的变动而变动，变量为非金融变量的，该变量不应与合同的任何一方存在特定关系；② 不要求初始净投资，或与对市场因素变化预期有类似反应的其他合同相比，要求很少的初始净投资；③ 在未来某一日期结算。

衍生工具包括远期合同、期货合同、互换合同和期权合同等。

企业的金融资产具体包括库存现金、银行存款、其他货币资金、应收票据、应收账款、其他应款项、股权投资、债权投资和衍生金融工具形成的资产等。

二、金融资产的分类

金融资产的分类是其确认和计量的基础。企业按照其管理金融资产的业务模式和金融资产的合同现金流量特征可分为三类。

管理金融资产的业务模式是指企业如何管理其金融资产以产生现金流量。业务模式决定企业所管理金融资产现金流量的来源是收取合同现金流量、出售金融资产、还是两者兼有。企业管理金融资产的业务模式，应当以企业关键管理人员决定对金融资产进行管理的特定业务目标为基础确定。

金融资产的合同现金流量特征是指金融工具合同约定的、反映相关金融资产经济特征的现金流量属性。

（一）以摊余成本计量的金融资产

金融资产同时符合下列两个条件的，应当分类为摊余成本计量的金融资产：一是企业管理该金融资产的业务模式是以收取合同现金流量为目标；二是该金融资产的合同条款约定，在特定日期产生的现金流量，仅为对本金和以未偿付本金金额为基础的利息的支付。

如企业持有的普通债券的合同现金流量是到期收回本金及按约定利率在合同期间按时收

取利息。在没有其他特殊安排的情况下，普通债券可能符合本金加利息的合同现金流量特征。当企业管理该债券的业务模式是以收取合同现金流量为目标，那么该债券应分类为以摊余成本计量的金融资产。

（二）以公允价值计量且其变动计入其他综合收益的金融资产

金融资产同时符合下列两个条件的，应当分类为以公允价值计量且其变动计入其他综合收益的金融资产：一是企业管理该金融资产的业务模式既以收取合同现金流量为目标，又以出售该金融资产为目标；二是该金融资产的合同条款约定，在特定日期产生的现金流量仅为对本金和以未偿付本金金额为基础的利息的支付。

以公允价值计量且其变动计入其他综合收益的金融资产与以摊余成本计量的金融资产所要求的合同现金流量的特征是一致的，其区别是企业管理金融资产业务的方式不同。如果企业持有这些金融资产的目的既以收取合同现金流量为目标，又以出售该金融资产为目标，则应分类为以公允价值计量且其变动计入其他综合收益的金融资产。

（三）以公允价值计量且其变动计入当期损益的金融资产

企业分类为以摊余成本计量的金融资产和以公允价值计量且其变动计入其他综合收益的金融资产之外的金融资产，应当分类为以公允价值计量且其变动计入当期损益的金融资产。

如企业购入的股票其合同现金流量源自收取被投资企业未来股利分配以及清算时获得剩余收益的权利；又如企业购入股票型基金、债券型基金等各种基金，企业从该类投资中所取得的现金流量既包括投资期间基础资产产生的合同现金流量，也包括处置基础资产的现金流量；再如可转换债券，其除按一般债权类投资的特征到期收回本金、获取约定利息外，还有转股权，就产生了其他因素的不确定性，因此，股票、基金、可转换债券显然不符合本金加利息的合同现金流量特征，应当分类为以公允价值计量且其变动计入当期损益的金融资产。

第二节　交易性金融资产

一、交易性金融资产取得的核算

交易性金融资产是指企业持有的以公允价值计量且其变动计入当期损益的金融资产。它包括为交易目的所持有的债券投资、股票投资、基金投资等和直接指定为以公允价值计量且其变动计入当期损益的金融资产。

企业取得交易性金融资产时，应当按照公允价值计量入账。相关的交易费用应当直接计入当期损益。

交易费用是指可直接归属于购买、发行或处置金融工具新增的外部费用。它包括支付的手续费、佣金、相关税费及其他必要支出。

企业取得交易性金融资产时，按交易性金融资产的公允价值借记"交易性金融资产"账户，按发生的交易费用借记"投资收益"账户；按实际支付的金额贷记"银行存款"账户。

【例6-1】浦江建筑公司3月18日购进安泰公司股票20 000股，每股10.60元，另以交易金额的3‰支付佣金，款项一并签发转账支票付讫，该股票确定以公允价值计量且其变动计入当期损益，作分录如下：

借：交易性金融资产——成本——安泰公司股票　　　　　　　　　212 000.00

　　投资收益　　　　　　　　　　　　　　　　　　　　　　　　636.00

　贷：银行存款　　　　　　　　　　　　　　　　　　　　　　　212 636.00

　　企业取得的交易性金融资产中，若包含已宣告发放的现金股利或已到付息期但尚未领取的债券利息，应从成本中予以扣除，将其作为应收股利或应收利息处理。在这种情况下，购入的交易性金融资产的成本，应以公允价值减去应收股利或应收利息入账。

【例 6-2】 东平建筑公司 4 月 5 日购进泰达公司股票 20 000 股，每股 8 元，另以交易金额的 3‰支付佣金，款项一并签发转账支票付讫。泰达公司已于 4 月 1 日宣告将于 4 月 10 日分派现金股利，每股 0.15 元。该股票确定以公允价值且其变动计入当期损益。

　　(1) 4 月 5 日，购进股票时，作分录如下：

借：交易性金融资产——成本——泰达公司股票　　　　　　　　157 000.00

借：应收股利——泰达公司　　　　　　　　　　　　　　　　　3 000.00

借：投资收益　　　　　　　　　　　　　　　　　　　　　　　480.00

　贷：银行存款　　　　　　　　　　　　　　　　　　　　　　160 480.00

　　(2) 4 月 15 日，收到泰达公司派发的现金股利 3 000 元，存入银行时，作分录如下：

借：银行存款　　　　　　　　　　　　　　　　　　　　　　　3 000.00

　贷：应收股利——泰达公司　　　　　　　　　　　　　　　　3 000.00

二、交易性金融资产持有期间股利和利息的核算

交易性金融资产在持有期间，被投资单位宣告发放的现金股利或在期末按债券的面值和票面利率计提利息时，借记“应收股利”或“应收利息”账户，贷记“投资收益”账户。

【例 6-3】 12 月 31 日，南通建筑公司持有的以公允价值计量且其变动计入当期损益的安顺公司上月末发行的债券 150 张，计面值 150 000 元，年利率为 8%，计提其本月份应收利息，作分录如下：

借：应收利息——安顺公司　　　　　　　　　　　　　　　　　1 000.00

　贷：投资收益　　　　　　　　　　　　　　　　　　　　　　1 000.00

等收到应收股利或应收利息时，再借记“银行存款”账户；贷记“应收股利”或“应收利息”账户。

三、交易性金融资产的期末计量

交易性金融资产的期末计量是指期末交易性金融资产在资产负债表上反映的价值。

交易性金融资产在取得时按公允价值计量，然而在交易市场上的价格会不断地发生变化。期末，当交易性金融资产的公允价值高于其账面余额时，将两者之间的差额借记“交易性金融资产——公允价值变动”账户，贷记“公允价值变动损益”账户；期末当公允价值低于其账面余额时，将两者之间的差额借记“公允价值变动损益”账户，贷记“交易性金融资产——公允价值变动”账户。

【例 6-4】 南京建筑公司持有的以公允价值计量且其变动计入当前损益的华安公司股票 18 000 股，账面余额 180 000 元，12 月 31 日，该股票每股公允价值为 10.50 元，予以转账，作分录如下：

借：交易性金融资产——公允价值变动——华安公司股票　　　　　9 000.00
　　贷：公允价值变动损益——交易性金融资产　　　　　　　　　　　　　　9 000.00

"交易性金融资产"是资产类账户，用以核算企业为交易目的所持有的债券投资、股票投资、基金投资等交易性金融资产的公允价值。企业在取得交易性金融资产和期末交易性金融资产增值时，记入借方；交易性金融资产出售和期末减值时，记入贷方。期末余额在借方，反映企业交易性金融资产的公允价值。该账户应当按交易性金融资产的类别和品种，分别以"成本"和"公允价值变动"进行明细核算。

"公允价值变动损益"是损益类账户，用以核算企业交易性金融资产、金融负债以及采用公允价值模式计量的投资性房地产、衍生工具、套期保值业务等公允价值变动形成的应计入当期损益的利得或损失。当取得公允价值变动收益或将公允价值变动损失结转"本年利润"账户时，记入贷方；当发生公允价值变动损失或将公允价值变动收益结转"本年利润"账户时，记入借方。

四、交易性金融资产出售的核算

企业出售交易性金融资产时，也会发生交易费用，届时应按交易性金融资产的出售价格减去其交易费用的出售净收入，借记"银行存款"账户；按其账面余额，贷记"交易性金融资产——成本"账户；借记或贷记"交易性金融资产——公允价值变动"账户；将实际收到的金额与账面余额的差额，列入"投资收益"账户。

【例6-5】承例6-4，次年1月15日，南京建筑公司出售持有的以公允价值计量且其变动计入当期损益的华安公司股票18 000股。出售价格每股11.25元，按交易金额的3‰支付佣金，1‰交纳印花税，收到出售净收入，存入银行。查该股票明细账户余额成本为189 000元；公允价值变动为借方余额9 000元，作分录如下：

借：银行存款　　　　　　　　　　　　　　　　　　　　　　　　　201 690.00
　　贷：交易性金融资产——成本——华安公司股票　　　　　　　　　189 000.00
　　贷：交易性金融资产——公允价值变动——华安公司股票　　　　　　9 000.00
　　　　投资收益　　　　　　　　　　　　　　　　　　　　　　　　　3 690.00

"投资收益"是损益类账户，用以核算企业确认的投资收益或投资损失。当企业确认投资收益或将投资损失结转"本年利润"账户时，记入贷方；当企业确认投资损失或将投资收益结转"本年利润"账户时，记入借方。

第三节　债权投资

一、债权投资取得的核算

债权投资是指企业购买债券，以摊余成本计量进行的投资。企业购买新发行的债券时，支付的债券价格，有时与债券的面值相等，有时却与面值不一致。当购进债券的价格与面值相等时，称为按面值购进；如果购进债券的价格高于面值，称为溢价购进；如果购进债券的价格低于面值，则称为折价购进。

债权投资应按取得时的公允价值作为初始确认金额，如支付的价款中包含已到付息期但尚未领取的债券利息，应当单独确认为应收利息入账。

(一) 按面值购进债券的核算

企业按面值购进债券时，按投资的面值借记"债权投资——成本"账户；按发生的交易费用借记"债权投资——利息调整"账户；按实际支付金额贷记"银行存款"账户。

债权投资应当按期计提利息，计提的利息按债券面值乘以票面利率计算。对于分期付息，到期还本的债权投资，在计提利息时，借记"应收利息"账户；贷记"投资收益"账户。对于到期一次还本付息的债权投资，则借记"债权投资—应计利息"账户；贷记"投资收益"账户。

(二) 溢价购进债券的核算

企业溢价购进债券，是因为债券的票面利率高于市场利率，那么投资企业按票面利率收到的利息将要高于按市场利率所能得到的利息。因此，溢价是为以后各期多得利息而预先付出的款项，也就是说，在投资企业以后各期收到的利息中，还包括溢价购进时预先付出的款项，这部分多付的款项在发生时应列入"债权投资——利息调整"账户的借方，在确定各期利息收入时再进行摊销，以冲抵投资收益。

利息调整额摊销的方法有直线法和实际利率法两种。直线法是指将债券的利息调整额按债券的期限平均摊销的方法。

【例6-6】 卢湾建筑公司6月30日购进新发行的大唐公司3年期债券200张，每张面值1 000元，购进价格为1 025.74元，该债券票面年利率为9%，每年6月30日支付利息，该债券确定以摊余成本计量。

(1) 6月30日，签发转账支票支付200张债券①的价款205 148元，作分录如下：

借：债权投资——成本——大唐公司债券　　　　　　　　　　　200 000.00
　　债权投资——利息调整——大唐公司债券　　　　　　　　　　5 148.00
　　贷：银行存款　　　　　　　　　　　　　　　　　　　　　205 148.00

(2) 7月31日，预计本月份该债券应收利息入账，并用直线法摊销利息调整额，作分录如下：

借：应收利息——大唐公司　　　　　　　　　　　　　　　　　1 500.00
　　贷：债权投资——利息调整——大唐公司债券　　　　　　　　　143.00
　　　　投资收益　　　　　　　　　　　　　　　　　　　　　1 357.00

(3) 次年6月30日，收到大唐公司一年期债券利息入账，作分录如下：

借：银行存款　　　　　　　　　　　　　　　　　　　　　　18 000.00
　　贷：应收利息——大唐公司　　　　　　　　　　　　　　　16 500.00
　　贷：债权投资——利息调整——大唐公司债券　　　　　　　　143.00
　　　　投资收益　　　　　　　　　　　　　　　　　　　　　1 357.00

"应收利息"是资产类账户，用以核算企业除债权投资和其他债权投资一次还本付息的债券以外的各种债券投资的应收利息。企业发生应收利息时，记入借方；企业收到应收利息时，记入贷方。期末金额在借方，表示企业尚未收回的应收利息。

采用直线法摊销利息调整额简便易行，然而随着各期借方利息调整额的摊销，企业的投资额有了减少，而各期的投资收益却始终保持不变，因此反映的投资收益不够准确。为了准

---

① 通常购买新发行的债券不发生交易费用。

确地反映各期的投资收益，可以采用实际利率法。实际利率法是指根据债券期初账面价值乘以实际利率确定各期的利息收入，然后将其与按票面利率计算的应计利息收入相比较，将其差额作为各期的利息调整额的方法。

采用实际利率法摊销借方利息调整额，溢价购进债券的实际利息收入会随着债券账面价值的逐期减少而减小，从而却使其利息调整额随之逐期增加。其计算方法如图表6-1所示。

【例6-7】 金融市场实际利率为8%，根据例6-6购进大唐公司溢价发行的债券，用实际利率法计算债券各期利息调整额如图表6-1所示。

图表6-1

利息调整额计算表（借方余额）

单位：元

付息期数	应计利息收入	实际利息收入	本期利息调整额	利息调整借方余额	债券账面价值（不含交易费用）
(1)	(2)=面值×票面利率	(3)=上期(6)×实际利率	(4)=(2)-(3)	(5)=上期利息调整余额-(4)	(6)=面值+(5)
购进时				5 148.00	205 148.00
1	18 000.00	16 411.84	1 588.16	3 559.84	203 559.84
2	18 000.00	16 284.79	1 715.21	1 844.63	201 844.63
3	18 000.00	16 155.37①	1 844.63	0	200 000.00

以上计算的是各年的应计利息收入、实际利息收入和利息调整额。7月31日预计本月份应收利息和利息调整额时，可以将第一期计算的数据除以12取得，并据以入账，作分录如下：

借：应收利息——大唐公司 1 500.00
 贷：债权投资——利息调整——大唐公司 132.35
  投资收益 1 367.65

（三）折价购进债券的核算

企业折价购进债券，是因为债券的票面利率低于市场利率，那么，投资企业按票面利率收到的利息将低于市场实际利率所能得到的利息，因此，折价是为了补偿投资企业以后各期少收利息而预先少付的款项。这部分少付的款项应在发生时列入"债权投资——利息调整"账户的贷方，在确定各期利息收入时，再进行摊销，以作为投资收益的一部分。

【例6-8】 南江建筑公司9月30日购进新发行的恒丰公司3年期的债券150张，每张面值1 000元，购进价格为974.20元，该债券票面年利率为7%，每年9月30日支付利息，该债券确定以摊余成本计量。

（1）9月30日，签发转账支票支付150张债券的价款146 130元，作分录如下：

借：债权投资——成本——恒丰公司债券 150 000.00
 贷：债权投资——利息调整——恒丰公司债券 3 870.00
  银行存款 146 130.00

（2）10月31日，预计该债券本月份的应收利息入账，并用直线法摊销利息调整额，作分录如下：

---

① 由于在计算上存在尾差，因此16 155.37元是近似值。

借：应收利息——恒丰公司　　　　　　　　　　　　　　　　　875.00
　　债权投资——利息调整——恒丰公司债券　　　　　　　　107.50
　　贷：投资收益　　　　　　　　　　　　　　　　　　　　982.50

（3）次年9月30日，收到恒丰公司一年期债券利息，作分录如下：

借：银行存款　　　　　　　　　　　　　　　　　　　　10 500.00
　　债权投资——利息调整——恒丰公司债券　　　　　　　　107.50
　　贷：应收利息——恒丰公司　　　　　　　　　　　　　9 625.00
　　　　投资收益　　　　　　　　　　　　　　　　　　　　982.50

以上是采用直线法摊销利息调整额，若采用实际利率法摊销利息调整额，折价购进债券的实际利息收入会随着债券账面价值逐期增加而增加，从而使利息调整额也随之逐期增加。其计算方法如图表6-2所示。

【例6-9】　金融市场实际利率为8%，根据例6-8购进恒丰公司折价发行的债券，用实际利率法计算债券各期摊销的利息调整额，如图表6-2所示。

图表6-2

利息调整额计算表（贷方余额）

单位：元

付息期数	应计利息收入	实际利息收入	本期利息调整额	利息调整贷方余额	债券账面价值（不含交易费用）
（1）	（2）＝面值×票面利率	（3）＝上期（6）×实际利率	（4）＝（2）-（3）	（5）＝上期利息调整余额-（4）	（6）＝面值-（5）
购进时				3 870.00	146 130.00
1	10 500.00	11 690.40	1 190.40	2 679.60	147 320.40
2	10 500.00	11 785.63	1 285.63	1 393.97	148 606.03
3	10 500.00	11 893.97[①]	1 393.97	0	150 000.00

"债权投资"是资产类账户，用以核算企业以摊余成本计量的债权投资的价值。企业取得债权投资、计提到期一次还本付息债券利息和摊销利息调整贷方余额时，记入借方；企业出售、收回债权投资、将债权投资重分类和摊销利息调整借方余额时，记入贷方。期末余额在借方，表示企业债权投资的摊余成本。

二、债权投资减值的核算

企业在期末应当对债权投资的账面价值进行检查；如有发行方发生严重财务困难等客观证据表明该债权投资发生减值的，应当计提减值准备。届时将债权投资的账面价值与预计未来现金流量现值之间的差额计算确认减值损失，借记"信用减值损失"账户，贷记"债权投资减值准备"账户。

【例6-10】　3月31日，泰达建筑公司持有南海公司去年3月10日溢价发行的3年期债券100张，每张面值1 000元，每年3月10日支付利息，其账面价值成本为100 000.00元；利息调整为借方余额1 716元。因南海公司发生严重的财务困难，现1 000元面值的债券市价仅1 002元，其交易费用为1‰，计提其减值减备，作分录如下：

---

① 由于计算上存在尾差，因此11 893.97元是近似值。

$$债权投资可收回金额 = 1\,002 × 100 × (1 - 1‰) = 100\,099.80(元)$$

借：信用减值损失——债权投资减值损失　　　　　　　　　　　　　　1 616.20

　　贷：债权投资减值准备——南海公司债券　　　　　　　　　　　　　1 616.20

已计提减值准备的债权投资价值以后又得以恢复时，应在原已计提的减值准备金额内，按恢复增加的金额借记"债权投资减值准备"账户，贷记"信用减值损失"账户。

"信用减值损失"是损益类账户，用以核算企业按照规定计提金融资产减值准备所形成的预期信用损失。企业发生预期信用损失时，记入借方；企业计提减值准备的金融资产的价值得以恢复时予以转销，以及期末结转"本年利润"账户时，记入贷方。

"债权投资减值准备"是资产类账户，也是"债权投资"账户的抵减账户，用以核算企业债权投资发生减值时计提的减值准备。企业计提债权投资减值准备时，记入贷方；当企业减值的债权投资出售、重分类和减值的金额恢复时，记入借方。期末余额在贷方，表示企业已计提但尚未转销的债权投资减值准备。

三、债权投资出售和重分类的核算

债权投资出售时，应按实际收到的金额借记"银行存款"账户，按已计提的减值准备，借记"债权投资减值准备"账户；按其账面余额，贷记"债权投资"账户，将其差额列入"投资收益"账户。

【例6-11】承例6-10，4月8日，泰达建筑公司出售南海公司发行的3年期债券100张，每张面值1 000元，现按每张1 001.80元出售，按交易金额的1‰支付佣金，收到出售净收入，存入银行，作分录如下：

借：银行存款　　　　　　　　　　　　　　　　　　　　　　　　　100 079.82

　　债权投资减值准备　　　　　　　　　　　　　　　　　　　　　　1 616.20

　　投资收益　　　　　　　　　　　　　　　　　　　　　　　　　　　　19.98

　　贷：债权投资——成本——南海公司债券　　　　　　　　　　　100 000.00

　　　　债权投资——利息调整——南海公司债券　　　　　　　　　　1 716.00

企业管理债权投资的业务模式改变为以公允价值计量且其变动计入其他综合收益，届时应当将其重分类为其他债权投资。重分类日，该投资的账面价值与公允价值之间的差额列入"其他综合收益"账户。

【例6-12】7月28日，上海建筑公司持有新光公司按面值发行的3年期债券100 000元，年利率8%、到期一次还本付息，已按债权投资入账，现决定将其重分类为其他债权投资，该债券的账面价值成本为100 000元，应计利息为8 000元，现公允价值为109 800元，予以转账。作分录如下：

$$其他债权投资的入账价值 = 109\,800 × (1 - 1‰) = 109\,690.20(元)$$

借：其他债权投资——成本——新光公司债券　　　　　　　　　　　100 000.00

　　其他债权投资——应计利息——新光公司债券　　　　　　　　　　8 000.00

　　其他债权投资——公允价值变动——新光公司债券　　　　　　　　1 690.20

　　贷：债权投资——成本——新光公司债券　　　　　　　　　　　100 100.00

　　　　债权投资——应计利息——新光公司债券　　　　　　　　　　8 000.00

　　　　其他综合收益——其他债权投资公允价值变动　　　　　　　　1 690.20

如果管理债权投资的业务模式改变为以公允价值计量且其变动计入当期损益时，则应按债权投资的公允价值借记"交易性金融资产"账户;按债权投资的账面价值分别贷记"债权投资——成本""债权投资——应计利息"账户;两者之间的差额列入"公允价值变动损益"账户。

【例6-13】 若例6-12中,上海建筑公司持有的新光公司的债券决定重新分类为交易性金融资产,则作分录如下:

借:交易性金融资产——成本——新光公司债券　　　　　109 690.20
　贷:债权投资——成本　　　　　　　　　　　　　　　　100 000.00
　　债权投资——应计利息　　　　　　　　　　　　　　　8 000.00
　　公允价值变动损益　　　　　　　　　　　　　　　　　1 690.20

"其他综合收益"是所有者权益类账户,用以核算企业根据其他会计准则规定未在当期损益中确认的各项利得和损失。企业发生未在当期损益中确认的各项利得以及确认未在前期确认的各项损失时,记入贷方;企业发生未在当期损益中确认的各项损失以及确认未在前期确认的各项利得时,记入借方。期末余额通常在贷方,表示企业尚未确认的各项利得;若期末余额在贷方,则表示企业尚未确认的各项损失。

第四节 其他债权投资

一、其他债权投资取得的核算

其他债权投资是指企业购买债券以公允价值计量,且其变动计入其他综合收益计量进行的投资。企业购进这类债券时,按债券的面值借记"其他债权投资——成本"账户;按实际支付的金额贷记"银行存款"账户;将其差额列入"其他债权投资——利息调整"账户。如果支付的价款中含有已到付息期但尚未领取的债券利息,应列入"应收利息"账户。

【例6-14】 嘉定建筑公司购进开源公司新发行的3年期债券720张,每张面值1 000元,票面利率8%,每年12月31日付息,到期一次还本。该债券确定以公允价值计量且其变动计入其他综合收益。

12月31日,签发转账支票支付720张债券的价款及交易费用741 600元,作分录如下:

借:其他债权投资——成本　　　　　　　　　　　　　　720 000.00
　　其他债权投资——利息调整——开源公司　　　　　　　21 600.00
　贷:银行存款　　　　　　　　　　　　　　　　　　　　741 600.00

二、其他债权投资利息收入的确认和核算

企业通常在付息日或年末确认债券的利息收入。对于分期付息到期还本的其他债权投资,在计提利息时,按照债券的面值乘以票面利率确定的票面利息借记"应收利息"账户;按照其他债权投资的账面金额(不含"公允价值变动"明细账户的余额)乘以实际利率确定的实际利息贷记"投资收益"账户;两者之间的差额列入"其他债权投资——利息调整"账户。

企业计算实际利率要将到期后收回的本金和收取的利息折算成现值,届时可以查阅复利现值系数表和年金现值系数表(见附录A和附录B)取得现值系数和年金现值系数。

【例6-15】 承例6-14,次年12月31日,嘉定建筑公司持有开源公司720张3年期债券,每张面值1 000元。

（1）计算开源公司债券的实际利率如下：

因为开源公司债券初始入账金额 741 600 元高于其面值 720 000 元，所以实际利率低于票面利率，先按 7% 作为折现率测算，查表得 3 年期、7% 的复利现值系数和年金现值系数分别为 0.816 3 和 2.624 3。

债券每年应收利息 = 720 000×8% = 57 600（元）

应收面值和票面利息的现值 = 720 000×0.816 3+57 600×2.624 3 = 738 895.68（元）

计算的结果显示开源公司债券的面值和票面利息小于该债券的初始入账金额，表明实际利率大于 6%，进一步用插值法计算实际利率，6% 的复利现值系数和年金现值系数分别为 0.839 6 和 2.673 0。

应收面值和票面利息的现值 = 720 000×0.839 6+57 600×2.673 0 = 758 476.80（元）

$$实际利率 = 6\%_0 + (7\%-6\%) \times \frac{758\ 476.80-741\ 600}{758\ 476.80-738\ 895.68} = 6.861\ 9\%$$

（2）计算开源公司债券各年的票面利息、实际利息、利息调整额和账面金额（不含公允价值额）如图表 6-3 所示。

图表 6-3

债券投资利息和利息调整额计算表

单位：元

付息期数	票面利息	实际利率（%）	实际利息	利息调整额	账面余额（不含公允价值变动额）
(1)	(2) = 面值×票面利率	(3)	(4) = 上期 (6) ×实际利率	(5) = (2) - (4)	(6) = 账面余额- (5)
购进时					741 600.00
1	57 600.00	6.861 9	50 887.85	6 712.15	734 887.85
2	57 600.00	6.861 9	50 427.27	7 172.73	727 715.12
3	57 600.00	6.861 9	49 884.88[①]	7 715.12	720 000.00
合计	172 800.00	—	151 200.00	21 600.00	

（3）根据计算的结果，计提本年度应收利息，作分录如下：

借：应收利息——开源公司　　　　　　　　　　　　　　　　　　　　57 600.00

　　贷：投资收益　　　　　　　　　　　　　　　　　　　　　　　　　　50 887.85

　　　　其他债权投资——利息调整——开源公司　　　　　　　　　　　　6 712.15

企业对于到期一次还本付息的其他债权投资计提应收利息时，应将其列入"其他债权投资——应计利息"账户。

三、其他债权投资期末计量的核算

企业在期末应当将其他债权投资按公允价值计量，公允价值（扣除交易费用）与账面价值的差额应列入"其他综合收益"账户。

【例 6-16】承例 6-14、例 6-15，次年 12 月 31 日，嘉定建筑公司持有开源公司 720 张 3 年期债券，每张面值 1 000 元，现在该债券公允价值为 1 022.20 元，交易费用率为 1‰，

---

① 由于计算上存在尾差，因此 49 884.88 元是近似值。

调整其他债权投资的账面价值，作分录如下：

公允价值变动额＝1 022.20×720×（1-1‰）－（741 600-6 712.15）＝735 248.02-734 887.85＝360.17（元）

借：其他债权投资——公允价值变动——开源公司 360.17

贷：其他综合收益——其他债权投资公允价值变动——开源公司 360.17

在期末，如债券发行方发生严重的财务困难等客观证据，表明该投资发生了减值，应当计提减值准备，届时将其他债权投资的账面价值与预计未来现金流量现值之间的差额确认为减值损失，借记"信用减值损失"账户；贷记"其他综合收益——信用减值准备"账户。

【例6-17】 12月31日，华兴建筑公司持有东湖公司3年期债券210张，每张面值1 000元，票面利率8%，到期一次还本付息。其账面价值为：成本210 000元，应计利息2 800元，利息调整630元，公允价值变动180元，因东湖公司发生严重的财务困难，现面值1 000元的债券市价仅995元，其交易费用率为1‰，计提其减值准备，作分录如下：

其他债权投资可收回金额＝995×210×（1-‰）＝208 741.05（元）

借：信用减值损失 4 868.95

贷：其他综合收益——信用减值准备——东湖公司 4 868.95

已计提减值准备的其他债权投资价值以后又得以恢复时，应在原已计提减值准备的金额内，按恢复的金额借记"其他综合收益"账户；贷记"信用减值损失"账户。

"其他债权投资"是资产类账户，用以核算企业以公允价值计量且其变动计入其他综合收益的债权投资的价值。企业取得其他债权投资、发生利息调整、计提到期一次还本付息债券利息以及期末公允价值增值时，记入借方；企业将其他债权投资出售、收回及重分类时，记入贷方，期末金额在借方，表示企业其他债权投资的公允价值。

四、其他债权投资出售和重分类的核算

企业出售其他债权投资时，应按实际收到的金额借记"银行存款"账户；按已计提的减值准备借记"其他综合收益"账户；贷记"其他债权投资"账户，将其差额列入"投资收益"账户。

【例6-18】 承例6-17，次年1月25日，出售东湖公司债券210张，每张面值1 000元，现按每张998元出售，按交易金额的1‰支付佣金，收到出售净收入，存入银行，作分录如下：

借：银行存款 209 370.42

其他综合收益——信用减值准备——东湖公司 4 868.95

贷：其他债权投资——成本 210 000.00

其他债权投资——应计利息 2 800.00

其他债权投资——利息调整 630.00

其他债权投资——公允价值变动 180.00

投资收益 629.37

当企业管理其他债权投资的业务模式发生了改变，重分类为以摊余成本计量时，应该将以前计入其他综合收益的累计利得或损失转出，调整该金融资产在重分类日的公允价值，并以调整后的金额作为重分类后的金融资产的账面价值。

【例6-19】 1月2日，长宁建筑公司持有华新公司发行的3年期债券180张，每张面值1 000元，年利率8%，每年12月31日付息，到期一次还本，已按其他债权投资入账。现

决定重分类为以摊余成本计量，该债券的账面价值为：成本 180 000 元，利息调整 480 元，公允价值变动 960 元，华新公司 3 年期债券当日的公允价值为 181 440 元，作分录如下：

借：债权投资——成本——华新公司   180 000.00
  债权投资——利息调整   480.00
  其他综合收益——其他债权投资公允价值变动——华新公司 960.00
 贷：其他债权投资——成本——华新公司   180 000.00
   其他债权投资——利息调整——华新公司   480.00
   其他债权投资——公允价值变动——华新公司   960.00

当企业管理其他债权投资的业务模式发生了改变，重分类为以公允价值计量且其变动计入当期损益时，应当继续以公允价值计量该金融资产，将其转入"交易性金融资产"账户，同时企业应将以前计入其他综合收益的累计利得或损失从"其他综合收益"账户转入"公允价值变动损益"账户。

【例 6-20】 若例 6-19，长宁建筑公司持有的华新公司债券决定重分类为以公允价值计量且其变动计入当期损益，则作分录如下：

(1) 借：交易性金融资产——成本——华新公司   181 440.00
   贷：其他债权投资——成本——华新公司   180 000.00
     其他债权投资——利息调整   480.00
     其他债权投资——公允价值变动   960.00
(2) 借：其他综合收益——其他债权投资公允价值变动——华新公司 960.00
   贷：公允价值变动损益   960.00

第五节　其他权益工具投资

一、其他权益工具投资取得的核算

其他权益工具投资是指企业购买的指定为以公允价值计量且其变动计入其他综合收益的非交易性权益工具的投资。企业购进其他权益工具投资时，应按照其公允价值和相关交易费用之和入账。如果支付的价款中包含已宣告但尚未发放的现金股利，则应列入"应收股利"账户。

【例 6-21】 8 月 5 日，静安建筑公司购进达安公司股票 15 000 股，每股 12 元，另以交易金额的 3‰支付佣金，款项一并签发转账支票支付。该股票指定为以公允价值计量且其变动计入其他综合收益。达安公司已宣告将于 8 月 15 日发放现金股利，每股 0.12 元，作分录如下：

借：其他权益工具投资——成本——达安公司   178 740.00
  应收股利——达安公司   1 800.00
 贷：银行存款   180 540.00

当企业持有其他权益工具投资期间，被投资企业宣告发放现金股利时，应借记"应收股利"账户；贷记"投资收益"账户。

二、其他权益工具投资期末计量的核算

企业在期末对其他权益工具投资应按公允价值（扣除交易费用）进行调整，如公允价值（扣除交易费用）高于账面余额的，按其差额借记"其他权益工具投资——公允价值变

动"账户；贷记"其他综合收益"账户；如公允价值低于账面余额的，按其差额借记"其他综合收益"账户；贷记"其他权益工具投资——公允价值变动"账户。

【例6-22】 承例6-21，8月31日，静安建筑公司持有达安公司的15 000股股票，今日公允价值为每股12.12元，调整其账面价值，作分录如下：

公允价值变动额=12.12×15 000×（1-4‰）=352.80（元）

借：其他权益工具投资——公允价值变动——达安公司   352.80

    贷：其他综合收益——其他权益工具投资公允价值变动   352.80

三、其他权益工具投资出售的核算

企业出售其他权益工具投资时，应按实际收到的金额借记"银行存款"账户；按其账面余额贷记"其他权益工具投资"账户；两者之间的差额列入留存收益，同时将其原计入其他综合收益的累计利得或损失也转入留存收益。

【例6-23】 承例6-21、例6-22，9月28日，静安建筑公司出售持有达安公司股票15 000股，每股12.80元，另按交易金额的3‰支付佣金，1‰交纳印花税，收到出售净收入，存入银行。该公司按10%计提盈公积。

（1）将出售净收入入账，作分录如下：

借：银行存款   191 232.00

    贷：其他权益工具投资——成本——达安公司   178 740.00

        其他权益工具投资——公允价值变动——达安公司   352.80

        盈余公积   1 213.92

        利润分配——未分配利润   10 925.28

（2）结转该资产列入"其他综合收益"账户的金额，作分录如下：

借：其他综合收益——其他权益工具投资公允价值变动   352.80

    贷：盈余公积   35.28

        利润分配——未分配利润   317.52

"其他权益工具投资"是资产类账户，用以核算企业以公允价值计量且其变动计入其他综合收益的非交易性权益工具投资的账面价值。企业取得其他权益工具投资、期末其他权益工具投资的公允价值高于账面价值的差额时，记入借方；期末其他权益工具投资的公允价值低于账面价值的差额和其他权益投资出售时，记入贷方。期末余额在借方，表示企业其他权益工具投资的公允价值。

练 习 题

一、简答题

1. 试述企业确认三种不同金融资产业务模式的条件。
2. 试述交易性金融资产取得时的计量和期末的计量。
3. 什么是债权投资？它的初始投资成本是如何确定的？
4. 利息调整额有哪两种摊销方法？分述它们的优缺点。
5. 企业对其他债权投资的业务模式可以有哪两种改变？变动日应如何处理？

二、名词解释题

金融工具 金融资产 交易费用 其他债权投资 其他权益工具投资

三、是非题

1. 企业按照其管理金融资产的业务模式和金融资产的合同现金流量特征可以分为以摊余成本计量的金融资产、以公允价值计量且其变动计入其他综合收益的金融资产和以公允价值计量且其变动计入损益的金融资产。   （   ）

2. 金融资产的合同现金流量特征是指金融工具合同约定的，反映相关金融资产经济特征的现金流量属性。   （   ）

3. 交易性金融资产包括企业所持有的债券投资、股票投资、基金投资等和直接指定为以公允价值计量且其变动计入当期损益的金融资产。   （   ）

4. 交易性金融资产出售净收入高于其成本的差额应贷记"投资收益"账户。   （   ）

5. 债券折价款是被投资单位为了补偿投资企业以后各期少收利息而预先少付的款项。
                                                                          （   ）

6. 企业管理债权投资的业务模式改变为以公允价值计量且其变动计入当期损益时，其公允价值与账面金额之间的差额应列入"投资收益"账户。   （   ）

四、单项选择题

1. 交易性金融资产在持有期间收到被投资单位宣告发放的现金股利时，应贷记"_____"账户。

    A. 交易性金融资产——成本   B. 投资收益

    C. 应收股利   D. 公允价值变动损益

2. 债权投资重分类为其他债权投资时，其账面价值与公允价值（扣除交易费用）之间的差额列入"_____"账户。

    A. 公允价值变动损益   B. 其他综合收益

    C. 投资收益   D. 其他债权投资——公允价值变动

3. _____期末的公允价值与账面余额不同时，其差额应列入"公允价值变动损益"账户。

    A. 其他债权投资   B. 交易性金融资产

    C. 其他权益工具投资   D. 债权投资

4. _____期末计提信用减值损失时，贷记"其他综合收益"账户。

    A. 债权投资   B. 其他债权投资

    C. 交易性金融资产   D. 其他权益工具投资

5. _____出售时，不影响当期损益。

    A. 债权投资   B. 其他债权投资

    C. 交易性金融资产   D. 其他权益工具投资

五、多项选择题

1. 金融工具包括_____。

    A. 金融资产   B. 金融负债

    C. 衍生工具   D. 权益工具

2. 衍生工具包括远期合同、_____。

    A. 近期合同   B. 互换合同

    C. 期货合同   D. 期权合同

3. _____期末的公允价值（扣除交易费用）与账面价值不同时，其差额列入"其他综合收益"账户。

A. 债权投资　　　　　　　　　　B. 其他债权投资

C. 交易性金融资产　　　　　　　D. 其他权益工具投资

4. 已确认的信用减值损失的_____，在随后的会计期间内，其公允价值上升的，应在原已计提的减值准备金额内，按恢复的金额予以转回。

A. 债权投资　　　　　　　　　　B. 其他债权投资

C. 交易性金融资产　　　　　　　D. 其他权益工具投资

六、实务题

习题一

一、**目的**　练习交易性金融资产的核算。

二、**资料**　泰兴建筑公司发生下列有关经济业务。

1. 2022 年 11 月 8 日，购进新海公司股票 10 000 股，每股 9 元，共计价款 90 000 元，另以交易金额的 3‰ 支付佣金，款项一并签发转账支票支付。该股票确定以公允价值计量且其变动计入当期损益。

2. 2022 年 11 月 12 日，购进东亚公司股票 20 000 股，每股 8 元，另以交易金额的 3‰ 支付佣金，款项一并签发转账支票支付。东亚公司已于 11 月 8 日宣告将于 11 月 18 日分派现金股利，每股 0.25 元。该股票确定以公允价值计量且其变动计入当期损益。

3. 2022 年 11 月 18 日，收到本公司持有的东亚公司股票 20 000 股的现金股利 5 000 元，存入银行。

4. 2022 年 11 月 30 日，按面值购进天明公司债券 160 张，每张面值 1 000 元，计价款 160 000 元，年利率 8%，另以交易金额 1‰ 支付佣金，款项一并签发转账支票支付，该债券每年 6 月 30 日支付利息，到期一次还本。该债券确定以公允价值计量且其变动计入当期损益。

5. 2022 年 11 月 30 日，以 1 020 元购进中海公司 3 个月前发行的债券 100 张，每张面值 1 000 元，另以交易金额 1‰ 支付佣金，款项一并签发转账支票支付。该债券年利率为 8%，每年 8 月 31 日支付利息，到期一次还本。该债券确定以公允价值计量且其变动计入当期损益。

6. 2022 年 11 月 30 日，新海公司股票每股公允价值为 8.90 元，东亚公司股票每股公允价值为 8.10 元，予以转账。

7. 2022 年 11 月 30 日，将公允价值变动损益结转"本年利润"账户。

8. 2022 年 12 月 10 日，出售持有的新海公司股票 10 000 股，每股出售价格 9.10 元，另按交易金额 3‰ 支付佣金，1‰ 交纳印花税，交易费用已从出售收入中扣除，出售净收入已收到存入银行。

9. 2022 年 12 月 20 日，出售持有的东亚公司股票 20 000 股，每股出售价格为 8.25 元，另按交易金额的 3‰ 支付佣金，1‰ 交纳印花税，交易费用已从出售收入中扣除，出售净收入已收到存入银行。

10. 2022 年 12 月 29 日，出售持有的天明公司债券 160 张，每张面值 1 000 元，现按 1 005 元成交，另按交易金额 1‰ 支付佣金。交易费用已从出售收入中扣除，出售净收入已收到存入银行。

11. 2022 年 12 月 31 日，本公司持有的中海公司面值 1 000 元的债券的公允价值为 1 026 元，予以转账。

12. 2022 年 12 月 31 日，将公允价值变动损益结转"本年利润"账户。

三、要求　编制会计分录。

习题二

一、**目的**　练习债权投资的核算。

二、**资料**

（一）中兴建筑公司发生下列有关的经济业务。

1. 3 月 31 日，购进黄河公司新发行的 2 年期债券 150 张，每张面值 1 000 元，按面值购进，并按价款的 1‰支付佣金，当即签发转账支票支付全部款项。该债券票面年利率为 8%，每年 3 月 31 日支付利息。该债券确定以摊余成本计量。

2. 3 月 31 日，购进华光公司新发行的 4 年期债券 100 张，每张面值 1 000 元，购进价格为 1 033.09 元，并按价款的 1‰支付佣金，当即签发转账支票支付全部款项。该债券票面年利率为 9%，而市场年利率为 8%，每年 3 月 31 日支付利息。该债券确定以摊余成本计量。

3. 3 月 31 日，购进新丰公司发行的 2 年期债券 120 张，每张面值 1 000 元，购进价格为 982.13 元，并按价款的 1‰支付佣金，当即签发转账支票支付全部款项。该债券票面年利率为 7%，而市场年利率为 8%，每年 3 月 31 日支付利息。该债券确定以摊余成本计量。

4. 4 月 30 日，分别预计购进的三种债券本月份的应收利息并入账。

5. 5 月 31 日，持有的黄河公司 150 张 2 年期债券，现决定将其重分类为其他债权投资，该 1 000 元面值债券的公允价值为 1 012 元，予以转账。

6. 5 月 31 日，对上列第 5 笔业务，若决定将其重分类为交易性金融资产，予以转账。

（二）该公司次年接着又发生下列有关经济业务。

1. 3 月 31 日，收到华光公司付来 1 年的债券利息，存入银行。

2. 3 月 31 日，收到新丰公司付来 1 年的债券利息，存入银行。

3. 4 月 15 日，出售新丰公司发行的 2 年期债券 120 张，每张面值 1 000 元，出售价格为 998 元，另按交易金额的 1‰支付佣金，佣金已从出售收入中扣除。出售净收入已收到转账支票，存入银行。

4. 6 月 30 日，华光公司因发生财务困难，现面值 1 000 元债券的公允价值仅 1 021 元，计提其减值准备。

5. 7 月 10 日，出售华光公司 4 年期债券 100 张，每张面值为 1 000 元，现按 1 020 元出售，另按交易金额的 1‰支付佣金，佣金已从出售收入中扣除，出售的净收入已收到转账支票，存入银行。

三、**要求**

（一）编制会计分录（用直线法摊销利息调整额）。

（二）用实际利率法计算各年应摊销的利息调整额。

（三）根据实际利率法计算的结果，编制第一个月计提到息和摊销利息调整额的会计分录。

习题三

一、**目的** 练习其他债权投资的核算。

二、**资料** 徐汇建筑公司发生下列有关的经济业务。

1. 2021 年 12 月 31 日，购进天海公司新发行 3 年期债券 600 张，每张面值 1 000 元，票面利率 8%；每年 12 月 31 日付息，到期一次还本，当即签发转账支票支付债券价款及交易费用计 619 200 元，该债券确定以公允价值计量且变动计入其他综合收益。

2. 2022 年 12 月 31 日，计提持有的天海公司债券本年度的应收利息。

3. 2022 年 12 月 31 日，天海公司 1 000 元面值债券的公允价值为 1 021.50 元，交易费用为 1‰，调整其账面价值。

4. 2022 年 12 月 31 日，公司持有的恒中公司 3 年期债券 180 张，每张面值 1 000 元，票面利率 8%，到期一次还本付息。其账面价值为：成本 180 000 元，应计利息 3 600 元，利息调整 540 元，公允价值变动 150 元，因恒中公司发生严重财务困难，现面值 1 000 元债券的市价仅 996 元，其交易费用率为 1‰，计提其减值准备。

5. 2023 年 1 月 2 日，公司持有的天海公司 270 张 3 年期债券，现决定将其重新分类为以摊余成本计量，该债券的账面价值仍为上年末的金额，予以转账。

6. 2023 年 1 月 2 日，公司持有的天海公司 240 张 3 年期债券，现决定将其重新分类为以公允价值计量且其变动计入当期损益，该债券的账面价值仍为上年末的金额，予以转账。

7. 2023 年 1 月 5 日，出售天海公司剩余的 90 张债券，每张面值 1 000 元，现按 1 020.98 元出售，按交易金额的 1‰支付佣金，收到出售净收入，存入银行。

8. 2023 年 3 月 5 日，出售持有的恒中公司债券 180 张，每张面值 1 000 元，现按 999.50 元出售，按 1‰支付佣金，收到出售净收入，存入银行。

三、**要求** 编制会计分录。

习题四

一、**目的** 练习其他权益工具投资的核算。

二、**资料** 安达建筑公司发生下列有关的经济业务。

1. 9 月 16 日，购进中兴公司股票 18 000 股，每股 16.50 元，另以交易金额的 3‰支付佣金，款项一并以转账支票支付，该股票确定以公允价值计量且其变动计入其他综合收益。

2. 10 月 12 日，购进安泰公司股票 20 000 股，每股 15 元，另以交易金额的 3‰支付佣金，款项一并以转账支票支付，安泰公司已宣告将于 10 月 20 日发放现金股利，每股 0.15 元。该股票确定以公允价值计量且其变动计入其他综合收益。

3. 12 月 31 日，中兴公司股票每股的公允价值为 17.80 元，安泰公司股票每股的公允价值为 14.60 元，分别调整其公允价值。

4. 次年 2 月 5 日，出售中兴公司股票 18 000 股，每股 17.60 元，另按交易金额的 3‰支付佣金，1‰交纳印花税，收到出售净收入，存入银行，该公司按 10%计提盈余公积。

5. 次年 3 月 15 日，出售安泰公司股票 20 000 股，每股 16.10 元，另按交易金额的 3‰支付佣金，1‰交纳印花税，收到出售净收入，存入银行，该公司按 10%计提盈余公积。

三、**要求** 编制会计分录。

第七章　长期股权投资和投资性房地产

第一节　长期股权投资

一、长期股权投资概述

（一）长期股权投资的含义

长期股权投资是指投资方对被投资单位实施控制、重大影响的权益性投资，以及对其合营企业的权益性投资。

控制是指投资方拥有对被投资单位的权力，通过参与被投资单位的相关活动而享有的可变回报，并且有能力运用对被投资单位的权力影响其回报金额。投资方能够对被投资单位实施控制的，被投资单位为其子公司。

共同控制是指按照相关约定对某项安排所共有的控制，并且该安排的相关活动必须经过分享控制权的参与方一致同意后才能决策。投资方与其他方对被投单位实施共同控制的，被投资单位为其合营企业。

重大影响是指投资方对被投资单位的财务和经营政策有参与决策的权力，但并不能够控制或者与其他一起共同控制这些政策的制定。通常投资方直接或者通过子公司间接持有被投资单位 20%以上但低于 50%的表决权时，一般认为对被投资单位具有重大影响，除非有明确的证据表明该种情况下不能参与被投资单位的生产经营决策，不形成重大影响。能够对被投资单位施加重大影响的，被投资单位为其联营企业。

（二）长期股权投资形成的方式。

长期股权投资的行使方式有企业合并形式的长期股权投资和非企业合并形成的长期股权投资两种。企业合并是指将两个或者两个以上单独的企业合并成一个报告主体的交易或事项。

1. 企业合并形成的长期股权投资

企业合并又分为同一控制下的企业合并和非同一控制下的企业合并。

同一控制下的企业合并是指参与合并的企业在合并前后均受同一方或相同的多方最终控制且该控制并非暂时的。非同一控制下的企业合并是指参与合并的企业各方在合并前后不受同一方或相同的对方最终控制的。

同一方是指对参与合并的企业在合并前后均实施最终控制的投资者。相同的多方是指根据投资者之间的协议约定，在对被投资单位的生产经营决策行使表决权时发表一致意见的两个或两个以上的投资者。控制并非暂时性是指参与合并的各方在合并前后较长的时间内受同一方或相同的多方最终控制。较长的时间通常是指 1 年以上（含 1 年）。

2. 非企业合并形成的长期股权投资

企业除了通过合并形成长期股权投资外，还可以通过支付现金、转让非现金资产、发行权益性证券等方式形成对被投资单位不具有控制的长期股权投资。

二、长期股权投资初始成本的确定和核算

(一) 同一控制下企业合并形成的长期股权投资

同一控制下的企业合并具有两个特点：一是不属于交易事项，而是资产和负债的重新组合；二是合并作价往往不公允，因此合并方应当在合并日按取得被合并方所有者权益账面价值的份额作为初始投资成本。合并日是指合并方实际取得对被合并方控制权的日期。

同一控制下企业合并形成的长期股权投资，合并方以支付现金、转让非现金资产或承担债务方式作为合并对价的，应在合并日按照所取得的被合并方所有者权益在最终控制方合并财务报表中的账面价值的份额作为长期股权投资的初始成本，借记"长期股权投资"账户，按享有被投资单位已宣告但尚未发放的现金股利或利润，借记"应收股利"账户；按支付的合并对价的账面价值，贷记有关资产或借记有关负债账户；按其差额，贷记"资本公积——资本溢价"账户；为借方差额的，借记"资本公积——资本溢价"账户；若资本公积中的资本溢价不足冲减的，则借记"盈余公积""利润分配——未分配利润"账户。

【例7-1】 东方建筑总公司内的黄浦建筑公司"资本公积——资本溢价"账户余额为80 000元，"盈余公积"账户余额为120 000元。现合并总公司内的卢湾建筑公司，取得该公司60%的股权，卢湾建筑公司所有者权益账面价值为3 200 000元，黄浦建筑公司支付合并对价资产的账面价值为1 920 000元，其中固定资产1 000 000元，已提折旧150 000元，其余1 180 000元签发转账支票付讫。4月30日合并日，作分录如下：

(1) 转销固定资产账面价值，作分录如下：

借：固定资产清理	850 000.00
累计折旧	150 000.00
贷：固定资产	1 000 000.00

(2) 确认长期股权投资成本，作分录如下：

借：长期股权投资——投资成本	1 920 000.00
资本公积——资本溢价	80 000.00
盈余公积	30 000.00
贷：固定资产清理	850 000.00
银行存款	1 180 000.00

(二) 非同一控制下企业合并形成的长期股权投资

非同一控制下企业合并具有两个特点：一是它们是非关联企业的合并；二是合并以市价为基础，交易作价相对公平合理。因此合并方应当在购买日按企业合并成本作为初始投资成本。购买日是指购买方实际取得对被购买方控制权的日期。企业合并成本包括购买方付出的资产、发生或承担的负债、发行的权益性证券的公允价值之和。

非同一控制下的企业合并形成的长期股权投资，购买方在购买日应当按照企业合并成本（不含应自被投资单位收取的现金股利或利润），借记"长期股权投资"账户；按应享有被购买方已宣告但尚未发放的现金股利或利润，借记"应收股利"账户；按支付合并对价的账面价值，贷记有关资产或借记有关负债账户。将其差额计入当期损益。对发生的直接相关费用，借记"管理费用"账户，贷记"银行存款"等相关账户。

非同一控制下的企业合并，购买方作为合并对价付出的资产，应当按照公允价值处置，

其中付出资产为固定资产、无形资产的，其公允价值与账面价值的差额，列入"资产处置收益"账户，付出资产为库存商品等作为合并对价的，应按库存商品的公允价值作商品销售处理，并同时结转其销售成本，发生的增值税销项税额也是企业合并成本的组成部分。

【例7-2】 长江建筑公司以1 705 000元合并成本从徐江建筑公司的股东中购入该公司45%的股权，而对价付出资产的账面价值为1 695 000元，其中固定资产900 000元，已提折旧90 000元，其公允价值为820 000元，其余885 000元签发转账支票付讫。

(1) 转销参与合并的固定资产账面价值，作分录如下：

借：固定资产清理		810 000.00
累计折旧		90 000.00
贷：固定资产		900 000.00

(2) 确认长期股权投资初始成本，作分录如下：

借：长期股权投资——投资成本		1 705 000.00
贷：固定资产清理		810 000.00
银行存款		885 000.00
资产处置损益		10 000.00

"长期股权投资"是资产类账户，用以核算企业持有的采用成本法和权益法核算的长期股权投资。企业取得长期股权投资，以及长期股权投资增值时，记入借方；企业处置长期股权投资时，记入贷方。期末余额在借方，表示企业持有的长期股权投资的价值。

(三) 非企业合并方式形成的长期股权投资

除了企业合并形成长期股权投资外，还有其他方式取得的长期股权投资，主要有以下两种。

1. 以支付现金取得的长期股权投资

企业以支付现金取得的长期股权投资，应当按照实际支付购买价款作为初始投资成本。它包括与取得长期股权投资直接相关的费用、税金及其他必要支出。

企业应在购买日按实际支付的价款及相关税费，扣除已宣告但尚未发放的现金股利，借记"长期股权投资"账户；按已宣告但尚未发放的现金股利，借记"应收股利"账户；按实际支付的价款及相关税费，贷记"银行存款"账户。

【例7-3】 9月8日，长虹建筑公司从证券市场购买安泰建材公司股票250 000股，准备长期持有，该股票每股7.80元，占该公司股份的6%，另按交易金额的3‰支付佣金，款项签发转账支票付讫。该公司已宣告将于9月15日发放现金股利，每股0.20元，作分录如下：

借：长期股权投资——投资成本		1 905 850.00
应收股利——安泰建材公司		50 000.00
贷：银行存款		1 955 850.00

2. 以发行权益性证券取得的长期股权投资的核算

企业以发行权益性证券取得的长期股权投资，应当按照发行权益性证券的公允价值作为初始投资成本。

企业应在证券发行日，按证券的公允价值（包括相关税费），借记"长期股权投资"账户；按发行证券的面值，借记"股本"账户；按公允价值与面值的差额，贷记"资本公积"账户；按支付的相关税费，贷记"银行存款"账户。

【例7-4】 静安建筑股份有限公司以发行股票900 000股的方式取得天山公司10%的股权，股票每股面值1元，发行价为6元，另需支付相关税费32 400元。当即签发转账支票付讫。作分录如下：

借：长期股权投资——投资成本　　　　　　　　　　　　　　 5 432 400.00
　　贷：股本　　　　　　　　　　　　　　　　　　　　　　　　 900 000.00
　　　　资本公积——资本溢价　　　　　　　　　　　　　　　 4 500 000.00
　　　　银行存款　　　　　　　　　　　　　　　　　　　　　　 32 400.00

三、长期股权投资后续计量的核算

企业取得长期股权投资后的核算方法，按投资企业对被投资单位的控制和影响的程度不同，有成本法和权益法两种。若投资企业能够对被投资单位实施控制的长期股权投资，应采用成本法核算；若投资企业对被投资单位具有共同控制或者重大影响的长期股权投资，应采用权益法核算。

（一）成本法的核算

成本法是指长期股权投资按投资成本计价的方法。采用成本法进行核算时，长期股权投资应当按照初始投资成本计价。其后，除了投资企业追加投资或收回投资等情形外，长期股权投资的账面价值保持不变。

长期股权投资采用成本法核算的一般程序如下。

1. 初始投资或追加投资

应按照初始投资或追加投资时的成本增加长期股权投资的账面价值。

2. 被投资单位宣告分派的现金股利或利润

投资企业应按照其应享有被投资单位宣告发放的现金股利或利润，确认为当期投资收益。

【例7-5】 恒通建筑公司于6月30日购进安顺建筑公司发行的股票6 000 000股，每股6元，占该公司全部股份60%，并取得了控制权。年末该公司实现净利润3 000 000元。

（1）6月30日，签发转账支票36 108 000元，支付6 000 000股股票价款，并按股票交易金额的3‰支付佣金，作分录如下：

借：长期股权投资——投资成本　　　　　　　　　　　　　　 36 108 000.00
　　贷：银行存款　　　　　　　　　　　　　　　　　　　　　 36 108 000.00

（2）次年3月5日，安顺建筑公司宣告将于3月15日发放现金股利，每股0.16元，予以入账，作分录如下：

借：应收股利——安顺建筑公司（6 000 000×0.16）　　　　　 960 000.00
　　贷：投资收益——股权投资收益　　　　　　　　　　　　　 960 000.00

"应收股利"是资产类账户，用以核算企业应收取的现金股利和应收其他单位分配的利润。企业发生应收取的现金股利或利润时，记入借方；企业实际收到现金股利或利润时，记入贷方。期末余额在借方，表示企业尚未收回的现金股利或利润。

（二）权益法的核算

权益法是指长期股权投资最初以投资成本入账，以后根据投资企业享有被投资单位所有者权益份额的变动对投资的账面价值进行调整的方法。采用权益法进行核算时，长期股权投资的账面价值要随着被投资单位所有者权益的增减变动而相应地进行调整。

长期股权投资采用权益法核算的一般程序如下。

1. 初始投资或追加投资

应当按照初始投资或追加投资时的投资成本增加长期股权投资的账面价值。

2. 比较初始投资成本投资时与应享有被投资单位可辨认净资产公允价值的份额

如果初始投资成本大于投资时应享有被投资单位可辨认净资产公允价值的份额的，不调整长期股权投资的账面价值；如果初始投资成本小于投资时应享有被投资单位可辨认净资产公允价值份额的，其差额应列入"营业外收入"账户，同时调整"长期股权投资"账户。

3. 持有期间被投资单位实现的净利润或发生的净亏损

投资企业应当按照应享有或应分担的被投资单位实现的净利润或发生的净亏损的份额，确认投资损益，并调整长期股权投资的账面价值。

4. 被投资单位宣告分派现金股利或利润

投资企业应当按其应分得的现金股利或利润，相应减少长期股权投资的账面价值。

5. 被投资单位其他综合收益变动的处理

被投资单位其他综合收益发生变动的，投资企业应当按照归属于本企业的部分，相应调整长期股权投资的账面价值，同时增加或减少其他综合收益。

6. 被投资单位除净损益、其他综合收益以及利润分配以外所有者权益的其他变动

在持股比例不变的情况下，被投资单位发生除净损益、其他综合收益以及利润分配以外所有者权益的其他变动因素，投资企业应按持股比例计算应享有或应分担的份额，相应调整长期股权投资的账面价值，同时增加或减少资本公积。其他变动因素有被投资单位接受其他股东的资本性投入、以权益结算的股份支付等。

【例7-6】 黄浦建筑公司从开达建筑公司的股东中购入该公司48%的股权，取得了对开达建筑公司的共同控制权，而对价付出资产的账面价值为3 750 000元，其中：固定资产1 800 000元，已提折旧180 000元，而固定资产的公允价值为1 630 000元，其余2 130 000元签发转账支票付讫。

（1）1月2日，购买日，转销参与投资的固定资产的账面价值，作分录如下：

借：固定资产清理　　　　　　　　　　　　　　　　　　　　　　　1 620 000.00

　　累计折旧　　　　　　　　　　　　　　　　　　　　　　　　　　180 000.00

　贷：固定资产　　　　　　　　　　　　　　　　　　　　　　　　　　　　1 800 000.00

（2）1月2日，购买日，确定长期股权投资成本，作分录如下：

借：长期股权投资——投资成本　　　　　　　　　　　　　　　　　3 760 000.00

　贷：固定资产清理　　　　　　　　　　　　　　　　　　　　　　　　　　1 620 000.00

　　银行存款　　　　　　　　　　　　　　　　　　　　　　　　　　　　2 130 000.00

　　资产处置损益　　　　　　　　　　　　　　　　　　　　　　　　　　　　10 000.00

（3）1月3日，开达建筑公司接受本公司投资后，可辨认净资产公允价值为7 880 000元，按本公司享有48%的份额，调整长期股权投资，作分录如下：

借：长期股权投资——投资成本　　　　　　　　　　　　　　　　　　22 400.00

　贷：营业外收入　　　　　　　　　　　　　　　　　　　　　　　　　　　22 400.00

（4）12 月 31 日，开达建筑公司利润表上的净利润为 700 000 元，按照应享有的 48%的份额调整"长期股权投资"账户，作分录如下：

借：长期股权投资——损益调整　　　　　　　　　　　　336 000.00
　　贷：投资收益　　　　　　　　　　　　　　　　　　　　336 000.00

（5）12 月 31 日，开达建筑公司持有其他权益工具投资公允价值（扣除交易费用）大于账面价值 6 000 元计入了其他综合收益，按照应享有的份额转账，作分录如下：

借：长期股权投资——其他综合收益　　　　　　　　　　28 800.00
　　贷：其他综合收益　　　　　　　　　　　　　　　　　　28 800.00

（6）次年 3 月 15 日，开达建筑公司宣告将于 3 月 25 日按净利润的 75%分配利润，作分录如下：

借：应收股利　　　　　　　　　　　　　　　　　　　　252 000.00
　　贷：长期股权投资——损益调整　　　　　　　　　　　　252 000.00

（7）次年 7 月 31 日，开达公司接受母公司捐赠现金 500 000 元，按照应享有的份额调整"长期股权投资"账户，作分录如下：

借：长期股权投资——其他权益变动　　　　　　　　　　240 000.00
　　贷：资本公积——其他资本公积　　　　　　　　　　　　240 000.00

四、长期股权投资减值的核算

企业在期末应当对长期股权投资的账面价值进行检查，如发生被投资单位的市价持续 2 年低于账面价值或者被投资单位经营所处的经济、技术或者法律等环境发生重大变化等情况，则表明长期股权投资的可收回金额低于账面价值，由此而发生减值的，应当计提减值准备。

企业在计提减值准备时，借记"资产减值损失"账户；贷记"长期股权投资减值准备"账户。

【例 7-7】5 月 31 日，华安建筑公司长期持有鲁南建材公司股票 200 000 股，占该公司股份的 5%。因该公司发生严重财务困难，每股市价下跌至 4.50 元，交易费用为 4‰。查该股票账面价值：成本为 985 200 元，损益调整为借方余额 10 000 元，计提其减值准备，作分录如下：

$$长期股权投资可收回金额=4.50×200 000×(1-4‰)=896 400(元)$$

借：资产减值损失——长期股权投资减值损失　　　　　　98 800.00
　　贷：长期股权投资减值准备　　　　　　　　　　　　　98 800.00

长期股权投资减值损失一经确认，在以后会计期间不得转回。

"长期股权投资减值准备"是资产类账户，它是"长期股权投资"账户的抵减账户，用以核算企业长期股权投资发生减值时计提的减值准备。计提减值准备时，记入贷方；出售长期股权投资予以转销时，记入借方。期末余额在贷方，表示已计提但尚未转销的长期股权投资减值准备。

五、长期股权投资出售的核算

企业出售长期股权投资时，应按实际收到的金额，借记"银行存款"账户，原已计提减值准备的，借记"长期股权投资减值准备"账户；按其账面余额，贷记"长期股权投资"

账户；按尚未领取的现金股利或利润贷记"应收股利"账户；将这些账户之间的差额列入"投资收益"账户。

【例7-8】 承例7-7，6月5日，华安建筑公司出售鲁南建材公司股票200 000股，每股4.49元，另按交易金额的3‰支付佣金，1‰交纳印花税，收到出售净收入，存入银行。作分录如下：

借：银行存款		894 408.00
长期股权投资减值准备		98 800.00
投资收益		1 992.00
贷：长期股权投资——投资成本		985 200.00
长期股权投资——损益调整		10 000.00

如果采用权益法核算的长期股权投资在出售时，有除净损益、其他综合收益以及利润分配以外的所有者权益的其他变动，还应将原已记入"资本公积——其他资本公积"账户的金额转入"投资收益"账户。

【例7-9】 沪光建筑公司持有达丰建材公司股票1 400 000股，并对该公司有重大影响。6月30日，沪光建筑公司出售达丰建材公司股票140 000股，每股7元；另按交易金额3‰支付佣金，1‰交纳印花税，出售净收入已收到转账支票，存入银行。查长期股权投资明细账户的余额，其中：成本为8 085 000元，损益调整为980 000元，其他权益变动为89 800元，因其他权益变动形成的"资本公积——其他资本公积"账户余额为89 800元。

(1) 将出售收入入账，作分录如下：

借：银行存款		976 080.00
贷：长期股权投资——投资成本		808 500.00
长期股权投资——损益调整		98 000.00
长期股权投资——其他权益变动		8 980.00
投资收益		60 600.00

(2) 结转因其他权益变动形成的资本公积，作分录如下：

借：资本公积——其他资本公积		8 980.00
贷：投资收益		8 980.00

第二节 投资性房地产

一、投资性房地产概述

投资性房地产是指为赚取租金或资本增值或两者兼有而持有的房地产。投资性房地产包括已出租的建筑物和土地使用权以及持有并准备增值后转让的土地使用权。

已出租的建筑物和土地使用权是指以经营租赁方式出租的建筑物和土地使用权；持有并准备增值后转让的土地使用权是指企业通过受让方式取得的、准备增值后转让的土地使用权。

企业的自用房地产，即为生产商品提供劳务或者经营管理而持有的房地产，作为存货的房地产均不属于投资性房地产。

确认投资性房地产应当同时满足的两个条件：一是与该投资性房地产有关的经济利益很

可能流入企业；二是该投资性房地产的成本能够可靠地计量。

二、投资性房地产初始计量的核算

投资性房地产应当按照成本进行初始的计量。由于投资性房地产取得的途径不同，其初始计量也各异。

（一）外购投资性房地产的核算

外购投资性房地产的成本，由买价、相关的税费（增值税除外）和可直接归属于该资产的其他支出构成。企业购进投资性房地产时，按支付的买价、相关税费（增值税除外）和可直接归属于该资产的其他支出，借记"投资性房地产"账户；按应付的增值税额，借记"应交税费"账户；按支付的全部账款贷记"银行存款"账户。

【例7-10】 光华建筑公司购入房屋一幢，买价 1 200 000 元，增值税额 108 000 元，契税 18 000 元，印花税 360 元，各种进户费 3 740 元，款项一并签发转账支票付讫，该房屋用于出租，作分录如下：

```
借：投资性房地产                                  1 222 100.00
        应交税费——应交增值税——进项税额            108 000.00
    贷：银行存款                                  1 330 100.00
```

（二）自行建造投资性房地产的核算

自行建造投资性房地产的成本由建造该项资产达到预定可使用状态前所发生的必要支出构成。其成本的构成和自行建造固定资产相同，核算时也是通过"在建工程"账户进行的，当在建的投资性房地产达到预定可使用状态、验收使用时，根据"在建工程"账户归集的成本，借记"投资性房地产"账户；贷记"在建工程"账户。

三、投资性房地产的后续计量的核算

企业通常应当采用成本模式对投资性房地产进行后续计量，也可以采用公允价值模式对投资性房地产进行后续计量。但同一企业只能采用一种模式对所有的投资性房地产进行后续计量，不得同时采用两种计量模式。计量模式一经确定，不得随意变更。

（一）采用成本模式对投资性房地产进行后续计量核算

企业在期末应当采用成本模式对投资性房地产进行后续计量。

对于投资性房地产中的建筑物，应计提折旧，其计提的方法和核算的方法与固定资产相同。企业出租投资性房地产的收入列入"其他业务收入"账户，发生的增值税额列入"应交税费"账户，企业计提投资性房地产折旧时，借记"其他业务成本"账户；贷记"投资性房地产累计折旧"账户。

对于投资性房地产中的土地使用权，应进行摊销，其摊销的方法和核算的方法与无形资产相同。进行摊销时，借记"其他业务成本"账户；贷记"投资性房地产累计摊销"账户。

"投资性房地产累计折旧"是资产类账户，也是"投资性房地产"账户的抵减账户，用以核算企业采用成本模式核算的投资性建筑物计提的折旧。企业计提投资性建筑物折旧时，记入贷方；企业处置投资性建筑物时，记入借方。期末余额在贷方，表示企业投资性建筑物累计折旧额。

"投资性房地产累计摊销"是资产类账户，也是"投资性房地产"账户的扣减账户，用以核算企业采用成本模式核算的投资性土地使用权的摊销额。企业进行投资性土地使用权摊销时，记入贷方；企业处置投资性土地使用权时，记入借方。期末余额在贷方，表示企业投资性土地使用权累计摊销额。

当投资性房地产发生减值时，应将其可收回金额低于账面价值的差额计提减值准备，届时借记"资产减值损失"账户；贷记"投资性房地产减值准备"账户。

"投资性房地产减值准备"是资产类账户，也是"投资性房地产"账户的抵减账户，用以核算企业采用成本模式核算的投资性房地产计提的减值准备。企业计提投资性房地产减值准备时，记入贷方；企业处置投资性房地产时，记入借方。期末余额在贷方，表示企业投资性房地产已计提但尚未转销的投资性房地产减值准备。

企业出售投资性房地产时，应按专用发票上列明的价税合计金额，借记"银行存款"账户；按销售金额，贷记"其他业务收入"账户；按增值税额，贷记"应交税费"账户。然后将其账面价值转入"其他业务成本"账户。

【例7-11】 沪光建筑公司出售出租用房屋1幢，开列专用发票列明销售金额920 000元，增值税额82 800元，查该房屋的成本为1 080 000元，已提折旧278 000元。

(1) 取得出售收入，存入银行，作分录如下：

借：银行存款	1 002 800.00
贷：其他业务收入	920 000.00
应交税费——应交增值税——销项税额	82 800.00

(2) 同时结转其销售成本，作分录如下：

借：其他业务成本	802 000.00
投资性房地产累计折旧	278 000.00
贷：投资性房地产	1 080 000.00

"投资性房地产"是资产类账户，用以核算企业采用成本模式计量的投资性房地产的成本。企业发生投资性房地产成本时，记入借方；企业处置投资性房地产时，记入贷方；期末余额在借方，表示企业结存的投资性房地产成本。

(二) 采用公允价值模式对投资性房地产进行后续计量核算

企业有确凿证据表明投资性房地产的公允价值能够持续可靠取得的，可以对投资性房地产采用公允价值模式进行后续计量。采用公允价值模式计量的，应当同时满足两个条件：一是投资性房地产所在地有活跃的房地产交易市场；二是企业能够从房地产交易市场上取得同类或类似房地产的市场价格及其他相关信息，从而对投资性房地产的公允价值做出合理的估计。

采用公允价值模式计量的房地产应当分别设置"成本"和"公允价值变动"明细账户进行核算，采用这种模式计量的，不对投资性房地产计提折旧或进行摊销，期末应当以投资性房地产的公允价值为基础，调整其账面余额，将公允价值与原账面余额之间的差额，计入当期损益。

【例7-12】 亚泰建筑公司对投资性房屋采用公允价值计量，该房屋的账面余额成本为987 200元，公允价值变动为贷方余额56 700元，11月30日，该投资性房屋的公允价值为927 000元，作分录如下：

借：投资性房地产——公允价值变动	3 500.00
贷：公允价值变动损益——投资性房地产	3 500.00

期末应将"公允价值变动损益"账户余额结转"本年利润"账户。

企业出售采用公允价值模式计量的投资性房地产时，应按专用发票上列明的价税合计金额，借记"银行存款"账户；按销售金额贷记"其他业务收入"账户，按增值税额贷记"应交税费"账户。并将投资性房地产的账面余额转入"其他业务成本"账户；同时，按该项投资性房地产的公允价值变动损益额，借记（或贷记）"公允价值变动损益"账户；贷记（或借记）"其他业务成本"账户。

【例 7-13】 承例 7-12，12 月 29 日亚泰建筑公司出售投资性房屋。

（1）开列专用发票列明销售金额 930 000 元，增值税额 83 700 元，当即收到转账支票存入银行，作分录如下：

借：银行存款	1 013 700.00
贷：其他业务收入	930 000.00
应交税费——应交增值税——销项税额	83 700.00

（2）结转其销售成本，作分录如下：

借：其他业务成本	927 000.00
借：投资性房地产——公允价值变动（56 700+3 500）	60 200.00
贷：投资性房地产——成本	987 200.00

（3）同时，转销该房屋的累计公允价值变动损益，作分录如下：

借：公允价值变动损益——投资性房地产	60 200.00
贷：其他业务成本	60 200.00

"投资性房地产"账户也可以用以核算采用公允价值模式计量的投资性房地产的公允价值。企业取得投资性房地产和期末投资性房地产的公允价值高于其账面余额时，记入借方；企业期末投资性房地产公允价值低于其账面余额和处置按公允价值计量的投资性房地产时，记入贷方。期末余额在借方，表示企业结存的投资性房地产的公允价值。

练 习 题

一、简答题

1. 什么是长期股权投资？它有哪些形成方式？
2. 各种长期股权投资的初始成本是怎样确定的？
3. 长期股权投资后续计量有哪些方法？它们各在什么情况下采用？
4. 试述成本法的核算程序。
5. 试述权益法的核算程序。
6. 投资性房地产的后续计量有哪两种模式？它们在核算上有何不同？

二、名词解释题

企业合并　控制　共同控制　成本法　权益法　投资性房地产

三、是非题

1. 重大影响是指对被投资单位的财务和经营政策有参与决策的权力，但并不能够控制或者与其他方一起共同控制这些政策的制定。　　　　　　　　　　　　（　　）

2. 同一控制下的企业合并是指参与合并的企业在合并前受同一方或相同的多方最终控制且该控制并非暂时的。　　　　　　　　　　　　　　　　　　　　　　（　　）

3. 非同一控制下的企业合并，若合并成本小于取得被购买方可辨认净资产的公允价值其差额应列入"资本公积"账户。（　　）

4. 投资企业采用成本法核算时，对被投资企业实现的净利润，按其应享有的部分将其确认为当期的投资收益。（　　）

5. 投资企业对被投资单位具有共同控制或者重大影响的长期股权投资，应采用权益法核算。（　　）

6. 企业长期股权投资采用权益法核算，收到被投资单位发放的现金股利时，其"长期股权投资"账户的数额应保持不变。（　　）

7. 采用公允价值模式计量的房地产，期末对投资的建筑物应计提折旧。（　　）

四、单项选择题

1. 企业为进行长期股权投资购进股票，采用成本法核算，次年年初被投资单位宣告分派现金股利时应_____。

　　A. 作为投资收益　　　　　　　　　B. 作为投资成本收回
　　C. 作为投资损益的调整　　　　　　D. 作为资本公积的增加

2. 企业为进行长期股权投资购进股票，采用权益法核算，次年年初被投资单位宣告分派现金股利时，应_____。

　　A. 作为投资收益　　　　　　　　　B. 作为投资成本收回
　　C. 作为投资损益的调整　　　　　　D. 作为资本公积的增加

3. 企业采用权益法核算时，如果初始投资成本小于投资时应享有被投资单位可辨认净资产公允价值份额的，其差额应列入"_____"账户。

　　A. 资产处置损益　　　　　　　　　B. 其他综合收益
　　C. 公允价值变动损益　　　　　　　D. 营业外收入

五、多项选择题

1. 非同一控制下的企业合并，企业合并成本包括_____。

　　A. 为企业合并发生的各种相关费用　　B. 发生或承担的负债
　　C. 发行权益性证券的公允价值　　　　D. 购买方付出的资产

2. 采用权益法核算时，被投资单位_____能引起长期股权投资账面价值发生增减变动。

　　A. 实现了净利润　　　　　　　　　B. 宣告将分派现金股利或利润
　　C. 分派现金股利或利润　　　　　　D. 其他综合收益发生变动

3. _____属于投资性房地产。

　　A. 已出租的建筑物　　　　　　　　B. 已出租的土地使用权
　　C. 持有并准备增值后转让的建筑物　　D. 持有并准备增值后转让的土地使用权

六、实务题

习题一

一、**目的**　练习长期股权投资初始成本的核算。

二、**资料**　泰州建筑公司下属的泰东建筑公司"资本公积——资本溢价"账户余额为78 000元，"盈余公积"账户余额为136 000元，现发生下列有关的经济业务。

1. 1月8日，现合并泰州建筑公司下属的泰西建筑公司，取得该公司55%的股权。泰西建筑公司所有者权益的账面价值为 5 000 000 元，支付合并对价资产的账面价值为2 880 000元，其中：固定资产 1 500 000 元，已提折旧 150 000 元，其余1 530 000 元签发转账支票付讫。

2. 3 月 22 日，今以 2 280 000 元合并成本从恒顺建材公司的股东中购入 40%的股权，而对价付出资产的账面价值为 1 956 000 元，其中：固定资产为 1 020 000 元，已提折旧为 102 000 元，其公允价值为 933 000 元，其余 1 038 000 元签发转账支票付讫。

3. 5 月 28 日，从证券市场购买金智公司股票 100 000 股，准备长期持有，该股票每股 9 元，占该公司股份的 2%，另按交易金额的 3‰支付佣金，款项一并签发转账支票支付，该公司已宣告将于 5 月 31 日发放现金股利，每股 0.18 元。

4. 5 月 30 日，以发行股票 1 500 000 股的方式取得兴化公司 10%的股权，股票每股面值 1 元，发行价为 6.20 元，另需支付相关税费 37 200 元，款项一并签发转账支票支付。

三、**要求**　编制会计分录。

习题二

一、**目的**　练习长期股权投资后续计量的核算。

二、**资料**

（一）长城建筑公司发生下列有关的经济业务。

1. 4 月 30 日，购进华北建材公司的股票 6 000 000 股，占该公司有表决权股份的 60%，并取得了控制权。该股票每股 5 元，另按交易金额的 3‰支付佣金，款项一并签发转账支票支付。

2. 次年 3 月 18 日，华北建材公司宣告将于 3 月 28 日发放现金股利，每股 0.12 元。查上年年末该公司的净利润为 2 592 000 元。

3. 次年 3 月 28 日，收到华北建材公司发放的现金股利 720 000 元，存入银行。

4. 次年 6 月 30 日，华北建材公司发生严重财务困难，每股市价下跌至 4.40 元，计提其减值准备。

5. 次年 7 月 8 日，出售华北建材公司股票 200 000 股，每股 4.38 元，另按交易金额的 3‰支付佣金，1‰交纳印花税，收到出售股票净收入，存入银行。

（二）广宁建筑公司发生下列有关的经济业务。

1. 1 月 5 日，从武泰建筑公司的股东中购入该公司 40%的股权，取得了对武泰建筑公司的共同控制权，而对价付出资产的账面价值为 3 180 000 元，其中：固定资产 1 200 000 元，已提折旧 120 000 元，其公允价值为1 088 000 元，其余 2 100 000 元签发转账支票付讫。

2. 1 月 6 日，武泰建筑公司接受本公司投资后，可辨认净资产的公允价值为 8 000 000 元。按本公司享有 40%的份额调整长期股权投资。

3. 12 月 31 日，武泰建筑公司的利润表上反映的净利润为 896 000 元，按照应享有的 40%的份额予以转账。

4. 12 月 31 日，武泰建筑公司持有的其他权益工具投资的公允价值（扣除交易费用）大于账面价值 55 000 元，计入了其他综合收益，按照应享有的份额转账。

5. 次年 6 月 30 日，武泰建筑公司接受其母公司捐赠现金 600 000 元，按照应享有的份额入账。

6. 次年 7 月 18 日，武泰建筑公司宣告将于 7 月 28 日按净利润的 70%分配利润。

7. 次年7月28日，收到武泰建筑公司分配的利润，存入银行。

8. 次年7月31日，以420 000元出售本公司持有武泰建筑公司5%股权，扣除交易费用3 000元后，收到出售股权净收入，存入银行。

三、**要求**　编制会计分录。

习题三

一、**目的**　练习投资性房地产的核算。

二、**资料**

（一）新光建筑公司对投资性房地产采用成本模式核算，现发生下列有关的经济业务。

1. 4月10日，购入房屋一幢，买价1 080 000元，增值税额97 200元，契税16 200元，印花税324元，各种进户费2 916元，款项一并签发转账支票付讫，该房屋用于出租。

2. 4月18日，购入土地使用权，买价1 600 000元，增值税额144 000元，支付相关税费38 000元，款项一并签发转账支票付讫，该土地使用权用于出租。

3. 4月30日，出租本月购入的房屋和土地使用权，月租金分别为2 800元和2 500元，增值税税率为9%，当即收到1个月账款，存入银行。

4. 5月31日，本月份出租房屋和土地使用权的使用寿命分别为40年和70年，对其分别计提折旧和进行摊销。

5. 次年12月1日，出售去年购入的土地使用权，销售金额1 550 000元，增值税额139 500元，当即收到全部账款存入银行。

6. 次年12月31日，出租用房屋发生减值，其可收回金额为1 042 000元，计提其减值准备。

（二）昌化建筑公司对投资性房地产采用公允价值模式核算，现发生下列有关的经济业务。

1. 3月1日，自行建造的用于出租的办公楼已竣工，达到预定可使用状态，其在"在建工程"账户归集的建造成本为1 250 000元，予以转账。

2. 3月2日，开列专用发票，列明办公楼本月份出租金额6 000元，增值税额540元，当即收到全部账款存入银行。

3. 3月31日，该出租办公楼的公允价值为1 280 000元，予以转账。

4. 3月31日，将公允价值变动损益结转"本年利润"账户。

5. 4月5日，开列专用发票，列明办公楼本月份出租金额6 000元，增值税额540元，当即收到全部账款存入银行。

6. 4月30日，该出租办公楼的公允价值为1 285 000元，予以转账。

7. 4月30日，将公允价值变动损益结转"本年利润"账户。

8. 5月5日，开列专用发票，列明办公楼本月份出租金额6 000元，增值税额540元，当即收到全部账款存入银行。

9. 5月31日，出售出租用办公楼，销售金额1 260 000元，增值税额113 400元，当即收到全部账款存入银行。

三、**要求**　编制会计分录。

第八章 负 债

第一节 负债概述

一、负债的意义和特征

负债是指企业过去的交易或事项形成的、预期会导致经济利益流出企业的现时义务。它通常具有以下四个特征。

（一）负债是基于过去的交易或事项而产生的现时义务

负债是企业由过去的某种交易或事项所产生的，并在未来一定时期内必须偿付的经济义务。这种经济义务一般是企业取得其所需要的资产或使用劳务的结果。例如，企业赊购原材料，就负有清偿账款的经济义务。但负债与将来的经济业务无关，如企业与供货单位签订了一项采购合同，条文规定对方在订立合同之日起 1 个月内发货，企业将在收到原材料后支付账款。由于这个合同尚未实现，因此并不构成企业的负债。

（二）负债的清偿会导致企业未来经济利益的流出

负债必须在将来的某个时候，通过交付资产或提供劳务来清偿，届时负债才能消失，如用完工工程的工程款抵偿预收的工程款。也可以通过增加所有者权益来了结负债，如将所欠债权人的债务转换为资本。这两种方式都表明了现时的负债会导致企业将来经济利益的流出。

（三）负债必须有确切的偿付金额

负债是能够用货币计量的、有确切的或合理预计的偿付金额。如向银行借款，有确切的借款金额和借款利率，企业对银行承担的未来的经济义务是偿还借款的本金和利息，届时可以根据本金和借款利率计算出确切的利息。有些负债虽没有确切的金额，但可以根据情况合理预计，如未决诉讼形成的或有负债，就是根据企业诉讼案可能败诉，以及败诉后可能损失的金额，将其确认为预计负债。

（四）负债的债权人和偿付日期确切

企业发生负债，通常有明确的债权人和偿付债务的日期。例如，企业赊购付款期限为 1 个月的原材料，在确立这笔负债时，债权人为供货单位，偿付债务的日期为 1 个月，这是非常明确的。

总之，企业为了开展施工生产经营活动，通过承担现时义务以取得其所需要的各种资产和劳务，从而形成了企业的负债。同时企业又以付出将来的经济利益作为代价，届时将以债权人所能接受的资产或劳务来清偿所形成的负债。因此，正确合理地计量和反映负债，是正确反映企业财务状况和正确预测企业未来现金流量及偿债能力的基础。

二、负债的分类

施工企业的负债多种多样，其形成的原因、偿还的方式和期限各不相同，都有着其自身的特点。根据管理和核算的需要，负债可以按多种不同的标准进行分类。

（一）按照负债形成的原因分类

1. 经营性负债

经营性负债是指企业因经营活动而发生的负债，如应付账款、应付票据、预收账款等。

2. 融资性负债

融资性负债是指企业因融通资金而发生的负债，如短期借款、长期借款、应付债券、长期应付款等。

3. 其他负债

其他负债是指不属于以上两种的由于其他原因而发生的负债，如其他应付款、应付利息、预计负债等。

（二）按照负债偿还的方式分类

1. 货币性负债

货币性负债是指企业将来必须以货币资金偿还的债务，如短期借款、长期借款、应付票据、应付账款、应交税费等。

2. 非货币性负债

非货币性负债是指企业将来以实物、劳务以及其他非货币性资产偿还的债务，如预收账款等。

（三）按照负债偿还的期限分类

1. 流动负债

流动负债是指企业预计在一个正常营业周期中清偿或者主要为交易目的而持有的或者自资产负债表日起一年内到期应予以清偿的或者企业无权自主地将清偿推迟至资产负债表日后1年以上的负债。

2. 非流动负债

非流动负债是指流动负债以外的负债。

第二节 流 动 负 债

流动负债包括短期借款、应付票据、应付账款、预收账款、应付职工薪酬、应交税费、应付利息、应付股利和其他应付款等内容，其中有不少内容已在前面有关章节中做了阐述。本节主要阐述短期借款、预收账款和应付职工薪酬，其他流动负债的内容将在以后有关章节中介绍。

一、短期借款的核算

短期借款是指企业向银行或其他金融机构借入的、期限在1年以下（含1年）的各种款项。

短期借款一般是企业为维持正常的施工生产经营所需的资金而借入的或者为抵偿某项债务而借入的。它具有以下三个特征：一是企业的债权人不仅包括银行，还包括其他非银行金融机构，如金融性公司等；二是借款期限较短，一般为1年以下（含1年）；三是除了到期要归还借款本金外，还应根据货币时间价值，按期支付相应的利息。

施工企业取得短期借款时，必须转入"银行存款"账户后才能支用，届时借记"银行存款"账户；贷记"短期借款"账户。

【例8-1】 上海建筑公司发生下列有关的短期借款业务。

(1) 5月20日，经银行批准借入1年期限的借款500 000元，转入银行存款户。作分录如下：

借：银行存款   500 000.00

 贷：短期借款   500 000.00

(2) 6月20日，签发转账支票归还上年6月20日向银行借入的期限1年的借款450 000元。作分录如下：

借：短期借款   450 000.00

 贷：银行存款   450 000.00

关于短期借款利息的核算将在第十章第七节"期间费用"中阐述。

"短期借款"是负债类账户，用以核算企业向银行等金融机构借入的期限在1年以下（含1年）的各种借款。企业取得借款时，记入贷方；企业归还借款时，记入借方；期末余额在贷方，表示企业尚未归还的短期借款数额。

二、预收账款的核算

预收账款是指企业按照合同约定向建设单位或发包单位预收的备料款、工程款，以及向购货单位或劳务接受单位预收的定金或货款。

施工企业根据合同约定预收备料款和工程款以及建设单位或发包单位拨入抵作备料款的材料时，借记"银行存款""原材料"等账户；贷记"预收账款"账户。原材料采用计划成本核算的，拨入材料的价格与计划成本之间的差额应列入"材料成本差异"账户。

企业承接的工程完工与建设单位或发包单位结算工程款时，应开具专用发票，列明工程金额和增值税额，根据已预收的备料款和工程款，借记"预收账款"账户，根据列明的工程金额和增值税额分别贷记"工程结算"和"应交税费"账户，借贷相抵后的差额列入"应收账款"账户的借方。企业收到剩余账款时，再借记"银行存款"账户，贷记"应收账款"账户。

【例8-2】 新光建筑公司为达丰公司建造厂房，合同规定工程造价为1 000 000元。

(1) 1月5日，收到达丰公司拨来抵作备料款的钢筋等各种材料，价值118 800元，这批材料的计划成本为120 000元，作分录如下：

借：原材料   120 000.00

 贷：预收账款——达丰公司   118 800.00

  材料成本差异   1 200.00

(2) 1月6日，收到达丰公司预付建造厂房工程款的转账支票一张，金额281 200元，存入银行，作分录如下：

借：银行存款   281 200.00

 贷：预收账款——达丰公司   28 1200.00

(3) 9月26日，建造的厂房已竣工，验收合格；填制专用发票，列明工程金额1 000 000元，增值税额90 000元，与达丰公司结算账款，作分录如下：

借：预收账款——达丰公司   400 000.00

 应收账款——达丰公司   690 000.00

 贷：工程结算   1 000 000.00

  应交税费——应交增值税——销项税额 90 000.00

（4）9 月 29 日，收到达丰公司支付建造厂房工程剩余账款的转账支票一张，金额 690 000 元，存入银行，作分录如下：

借：银行存款 690 000.00
　　贷：应收账款——达丰公司 690 000.00

"工程结算"是成本类账户，用以核算企业根据建造合同约定向建设单位办理结算的累计金额。企业向建设单位办理工程价款结算时，记入贷方；企业在合同工程完工，将本账户金额与相关工程施工合同的"工程施工"账户对冲时，记入借方；期末余额在贷方，表示企业尚未完工建造合同已办理结算的累计金额。

"预收账款"是负债类账户，用以核算企业按照合同约定预收的款项。企业预收备料款、工程款和货款时，记入贷方；企业承担的工程完工或生产的产品完工收入实现时，记入借方；期末余额在贷方，表示企业已经预收的款项。

三、应付职工薪酬的核算

（一）职工薪酬概述

职工薪酬是指企业为获得职工提供的服务或解除劳动关系而给予各种形式的报酬或补偿。

职工薪酬的内容如下。

（1）职工工资、奖金、津贴和补贴。
（2）职工福利费。
（3）医疗保险费、养老保险费、失业保险费等社会保险费。
（4）住房公积金。
（5）工会经费和职工教育费。
（6）非货币性福利。
（7）因解除与职工劳动关系给予的补偿。
（8）其他与获得职工提供服务相关的支出。

（二）职工工资、奖金、津贴和补贴概述

职工工资是指按照职工工作能力、劳动熟练程度、技术复杂程度和劳动繁简轻重程度，以及所负责任大小等所规定的工资标准支付给职工的劳动报酬。按照其计算的方法不同分为计时工资和计件工资。计时工资是指按计时工资标准和工作时间支付给个人的劳动报酬，计件工资是指对已完成的工程数量、作业数量或合格产品数量按计件单价支付的劳动报酬。

奖金是指支付给职工的超额劳动报酬和增收节支的劳动报酬。主要有生产奖、节约奖等，但不包括发明创造和技术改造奖。

津贴和补贴是指为了补偿职工特殊或额外的劳动消耗和因其他特殊原因支付给职工的津贴，以及为了职工工资水平不受物价影响支付给职工的物价补贴。主要有中、夜班津贴、流动施工津贴、高空作业津贴、高温作业津贴、野外工作津贴和副食品补贴等。

（三）职工工资的计算

1. 计时工资的计算

计时工资一般按月计算并发放工资，计时工资的计算方法有月薪制和日薪制两种。

月薪制是指不论当月实际天数的多少，只要职工在月份内出满勤，均能得到固定的月工

资标准。如有缺勤，则从月工资标准中减去缺勤应扣工资，因此在计算职工应发工资时，应根据劳动工资部门转来的考勤记录及其他有关资料，按职工出勤、缺勤情况，计算职工应发工资。其计算公式如下：

$$应发工资=月工资标准-缺勤应扣工资$$

缺勤应扣工资是指病、事假应扣工资。在计算病、事假应扣工资时，先要将职工的月工资标准计算成日工资标准。日工资标准有两种计算方法。

一种是按法定工作日计算，其计算依据是：全年共365天，每周法定休息2天，全年休息日104天，法定假日11天，除去休假日115天，年法定工作日为250天，则月法定工作日为20.83天，其计算公式如下：

$$日工资标准=\frac{月工资标准}{20.83 天}$$

另一种是按日历天数计算，每月按30天计算，其计算公式如下：

$$日工资标准=\frac{月工资标准}{30 天}$$

$$事假应扣工资=日工资标准\times事假天数$$

$$病假应扣工资=日工资标准\times病假天数\times病假扣款率$$

【例8-3】 广安建筑公司职工工资按日历天数计算，职工刘浩月工资标准为3 450元，1月病假3天，工龄4年，病假扣款率为20%，计算其病假应扣工资如下：

$$刘浩日标准工资=\frac{3\ 450}{30}=115（元）$$

$$刘浩病假应扣工资=115\times3\times20\%=69（元）$$

$$刘浩应发工资=3\ 450-69=3\ 381（元）$$

日薪制是指根据职工的当月出勤天数和日工资标准计算职工的应发工资。其计算公式如下：

$$应发工资=日工资标准\times当月出勤天数$$

2. 计件工资的计算

计件工资根据职工完成的合格的工程量和相应的计件单价计算，其计算公式如下：

$$应发工资 = \sum（合格的工程量 \times 计件单价）$$

【例8-4】 广安建筑公司职工王大海本月完成砌基础砖工程125m³，每立方米18元，计算其应发工资如下：

$$王大海应发工资=18\times125=2\ 250（元）$$

（四）职工工资、奖金、津贴和补贴的核算

施工企业将应发工资计算完毕后，再根据考勤记录及有关部门转来的奖金、津贴和补贴及代扣款项等有关资料，计算职工薪酬的实发金额。其计算公式如下：

$$实发金额=应发工资+奖金+津贴和补贴-代扣款项$$

在实际工作中，企业是通过编制工资结算单来结算工资的。工资结算单一般按部门人员编制，一式数联，其中一联经职工领款签收后，作为工资结算和发放的原始凭证；一联转交劳动工资部门；一联由财会部门留存。工资结算单格式如图表8-1所示。

财会部门为了便于核算，将工资结算单按部门和人员进行汇总，编制工资结算汇总表，其格式如图表8-2所示。

财会部门根据工资结算汇总表中的实发金额签发现金支票提取现金，届时借记"库存现金"账户；贷记"银行存款"账户。

企业发放工资、奖金、津贴和补贴时，借记"应付职工薪酬"账户；贷记"库存现金"

图表 8-1

工资结算单

2022 年 7 月 25 日

单位：元

姓名	应发 计时工资	缺勤应扣工资 病假工资	缺勤应扣工资 事假工资	应发 计件工资	奖金	津贴和补贴 副食品补贴	津贴和补贴 流动施工津贴	应发 薪酬合计	代扣款项 住房公积金	代扣款项 养老保险费	代扣款项 医疗保险费	代扣款项 失业保险费	代扣款项 个人所得税	代扣款项 合计	实发金额	签章
刘浩	3 450.00	69.00		3 381.00	219.00	50.00		3 650.00	255.50	292.00	73.00	36.50		657.00	2 993.00	
王克强	3 600.00			3 600.00	250.00	50.00		3 900.00	273.00	312.00	78.00	39.00		702.00	3 198.00	
孙琳	4 650.00			4 650.00	300.00	50.00		5 000.00	350.00	400.00	100.00	50.00	18.00	918.00	4 082.00	
周兰英	5 150.00			5 150.00	300.00	50.00		5 500.00	385.00	440.00	110.00	55.00	30.30	1 020.30	4 479.70	
黄玉忠	6 000.00		200.00	5 800.00	250.00	50.00		6 100.00	427.00	488.00	122.00	61.00	150.20	1 248.20	4 851.80	
钱华昌	6 500.00			6 500.00	300.00	50.00		6 850.00	479.50	548.00	137.00	68.50	211.70	1 444.70	5 405.30	
张清	7 050.00			7 050.00	300.00	50.00		7 400.00	518.00	592.00	148.00	74.00	256.80	1 588.80	5 811.20	
刘减	7 600.00			7 600.00	350.00	50.00		8 000.00	560.00	640.00	160.00	80.00	306.00	1 746.00	6 254.00	
合计	44 000.00	69.00	200.00	43 731.00	2 269.00	400.00		46 400.00	3 248.00	3 712.00	928.00	464.00	973.00	9 325.00	37 075.00	

图表 8-2

工资结算汇总表

2022 年 7 月 25 日

单位：元

部门及人员	计时工资	缺勤应扣工资 病假工资	缺勤应扣工资 事假工资	应发 计时工资	应发 计件工资	奖金	津贴和补贴 副食品补贴	津贴和补贴 流动施工津贴	应发 薪酬合计	代扣款项 住房公积金	代扣款项 养老保险费	代扣款项 医疗保险费	代扣款项 失业保险费	代扣款项 个人所得税	合计	实发金额
工程施工人员	159 570.00	250.00	520.00	158 800.00	115 900.00	21 800.00	4 500.00	9 000.00	310 000.00	21 700.00	24 800.00	6 200.00	3 100.00	3.00	55 803.00	254 197.00
其中：商务楼工程	87 550.00	150.00	300.00	87 100.00	61 400.00	12 000.00	2 500.00	5 000.00	168 000.00	11 760.00	13 440.00	3 360.00	1 680.00		30 240.00	137 760.00
商品房工程	72 020.00	100.00	220.00	71 700.00	54 500.00	9 800.00	2 000.00	4 000.00	142 000.00	9 940.00	11 360.00	2 840.00	1 420.00	3.00	25 563.00	116 437.00
机械作业人员	17 220.00	20.00		17 200.00		1 500.00	300.00	600.00	19 600.00	1 372.00	1 568.00	392.00	196.00		3 528.00	16 072.00
辅助生产人员	14 050.00			14 050.00		1 200.00	250.00		15 500.00	1 085.00	1 240.00	310.00	155.00		2 790.00	12 710.00
施工管理人员	12 150.00			12 150.00		1 050.00	200.00		13 400.00	938.00	1 072.00	268.00	134.00	6.00	2 418.00	10 982.00
行政管理人员	44 000.00	69.00	200.00	43 731.00		2 269.00	400.00		46 400.00	3 248.00	3 712.00	928.00	464.00	973.00	9 325.00	37 075.00
合计	246 990.00	339.00	720.00	245 931.00	115 900.00	27 819.00	5 650.00	9 600.00	404 900.00	28 343.00	32 392.00	8 098.00	4 049.00	982.00	73 864.00	331 036.00

"其他应付款"等账户。期末将"应付职工薪酬"账户归集的各类人员的薪酬进行分配，属于工程施工人员和施工管理人员的工资列入"工程施工"账户；属于机械作业人员的工资列入"机械作业"账户；属于辅助生产部门人员的工资列入"生产成本"账户；属于企业行政管理人员的工资列入"管理费用"账户；属于建筑安装固定资产人员的工资列入"在建工程"账户；属于6个月以上长期病假人员的工资则应列入"管理费用"账户。

【例8-5】广安建筑公司编制的7月工资结算汇总表如图表8-2所示。

(1) 25日，根据工资结算汇总表中的实发金额签发现金支票，提取现金331 036元，作分录如下：

借：库存现金 331 036.00
　贷：银行存款 331 036.00

(2) 25日，发放职工薪酬后，根据工资结算汇总表，作分录如下：

借：应付职工薪酬——工资 404 900.00
　贷：库存现金 331 036.00
　　其他应付款——住房公积金 28 343.00
　　其他应付款——养老保险费 32 392.00
　　其他应付款——医疗保险费 8 098.00
　　其他应付款——失业保险费 4 049.50
　　应交税费——应交个人所得税 982.00

(3) 31日，分配本月发放的职工薪酬，作分录如下：

借：工程施工——商务楼工程 168 000.00
　　工程施工——商品房工程 142 000.00
　　机械作业 19 600.00
　　生产成本 15 500.00
　　工程施工——间接费用 13 400.00
　　管理费用 46 400.00
　贷：应付职工薪酬——工资 404 900.00

(五) 职工福利费、工会经费和职工教育经费的核算

职工福利费是指用于职工医疗卫生、生活困难补助、集体福利设施等的支出。根据规定职工福利费按工资总额的一定比例提取。工资总额是指各企业在一定时期内直接支付给本企业全部职工的劳动报酬总额。它包括职工工资、奖金、津贴和补贴。

工会经费是指工会组织的活动经费。根据规定工会经费按工资总额的2%提取。

职工教育经费是指企业用于职工学习先进技术和科学文化的经费。根据规定职工教育经费在工资总额的8%范围内据实列支。

企业在提取职工福利费、工会经费和职工教育经费时，按工程施工人员和施工管理人员工资总额提取的，列入"工程施工"账户；按机械作业人员工资总额提取的，列入"机械作业"账户；按辅助生产人员工资总额提取的，列入"生产成本"账户；按行政管理人员和长期病假人员工资总额提取的，列入"管理费用"账户。

【例8-6】广安建筑公司7月发放职工的工资总额为404 900元，其中：商务楼施工人员为168 000元；商品房施工人员为142 000元；机械作业人员为19 600元；辅助生产人员为15 500元；施工管理人员为13 400元；行政管理人员为46 400元；按本月份工资总额的

14%、2%和1.5%①分别计提职工福利费、工会经费和职工教育经费，作分录如下：

借：工程施工——商务楼工程（168 000×17.5%）　　　　　　　　29 400.00

　　工程施工——商品房工程（142 000×17.5%）　　　　　　　　24 850.00

　　机械作业（19 600×17.5%）　　　　　　　　　　　　　　　　3 430.00

　　生产成本（15 500×17.5%）　　　　　　　　　　　　　　　　2 712.50

　　工程施工——间接费用（13 400×17.5%）　　　　　　　　　　2 345.00

　　管理费用（46 400×17.5%）　　　　　　　　　　　　　　　　8 120.00

　　贷：应付职工薪酬——职工福利费（404 900×14%）　　　　　56 686.00

　　　　应付职工薪酬——工会经费（404 900×2%）　　　　　　　8 098.00

　　　　应付职工薪酬——职工教育经费（404 900×1.5%）　　　　6 073.50

职工福利费主要用途有：职工的医药费，企业内医务人员的工资、医务经费及职工因公负伤就医路费；职工生活困难补助费；企业福利机构如浴室、托儿所等工作人员工资，以及这些项目支出与收入相抵后的差额；集体福利设施和文化体育设施；独生子女补助费及其他福利支出。

企业在支用职工福利费、职工教育经费和拨缴工会组织工会经费时，再借记"应付职工薪酬"账户，贷记"银行存款"或"库存现金"账户。

（六）医疗保险费、养老保险费、失业保险费等社会保险费和住房公积金的核算

医疗保险费是指由企业负担的用于职工医疗保险的费用。企业按工资总额的12%交纳，职工按工资总额的2%交纳。

养老保险费是指由企业负担的用于职工退休后支付职工退休金的费用。企业按工资总额的20%②交纳，职工按工资总额的8%交纳。

失业保险费是指由企业负担的用于职工失业的保险费用。企业按工资总额的1%交纳，职工按工资总额的1%交纳。

住房公积金是指企业为其在职职工缴存的长期住房储金。企业按工资总额的7%交纳，职工也按工资总额的7%交纳。

企业负担的医疗保险费已包含在职工福利费内，因此在计提时只需在"应付职工薪酬"的二级明细账户内进行划转。

企业负担的养老保险费、失业保险费等社会保险费和住房公积金在按月计提时，借记"工程施工""机械作业""生产成本""管理费用""在建工程""研发支出"等账户；贷记"应付职工薪酬"账户。

职工负担的医疗保险费、养老保险费、失业保险费和住房公积金在发放职工薪酬予以代扣时，已经列入"其他应付款"账户。

企业按规定将医疗保险费、养老保险费、失业保险费等社会保险费交纳给社会保险事业基金结算管理中心，将住房公积金交纳给公积金管理中心时，应借记"应付职工薪酬""其他应付款"账户；贷记"银行存款"账户。

---

① 该公司决定职工教育经费按工资总额的1.5%提取并列支。

② 政府为了降低企业的负担，其交纳的养老保险费在2021年1月调整为工资总额的16%。

【例 8-7】 根据前例的资料对社会保险费和住房公积金进行计提和交纳的核算。

（1）按工资总额的 12% 计提医疗保险费，作分录如下：

借：应付职工薪酬——职工福利 48 588.00

　贷：应付职工薪酬——社会保险费 48 588.00

（2）按工资总额的 20%、1% 和 7% 分别计提养老保险费、失业保险费和住房公积金，作分录如下：

借：工程施工——商务楼工程（168 000×28%） 47 040.00

　　工程施工——商品房工程（142 000×28%） 39 760.00

　　机械作业（19 600×28%） 5 488.00

　　生产成本（15 500×28%） 4 340.00

　　工程施工——间接费用（13 400×28%） 3 752.00

　　管理费用（46 400×28%） 12 992.00

　贷：应付职工薪酬——社会保险费（404 900×21%） 85 029.00

　　　应付职工薪酬——住房公积金（404 900×7%） 28 343.00

（3）将本月应交的医疗保险费、养老保险费、失业保险费和住房公积金（含为职工代扣的部分）分别交纳给社会保险事业基金结算管理中心和公积金管理中心时，作分录如下：

借：应付职工薪酬——社会保险费 133 617.00

　　应付职工薪酬——住房公积金 28 343.00

　　其他应付款——住房公积金 28 343.00

　　其他应付款——养老保险费 32 392.00

　　其他应付款——医疗保险费 8 098.00

　　其他应付款——失业保险费 4 049.00

　贷：银行存款 234 842.00

"应付职工薪酬"是负债类账户，用以核算企业根据规定应付给职工的各种薪酬。企业发生职工各种薪酬时，记入贷方；企业支付职工各种薪酬时，记入借方；期末余额在贷方，表示企业应付未付的职工薪酬。

"其他应付款"是负债类账户，用以核算企业除应付票据、应付账款、预收账款、应付职工薪酬、应付利息、应付股利、应交税费、长期应付款等以外的其他各种应付、暂收款项。企业发生各种应付、暂收款项时，记入贷方；企业支付或归还各种应付、暂收款项时，记入借方；期末余额在贷方，表示企业应付未付的其他应付、暂收款项。

第三节　非流动负债

一、非流动负债概述

（一）非流动负债的意义

非流动负债的偿还期限较长，它包括长期借款、应付债券、长期应付款、专项应付款和预计负债等。

企业在开业阶段，通过非流动负债可以弥补投资者投入资金的不足，以保证施工生产经营业务的顺利进行。企业在施工生产经营过程中，当需要扩大经营规模，开拓新的市场，需要大量固定资产投资时，如果等待企业内部形成足够的留存收益后，再进行投资，将会丧失有利的时机，因此通过非流动负债来筹集资金是一种有效的方法。

非流动负债的特点是负债数额大，偿还期限长。

（二）借款费用

非流动负债通常是企业向外部借入的款项，向外部借款必然发生借款费用。

借款费用是指企业因借款而发生的利息及其他相关成本。它包括借款利息、利息调整额的摊销、辅助费用，以及因外币借款而发生的汇兑差额等。辅助费用是指向银行借款的手续费、发行债券的发行费用等。

借款分为专门借款和一般借款两类。专门借款是指为购建或者生产符合资本化条件的资产而专门借入的款项。一般借款是指除专门借款以外的其他借款。

企业发生的借款费用，可直接归属于符合资本化条件的资产的购建或者生产的，应当予以资本化，计入相关资产成本；其他借款费用，应当在发生时根据其发生额确认为费用，计入当期损益。

符合资本化条件的资产，是指需要经过相当长时间的购建或者生产活动才能达到预定可使用或者可销售状态的固定资产、投资性房地产和存货等资产。

（三）借款费用予以资本化的条件

借款费用同时满足下列三个条件时，才能开始予以资本化。

1. 资产支出已经发生

这里所指的资产支出有其特定的含义，它只包括企业为购建或生产符合资本化条件的资产而以支付现金、转移非现金资产或者承担带息债务形式发生的支出。

2. 借款费用已经发生

这一条件是指企业已经发生了因购建符合资本化条件的资产而借入款项的利息、利息调整额的摊销、辅助费用和汇兑差额等借款费用。

3. 为使资产达到预定可使用或者可销售状态所必要的购建或生产活动已经开始

为使资产达到预定可使用或者可销售状态所必要的购建或生产活动主要是指资产的实体建造活动，如主体设备的安装、房屋的实际建造等。但不包括仅仅持有资产，却没有发生为改变资产形态而进行实质上的建造活动，如只购置建筑用地，但是尚未发生有关房屋实体建造活动就不包括在内。

（四）资本化期间借款利息资本化金额的确定

资本化期间是指从借款费用开始资本化时点到停业资本化时点的期间，借款费用暂停资本化的期间不包括在内。

在资本化期间内，每一会计期间的利息（包括债券利息调整的摊销）资本化的金额，应当按照下列规定确定。

为购建或者生产符合资本化条件的资产而借入专门借款的，应当以专门借款当期实际发生的利息费用，减去将尚未动用的借款资金存入银行取得的利息收入或进行暂时性投资取得的投资收益后的金额确定。

为购建或者生产符合资本化条件的资产而占用了一般借款的，企业应当根据累计资产支出超过专门借款部分的资产支出加权平均数，乘以所占用一般借款的资产化率，计算确定一般借款应予以资本化的利息金额。资本化率应当根据一般借款加权平均利率计算确定。

(五) 辅助费用的处理

专门借款发生的辅助费用，在所购建或者生产的符合资本化条件的资产达到预定可使用或者可销售状态之前发生的，应当在发生时根据其发生额予以资本化，计入符合资本化条件的资产的成本；在所购建或者生产的符合资本化条件的资产达到预定可使用或者可销售状态之后发生的，应当在发生时根据其发生额确认为费用，计入当期损益。

一般借款发生的辅助费用，应当在发生时根据其发生额确认为费用，计入当期损益。

二、长期借款的核算

长期借款是指企业向银行或其他金融机构借入的期限在 1 年以上（不含 1 年）的各种借款。它包括专门借款和一般借款。

企业向银行申请长期借款等，必须与银行签订贷款合同，并提供不同形式的担保，然后在合同规定的期限内还本付息。

企业按照贷款合同取得购建固定资产的长期借款时，借记"银行存款"账户，贷记"长期借款——专门借款"账户。专门借款的利息无论是分期支付，还是一次性支付，均应按照权责发生制的要求分期列支。专门借款当期实际发生的利息费用，减去将尚未动用的借款资金投入银行取得的利息收入或者进行暂时投资取得投资收益后的金额，确定为专门借款利息费用的资本化金额，并应当在资本化期间内（从借入购建固定资产专门借款起至固定资产达到预定可使用状态止），将其计入固定资产的购建成本，作为固定资产原始价值的组成部分；在固定资产购建完成达到预定可使用状态后发生的利息费用，则应直接计入当期损益，列入"财务费用"账户。

在借款费用资本化期间内，为购建或者生产符合资本化条件的资产占用了一般借款的，这部分借款利息也应予以资本化。一般借款应予以资本化的利息的计算公式如下：

$$\frac{\text{一般借款利息}}{\text{费用资本化金额}} = \frac{\text{累计资产支出超过专门借款}}{\text{部分的资产支出加权平均数}} \times \frac{\text{所占用一般借}}{\text{款的资本化率}}$$

所占用一般借款的资本化率就是所占用一般借款加权平均利率，其计算公式如下：

$$\frac{\text{所占用一般借}}{\text{款的资本化率}} = \frac{\text{所占用一般借款当期实际发生的利息之和}}{\text{所占用一般借款本金加权平均数}} \times 100\%$$

$$\frac{\text{所占用一般借款}}{\text{本金加权平均数}} = \sum \left(\frac{\text{所占用每笔}}{\text{一般借款本金}} \times \frac{\text{每一笔借款在当期所占用的天数}}{\text{当期天数}} \right)$$

【例 8-8】武昌设备安装公司为建造办公楼向银行借入专门借款 1 200 000 元，合同约定 2 年到期，年利率为 8%，单利计息，到期一次还本付息。该工程委托给安泰建筑公司承包施工。

（1）2021 年 4 月 30 日，企业取得专门借款时，作分录如下：

借：银行存款　　　　　　　　　　　　　　　　　　　　　　1 200 000.00
　　贷：长期借款——专门借款——本金　　　　　　　　　　　　　1 200 000.00

（2）2021 年 4 月 30 日，以银行存款支付第一期工程款 800 000 元，增值税额 72 000 元，作分录如下：

借：在建工程——建筑工程——建造办公楼　　　　　　　　　　　800 000.00
　　应交税费——应交增值税——进项税额　　　　　　　　　　　 72 000.00
　　贷：银行存款　　　　　　　　　　　　　　　　　　　　　　872 000.00

（3）2021 年 5 月 31 日，计提本月专门借款利息费用，作分录如下：

借：在建工程——建筑工程——建造办公楼   8 000.00

  贷：长期借款——专门借款——利息（1 200 000×8%/12）   8 000.00

（4）2022 年 4 月 30 日，收到尚未动用专门借款存入银行的利息收入 1 200 元，作分录如下：

借：银行存款   1 200.00

  贷：在建工程——建筑工程——建造办公楼   1 200.00

（5）2022 年 4 月 30 日，以银行存款支付第二期工程款 480 000 元，增值税额 43 200 元，作分录如下：

借：在建工程——建筑工程——建造办公楼   480 000.00

  应交税费——应交增值税——进项税额   43 200.00

  贷：银行存款   523 200.00

（6）2022 年 5 月 31 日，计提本月份专门借款的利息费用和建造办公楼占用 220 800 元一般借款的利息费用，一般借款的资本化率为 7.5%，作分录如下：

借：在建工程——建筑工程——建造办公楼   9 380.00

  贷：长期借款——专门借款——利息（1 200 000×8%/12）   8 000.00

    长期借款——一般借款——利息（220 800×7.5%/12）   1 380.00

（7）2022 年 7 月 31 日，建造办公楼竣工，支付剩余工程款 60 000 元，增值税额 5 400 元，作分录如下：

借：在建工程——建筑工程——建造办公楼   60 000.00

  应交税费——应交增值税——进项税额   5 400.00

  贷：银行存款   65 400.00

（8）2022 年 7 月 31 日，建造的办公楼已达到预定可使用状态，交付使用，工程款连同 15 个月计提的专门借款利息 120 000 元和一般借款利息 4 140 元，减去尚未动用借款资金存入银行取得的利息收入 1 200 元，工程总决算为 1 462 940 元，予以转账，作分录如下：

借：固定资产   1 462 940.00

  贷：在建工程——建筑工程——建造办公楼   1 462 940.00

（9）2022 年 8 月 31 日，计提本月专门借款利息费用，作分录如下：

借：财务费用——利息支出   8 000.00

  贷：长期借款——专门借款——利息   8 000.00

等借款到期，支付借款本金和利息时，再借记"长期借款"账户，贷记"银行存款"账户。

如果某项固定资产的购建发生非正常中断，并且中断时间连续有 3 个月时，应当暂停借款费用的资本化，将其中断期间所发生的借款费用直接计入当期的财务费用，直至购建重新开始，再将其后至固定资产达到预定可使用状态前发生的借款费用，计入所购建固定资产的成本。

"长期借款"是负债类账户，用以核算企业向银行等金融机构借入的期限在 1 年以上的各种借款及应计利息。企业发生借款和应计利息时，记入贷方；企业归还借款和支付利息时，记入借方；期末余额在贷方，表示企业尚未偿还的借款本金和利息。

三、应付债券的核算

（一）债券的概述

债券是指企业向社会上公开筹措资金而发行的，约定在一定期限内还本付息的有价证券。它是企业负债的另一种形式，由于企业将所需借入的资金划分为许多较小的计价单位，如100元、500元、1 000元等不同票面价值的债券，这样就为社会上不同阶层就其愿意投入的投资额进行投资提供了方便。因此，债券是企业筹集资金的重要方式。与长期借款相比，它具有筹资范围广、流动性大的特点。

企业因资金不足而发行债券，必须经中国人民银行批准，企业也可以委托银行或其他金融机构代理发行债券。根据规定，企业发行债券的总面额，不得大于该企业自有资产净值；债券的票面利率不得高于银行相同期限居民定期存款利率的40%。企业发行债券必须具备的内容有：①债券面值，即本金，是指举债企业在债券到期日应偿还给持票人的金额；②票面利率，是指计算债券利息的利率；③付息日期；④债券的发行日期、编号和还本日期。

债券按照其偿还期限的不同，可分为短期债券和长期债券两种。偿还期限不超过1年的债券，称为短期债券，其属于流动负债，通过"交易性金融负债"账户核算。偿还期超过1年的债券，称为长期债券，以下阐述的是长期债券。

（二）债券发行价格的确定

企业是根据市场利率确定债券发行价格的，因此从理论上讲债券应该按面值发行。但实际上，由于发生债券需要先经过设计、印制等一系列筹备工作，到实际发行要相隔一段时间，届时债券的票面利率与市场利率可能会不一致。公司为了维护自身的利益和投资者的利益，就需要确定债券的发行价格。所以，在发行债券时，当票面利率高于市场利率时，债券要溢价发行；当票面利率低于市场利率时，债券要折价发行。

债券的发行价格从资金时间价值的观念来理解，应由两部分构成：一部分是债券面值偿还时按市场利率折算的现值；另一部分是债券各期所支付利息按市场利率折算的现值，其计算公式如下：

债券发行价格=债券面值偿还时的现值+各期债券利息之和的现值

债券面值偿还时的现值=债券面值×复利现值系数

各期债券利息之和的现值=支付一期的利息额×年金现值系

式中的复利现值系数可以通过查阅复利现值系数表取得，年金现值系数可以通过查阅年金现值系数表取得。复利现值系数表和年金现值系数表分别见本书附录A和附录B。

【例8-9】信达设备安装公司发行面值为1 000元的债券，票面利率为9%，期限为3年，每满1年付息一次，而市场利率为8%，计算其债券发行价格如下。

按8%利率查得3年期的复利现值系数为0.793 8；年金现值系数为2.577 1。

债券发行价格=1 000×0.793 8+1 000×9%×2.577 1

=1 025.74（元）

计算结果表明，债券的发行价格为1 025.74元，溢价25.74元。

（三）按面值发行债券的核算

当企业按面值发行债券，收到发行债券款时，借记"银行存款"账户，贷记"应付债券——债券面值"账户。

企业举债是为了购建固定资产的，发生的利息、利息调整摊销和辅助费用，在固定资产达到预定可使用状态前，应予以资本化；在固定资产达到预定可使用状态后，应予以费用化。企业举债的目的是用于流动资产，上列的借款费用也应予以费用化。

债券的利息一般是一年支付一次，或到期一次支付。为了使企业利息负担均衡合理，应按月预提债券的利息费用。届时借记"在建工程"或"财务费用"账户，对于一年支付一次利息的，贷记"应付利息"账户；对于到期一次支付利息的，则贷记"应付债券"账户。

企业按期支付债券利息时，借记"应付利息"或"应付债券"账户，贷记"银行存款"账户。

【例8-10】　南浦安装公司为建造营业厅，于2021年6月30日按面值990 000元发行债券，债券票面利率为8%，期限为2年，于2023年6月30日还本付息。该工程委托给恒丰建筑公司承包施工。

（1）2021年6月27日，签发转账支票14 850元支付债券发行费用，作分录如下：

借：在建工程——建筑工程——建造营业厅　　　　　　　　　　14 850.00
　　贷：银行存款　　　　　　　　　　　　　　　　　　　　　　14 850.00

（2）2021年6月30日，发行债券，收到款项990 000元，存入银行，作分录如下：

借：银行存款　　　　　　　　　　　　　　　　　　　　　　990 000.00
　　贷：应付债券——债券面值　　　　　　　　　　　　　　　990 000.00

（3）2021年7月1日，签发转账支票支付建造营业厅第一期工程款500 000元，增值税额45 000元，作分录如下：

借：在建工程——建筑工程——建造营业厅　　　　　　　　　500 000.00
　　应交税费——应交增值税——进项税额　　　　　　　　　　45 000.00
　　贷：银行存款　　　　　　　　　　　　　　　　　　　　　545 000.00

（4）2021年7月31日，按8%年利率预提本月份债券利息，作分录如下：

借：在建工程——建筑工程——建造营业厅　　　　　　　　　　6 600.00
　　贷：应付债券——应计利息（990 000×8%/12）　　　　　　　6 600.00

（5）2022年6月30日，收到发行债券尚未动用的435 000元资金存入银行的利息收入1 305元，作分录如下：

借：银行存款　　　　　　　　　　　　　　　　　　　　　　　1 305.00
　　贷：在建工程——建筑工程——建造营业厅　　　　　　　　　1 305.00

（6）2022年6月30日，建造的营业厅已竣工，签发转账支票支付建造营业厅剩余工程款400 000元，增值税额36 000元，作分录如下：

借：在建工程——建筑工程——建造营业厅　　　　　　　　　400 000.00
　　应交税费——应交增值税——进项税额　　　　　　　　　　36 000.00
　　贷：银行存款　　　　　　　　　　　　　　　　　　　　　436 000.00

（7）2022年6月30日，营业厅已达到预定可使用状态，验收使用。全部工程款为900 000元，债券发行费用为14 850元，工程应负担债券利息为79 200元，扣除尚未动用发行债券资金存入银行取得的利息收入1 305元，全部工程决算为992 745元，作分录如下：

借：固定资产　　　　　　　　　　　　　　　　　　　　　　992 745.00
　　贷：在建工程——建筑工程——建造营业厅　　　　　　　　992 745.00

（四）溢价和折价发行债券的核算

1. 溢价发行债券的核算

溢价发行债券是指企业发行债券的价格高于债券面值，其高于面值的差额称为债券溢价。当企业发行债券的票面利率高于市场实际利率时，这意味着企业将以高于市场实际利率支付利息，届时需要溢价发行。因此债券溢价实质上是企业在发行债券时，预收投资者一笔款项，以补偿以后多付给投资者的利息。

企业溢价发行债券后，按实际取得的款项借记"银行存款"账户；按债券面值贷记"应付债券——债券面值"账户；实际发行额与面值的差额，贷记"应付债券——利息调整"账户。

【例8-11】 信达设备安装公司为建造办公楼于2020年6月30日发行面值为1 050 000元的债券，票面利率为9%，期限为3年，每年6月30日付息，于2023年6月30日归还本金，而市场实际利率为8%。

（1）2020年6月27日，以银行存款15 750元支付债券发行费用，作分录如下：

借：在建工程——建筑工程——建造办公楼　　　　　　　　　　　　　15 750.00
　　贷：银行存款　　　　　　　　　　　　　　　　　　　　　　　　　　15 750.00

（2）2020年6月30日，将每1 000元面值的债券按1 025.74元发行。今收到溢价发行款1 077 027元，存入银行，作分录如下：

借：银行存款　　　　　　　　　　　　　　　　　　　　　　　　　1 077 027.00
　　贷：应付债券——债券面值　　　　　　　　　　　　　　　　　　1 050 000.00
　　　　应付债券——利息调整　　　　　　　　　　　　　　　　　　　　27 027.00

2. 折价发行债券的核算

折价发行债券是指企业发行债券的价格低于债券面值。其低于面值的差额称为债券折价。当企业发行债券的票面利率低于市场实际利率时，这意味着企业将要以低于市场实际利率支付利息，就需要折价发行。因此债券折价实质上是企业在发行债券时，预先少收投资者一笔款项，以补偿投资者以后少得利息的损失。

企业折价发行债券后，按实际发行债券取得的款项，借记"银行存款"账户；按债券面值，贷记"应付债券——债券面值"账户；债券面值与实际发行额的差额，记入"应付债券——利息调整"账户的借方。

【例8-12】 南汇建筑公司，为购置一批施工机械设备，发行面值为600 000元的债券，债券票面利率为7%，期限为2年，于每年7月31日付息，而市场实际利率为8%。

（1）2021年7月28日，以银行存款9 000元支付债券发行费用，作分录如下：

借：财务费用　　　　　　　　　　　　　　　　　　　　　　　　　　9 000.00
　　贷：银行存款　　　　　　　　　　　　　　　　　　　　　　　　　　9 000.00

（2）2021年7月31日，将每1 000元面值的债券按982.13元发行。今收到折价发行款589 278元，存入银行，作分录如下：

借：银行存款　　　　　　　　　　　　　　　　　　　　　　　　　589 278.00
　　应付债券——利息调整　　　　　　　　　　　　　　　　　　　　10 722.00
　　贷：应付债款——债券面值　　　　　　　　　　　　　　　　　　600 000.00

（五）利息调整额摊销的核算

企业溢价发行债券，意味着要按高于市场实际利率的票面利率支付利息；企业折价发行债券，意味着要按低于市场实际利率的票面利率支付利息，从而产生了利息调整额。因此，在按月预提债券利息时，还要摊销利息调整额，通过摊销后，使企业实际负担的利息费用与按市场实际利率计算的结果一致。利息调整额摊销的方法有直线法和实际利率法两种。

1. 直线法摊销利息调整额的核算

直线法是指将利息调整额在债券到期前分期平均摊销的方法。

企业在摊销利息调整额贷方余额时，借记"应付债券——利息调整"账户，贷记"在建工程"或"财务费用"账户。

【例 8-13】 例 8-11 中，信达设备安装公司为建造办公楼溢价 27 027 元，发行 3 年期的债券 1 050 000 元。

（1）2020 年 7 月 2 日，以银行存款支付建造办公楼第一期工程款 600 000 元，增值税额 54 000 元，作分录如下：

借：在建工程——建筑工程——建造办公楼	600 000.00
应交税费——应交增值税——进项税额	54 000.00
贷：银行存款	654 000.00

（2）2020 年 7 月 31 日，按 9% 票面利率计提本月债券利息，作分录如下：

借：在建工程——建筑工程——建造办公楼	7 875.00
贷：应付利息	7 875.00

同时摊销本月的利息调整额，作分录如下：

借：应付债券——利息调整（27 027/36）	750.75
贷：在建工程——建筑工程——建造办公楼	750.75

（3）2021 年 6 月 30 日，将本月债券利息入账，并支付投资者一年期债券利息 86 625 元，作分录如下：

借：应付利息	86 625.00
在建工程——建筑工程——建造办公楼	7 875.00
贷：银行存款	94 500.00

同时，摊销本月的利息调整额，作分录如下：

借：应付债券——利息调整（27 027/36）	750.75
贷：在建工程——建筑工程——建造办公楼	750.75

（4）2021 年 6 月 30 日，收到发行债券尚未动用的 411 027 元存款的利息收入 1 233 元，作分录如下：

借：银行存款	1 233.00
贷：在建工程——建筑工程——建造办公楼	1 233.00

（5）2021 年 6 月 30 日，建造办公楼竣工，支付建造办公楼剩余工程款 360 000 元，增值税额 32 400 元，作分录如下：

借：在建工程——建筑工程——建造办公楼	360 000.00
应交税费——应交增值税——进项税额	32 400.00
贷：银行存款	392 400.00

（6）2021 年 6 月 30 日，建造办公楼竣工，达到预定可使用状态，验收使用，全部工程款 960 000 元，债券发行费用 15 750 元，应付利息 94 500 元，扣除利息调整额摊销 9 009 元和利息收入 1 233 元，全部决算款项为 1 060 008 元，作分录如下：

| 借：固定资产 | 1 060 008.00 |
| 贷：在建工程——建造客房 | 1 060 008.00 |

通过 3 年的摊销，利息调整额全部摊销完毕。债券到期时，还本付息的核算方法与按面值发行债券的方法相同。

企业在摊销利息调整额借方余额时，借记"在建工程"或"财务费用"账户，贷记"应付债券——利息调整"账户。

【例 8-14】 例 8-12 中，南汇建筑公司为购置施工机械设备折价 10 722 元，发行 2 年期的债券 600 000 元。

（1）2021 年 8 月 5 日，购进推土机 2 台，每台 137 500 元，挖掘机 2 台，每台 132 500 元，共计 540 000 元，增值税额 70 200 元，账款一并签发转账支票付讫，推土机和挖掘机均已验收使用，作分录如下：

借：固定资产	540 000.00
应交税费——应交增值税——进项税额	70 200.00
贷：银行存款	610 200.00

（2）2021 年 8 月 31 日，按票面利率 7% 计提本月债券利息，作分录如下：

| 借：财务费用——利息支出 | 3 500.00 |
| 贷：应付利息 | 3 500.00 |

同时摊销本月利息调整额，作分录如下：

| 借：财务费用——利息支出（10 722/24） | 446.75 |
| 贷：应付债券——利息调整 | 446.75 |

（3）2022 年 7 月 31 日，支付投资者一年期债券利息 42 000 元，作分录如下：

借：应付利息	38 500.00
财务费用——利息支出	3 500.00
贷：银行存款	42 000.00

同时，摊销本月利息调整额，作分录如下：

| 借：财务费用——利息支出（10 722/24） | 446.75 |
| 贷：应付债券——利息调整 | 446.75 |

2. 实际利率法摊销利息调整额的核算

实际利率法是指将按债券面值和票面利率计算的票面利息，与按每付息期期初债券现值和实际利率计算的实际利息之间的差额，作为每付息期利息调整额摊销数的方法。

采用实际利率法摊销"利息调整"明细账户的贷方余额，实际利息将会随着表示负债数额的应付债券现值的逐期减少而减少，而利息调整摊销额却随之逐期增加，其计算方法如图表 8-3 所示。

【例 8-15】 承例 8-13，根据信达设备安装公司溢价 27 027 元发行的 3 年期 1 050 000元债券等资料，债券票面利率为 9%，实际利率为 8%。用实际利率法计算债券各期利息调整摊销额如图表 8-3 所示。

图表 8-3

利息调整贷方余额摊销计算表

单位：元

付息期数	票面利息	实际利息	利息调整摊销额	利息调整贷方余额	应付债券现值
(1)	(2)=面值×票面利率	(3)=上期(6)×实际利率	(4)=(2)-(3)	(5)=上期利息调整额-(4)	(6)=面值+(5)
发行时				27 027.00	1 077 027.00
1	94 500.00	86 162.16	8 337.84	18 689.16	1 068 689.16
2	94 500.00	85 495.13	9 004.87	9 684.29	1 059 684.29
3	94 500.00	84 815.71①	9 684.29	0	1 050 000.00

以上计算的是各年的票面利息、实际利息和利息调整摊销额，各月的票面利息、实际利息和利息调整摊销额还要分别除以 12 取得。

第一年各月应负担的票面利息=94 500/12=7 875.00（元）

第一年各月应负担的实际利息=86 162.16/12=7 180.18（元）

第一年各月的利息调整摊销额=8 337.84/12=694.82（元）

2021 年 7 月 31 日，根据计算的结果，计提本月债券利息，作分录如下：

借：在建工程——建筑工程——建造办公楼　　　　　　　　　　　7 180.18

　　应付债券——利息调整　　　　　　　　　　　　　　　　　　694.82

　　贷：应付利息　　　　　　　　　　　　　　　　　　　　　　　　7 875.00

"应付利息"是负债类账户，用以核算企业分期付息到期还本的长期借款、长期债券等应支付的利息，企业发生应付利息时，记入贷方；企业支付利息时，记入借方；期末余额在贷方，表示企业应付未付的利息。

采用实际利率法摊销"利息调整"明细账户借方余额，实际利息将会随着表示负债数额的应付债券现值的逐期增加而增加，而利息调整摊销额也随之逐期增加，其计算方法如图表 8-4 所示。

【例 8-16】承例 8-14，根据南汇建筑公司折价 10 722 元发行的 2 年期 600 000 元债券等资料，债券票面利率为 7%，实际利率为 8%，用实际利率法计算债券各期利息调整摊销额如图表 8-4 所示。

图表 8-4

利息调整借方余额摊销计算表

单位：元

付息期数	票面利息	实际利息	利息调整摊销额	利息调整借方余额	应付债券现值
(1)	(2)=面值×票面利率	(3)=上期(6)×实际利率	(4)=(3)-(2)	(5)=上期利息调整额-(4)	(6)=面值-(5)
发行时				10 722.00	589 278.00
1	42 000	47 142.24	5 142.24	5 579.76	594 420.24
2	42 000	47 579.76①	5 579.76	0	600 000.00

采用实际利率法摊销利息调整借方余额的核算方法与直线法相同，不再重述。

从上列两种摊销的方法来看，按直线法摊销利息调整额简便易行。然而，随着各期利息

---

① 由于计算上存在尾差，因此 47 579.76 元是近似数。

调整额的摊销，企业的负债有了变动，而企业各期负担的债券利息却始终保持不变，因此，采用这种方法，各期负担的利息费用不够合理。而按实际利率法摊销利息调整额，企业各期负担的利息费用会随着各期负债的增减变动而相应变动，从而使各期的利息费用负担合理，但采用这种方法，计算工作较为复杂。

"应付债券"是负债类账户，用以核算企业为筹集长期资金而发生债券的本金和利息。企业发行债券的面值、因溢价而发生的利息调整额、债券的应计利息和摊销债券因折价而发生的利息调整额时，记入贷方；企业发行债券因折价而发生的利息调整额、支付债券的应计利息、摊销债券因溢价而发生的利息调整额和偿还投资者的本金时，记入借方；期末余额在贷方，表示企业尚未偿还投资者的债券本金和利息。"应付债券"账户下设"面值"、"利息调整"和"应计利息"明细账户，分别进行明细核算。

四、长期应付款的核算

长期应付款是指除长期借款和应付债券以外的其他各种长期应付款。施工企业主要有应付融资租入固定资产的租赁费等。

融资租赁是指实质上转移了与资产所有权有关的全部风险和报酬的租赁。所有权最终可能转移，也可能不转移。

符合以下一项或数项标准的，应当认定为融资租赁。

(1) 在租赁期届满时，租赁资产的所有权转移给承租人。

(2) 承租人有购买租赁资产的选择权，所订立的购买价款预计将远低于行使选择权时租赁资产的公允价值，因而在租赁开始日就可以合理确定承租人将会行使这种选择权。

(3) 即使资产的所有权不转移，但租赁期占租赁资产使用寿命的大部分。

(4) 承租人在租赁开始日的最低租赁付款额现值，几乎相当于租赁开始日租赁资产的公允价值。

(5) 租赁资产性质特殊，如果不做较大改造，只有承租人才能使用。

租赁期是指租赁合同规定的不可撤销的租赁期间。

最低租赁付款额是指在租赁期内，承租人应支付或可能被要求支付的款项（不包括或有租金和履约成本），加上由承租人或与其有关的第三方担保的资产余值。资产余值是指在租赁开始日估计的租赁期届满时租赁资产的公允价值。但是，如果承租人有购买租赁资产的选择权，所订立的购买价款预计将远低于行使选择权时租赁资产的公允价值，因而在租赁开始日就可以合理确定承租人将会行使这种选择权的，购买价款也应当计入最低租赁付款额。或有租金是指金额不固定、以时间长短以外的其他因素（如销售量、使用量、物价指数等）为依据计算的租金。履约成本是指在租赁期内为租赁资产支付的各种使用费用，如技术咨询和服务费、人员培训费、维修费、保险费等。

承租人在计算最低租赁付款额的现值时，可以采用租赁合同约定的利率作为折现率，当采取每期期末支付租金时，最低租赁付款额的现值计算公式如下：

最低租赁付款额的现值＝每期租金×年金现值系数＋订立的购买价款×复利现值系数

承租人应当将租赁开始日租赁资产的公允价值与最低租赁付款额现值两者中较低者作为租入资产的入账价值。当确定以最低租赁付款额的现值作为入账价值时，借记"固定资产"账户；按最低租赁付款额，贷记"长期应付款"账户；两者之间的差额，记入"未确认融资费用"账户的借方。未确认融资费用在租赁期内各个期间可以采用直线法、实际利率法等方法进行摊销，届时借记"财务费用"账户；贷记"未确认融资费用"账户。

在租赁谈判和签订租赁合同过程中承租人发生的可直接归属于租赁项目的手续费、律师费、差旅费、印花税等初始直接费用，应当计入租入资产价值。

【例8-17】 嘉定建筑公司年初以融资租赁方式租入推土机1台，租赁期为4年，租金为180 000元，其公允价值为151 000元。租赁合同规定年折现率为8%，租金于每年年末支付45 000元，租赁期届满时再支付购买价款1 800元，即取得推土机的所有权。届时该推土机的公允价值为12 000元，计算其最低租赁付款额的现值如下：

推土机最低租赁付款额现值=45 000×3.312 1+1 800×0.735 0=150 367.50（元）

（1）签发转账支票支付租赁推土机发生的手续费、律师费、印花税等初始直接费用2 000元，作分录如下：

借：固定资产——融资租入固定资产　　　　　　　　　　2 000.00
　贷：银行存款　　　　　　　　　　　　　　　　　　　　2 000.00

（2）企业取得租入推土机达到预定可使用状态，验收使用时，因推土机的最低租赁付款额现值小于其公允价值，作分录如下：

借：固定资产——融资租入固定资产　　　　　　　　　　150 367.50
　未确认融资费用　　　　　　　　　　　　　　　　　　31 632.50
　贷：长期应付款——应付融资租赁款　　　　　　　　　　182 000.00

（3）按月用直线法摊销未确认的融资费用时，作分录如下：

借：财务费用——利息支出（31 632.50/48）　　　　　　659.01
　贷：未确认融资费用　　　　　　　　　　　　　　　　　659.01

（4）年末签发转账支票支付推土机本年度租金45 000元，增值税额5 850元时，作分录如下：

借：长期应付款——应付融资租赁款　　　　　　　　　　45 000.00
　应交税费——应交增值税——进项税额　　　　　　　　5 850.00
　贷：银行存款　　　　　　　　　　　　　　　　　　　　50 850.00

（5）4年租赁期满，按合同约定，企业签发转账支票，支付推土机购买价款1 800元，增值税额234元，作分录如下：

借：长期应付款——应付融资租赁款　　　　　　　　　　1 800.00
　应交税费——应交增值税——进项税额　　　　　　　　234.00
　贷：银行存款　　　　　　　　　　　　　　　　　　　　2 034.00

同时企业取得了推土机的所有权，作分录如下：

借：固定资产——生产经营用固定资产　　　　　　　　　152 367.50
　贷：固定资产——融资租入固定资产　　　　　　　　　　152 367.50

如果融资租入固定资产在租赁开始日需要经过安装的，应先通过"在建工程"账户核算，等安装完毕，达到预定可使用状态时，再由"在建工程"账户转入"固定资产——融资租入固定资产"账户。

"长期应付款"是负债类账户，用以核算企业除长期借款和应付债券以外的各种其他长期应付款。企业发生长期应付款时，记入贷方；企业偿还长期应付款时，记入借方；期末余额在贷方，表示企业应付未付的长期应付款项。

"未确认融资费用"是负债类账户，它是"长期应付款"账户的抵减账户，用以核算企业应当分期计入利息支出的未确认的融资费用。企业融资租入固定资产发生未确认的融资费用时，记入借方；企业摊销融资费用时，记入贷方；期末余额在借方，表示企业未确认融资费用的摊余金额。

五、或有事项和预计负债

(一) 或有事项的定义和特征

或有事项是指过去的交易或事项形成的，其结果须由某些未来事项的发生或不发生才能决定的不确定事项。或有事项有未决诉讼、未决仲裁、债务担保、重组义务和商品质量保证等。或有事项具有以下三个特征。

1. 或有事项是过去的交易或事项形成的

这是指或有事项的现存状况，是企业过去的交易或事项引起的客观存在。例如，未决诉讼虽然是正在进行中的诉讼，但它是企业因过去的经济行为导致起诉其他单位或被其他单位起诉。这是现存的一种状况，而不是未来将要发生的事项。未来可能发生的自然灾害、交通事故、经营亏损等事项都不属于或有事项。

2. 或有事项的结果具有不确定性

这是指或有事项的结果是否发生具有不确定性，或者或有事项的结果预计将会发生，但发生的具体时间或金额具有不确定性。例如，为其他企业提供债务担保事项，担保方到期是否承担和履行连带责任，需要根据债务到期时被担保方能否按时还款加以确定。这一事项的结果在担保协议达成时具有不确定性。又如，某企业因侵权而被起诉，如无特殊情况，该企业很可能败诉，但是，在诉讼成立时，该企业因败诉将支出多少金额，或支出发生在何时，是难以确知的。或有事项的这种不确定性是其区别于其他不确定性会计事项的重要特征。

3. 或有事项的结果须由未来事项决定

这是指或有事项的结果只能由未来不确定事项的发生或不发生决定。例如，未决诉讼，其最终结果只能随案情的发展，由判决结果来决定。因此，或有事项具有时效性，其随着影响或有事项结果的因素发生变化，或有事项最终会转化为确定事项。

(二) 或有事项相关义务确认为预计负债的条件

企业只有在与或有事项相关的义务同时符合下列三个条件时，才能将其确认为预计负债。

1. 该义务是企业承担的现时义务

这是指与或有事项有关的义务是在企业当前条件下已承担的义务，而非潜在义务。例如，天华建筑公司的司机因违反交通规则造成严重的交通事故，该公司将要承担赔偿义务。因此，违规事项发生后，该公司随即承担的是一项现时义务。

2. 履行该义务很可能导致经济利益流出企业

这是指履行由或有事项产生的现时义务时，导致经济利益流出企业的可能性超过50%，但尚未达到基本确定的程度。"基本确定"是指这种可能性大于95%，但小于100%。例如，2022年4月25日，静安建筑公司与城东公司签订协议，承诺为城东公司两年期长期借款提供全额担保。从而静安建筑公司因担保事项而承担了一项现时义务。倘若2022年年末，城东公司财务状况良好，通常认定其不会违约，从而静安建筑公司履行承担的现时义务不是很可能会导致经济利益的流出；倘若2022年年末城东公司的财务状况恶化，且没有迹象表明其财务状况可能会发生好转，也就是说该公司可能违约，那么静安建筑公司履行承担的现时义务将很可能导致经济利益流出企业。

3. 该义务的金额能够可靠地计量

这是指与或有事项相关的现时义务的金额能够合理地估计。由于或有事项具有不确定性，因此，因或有事项产生的现时义务也具有不确定性，需要预计。要将或有事项确认为一项负债，其相关现时义务的金额应能够可靠地预计，例如，恒丰建筑公司因涉及一项诉讼案而成为被告，根据以往的审判案例推断，恒丰建筑公司很可能要败诉，相关的赔偿金额也可以估算出一个范围，因此可以认为恒丰建筑公司未决诉讼承担的现时义务的金额能够可靠地估计，如果同时满足其他两个条件，就可以将所形成的义务确认为一项负债。

（三）预计负债的计量

由于预计负债应承担的现时义务的金额往往具有不确定性，因此现时需要对预计负债进行计量。企业预计负债的金额应当按照履行相关现时义务所需支出的最佳估计数进行初始计量。

施工企业预计负债的最佳估计数的确定有两种情况，一种情况是所需支出的金额存在一个连续范围，最佳估计数应按该范围的上、下限金额的平均数确定。另一种情况是所需支出的金额不存在一个连续范围，其最佳估计数应当按最可能发生的金额确定。

【例 8-18】 2022 年 6 月 10 日，恒丰建筑公司因合同违约而涉及一项诉讼案，根据公司的法律顾问判断，最终的判决很可能对该公司不利。至月末该公司尚未接到法院的判决，因此诉讼须承担的赔偿金额也无法准确地确定。不过，据专业人士估计，赔偿金额可能在 80 000 元至 100 000 元之间，则确认恒丰建筑公司预计负债的金额如下：

$$恒丰建筑公司预计负债的金额=\frac{80\,000+100\,000}{2}=90\,000（元）$$

（四）预计负债预期可获得的补偿的处理

当企业因清偿预计负债所需支出的全部或部分金额，预期由第三方补偿的，则补偿金额只有在基本确定能收到时，才能作为资产单独确认，且确认的补偿金额不应当超过预计负债的账面价值。补偿金额"基本确定能收到"，是指预期从保险公司、索赔人、被担保企业等获得补偿的可能性大于 95% 但小于 100% 的情形。

可能获得补偿的情况通常有发生交通事故等情况时，企业通常可以从保险公司获得合理的赔偿；在某些索赔诉讼中，企业可以通过反诉的方式对索赔人或第三方另行提出赔偿要求，以及在债务担保业务中，企业在履行担保义务的同时通常可以向被担保企业提出额外追偿要求。

（五）预计负债的核算

企业在确认预计负债的同时，应确认一项支出或费用入账。倘若企业基本确定能获得补偿，那么应将这些补偿先抵减已入账的支出或费用。

企业由对外担保、未决诉讼或未决仲裁、重组义务产生的预计负债，应当按照确定的金额借记"营业外支出"账户；贷记"预计负债"账户。

【例 8-19】 2022 年 6 月 10 日，恒丰建筑公司因合同违约而涉及一项诉讼案。根据公司法律顾问判断，最终的判决很可能对该公司不利。至月末，尚未接到法院的判决。据专业人士估计，赔偿金额可能在 80 000 元至 100 000 元之间，作分录如下：

借：营业外支出——赔偿支出   90 000.00
　　贷：预计负债——未决诉讼   90 000.00

等未决诉讼或未决仲裁在判决或裁决后，再借记"预计负债"等有关账户，贷记"其他应付款"或"银行存款"等有关账户。

【例8-20】2023年4月25日，恒丰建筑公司合同违约诉讼案经法院判决，应赔偿原告92 000元，并承担诉讼费11 680元。款项于判决生效后10日内支付。

（1）签发转账支票11 680元支付诉讼费，作分录如下：

借：管理费用——诉讼费   11 680.00

 贷：银行存款   11 680.00

（2）将应付赔款入账，作分录如下：

借：营业外支出——赔偿支出   2 000.00

 预计负债——未决诉讼   90 000.00

 贷：其他应付款   92 000.00

企业应当在期末对预计负债的账面价值进行复核。有确凿证据表明该账面价值不能真实反映当前最佳估计数的，应当按照当前最佳估计数对该账面价值进行调整。

"预计负债"是负债类账户，用以核算企业确认的各种预计负债。企业发生或调整增加预计负债时，记入贷方；企业实际清偿或调整减少预计负债时，记入借方；期末余额在贷方，表示企业已确认而尚未支付的预计负债。

练 习 题

一、简答题

1. 什么是负债？它有哪些特征？

2. 负债可以按哪些标准分类？具体如何分类？

3. 试述职工薪酬包括哪些内容。

4. 分述职工工资、奖金、津贴和补贴的定义。

5. 试述资本化期间借款利息资本化金额的确定。

6. 什么是债券？它的发行价格是怎样确定的？

7. 利息调整额有哪两种摊销方法？它们各有何优缺点？

8. 什么是融资租赁？试述认定融资租赁的标准。

9. 预计负债应如何计量？

二、名词解释题

流动负债 借款费用 符合资本化条件的资产 债券 最低租赁付款额 或有事项

三、是非题

1. 负债必须通过交付资产或提供劳务来清偿。 （ ）

2. 预收账款是指企业按照合同约定向建设单位或发包单位预收的备料款和工程款。 （ ）

3. 职工薪酬是指企业为获得职工提供的服务或解除劳动关系而给予的各种形式的报酬或补偿。 （ ）

4. 工资总额是指各企业直接支付给本企业全部职工的劳动报酬总额。它包括职工工资、奖金、津贴和补贴。 （ ）

5. 辅助费用是指向银行借款的手续费、发行债券的发行费用。 （ ）

6. 专门借款是指为购建符合资本化条件的资产而专门借入的款项。　　　（　　　）

7. 债券与长期借款相比，它具有筹资范围广、流动性大，并可以溢价或折价发行的特点。

（　　　）

8. 债券溢价发行，其溢价部分实质上是企业发行债券时预收投资者的一笔款项，以补偿以后多付给投资者的利息。　　　（　　　）

9. 企业折价发行债券，是由于市场实际利率低于票面利率。　　　（　　　）

四、单项选择题

1. 企业溢价发行债券的原因是_____。

　　A. 票面利率高于市场实际利率　　　　B. 票面利率低于市场实际利率

　　C. 企业经营业绩和财务状况好　　　　D. 企业经营业绩好，财务状况差

2. 企业折价发行债券，随着每期利息调整额的摊销，债券的账面价值会_____。

　　A. 不变　　　　　　　　　　　　　　B. 增加

　　C. 减少　　　　　　　　　　　　　　D. 可能增加，也可能减少

3. 企业确认预计负债的金额应当按照履行相关义务所需支出的_____进行初始计量。

　　A. 最可能发生的金额

　　B. 最佳估计数

　　C. 一个连续范围的中间值

　　D. 各种可能结果的相关概率计算确定数

五、多项选择题

1. 经营性负债是指企业因经营活动而发生的负债，有_____等。

　　A. 应付票据　　　　　　　　　　　　B. 应付账款

　　C. 长期应付款　　　　　　　　　　　D. 预收账款

2. _____能在"应付职工薪酬——职工福利"账户列支。

　　A. 职工的医药费

　　B. 集体福利设施和文化体育设施

　　C. 退休职工的生活困难补助

　　D. 独生子女补助费

3. 借款费用必须同时具备下列_____条件的，才能开始予以资本化。

　　A. 借款的辅助费用已经发生

　　B. 为使资产达到预定可使用或者可销售状态所必要的购建或者生产活动已经开始

　　C. 资产支出已经发生

　　D. 借款费用已经发生

4. 债券票面上必须列明债券的面值、发行日期、编号、_____等内容。

　　A. 票面利率　　　　　　　　　　　　B. 实际利率

　　C. 付息日期　　　　　　　　　　　　D. 还本日期

5. 债券发行价格除了要考虑票面利率和市场实际利率外，还要考虑的因素有_____。

　　A. 到期偿还的债券面值以市场实际利率换算的现值

　　B. 到期偿还的债券面值以票面利率换算的现值

　　C. 债券按市场实际利率计算各期所支付利息的现值

D. 债券按票面利率计算各期所支付利息的现值

六、实务题

习题一

一、**目的**　练习流动负债的核算。

二、**资料**　金桥建筑公司 2022 年发生下列有关的经济业务。

1. 1 月 2 日，因流动资金不足，向银行借入 1 年期限的借款 200 000 元，存入银行。

2. 1 月 6 日，为苏南公司建造厂房，合同规定工程造价 1 100 000 元，收到苏南公司拨来抵作备料款的钢筋、水泥等各种材料，价值 134 200 元，已验收入库，这批材料的计划成本为 136 000 元。

3. 1 月 8 日，收到苏南公司预付建造厂房工程款的转账支票一张，金额 315 800 元，存入银行。

4. 1 月 10 日，签发转账支票 150 000 元，归还 1 年前向银行借入已到期的款项。

5. 1 月 25 日，根据工资结算汇总表（见图表 8-5）提取现金，备发职工薪酬。

图表 8-5

工资结算汇总表

单位：元

| 部门及人员 | 计时工资 | 缺勤应扣工资 | | 应发计时工资 | 计件工资 | 奖金 | 津贴和补贴 | | 应发薪酬合计 | 代扣款项 | | | | | | 实发金额 |
		病假工资	事假工资				副食品补贴	流动施工补贴		住房公积金	养老保险费	医疗保险费	失业保险费	个人所得税	合计	
工程施工人员	152 700	200	430	152 070	113 990	21 220	4 400	8 820	300 500	21 035	24 040	6 010	3 005		54 090	246 410
其中：商务楼工程	83 800	120	250	83 430	60 380	11 640	2 450	4 900	162 800	11 396	13 024	3 256	1 628		29 304	133 496
商品房工程	68 900	80	180	68 640	53 610	9 580	1 950	3 920	137 700	9 639	11 016	2 754	1 377		24 786	112 914
机械作业人员	16 800			16 800		1 400	300	600	19 100	1 337	1 528	382	191		3 438	15 662
辅助生产人员	13 800	20		13 780		1 170	250		15 200	1 064	1 216	304	152		2 736	12 464
施工管理人员	12 000			12 000		1 000	200		13 200	924	1 056	264	132	3	2 379	10 821
行政管理人员	43 200		150	43 050		2 150	400		45 600	3 192	3 648	912	456	882	9 090	36 510
合　计	238 500	220	580	237 700	113 990	26 940	5 550	9 420	393 600	27 552	31 488	7 872	3 936	885	71 733	321 867

6. 1 月 25 日，根据上列工资结算汇总表发放本月份职工薪酬。

7. 1 月 26 日，分配本月发放的各类人员薪酬。

8. 1 月 26 日，按本月工资总额的 14%、2% 和 1.5% 分别计提职工福利费、工会经费和职工教育经费。

9. 1 月 27 日，按本月工资总额的 12% 计提医疗保险费。

10. 1 月 27 日，按本月工资总额的 20%、1% 和 7% 分别计提养老保险费、失业保险费和住房公积金。

11. 1 月 28 日，将本月应交的医疗保险费、养老保险费、失业保险费和住房公积金（含为职工代扣的部分）分别交纳给社会保险事业基金结算中心和公积金管理中心。

12. 1 月 29 日，职工报销学习科学文化学费 1 800 元，发生职工生活困难补助费 600 元，一并以现金支付。

13. 11 月 28 日，为苏南公司建造的厂房已竣工，验收合格，填制专用发票，列明工程金额 1 100 000 元，增值税额 99 000 元，与其结算工程账款。

14. 11 月 30 日，收到苏南公司支付建造厂房工程账款的转账支票 1 张，金额 749 000 元，存入银行。

三、要求 编制会计分录。

习题二

一、目的 练习长期借款的核算。

二、资料 安凯设备安装公司发生下列有关的经济业务。

1. 2022 年 5 月 31 日，为建造办公楼向建设银行借入专门借款 900 000 元，转入银行存款户；借款合同约定 2 年到期，年利率为 8%，单利计息，到期一次还本付息。

2. 2022 年 6 月 1 日，办公楼由民生建筑公司承建，当即签发转账支票支付第一期工程款 600 000 元，增值税额 54 000 元。

3. 2022 年 6 月 30 日，计提本月专门借款利息。

4. 2023 年 3 月 31 日，收到尚未动用的专门借款存入银行的利息收入 900 元。

5. 2023 年 3 月 31 日，签发转账支票支付建造办公楼第二期工程款 300 000 元，增值税额 27 000 元。

6. 2023 年 4 月 30 日，计提本月专门借款利息费用和在建工程占用 99 000 元一般借款的利息费用，一般借款的资本化率为 7.8%。

7. 2023 年 5 月 31 日，建造办公楼工程竣工验收合格，签发转账支票支付民生建筑公司建造办公楼的余款 20 000 元，增值税额 1 800 元。

8. 2023 年 5 月 31 日，办公楼已达到预定可使用状态，验收使用，建造办公楼工程决算为造价和建造期间的利息费用，减去尚未动用专门借款存入银行的利息收入，予以转账。

9. 2023 年 6 月 30 日，计提本月份专门借款利息。

三、要求 编制会计分录。

习题三

一、目的 练习应付债券的核算。

二、资料

（一）康达安装公司为建造营业厅，决定按面值 840 000 元发行债券。债券票面利率为 8%，期限为 2 年，到期还本付息。现发生下列有关的经济业务。

1. 2021 年 5 月 28 日，以银行存款支付债券发行费用 12 600 元。

2. 2021 年 5 月 31 日，按面值发行 840 000 元的债券发行完毕，收到债券发行款，存入银行。

3. 2021 年 6 月 1 日，以银行存款支付建造营业厅第一期工程款 500 000 元，增值税额 45 000 元。

4. 2021 年 6 月 30 日，按 8% 的年利率计提本月债券利息。

5. 2022 年 8 月 31 日，收到发行债券尚未动用的 285 000 元资金的利息收入 860 元。

6. 2022 年 8 月 31 日，建造营业厅已竣工，以银行存款支付建造营业厅剩余工程款 300 000 元，增值税额 27 000 元。

7. 2022 年 8 月 31 日，建造的营业厅已达到预定可使用状态，并验收使用，根据工程的全部决算款项转账。

8. 2023 年 5 月 31 日，债券到期，签发转账支票偿还本金并支付利息。

（二）四方设备安装公司为建造办公楼，发行面值 1 080 000 元的债券，债券票面利率为 9%，期限 3 年，每年付息一次，而金融市场实际利率为 8%。现发生下列有关的经济业务。

1. 2022 年 6 月 28 日，以银行存款支付债券发行费用 16 200 元。

2. 2022 年 6 月 30 日，面值 1 080 000 元的债券发行完毕，收到溢价发行债券的全部款项，存入银行。

3. 2022 年 7 月 8 日，以银行存款支付建造办公楼第一期工程款 600 000 元，增值税额 54 000 元。

4. 2022 年 7 月 31 日，按 8% 的年利率计提本月债券利息，并摊销本月份利息调整额。

5. 2023 年 6 月 30 日，签发转账支票支付投资者一年期债券利息。

6. 2023 年 6 月 30 日，收到发行债券尚未动用的款项的利息收入 1 660 元。

7. 2023 年 6 月 30 日，建造的办公楼竣工，以银行存款支付建造办公楼剩余工程款 400 000 元，增值税额 36 000 元。

8. 2023 年 6 月 30 日，建造的办公楼已达到预定可使用状态，并验收使用，根据工程决算款项转账。

（三）凯达建筑公司为购置一批施工机械设备，发行面值 720 000 元的债券，债券票面利率为 7%，期限 3 年，每年付息一次，而金融市场实际利率为 8%。现发生下列有关的经济业务。

1. 2022 年 6 月 28 日，以银行存款支付债券发行费用 10 800 元。

2. 2022 年 6 月 30 日，面值 720 000 元的债券发行完毕，收到折价发行债券的全部款项，存入银行。

3. 2022 年 7 月 2 日，购进铲运机 2 台，每台 250 000 元；推土机 1 台，128 000 元，共计金额 628 000 元，增值税额 81 640 元，账款一并签发转账支票支付，铲运机和推土机均已验收使用。

4. 2022 年 7 月 31 日，按 7% 的年利率计提本月债券利息，并摊销本月利息调整额。

5. 2023 年 6 月 30 日，支付投资者一年期债券利息。

三、**要求**

（一）根据"资料（一）"，编制会计分录。

（二）根据"资料（二）""资料（三）"，分别计算债券的发行价、债券的溢价额和折价额。

（三）根据"资料（二）""资料（三）""要求（二）"计算的结果，编制会计分录。利息调整额的摊销分别用直线法和实际利率法核算。

习题四

一、**目的** 练习长期应付款的核算。

二、**资料** 惠南建筑公司发生下列有关的经济业务。

1. 1 月 2 日，签发转账支票支付融资租赁挖掘机发生的手续费、律师费、印花税等初始直接费用 2 200 元。

2. 1 月 2 日，以融资方式租入挖掘机一台，租赁期为 5 年，租金为 150 000 元，其公允价值为 121 000 元，租赁合同规定年折现率为 8%，租金于每年年末支付 30 000 元，租金的增值税税率为 13%。租赁期届满时，再支付购买价款 1 000 元，增值税额 130 元，即取得挖掘机的所有权，届时该挖掘机的公允价值为 15 000 元，挖掘机已达到预定可使用状态，验收使用。

3. 1 月 31 日，用直线法摊销本月未确认的融资费用。

4. 12 月 31 日，签发转账支票支付本年度挖掘机的租金。

5. 5 年后，12 月 31 日租赁期满，按合同约定签发转账支票支付挖掘机购买金额 1 000 元，增值税额 130 元，取得了挖掘机的所有权，予以转账。

三、**要求** 编制会计分录。

习题五

一、**目的** 练习预计负债的核算。

二、**资料** 川北建筑公司发生下列有关的经济业务。

1. 2022 年 9 月 27 日，本月初因合同违约而涉及一项诉讼案，根据法律顾问判断，最终的判决很可能对本公司不利。至今尚未收到法院的判决书，据专业人士估计，赔偿金额可能在 100 000 元至 110 000 元之间。

2. 2022 年 9 月 30 日，本月中旬因与南安公司签订了互相担保协议而成为相关诉讼的第二被告，但至今尚未判决。由于南安公司经营困难，本公司很可能要承担还款连带责任。预计本公司承担还款金额 90 000 元的可能性为 60%，承担还款金额 80 000 元的可能性为 40%。

3. 2023 年 7 月 5 日，本公司因合同违约诉讼案经法院判决应赔偿原告 104 000 元，并承担诉讼费 14 100 元，款项于判决生效后 10 日内支付，诉讼费当即签发转账支票付讫。

4. 2023 年 7 月 15 日，签发转账支票 104 000 元，支付合同违约诉讼案的赔偿款。

5. 2023 年 7 月 20 日，本公司因担保协议诉讼案，经法院判决本公司应承担南安公司的还款连带责任，还款金额为 86 800 元，款项于判决生效后 10 日内支付，并承担诉讼费 9 600 元，诉讼费当即签发转账支票付讫。

三、**要求** 编制会计分录。

第九章　所有者权益

第一节　所有者权益概述

一、所有者权益的性质

所有者权益是指企业资产扣除负债后，由所有者享有的剩余权益。在股份有限公司中，所有者权益又称为股东权益。

施工企业要开展生产经营活动，必须拥有一定数量的资产，而其取得资产的途径只有两条，一是由投资者投资，二是由债权人提供，两者都向企业投入了资产，这样，投资者和债权人一起构成了对企业全部资源的要求权。

虽然所有者权益和债权人权益均对企业的全部资源享有要求权，然而两者在性质上有着根本性区别，其主要表现在以下四个方面。

(一) 投资的期限不同

所有者权益是投资者对企业的一项无期限的投资，这种投资在企业的整个续存期间除了可以依法被转让外，不得任意抽回；而债权人权益仅是债权人对企业的一项有期限的投资，表现为企业的负债，企业必须按照约定的期限和条件向债权人归还本金并支付利息。

(二) 投资者对企业享有的权利不同

所有者权益是投资者的所有权，它赋予投资者直接经营管理企业或委托他人经营管理企业的权利；而债权人权益仅对企业所欠的债务有索偿权，债权人与企业只有债权债务关系，而没有参与企业经营管理的权利。

(三) 与企业经营业绩的联系程度不同

投资者拥有的所有者权益与企业的经营业绩息息相关，在企业经营良好时，可以从其盈利中获取丰厚的投资收益；在企业经营失利发生亏损时，要承担投资损失。而债权人拥有的权益与企业的经营业绩无关，除企业破产清算外，债权人有权按事先约定的日期和利率收取利息。

(四) 对企业资产的要求权在顺序上的不同

所有者权益对企业资产的要求权在顺序上置于债权人权益对企业资产的要求权之后。当企业终止或破产清算时，企业的资产在支付了清算费用后，必须先偿付企业所欠债权人的债务，在付清全部债务后，如有剩余资产才能还给投资者。

二、所有者权益的分类

所有者权益按其形成的来源不同，可分为投入资本、其他综合收益和留存收益三类。

(一) 投入资本

投入资本是指投资者投入企业的资本和投入企业资本本身的增值。它是企业开展生产经营活动的启动资金，是企业生存与发展的前提条件。因此，投入资本是所有者权益的主体。投入资本按其形成的渠道不同，又可以分为实收资本和资本公积。

（二）其他综合收益

其他综合收益是指企业根据企业会计准则的规定，未在当期损益中确认的各项利得和损失。它是因企业与非所有者方面进行了交易，或者因其他事项使所有者权益发生了增减变动，从而使它成为所有者权益的组成部分。

（三）留存收益

留存收益是指企业从历年实现的净利润中提取而形成的留存于企业的内部积累。它属于所有者权益，可以安排分配给所有者。但是，国家为了约束企业过量的分配，要求企业留有一定的积累。这样，一方面可以满足企业维持或扩大再生产经营活动的资金需要，保持或提高企业的盈利能力；另一方面可以保证企业有足够的资金弥补以后年度可能出现的亏损，也保证企业有足够的资金用于偿还债务，保护债权人的权益。留存收益按其用途不同，又可分为盈余公积和未分配利润。

第二节 实 收 资 本

一、实收资本与注册资本

实收资本是指投资者按照企业章程或合同、协议的约定，实际投入企业的资本。

注册资本是指在公司登记机关登记的全体股东认缴的出资额或者认购的股本总额。根据《中华人民共和国公司法》的规定，企业申请开业，必须具备符合国家规定并具有与其生产经营和服务规模相适应的资金。有限责任公司注册资本最低限额为人民币 3 万元，股份有限公司注册资本最低限额为 500 万元。法律、行政法规对公司最低限额有较高规定的，从其规定。

注册资本可以一次或分次交纳。有限责任公司和股份有限公司全体股东的首次出资额不得低于注册资本的 20%，也不得低于法定注册资本的最低限额，其余部分由股东自公司成立之日起 2 年内缴足。

股东缴足了资本时，其实收资本的金额将等于注册资本的金额。公司成立后，股东不得抽逃出资和擅自改变注册资本。

二、企业的组织形式

我国企业的组织形式主要有有限责任公司和股份有限公司。

（一）有限责任公司

有限责任公司是指由 50 个以下股东出资设立的、每个股东以其所认缴的出资额为限对公司承担责任的企业法人。在我国可以设立国有独资公司，它是指国家单独出资，由国务院或者地方人民政府授权本级政府国有资产监督管理机构履行出资人职责的有限责任公司。

（二）股份有限公司

股份有限公司是指由 2 人以上 200 人以下发起人依法设立的、每个股东以其认购的股份为限对公司承担责任的企业法人。

三、有限责任公司实收资本的核算

投资者对企业的投资方式主要有现金投资和非现金资产投资两种。

(一) 接受现金投资的核算

施工企业开业进行经营活动，需要一定数额的现金，它是投资者投入企业资本的重要组成部分。企业在新设立时收到投资者投入的现金存入银行时，借记"银行存款"账户，贷记"实收资本"账户。

公司在设立时，如收到国外投资者投入的外币，应当采用交易发生日的即期汇率折算成人民币记账。即期汇率又称现汇汇率，它是指外汇交易当即进行交割所使用的汇率，即中国人民银行当日公布的外币汇率。

【例9-1】 新设立的金陵建筑公司收到国外投资者飞浦公司投资的 320 000 美元，存入银行，当日美元对人民币的汇率为 6.80，作分录如下：

借：银行存款——外币存款（US $320 000×6.80） 2 176 000.00
  贷：实收资本 2 176 000.00

在有限责任公司设立以后，接受新投资者投资时，由于新投资者将与原投资者享有同等的经济利益，这就要求新投资者付出大于原投资者的出资额。届时，根据新投资者投入的现金，借记"银行存款"账户；根据新投资者投入的资金在企业注册资本中所占的份额，贷记"实收资本"账户；根据出资额与注册资本中所占份额的差额，贷记"资本公积"账户。

(二) 接受非现金资产投资的核算

公司接受投资者投入房屋、建筑物、机器设备等固定资产时，可按投资合同约定的价值，借记"固定资产"账户；按投资的固定资产在企业注册资本中所占的份额部分，贷记"实收资本"账户；两者之间的差额贷记"资本公积"账户。

【例9-2】 静安建筑公司收到新投资者东风公司投入推土机 3 台，按投资合同约定的价值 480 000 元计量，投入的资金占企业注册资本 7 500 000 元的 6%。推土机已达到预定可使用状态，并验收使用。作分录如下：

借：固定资产 480 000.00
  贷：实收资本 450 000.00
    资本公积——资本溢价 30 000.00

公司接受投资者投入原材料、周转材料等存货资产时，应根据投资合同约定的价值，借记"原材料""周转材料"等有关的账户；根据投入的资金占企业注册资本的份额部分，贷记"实收资本"账户；借贷方相抵后的差额，贷记"资本公积"账户。

【例9-3】 黄浦建筑公司收到新投资者新江公司投入钢筋等建筑材料一批，按投资合同约定的 200 000 元计量，其投入资金占企业注册资本 5 000 000 元的 3.6%，钢筋等建筑材料已收到，并验收入库。作分录如下：

借：原材料 200 000.00
  贷：实收资本 180 000.00
    资本公积 20 000.00

"实收资本"是所有者权益类账户，用以核算投资者按照企业章程的规定投入企业的资本。收到投资者投入企业的资本时，记入贷方；按法定程序报经批准退出资本时，记入借方；期末余额在贷方，表示企业实有资本的数额。实收资本应按投资者进行明细分类核算。

四、股份有限公司股本的核算

采取股份有限公司组织形式的企业，投资者投入的资本是通过"股本"账户核算的。

股份有限公司的股份是指股份有限公司投资者的投资份额，是股东权利和义务的计量单位。股份是股票的实质内容，股票是股份的证券形式。

(一) 股份的种类

股份按股东享有的权利不同，可分为普通股和优先股两种。

1. 普通股

普通股是指公司资本构成中最普通、最基本的、没有特别权利的股份。普通股的股东权利具体表现在四个方面。① 具有对公司的经营参与权。公司组织以股东会为最高权力机构，它由普通股股东或股东代表组成，股东或股东代表有权出席股东会，可按其持股比例行使表决权，并有被选举权，股东还有权查阅公司章程、股东会会议记录和财务报告，有权对公司的经营活动进行监督、提出建议或质询。② 具有分得股利权。当董事会宣布发放股利时，有按其所持股份领取股利的权利。③ 具有剩余财产分得权。当公司终止营业、清算解散时，在以资产偿付全部债务后，有按其所持股份的比例分得剩余财产的权利。④ 具有优先认股权。当公司增发普通股时，为了使原普通股股东对公司净资产的比例保持不变，原股东有按原来股份的比例，优先认购新股的权利。

普通股的股利收入是不稳定的，会随着公司的经营业绩的优劣而变动，公司的经营业绩优，股利则丰厚，公司的经营业绩劣，股利则微薄，甚至没有。因此，持有普通股的股东要承担较大的投资风险。

2. 优先股

优先股是指比普通股具有一定优先权的股份。优先股的优先权主要表现在三个方面。① 具有优先分配股利权。公司在发放给普通股股东股利之前，持优先股的股东有按约定的股利率优先分得股利的权利。② 具有优先分得公司剩余财产权。公司终止营业、清算解散时，在以资产清偿全部债务后，优先股具有比普通股优先求偿的权利。③ 持优先股的股东在特殊情况下可行使表决权。通常，持优先股的股东没有表决权，也无权过问公司的管理事务，但公司连续 3 年未支付优先股股利时，优先股股东即可出席股东会，并行使表决权。

优先股的股利是按约定的股利率支取的，收入稳定，因此投资风险小，但优先股的股东不享有公司盈余公积权益，通常也不享有对公司的经营参与权。

(二) 股票发行的核算

股票是指股份有限公司签发的证明股东按其所持股份享有权利和承担义务的书面凭证。公司发行股票应载明的主要事项如下。

(1) 公司的名称。

(2) 公司成立日期。

(3) 股票种类、票面金额及代表的股份。

(4) 股票的编号。

此外，股票应由法定代表人签名，公司盖章。

股票的发行价格并不一定是面值，它直接取决于公司的经营状况和预期获利水平。因此，经营状况、预期获利水平普通的，一般按面值发行；经营状况好、预期获利水平高的，可以溢价发行。在我国，为了维护投资者的利益，不允许经营状况差的公司发行股票，因此不存在股票折价发行。

股份有限公司在发行股票时，会发生发行费用。股票发行费用是指与股票发行直接相关的费用，它通常包括股票承销费用、注册会计师费用、评估费用、律师费用、公关及广告费用和印刷费用等。

股份有限公司通常是委托证券公司发行股票的，证券公司发行股票完毕后，将发行金额扣除发行费用后的数额交付股份有限公司。

股份有限公司按面值发行的股票，其发行费用可以作为当期的管理费用入账，倘若数额较大时，应列入"长期待摊费用"账户，等发行工作完毕的次月起分期摊销，摊销期限不得超过2年，摊销时再转入"管理费用"账户。

股份有限公司按面值发行股票时，根据证券公司付来的扣除发行费用后的发行款借记"银行存款"账户；根据发行费用借记"管理费用"账户或"长期待摊费用"账户；根据股票面值贷记"股本"账户。

【例9-4】2023年3月1日，申新建筑股份有限公司设立，委托证券公司按面值发行普通股9 600 000股，每股面值1元，发行费用115 200元，证券公司发行完毕后，扣除发行费用，付来发行款9 484 800元。存入银行，发行费用分2年摊销，作分录如下：

借：银行存款　　　　　　　　　　　　　　　　　　　9 484 800.00
　　长期待摊费用　　　　　　　　　　　　　　　　　　115 200.00
　　贷：股本——普通股　　　　　　　　　　　　　　　　　　9 600 000.000

股份有限公司溢价发行股票时，其发行费用应从本次股票发行的溢价中扣除。届时，根据证券公司付来的扣除发行费用后的发行款借记"银行存款"账户；按股票面值贷记"股本"账户；两者之间的差额应列入"资本公积"账户。

【例9-5】大通建筑股份有限公司2023年5月16日增发普通股1 000 000股，每股面值1元，委托证券公司溢价发行，每股7.50元，发行费用90 000元，发行完毕后证券公司扣除发行费用后，付来发行款7 410 000元，存入银行。作分录如下：

借：银行存款　　　　　　　　　　　　　　　　　　　7 410 000.00
　　贷：股本——普通股　　　　　　　　　　　　　　　　　　1 000 000.00
　　　　资本公积　　　　　　　　　　　　　　　　　　　　　6 410 000.00

"股本"账户的用途和结构与"实收资本"账户相同，不再重述。该账户应按"普通股"和"优先股"进行明细分类核算。

五、库存股

库存股是指股份有限公司收回本公司已发行的股份。库存股主要用于以股份支付方式奖励职工和减少注册资本等。

（一）库存股以股份支付方式奖励职工的核算

股份有限公司可以在证券市场上收购本公司的普通股，以股份支付方式奖励给本公司的职工，以调动他们工作的积极性。

股份支付是指企业为获得职工和其他方提供服务而授予权益工具或者承担以权益工具为基础确定的负债的交易。

股份支付的确认和计量，应当以真实、完整、有效的股份支付协议为基础。

股份支付在授予后，通常需要职工或其他方履行一定期限的服务或在企业达到一定业绩条件以后，才可以行权。

业绩条件分为市场条件和非市场条件。市场条件是指行权价格、可行权条件及行权可能性与权益工具的市场价格相关的业绩条件，如股份支付协议中关于股价至少上升至何种水平才可行权的规定。非市场条件是指除市场条件之外的其他业绩条件，如股份支付协议中关于实现最低盈利目标或销售目标才可行权的规定。

公司在等待期内每个会计期末应将取得职工提供的服务计入成本费用，计入成本费用的金额应当按照权益工具的公允价值计量。

公司按照奖励的目标，购进本公司已发放的股份时，按实际支付的金额，借记"库存股"账户；贷记"银行存款"账户。

公司在可行权日根据实际行权权益工具数量计算确定其金额，据以借记"资本公积——其他资本公积"账户；贷记"库存股"账户，将两者之间的差额转入"资本公积——股本溢价"账户，如股本溢价不足冲减的，应借记"盈余公积""利润分配——未分配利润"账户。

【例 9-6】 2022 年年初，浦江建筑股份有限公司根据股份支付协议收购本公司 20 000 股普通股奖励主要行政管理人员，年末主要行政管理人员使净利润比上年增长 15%以上的给予奖励，授予日该公司普通股公允价值为每股 9 元。

(1) 1 月 31 日，根据本月经营情况，预计能够达到增长 15%净利润的奖励目标，将本月主要行政管理人员提供服务应奖励的金额计入费用，作分录如下：

借：管理费用   15 000.00
  贷：资本公积——其他资本公积   15 000.00

在预计能够达到增长 15%净利润奖励目标的前提下，从 2 月至 12 月每个月末都作以上相同的会计分录。

(2) 3 月 5 日，购进本公司普通股 20 000 股，每股 8.95 元，另以交易金额的 3‰支付佣金，款项一并签发转账支票支付，作分录如下：

借：库存股   179 537.00
  贷：银行存款   179 537.00

(3) 2023 年 1 月 31 日，上年本公司达到增长 15%净利润的奖励目标，予以行权，将 20 000 股库存股奖励给主要行政管理人员，按授予日普通股公允价值确认的金额转账，作分录如下：

借：资本公积——其他资本公积   180 000.00
  贷：库存股   179 537.00
    资本公积——股本溢价   463.00

（二）注销库存股减少注册资本的核算

股份有限公司可以通过收购本公司普通股，予以注销，来减少注册资本，公司收购本公司普通股时，借记"库存股"账户；贷记"银行存款"账户。在确定减少注册资本时，应注销库存股，按注销库存股的面值，借记"股本"账户；按库存股的账面价值，贷记"库存股"账户；两者之间的差额，记入"资本公积——股本溢价"账户的借方；如股本溢价不足冲减的，应借记"盈余公积""利润分配——未分配利润"账户。

【例 9-7】 兴达建筑股份有限公司已陆续收购本公司普通股 180 000 股，全部收购成本为 1 126 800 元。该股份每股面值为 1 元，现决定全部予以注销，以减少注册资本。该公司

"资本公积——股本溢价"账户余额为 918 200 元，"盈余公积"账户余额为 276 200 元，予以转账，作分录如下：

借：股本	180 000.00
资本公积——股本溢价	918 200.00
盈余公积	28 600.00
贷：库存股	1 126 800.00

"库存股"是所有者权益类账户，也是"股本"和"资本公积——股本溢价"的抵减账户，用以核算企业收购、转让或注销的本公司股份的金额。企业收购本公司股份时，记入借方；将股份奖励职工或予以注销减少注册资本时，记入贷方；期末余额在借方，表示企业持有尚未转让或注销的本公司股份的金额。

第三节　资本公积和其他综合收益

一、资本公积

资本公积是指企业收到投资者出资额超出其在企业注册资本中所占份额的部分和直接计入所有者权益的利得和损失。它由资本溢价和其他资本公积两个部分组成。

（一）资本溢价的核算

资本溢价是指企业收到投资者出资额超出其在企业注册资本中所占份额部分的金额。

有限责任公司在初创阶段，通常收益较低，经过一个阶段的生产经营后，会产生一定数额的留存收益，且随着生产经营的日趋成熟，其盈利能力也会逐渐提高。当投资者中的一方要增加投资，或者新的投资者要参与投资，由于新投入的资本要分享企业开创至今所取得的成果，因此新追加的投资或新的投资者要付出大于原有投资者的出资额，才能取得与原有投资者相同的投资比例。所以，大于原有投资者出资额的部分即为资本溢价额。股份有限公司的资本溢价是发行股票的溢价净收入，应将其列入"资本公积"账户。其具体核算方法在上一节中已作了阐述，不再重复。

同一控制下企业合并形成的长期股权投资中产生的资本溢价，其核算方法在第七章第一节中已作了阐述，也不再重复。

企业的资本溢价是一种资本储备形式，它实际上参与了企业的资金周转，支持着企业生产经营活动的正常运转。当企业积累的资本公积较多时，可以根据需要按法定程序转增资本，届时借记"资本公积——资本溢价"账户，贷记"实收资本"账户。

【例9-8】7月15日，静安建筑公司经批准将 228 000 元资本公积转增资本，作分录如下：

借：资本公积——资本溢价	228 000.00
贷：实收资本	228 000.00

（二）其他资本公积的核算

其他资本公积是指除资本溢价或股本溢价项目以外所形成的资本公积。

企业的长期股权投资采用权益法核算的，在持股比例不变的情况下，被投资单位除净损益、其他综合收益以及利润分配以外所有者权益的其他变动，投资企业应按持股比例计算应享有的份额，借记或贷记"长期股权投资——其他权益变动"账户，贷记或借记"资本公积——其他资本公积"账户；等处置该项长期股权投资时，应将原记入"资本公积——其他资本公积"账户的相关金额结转至"投资收益"账户。

以权益法结算的股份支付换取职工或其他方提供服务的,应当以授予职工权益工具的公允价值计量。股份支付的确认和计量应当以真实、完整、有效的股份支付协议为基础。股份支付有授予日、等待期和可行权日。授予日是指股份支付协议获得批准的日期。获得批准是指企业与职工或其他方就股份支付的协议和条件已达成一致,该协议获得股东大会或类似机构的批准。等待期是指可行权条件得到满足的期间。可行权日是指可行权条件得到满足,职工和其他方具有从企业取得权益工具或现金的权利的日期。

授予后立即可行权的换取职工服务的以权益结算的股份支付,应当在授予日按照权益工具的公允价值借记"工程施工"或"管理费用"等相关账户,贷记"资本公积——其他资本公积"账户。完成等待期内的服务或达到规定业绩才能行权的换取职工服务的以权益结算的股份支付,在等待期内的每个资产负债表日,应当以对可行权权益工具数量的最佳估计数为基础,按照权益工具授予日的公允价值,根据当期取得的服务确认相应的成本或费用,据以借记"工程施工"或"管理费用"等相关账户;贷记"资本公积——其他资本公积"账户。企业在行权日根据行权情况结转等待期内确认的资本公积时,借记"资本公积——其他资本公积"账户;贷记"实收资本"账户。

"资本公积"是所有者权益类账户,用以核算企业收到投资者出资额超出其在注册资本中所占份额的部分和直接计入所有者权益的利得和损失。当企业发生资本溢价和直接计入所有者权益的利得及转销直接计入所有者权益损失时,记入贷方;当企业发生直接计入所有者权益损失、将资本溢价转增资本和转销直接计入所有者权益利得时,记入借方;期末余额在贷方,表示企业资本公积的结存数额。

二、其他综合收益

(一) 其他综合收益概述

其他综合收益是指企业根据企业会计准则的规定,未在当期损益中确认的各项利得或损失。作为其他综合收益的利得或损失,虽然尚未实现,不能计入当期损益,但是导致了所有者权益发生了增减变动,形成了与所有者投入资本或者向所有者分配利润无关的经济利益的流入和流出。

其他综合收益按其能否重新分类,可分为以下两类:一类是以后会计期间不能重分类进损益的其他综合收益,它主要包括重新计量设定受益计划变动额、权益法下不能转损益的其他综合收益、其他权益工具投资公允价值变动、企业自身信用风险公允价值变动等内容;另一类是以后会计期间在满足规定条件时,将重分类进损益的其他综合收益,它主要包括权益法下可转损益的其他综合收益、其他债权投资公允价值变动、金融资产重分类计入其他综合收益的金额、其他债权投资信用减值准备等内容。

(二) 其他综合收益的核算

企业长期股权投资采取权益法核算时,在持股比例不变的情况下,被投资单位发生其他综合收益的增减变动,投资企业应按其持股比例,计算出其应享有或分担的份额,相应地调整长期股权投资的账面价值,届时借记或贷记"长期股权投资"账户,贷记或借记"其他综合收益"账户,待处置该项股权投资时,再将原列入"其他综合收益"账户的金额转入"投资收益"账户。

【例9-9】2022年1月2日，南通建筑公司以7 200 000元取得天宝公司30%的股份，采取权益法核算。

（1）2022年12月31日，天宝公司当年实现了净利润1 250 000元，其他综合收益增加了96 000元，按照应享有的份额转账，作分录如下：

借：长期股权投资——损益调整　　　　　　　　　　　　　375 000.00
　　长期股权投资——其他综合收益　　　　　　　　　　　28 800.00
　贷：投资收益　　　　　　　　　　　　　　　　　　　　　　375 000.00
　　　其他综合收益　　　　　　　　　　　　　　　　　　　　28 000.00

（2）2023年5月2日，出售天宝公司6%的股份，扣除交易费用后净收入1 531 560元，收到全部款项，当即存入银行，作分录如下：

借：银行存款　　　　　　　　　　　　　　　　　　　　1 531 560.00
　贷：长期股权投资——投资成本　　　　　　　　　　　　　1 440 000.00
　　　长期股权投资——损益调整　　　　　　　　　　　　　75 000.00
　　　长期股权投资——其他综合收益　　　　　　　　　　　5 760.00
　　　投资收益　　　　　　　　　　　　　　　　　　　　　10 800.00

同时，转销其他综合收益，作分录如下：

借：其他综合收益　　　　　　　　　　　　　　　　　　　5 760.00
　贷：投资收益　　　　　　　　　　　　　　　　　　　　　5 760.00

其他债权投资公允价值变动、其他债权投资信用减值准备、金融资产计入其他综合收益的内容在第六章第四节、第五节中已分别作了阐述，不再重复。

第四节　留存收益

一、盈余公积的核算

盈余公积是指企业按照规定从净利润中提取的积累资金。它包括法定盈余公积和任意盈余公积。

法定盈余公积是指企业按照法律规定的比例从净利润中提取，以备需要时动用的资金。我国法律规定法定盈余公积按净利润的10%提取。当提取的法定盈余公积超过注册资本的50%时，可以不再提取。

任意盈余公积是指企业经股东大会或类似机构批准，按规定的比例从净利润中提取，以备需要时动用的资金。任意盈余公积必须在公司发放了优先股股利后才能提取。

企业在提取法定盈余公积和任意盈余公积时，借记"利润分配"账户，贷记"盈余公积"账户。

【例9-10】静安建筑公司全年实现净利润600 000元，按10%的比例提取法定盈余公积，按8%的比例提取任意盈余公积，作分录如下：

借：利润分配——提取法定盈余公积　　　　　　　　　　　60 000.00
　　利润分配——提取任意盈余公积　　　　　　　　　　　48 000.00
　贷：盈余公积——法定盈余公积　　　　　　　　　　　　　60 000.00
　　　盈余公积——任意盈余公积　　　　　　　　　　　　　48 000.00

法定盈余公积和任意盈余公积的用途主要有以下三项。① 用于弥补企业亏损。由于在市场经济的条件下，企业面临着激烈的竞争，其生产经营活动随着市场的波动而出现反复，一旦发生亏损，可以用法定盈余公积或任意盈余公积予以弥补，这样就为企业克服困境、渡过难关创造了条件。② 用于转增资本。当企业法定盈余公积或任意盈余公积留存较多，而企业需要拓展经营规模时，可以将这两项盈余公积转增资本。③ 用于发放现金股利或利润。当企业累积的盈余公积较多，而未分配利润较少时，为了维护企业的形象，给投资者以合理的回报，经股东大会决议批准，也可以用盈余公积分派现金股利或利润。

企业以法定盈余公积或任意盈余公积弥补亏损时，借记"盈余公积"账户，贷记"利润分配——盈余公积补亏"账户。

【例9-11】 嘉林建筑公司年末亏损56 000 元，经批准以任意盈余公积弥补亏损，作分录如下：

借：盈余公积——任意盈余公积   56 000.00

  贷：利润分配——盈余公积补亏   56 000.00

企业以法定盈余公积和任意盈余公积转增资本时，借记"盈余公积"账户，贷记"实收资本"账户。在法定盈余公积转增资本后，留存企业的部分不得少于注册资本的25%。

"盈余公积"是所有者权益类账户，用以核算企业按规定从净利润中提取的法定盈余公积和任意盈余公积。企业提取盈余公积时，记入贷方；企业以盈余公积弥补亏损、转增资本和用于发放现金股利或利润时，记入借方；期末余额在贷方，表示企业盈余公积的结存额。

二、未分配利润的核算

未分配利润是指企业的净利润尚未分配的数额，它是企业实现的净利润经过弥补亏损、提取盈余公积和向投资者分配利润后留存在企业的、历年结存的利润。

企业为了平衡各会计年度的投资回报水平，以丰补歉，留有余地等原因，可以留有一部分净利润不予分配，从而形成了未分配利润。

未分配利润有两层含义，一是留存以后年度分配的利润，二是尚未指定用途的利润。未分配利润可以参与以后年度的利润分配。未分配利润是通过设置"利润分配——未分配利润"账户核算的，该账户的贷方余额表示未分配利润，若该账户出现借方余额，则表示企业未弥补亏损。

练 习 题

一、简答题

1. 所有者权益与债权人权益在性质上有哪些区别？

2. 所有者权益如何分类？

3. 试述注册资本和实收资本之间的区别与联系。

4. 股份按股东享有的权利可分为哪两种？分别说明这两种股份股东的权利具体表现在哪些方面。

5. 资本公积由哪两个部分组成？并分述其定义。

二、名词解释题

实收资本　注册资本　股份有限公司　资本公积　其他综合收益　盈余公积

三、是非题

1. 所有者权益是投资者对企业的一项无期限的投资，而债权人权益仅是投资者一项暂时性的投资。　　　　　　　　　　　　　　　　　　　　　　　（　　）

2. 所有者权益与投资者的投资收益与企业经营的好坏密切相关，而债权人的投资收益与企业经营好坏无关。　　　　　　　　　　　　　　　　　　　　（　　）

3. 注册资本可以一次或分次交纳，采取分次交纳的，全体股东的首次出资额不得低于注册资本的 20%。　　　　　　　　　　　　　　　　　　　　　　（　　）

4. 优先股比普通股有一定的优先权，因此获得的股利丰厚，投资风险也小。（　　）

5. 股份支付的确认和计量，应当以真实、有效的股份支付协议为基础。（　　）

6. 资本公积和盈余公积与企业的净利润均有一定的关系。　　　　　　（　　）

四、单项选择题

1. 投资者按照企业章程或合同、协议的约定，实际投入企业的资本是_____。
   A. 投入资本　　　　B. 注册资本　　　　C. 实收资本　　　　D. 资本公积

2. 股份有限公司溢价发行股票时，其超过面值的溢价金额应列入"_____"账户。
   A. 股本——股本溢价 B. 投资收益　　　　C. 营业外收入　　　D. 资本公积

3. 股份支付在授予后，公司在等待期内每个会计期末应将取得职工提供的服务计入成本、费用，计入成本、费用的金额应当按照_____的公允价值计量。
   A. 金融工具　　　　B. 权益工具　　　　C. 金融资产　　　　D. 衍生工具

4. 企业以法定盈余公积转增资本后，按规定保留的余额不应少于注册资本的_____。
   A. 10%　　　　　　B. 15%　　　　　　C. 25%　　　　　　D. 50%

五、多项选择题

1. 所有者权益包括实收资本、资本公积_____。
   A. 盈余公积　　　B. 其他综合收益　　　C. 应付股利　　　D. 未分配利润

2. 库存股主要用于_____。
   A. 以股份支付奖励职工　　　　　　　　B. 增加注册资本
   C. 减少注册资本　　　　　　　　　　　D. 减少实收资本

3. 盈余公积可以用于_____。
   A. 弥补亏损　　　　　　　　　　　　　B. 转增企业资本
   C. 发放现金股利或利润　　　　　　　　D. 发放职工奖金

4. _____可以转作资本。
   A. 未分配利润　　　　　　　　　　　　B. 法定盈余公积
   C. 任意盈余公积　　　　　　　　　　　D. 资本公积

5. _____以后会计期间在满足规定条件时，将重分类进损益的其他综合收益。
   A. 权益法下可转损益的其他综合收益
   B. 其他权益工具投资公允价值变动
   C. 其他债权投资公允价值变动
   D. 金融资产重分类计入其他综合收益的金额

六、实务题

习题一

一、**目的**　练习投资者投入资本的核算。

二、**资料**

（一）2022 年 1 月武宁建筑公司新设立，发生下列有关的经济业务。

1. 6 日，康定公司投资拨入流动资金 291 300 元，存入银行。

2. 10 日，收到康定公司投入的房屋 1 幢，已达到预定可使用状态，验收使用。该房屋按投资合同约定的 600 000 元计量。

3. 15 日，收到国外投资者贝克公司投资的 285 000 美元，存入银行，当日美元对人民币的汇率为 6.82。

4. 22 日，收到康定公司投入的掘土机 1 台，已达到预定可使用状态，验收使用，该掘土机按投资合同约定的 165 000 元计量。

（二）2023 年武宁建筑公司决定扩大经营规模，经批准将注册资本扩充到 4 800 000 元。6 月发生下列有关的经济业务。

1. 15 日，收到国外投资者贝克公司增加的投资额 110 000 美元，存入银行。当日美元对人民币的汇率为 6.78，投入资金占企业注册资本的 14.125%。

2. 18 日，康定公司以钢筋等一批建筑材料进行投资，按投资合同约定的 360 000 元计量，并收到其投入现金 874 200 元，存入银行，投入资金共占企业注册资本的 23.375%。

（三）新城建筑股份有限公司发生下列有关的经济业务。

本公司增发普通股 900 000 股，每股面值 1 元。委托证券公司溢价发行，每股 9 元，发行费用 97 200 元。证券公司发行完毕后，扣除发行费用，付来发行款 8 002 800 元，存入银行。

三、**要求**　编制会计分录。

习题二

一、**目的**　练习库存股的核算。

二、**资料**

（一）隆昌建筑股份有限公司 2022 年年初决定根据股份支付协议，收购本公司 25 000 股普通股奖励本公司主要行政管理人员。年末该公司主要行政管理人员使净利润比上年增长 16% 以上的，奖励 25 000 股，授予日公司普通股公允价值为每股 8 元，现发生下列有关的经济业务。

1. 2022 年 1 月 31 日，根据本月的经营情况，预计能够达到增长 16% 净利润的奖励目标，将本月主要行政管理人员提供服务应奖励的金额计入费用。

2. 2022 年 3 月 15 日，购进本公司普通股 25 000 股，每股 7.90 元，另以交易金额的 3‰ 支付佣金，款项一并签发转账支票支付。

3. 2023 年 3 月 5 日，上年公司达到增长 16% 净利润的奖励目标，予以行权，将 25 000 股库存股奖励给主要行政管理人员，按授予日普通股公允价值确认的金额转账。（查上年 2 月至 12 月均按主要行政管理人员应奖励的金额入账）

（二）开端建筑股份有限公司"资本公积——股本溢价"账户余额为 1 818 000 元，"盈余公积"账户余额为 698 200 元，现发生下列有关的经济业务。

1. 1月18日，购进本公司普通股150 000股，每股8元，另以交易金额的3‰支付佣金，款项一并签发转账支票支付。

2. 3月25日，购进本公司普通股100 000股，每股7.80元，另以交易金额的3‰支付佣金，款项一并签发转账支票支付。

3. 3月31日，今决定将收购本公司的250 000股普通股全部予以注销，以减少注册资本，该股份每股面值1元，予以转账。

三、**要求** 编制会计分录。

习题三

一、**目的** 练习资本公积、其他综合收益和盈余公积的核算。

二、**资料** 武康建筑股份有限公司原有注册资本3 500 000元，留存收益350 000元，经批准将注册资本增至5 000 000元，12月发生下列有关的经济业务。

1. 15日，今收到淮海公司出资的支票780 000元，存入银行。其投入资金占企业注册资本的13%。

2. 18日，收到国外投资者汉森公司投资的150 000美元，存入银行，而当日美元的汇率为6.80元。投入的资金占公司注册资本的17%。

3. 31日，本公司采取以权益结算换取职工提供服务，根据上年年末股份支付协议，施工期2年2个月的工程提前至2年竣工，将奖励施工骨干本公司股票20 000股，授予日该股票的公允价值为6元，本年度该工程已完成进度的50%，确认其本年度发生的成本，予以转账。

4. 31日，本公司持有兴安公司30%的股权，采用权益法核算，兴安公司本年实现了净利润1 080 000元，其他综合收益增加了78 000元，按照应享有的份额转账。

5. 31日，按本公司净利润500 000元的10%计提法定盈余公积，8%计提任意盈余公积。

6. 31日，经上级批准，分别用资本公积200 000元、法定盈余公积120 000元和任意盈余公积60 000元转增资本。

7. 次年1月20日，出售持有兴安公司4%的股权，扣除交易费用后净收入918 800元，收到全部款项，存入银行。查当日兴安公司长期股权投资的账面价值为：投资成本6 360 000元，损益调整324 000元，其他综合收益26 400元。

三、**要求** 编制会计分录。

第十章　工程成本和费用

第一节　工程成本和费用概述

一、费用的含义和确认的条件

费用是指企业在日常活动中发生的、会导致所有者权益减少的、与向所有者分配利润无关的经济利益的总流出。

日常活动是指企业为完成其经营目标而从事的经常性活动以及与之相关的活动。施工企业的日常活动是组织和开展施工生产经营活动。施工企业因组织和开展施工生产经营活动过程中而产生的费用通常包括耗费的原材料，周转材料和低值易耗品的摊销，发生的职工薪酬、固定资产的折旧费和修理费、临时设施和无形资产的摊销、办公费用以及各种税费，等等。施工企业非日常活动而发生的各种耗费，如处置固定资产、无形资产的损失、捐赠支出、罚款支出、盘亏损失以及自然灾害造成的各项资产的损失等不能确认为费用，而应当计入损失。

企业确认费用需要同时满足以下三个条件：①与费用相关的经济利益应当很可能流出企业；②经济利益流出的结果会导致资产的减少或者负债的增加；③经济利益的流出额能够可靠地计量。

二、费用的分类

为了正确地区分施工企业费用的经济内容、用途及其特征，加强对费用的控制和核算，正确计算工程成本，必须对费用进行科学的分类，这是正确组织工程成本核算的重要前提。

（一）费用按经济内容分类

费用按经济内容分类就是将企业在施工生产经营活动中发生的费用按其原始形态进行分类。它包括劳动对象、劳动手段和活劳动三个方面的费用。为了具体反映各种费用的构成和耗用水平，可以将这三个方面的费用进一步划分为下列八项费用要素。

1. 外购材料

外购材料是指企业为进行施工生产经营活动而耗费的一切从外单位购入的各种存货。它包括主要材料、结构件、机械配件、其他材料、周转材料和低值易耗品。

2. 外购燃料

外购燃料是指企业为进行施工生产经营活动而耗费的一切从外单位购入的各种燃料。它包括固体燃料、液体燃料和气体燃料。

3. 外购动力

外购动力是指企业为进行施工生产经营活动而耗费的一切从外单位购入的各种动力，包括电力、热力和蒸汽等。

4. 职工薪酬

职工薪酬是指企业为获得职工提供服务而给予的各种形式报酬以及其他相关支出。它包括职工工资、奖金、津贴和补贴、职工福利费、住房公积金、社会保险费、工会经费和职工教育经费等。

5. 折旧费

折旧费是指企业所拥有或者控制的固定资产按照使用情况计提的固定资产折旧费用。

6. 利息支出

利息支出是指企业因筹集资金而发生的应计入费用的利息支出，减去银行存款利息收入后的净额。

7. 税金

税金是指企业应计入费用的各种税金。它主要有增值税、房产税、车船税、土地使用税和印花税等。

8. 其他费用

其他费用是指不属于以上各项费用要素，但应计入施工费用和期间费用的费用。如修理费、租赁费、办公费、水电费、劳动保护费、差旅费、保险费、咨询费、业务招待费等。

（二）费用按经济用途分类

费用按经济用途不同，可分为工程成本和期间费用。

1. 工程成本

工程成本是指企业在施工生产过程中所发生的，按一定的成本核算对象归集的各项施工生产费用。由于施工生产费用有的直接用于建筑安装工程，有的间接用于建筑安装工程，为了具体反映计入工程成本的施工生产费用的各种用途，提供工程成本构成情况的信息，还需要将其进一步划分为若干个成本项目。成本项目是指施工生产费用按其经济用途分类核算的项目，它通常有以下五个。

（1）材料费。它是指施工生产过程中耗费的构成工程实体或者有助于工程形成的主要材料、结构件、其他材料和周转材料的摊销额及租赁费用。

（2）人工费。它是指施工生产过程中，直接从事工程施工人员的工资、奖金、津贴和补贴、职工福利费、住房公积金和社会保险费等各种职工薪酬。

（3）机械使用费。它是指施工生产过程中使用自有施工机械发生的机械使用费用和租用外单位施工机械发生的租赁费，以及施工机械安装、拆卸和进出场费等。

（4）其他直接费。它是指在施工生产过程中直接发生的，但不能记入"材料费""人工费""机械使用费"项目的其他直接施工费用，如材料二次搬运费、生产工具用具使用费、施工排水降水费、检验试验费、工程定位复测费、场地清理费等。

（5）间接费用。它是指施工管理部门（企业下属的分公司、项目工程部等）为组织和管理工程施工所发生的全部支出。它包括施工管理部门人员的工资、奖金、津贴和补贴、职工福利费、住房公积金和社会保险费等各种职工薪酬，固定资产折旧费和修理费、临时设施摊销费、物料消耗、低值易耗品摊销、取暖费、水电费、办公费、差旅费、财产保险费、工程保险费、劳动保护费、排污费及其他费用。

2. 期间费用

期间费用是指企业本期发生的、不能计入施工工程成本而直接计入损益的费用。按照其经济用途不同，可分为管理费用和财务费用两类。

（1）管理费用。它是指企业为组织和管理企业施工生产经营活动而发生的各项费用。它通常是企业行政管理部门发生的费用。

（2）财务费用。它是指企业为筹集施工生产经营活动所需资金等而发生的各项费用。

三、工程成本的种类

施工企业应根据建筑安装工程的特点和成本管理的要求，分别确定工程预算成本、工程计划成本和工程实际成本。

（一）工程预算成本

工程预算成本是指施工企业根据施工图设计和预算定额、预算单价以及有关取费标准，通过编制施工图预算确定的工程成本。它反映了工程成本的社会平均水平。工程预算成本加上期间费用、计划利润和税金后就形成了工程造价。

（二）工程计划成本

工程计划成本是指施工企业根据确定的降低成本指标，以工程预算成本为基础，在考虑了增产节约，内部挖掘潜力等技术措施的情况下，确定的工程成本计划。它反映了施工企业在计划期内应达到的成本水平，是控制成本支出的标准。计划成本通常小于预算成本，其差额是施工企业降低工程成本的奋斗目标。

（三）工程实际成本

工程实际成本是指施工企业按照确定的成本核算对象归集的实际施工生产费用。它反映了施工企业实际的生产耗费水平。将实际成本与计划成本相比较，可以考核成本计划的完成情况。将实际成本与预算成本相比较，可以确定工程成本的降低额或超支额，以反映企业的经营管理水平。

四、工程成本核算对象

工程成本核算对象是指在成本核算时，选择的归集施工生产费用的目标。合理地确定工程成本核算对象，是正确组织工程成本核算的前提。由于施工企业是通过建设单位签订建造合同而承接工程的。建造合同是指为建造一项或数项在设计、技术、功能、最终用途等方面密切相关的工程而订立的合同。因此企业要根据签订的建造合同的具体情况，确定工程成本核算对象，届时有以下四种情况。

1. 以单项建造合同工程作为成本核算对象

施工企业通常应当以单项建造合同工程作为成本核算对象来归集施工生产费用，计算工程成本。因为施工图预算是按照单项建造合同工程编制的，所以按单项建造合同工程核算的实际成本，便于与其预算成本相比较，以检查工程预算的执行情况，分析和考核成本节约或超支的情况。

2. 以每个工程作为成本核算对象

施工企业签订的一份包括建造数项工程的建造合同，并同时满足下列三个条件的：①每项工程均有独立的建造计划；②与客户就每项工程单独进行谈判，双方能够接受或拒绝与每项工程有关的合同条款；③每项工程的收入和成本都可以单独辨认。届时应以每项工程作为成本核算对象。

3. 以一组建造合同工程作为成本核算对象

施工企业签订了一组建造工程合同，该组合同无论是对应单个客户还是多个客户，同时满足下列三个条件的：①该组建造合同按一揽子交易签订；②该组建造合同密切相关，每项建造合同实际上已构成一项综合利润率的组成部分；③该组建造合同同时或依次履行。届时应当将该组建造合同合并为单项建造合同工程，并以此作为成本核算对象。

4. 以部分工程作为成本核算对象

一个工程由多个承包施工单位共同完成的，各个承包施工单位应当以各自完成的部分工程作为成本核算对象。

五、工程成本核算组织

我国的大中型施工企业通常实行公司、分公司和项目工程部三级管理体制。在这一管理体制下，项目工程部在分公司的领导和指导下，负责签发工程任务单和定额领料单，登记工程各种直接消耗和间接费用的原始记录，核算本工程的直接费用，并进行成本分析。分公司在公司领导和指导下，完成工程成本的核算工作，并分析成本升降的原因，分公司归集分配间接费用，并计算工程成本，编制成本报表，进行成本分析。公司核算本部的期间费用，审核、汇总各分公司的成本报表，进行全面的成本分析。

我国的小型施工企业通常实行公司和项目工程部两级管理体制。在这一管理体制下，公司的核算内容不变，分公司的核算内容则由项目工程部完成。

施工企业无论采用哪一种管理体制，都要重视基层的成本核算工作。因为基层发生的施工生产费用是工程成本的直接费用，所以基层成本核算质量的高低，对企业的成本核算工作起着决定性的作用。

六、工程成本核算的要求

(一) 做好成本核算的基础工作

为了确保成本核算工作的顺利进行，提高成本信息的质量，企业必须做好以下各项成本核算的基础工作。

1. 建立和健全科学的定额管理制度

定额是指施工企业在一定的施工生产技术和设备条件下，对施工生产经营过程中的各种人力、物力和财力的耗费所制定的消耗标准和应达到的水平。定额管理制度是指以定额为依据，安排生产计划、组织施工生产和控制消耗的一种科学管理制度。企业制定的各项定额，既要先进合理，又要切实可行。定额既是编制成本计划的依据，又是审核和控制施工生产费用的标准，同时，在工程成本核算中，也需要按照工程定额消耗量或定额费用的比例进行费用的分配。因此，定额就成为衡量企业工作数量和质量的客观尺度。凡是能够制定定额的各种消耗，都应制定定额。

施工企业的定额按其经济内容，主要分为：材料消耗定额，它是签发"定额领料单"，考核材料消耗情况的主要依据；劳动消耗定额，它是签发"工程任务单"，考核各施工班组工效的主要依据；机械台班定额，它是考核机械设备利用程度的依据；费用定额，它是控制各项费用开支的标准。施工企业建立和健全定额管理制度，对于提高劳动生产率，节约材料消耗，提高机械设备利用率，减少费用支出，降低工程成本有着非常重要的作用。

2. 建立和健全原始记录制度

原始记录是指按照规定的格式和要求，对施工生产经营活动中各种成本费用发生的时间、地点、用途和金额所做的最初书面记录。原始记录是进行工程成本核算、开展日常工程成本控制和进行工程成本考核与分析的主要依据。

施工企业工程成本核算的原始记录主要有：领料单、限额领料单、退料单、工程任务单、考勤记录、劳动工时记录、机械使用记录、周转材料摊销分配表、低值易耗品摊销表、间接费用分配表和未完工程盘点表等。

施工企业应当根据工程成本核算和有关职能部门管理的需要，建立和健全科学合理的原始记录制度，以规范各种原始记录的格式、填写要求、传递程序和保管。并加强对原始记录内容的审核，以保证原始记录的真实和准确。

3. 建立企业内部的结算制度和结算价格

内部结算制度是指施工企业内部各部门相互提供材料、产品、作业和劳务，进行收付结算的制度。企业在施工生产经营活动过程中，各分公司、项目工程部之间往往会相互提供原材料、产品、作业和劳务，为了保证工程成本核算的正确性，简化成本核算工作，并便于开展分公司、项目工程部的内部考核制度，以明确经济责任，就需要制定合理的内部结算价格，建立一套完整的内部结算制度。

施工企业内部结算价格通常以施工预算定额、单位估价表、地区材料预算价格，结合市场行情和企业实际情况予以确定。

4. 建立和健全财产物资管理制度

施工企业对于各种财产物资的收发、领退，以及在不同的工程成本核算对象之间的转移，都应当办理必要的手续，填制或者取得相应的凭证，以防止被冒领、滥用。对于库存以及施工现场堆放的各种材料物资应定期进行清查盘点，发现短缺或溢余，应及时查明原因，对期末已领未用的材料，应及时办理退料或"假退料"手续，以确保成本、费用的准确性，并有利于保护企业财产物资的安全。

（二）严格遵守成本开支范围，划清各种费用支出的界限

成本开支范围是指财政部对企业生产经营活动中发生的各项费用允许在成本中列支的范围。企业的施工生产经营活动是多方面的，费用的用途也是多种多样的。为了正确地核算施工生产经营活动中发生的各项费用，正确地计算工程成本和归集期间费用，就必须划清以下五个方面的费用界限。

1. 划清收益性支出与资本性支出及营业外支出的界限

收益性支出是指企业为了取得当期收益而发生的支出。因此收益性支出应当全部列入当期的成本、费用，通过与当期的收益相配比，可以从当期的收益中得到补偿。收益性支出包括领用的材料、发生的人工费用等用于施工生产和用于组织和管理施工生产的经营活动以及为筹集施工生产经营资金所发生的各种费用。

资本性支出是指企业为了取得多个会计年度的收益而发生的支出。因此，资本性支出应予以资本化。作为企业的长期资产，只能在以后的各受益期逐期转入成本费用，从企业的收益中陆续得到补偿。资本性支出包括购建固定资产及临时设施、购置或自创无形资产和发生的长期待摊费用等支出。

划清收益性支出和资本性支出，可以正确核算企业各会计年度的成本、费用和资产，从而为正确核算企业资产的价值和各期的损益奠定基础。如果将资本性支出列入收益性支出，将会多计本会计年度的成本、费用，少计资产的价值，其结果是少计了本年度的利润；反之，如果将收益性支出列入资本性支出，将会多计资产的价值，少计本会计年度的成本、费用，其结果是虚增本年度的利润。

营业外支出是指企业发生的与其生产经营业务无直接关系的各项支出。因此，营业外支出不得计入成本或费用。营业外支出包括非流动资产处置损失、公益性捐赠支出、非常损失、盘亏损失、赔偿金、违约金等各种支出。

划清收益性支出和营业外支出，可以为正确核算工程成本和营业利润创造条件。如果将营业外支出列入收益支出，其结果是多计工程成本或期间费用，从而少计了营业利润；反之，如果将收益性支出列入营业外支出，其结果是少计了工程成本或期间费用，从而增加了营业利润。

因此企业必须划清收益性支出与资本性支出及营业外支出的界限，防止出现多计成本、费用或少计成本、费用的现象。

2. 划清工程成本与期间费用的界限

根据成本开支范围的规定，施工企业在工程施工过程中发生的直接费用和间接费用，应计入工程成本。而期间费用是在会计期间内为企业提供了一定的施工生产条件，以保持其施工生产能力所发生的费用，应计入当期损益。

企业必须划清工程成本与期间费用的界限，防止出现将期间费用计入工程成本，或将工程成本计入期间费用，借以人为地调节工程成本。

3. 划清各个会计期间的费用界限

企业是按会计期间来核算工程成本和利润的，并据以分析和考核成本计划和利润预算的完成情况。因此在核算工程成本时必须划清各个会计期间的费用界限。

企业应根据权责发生制的要求，将本期已经支付的、受益期较长的费用列入待摊费用或长期待摊费用，并按其受益期分期摊销转入成本、费用；将本期已经发生的、尚未支付的费用作为应付费用，预先提取计入本期的成本、费用。通过跨期摊提，划清各个会计期间的费用界限，以正确核算各个会计期间的工程成本和期间费用，为正确核算各期利润奠定基础。要防止任意地利用待摊和应付的方法，借以调节各期的利润。

4. 划清各个工程成本的费用界限

企业通常同期施工生产多个工程，这就需要分别核算各个工程的成本，以分析和考核各个工程成本计划、定额或标准的执行情况。

各个工程成本总括起来有两种情况：一种是属于某个工程单独发生的直接费用，如耗用的材料，应直接计入该工程的成本；另一种是各个工程共同发生的间接费用，则应采取科学合理的分配方法，通过分配计入各个工程的成本。只有划清各个工程之间的费用界限，才能正确反映各个工程的成本。

5. 划清已完工程成本与未完工程成本的界限

企业各个工程的施工周期往往与会计期间不一致，这将导致会计期末已完工程和未完工程同时存在。因此，在进行工程成本核算时，应将各成本核算对象归集的施工生产费用，在已完工程和未完工程之间进行分配。届时应根据具体条件采用适当的方法，在已完工程与未完工程之间进行分配，分别计算出已完工程成本和未完工程成本，以便将已完工程成本与工程预算成本进行比较，考核工程成本的节约或超支，以加强工程成本管理。

企业应严格划清已完工程成本与未完工程成本的界限，要防止出现人为地提高或降低未完工程成本，借以调节已完工程成本。

七、工程成本核算程序

工程成本核算程序是指施工企业具体组织工程成本核算的步骤。施工企业通常有以下五个成本核算程序。

1. 归集本月份发生的各项施工生产费用

将本月发生的各项施工生产费用，按其用途和发生的地点归集到"工程施工——合同成本""工程施工——间接费用""生产成本""机械作业"等相关的账户。

2. 按各受益对象分配辅助生产费用

月末将"生产成本——辅助生产成本"账户归集的辅助生产费用，向各受益对象进行分配，记入"机械作业""工程施工"等相关的账户。

3. 按各受益对象分配机械使用费

月末将"机械作业"账户归集的机械使用费，向各受益对象进行分配，记入"工程施工——合同成本"各相关的明细分类账户。

4. 按各受益对象分配工程施工之间接费用

月末将"工程施工——间接费用"账户归集的工程施工间接费用，向各受益对象进行分配，记入"工程施工——合同成本"各相关的明细分类账户。

5. 计算并结转已完工程或竣工工程成本

月末计算出已完工程或竣工工程成本，并将其从"工程施工——合同成本"账户转入"工程结算"账户。未完工程成本仍保留在"工程施工——合同成本"账户。

现将工程成本的具体核算程序列示图表 10-1。

图表 10-1　　　　　　　　　　施工企业成本核算程序图

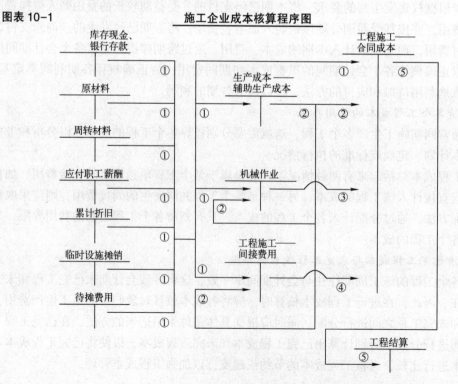

第二节　材料费和人工费的归集与分配

一、材料费的归集与分配

施工企业的材料品种规格繁多，材料费在工程成本中占有很大的比重，因此，企业应严格规定各种材料的收发手续，加强对材料的管理与核算，这对于降低工程成本、提高经济效益具有重大意义。施工企业对于材料费用的核算是根据材料保管部门定期提供的"领料单""定额领料单""大堆材料耗用计算单""退料单"等凭证进行审核，并根据不同的受益对象进行归集，编制"材料费用分配表"，材料可以采用计划成本计价，也可以采用实际成本计价。

1. 直接计入各受益对象

施工企业对于领用的材料能够点清数量、分清用料对象的，应在领料凭证内填明用料对象，将其直接计入各成本核算对象。

2. 根据领料凭证汇总材料费分配计入各受益对象

施工企业对于领用时能确定领料数量，但属于集中配料或统一下料的，如玻璃、涂料、木材等，应在领料单上注明"工程集中配料"字样，月末根据用料配料情况，结合材料消耗定额，编制"集中配料耗用计算表"，据以分配计入各受益对象的材料费。

3. "以存计耗"倒挤材料耗用量，并据以分配计入各受益对象

施工企业对于领用的大堆材料，如黄沙、石子、砖、瓦等，因同一大堆材料往往会有几个单位工程共同耗用，并因领用次数多，难以在领用时逐一点数，因此采用"以存计耗"的办法，即对进场的大堆材料进行点数后，在日常领用时，不逐笔办理领料手续，月末通过实地盘点，计算本月实际耗用总量。再根据当月完成的工程量和单位工程量材料消耗定额，计算各工程本月定额耗用量，然后据以编制"大堆材料耗用量计算表"，分配计入各成本核算对象。

4. 采用摊销的方法分配计入各受益对象

施工企业对于使用的周转材料，如模板、挡板、架料等，由于其在施工中能反复使用，对其在施工过程中损耗的价值，可采用分期摊销法、分次摊销法等方法摊销，倘若多项工程共同领用的，还需将本期摊销额按预算定额比例在各项工程之间进行分配，届时可编制"周转材料摊销分配表"，据以计入各成本核算对象。对于租用的周转材料，则应按实际发生的租赁费，直接计入各成本核算对象。

在分配各项工程材料费时，倘若材料是按计划成本计价的，还应计算材料成本差异，将已耗费材料的计划成本调整成为实际成本。

将各种不同的材料，采用不同的方法编制各种计算表进行归集分配后，再根据各种领料凭证及有关材料耗用计算表编制耗用材料汇总表，以确定各受益对象应分配的材料费总额。

【例10-1】东兴建筑公司系小型施工企业，其第一项目工程部根据6月领退料凭证、大堆材料耗用量计算表、集中配送耗用计算表和周转材料摊销分配表编制耗用材料汇总表如图表10-2所示。

图表 10-2

耗用材料汇总表

编号：1038

2023 年 6 月 1—30 日

单位：元

材料类别 用料对象	主要材料 （差异率-1%）		结构件 （差异率-1.2%）		机械配件 （差异率2%）		其他材料 （差异率1%）		合　计		周转材料 摊销额
	计划 成本	成本 差异	计划 成本	成本 差异	计划 成本	成本 差异	计划 成本	成本 差异	计划 成本	成本 差异	
商品房工程	600 000	-6 000	75 000	-900					675 000	-6 900	9 000
商务楼工程	250 000	-2 500	30 000	-360					280 000	-2 860	3 600
机械作业部门					3 000	60	9 000	90	12 000	150	
机修车间					2 000	40	5 000	50	7 000	90	
施工管理部门							4 800	48	4 800	48	
合　计	850 000	-8 500	105 000	-1 260	5 000	100	18 800	188	978 800	-9 472	12 600

（1）根据耗用材料汇总表耗用的原材料，作分录如下：

借：工程施工——商品房工程合同成本——材料费　　　　　　　675 000.00
　　工程施工——商务楼工程合同成本——材料费　　　　　　　280 000.00
　　机械作业　　　　　　　　　　　　　　　　　　　　　　　 12 000.00
　　生产成本——辅助生产成本　　　　　　　　　　　　　　　　 7 000.00
　　工程施工——间接费用　　　　　　　　　　　　　　　　　　 4 800.00
　　贷：原材料——主要材料　　　　　　　　　　　　　　　　　850 000.00
　　　　原材料——结构件　　　　　　　　　　　　　　　　　　105 000.00
　　　　原材料——机械配件　　　　　　　　　　　　　　　　　　 5 000.00
　　　　原材料——其他材料　　　　　　　　　　　　　　　　　 18 800.00

（2）根据耗用材料汇总表，调整耗用原材料成本差异，作分录如下：

借：材料成本差异——主要材料　　　　　　　　　　　　　　　　 8 500.00
　　材料成本差异——结构件　　　　　　　　　　　　　　　　　 1 260.00
　　机械作业　　　　　　　　　　　　　　　　　　　　　　　　　 150.00
　　生产成本——辅助生产成本　　　　　　　　　　　　　　　　　　 90.00
　　工程施工——间接费用　　　　　　　　　　　　　　　　　　　　 48.00
　　贷：工程施工——商品房工程合同成本——材料费　　　　　　 6 900.00
　　　　工程施工——商务楼工程合同成本——材料费　　　　　　 2 860.00
　　　　材料成本差异——机械配件　　　　　　　　　　　　　　　 100.00
　　　　材料成本差异——其他材料　　　　　　　　　　　　　　　 188.00

（3）根据耗用材料汇总表的周转材料摊销额，作分录如下：

借：工程施工——商品房工程合同成本——材料费　　　　　　　 9 000.00
　　工程施工——商务楼工程合同成本——材料费　　　　　　　 3 600.00
　　贷：周转材料——周转材料摊销　　　　　　　　　　　　　 12 600.00

"工程施工"是成本类账户，用以核算企业实际发生的合同成本与合同毛利。企业进行工程合同建造时，发生的材料费、人工费、机械使用费，施工管理部门发生的职工薪酬、固定资产折旧费等施工间接费用以及确认合同毛利时，记入借方，工程合同完工时，将本账户余额与相关工程合同的"工程结算"账户对冲时，记入贷方；期末余额在借方，表示企业尚未完工工程的建造合同成本和合同毛利。

二、人工费的归集与分配

施工企业的人工费在工程成本中占有较大的比重。施工企业的人工费应按其用途进行归集和分配。直接从事建筑、安装工程施工工人及现场从事运料、配料等辅助工人的人工费应列入"工程施工"总账账户的借方及所属各受益工程的明细账户的"人工费"成本项目内；机械设备的操作员、驾驶员，以及机械设备的管理人员的人工费应列入"机械作业"账户，辅助生产部门各类人员的人工费应列入"生产成本"总账账户的借方，及其所属"辅助生产成本"明细账户的借方。施工单位管理人员的人工费应列入"工程施工"总账账户的借方，及其所属"间接费用"明细账户的借方。

关于职工工资、奖金、津贴和补贴的计算、归集与分配在第八章第二节中已作了阐述，最后通过编制"工资结算汇总表"进行分配。

【例 10-2】 东兴建筑公司第一项目工程部 6 月编制的工资结算汇总表列明应发职工薪酬为 297 000 元，其中：商品房工程为 176 000 元，商务楼工程为 74 000 元，机械作业部门为 18 000 元，机修车间为 14 000 元，施工管理部门为 15 000 元，分配本月份职工工资，作分录如下：

借：工程施工——商品房工程合同成本	176 000.00
工程施工——商务楼工程合同成本	74 000.00
机械作业	18 000.00
生产成本——辅助生产成本	14 000.00
工程施工——间接费用	15 000.00
贷：应付职工薪酬——工资	297 000.00

施工企业的人工费除了包括属于工资总额的职工工资、奖金、津贴和补贴外，还有其他人工费，它包括职工福利费、工会经费、职工教育经费、养老保险费、失业保险费和住房公积金等，这些人工费可以在工资总额的基础上按规定的比例提取，届时可以通过编制"其他人工费用计算分配表"，进行计算分配。

【例 10-3】 东兴建筑公司第一项目工程部根据工资结算汇总表中的应发职工薪酬（工资总额）编制"其他人工费用计算分配表"，如图表 10-3 所示。

图表 10-3

其他人工费用计算分配表

2023 年 6 月 30 日

金额单位：元

部 门	工资总额	职工福利费		工会经费		职工教育经费		养老保险费		失业保险费		住房公积金		合计
		提取率	提取额	提取率	提取额	提取率	提取额	提取率	提取额	提取率	提取额	提取率	提取额	
工程施工部门	250 000	14%	35 000	2%	5 000	1.5%	3 750	20%	50 000	1%	2 500	7%	17 500	113 750
其中：商品房工程	176 000	14%	24 640	2%	3 520	1.5%	2 640	20%	35 200	1%	1 760	7%	12 320	80 080
商务楼工程	74 000	14%	10 360	2%	1 480	1.5%	1 110	20%	14 800	1%	740	7%	5 180	33 670
机械作业部门	18 000	14%	2 520	2%	360	1.5%	270	20%	3 600	1%	180	7%	1 260	8 190
机修车间	14 000	14%	1 960	2%	280	1.5%	210	20%	2 800	1%	140	7%	980	6 370
施工管理部门	15 000	14%	2 100	2%	300	1.5%	225	20%	3 000	1%	150	7%	1 050	6 825
合 计	297 000		41 580		5 940		4 455		59 400		2 970		20 790	135 135

根据其他人工费计算分配表计提其他各种人工费用，作分录如下：

借：工程施工——商品房工程合同成本	80 080.00
工程施工——商务楼工程合同成本	33 670.00
机械作业	8 190.00
生产成本——辅助生产成本	6 370.00
工程施工——间接费用	6 825.00
贷：应付职工薪酬——职工福利费	41 580.00
应付职工薪酬——工会经费	5 940.00
应付职工薪酬——职工教育经费	4 455.00
应付职工薪酬——养老保险费	59 400.00
应付职工薪酬——失业保险费	2 970.00
应付职工薪酬——住房公积金	20 790.00

第三节　辅助生产费用的归集与分配

一、辅助生产费用概述

辅助生产是指为施工生产服务而进行的材料（或产品）生产和劳务供应。辅助生产部门是企业内部的非独立核算的生产单位。施工企业的辅助生产部门主要有机修车间、混凝土搅拌站、混凝土预制构件场、发电站、供水站等。辅助生产部门在为本公司提供服务的基础上，有剩余生产能力的，也可以对外单位提供部分服务，以充分发挥其生产能力。

辅助生产费用是指辅助生产部门为开展生产活动而发生的费用。其实质就是辅助生产部门生产的材料（产品）或提供的劳务的成本。由于辅助生产部门生产的材料（产品）和劳务，首先是为施工生产服务的，包括直接服务和间接服务，这部分辅助生产费用必然成为企业工程成本的组成部分；其次是为企业行政管理部门服务的，这部分辅助生产费用也就成为企业的期间费用；最后如有为外单位服务的，这部分辅助生产费用作为企业的其他业务成本。很显然辅助生产部门生产的材料（产品）和劳务成本的高低，对于企业的材料（产品）成本和期间费用的高低有着很大的影响，并且只有辅助生产部门生产的材料（产品）和劳务的成本确定分配以后，才能计算企业的工程成本和确定企业的期间费用。因此正确、及时地计算辅助生产部门生产的材料（产品）和劳务的成本，合理分配辅助生产费用，对于降低工程成本、节约费用，以及正确计算工程成本和期间费用有着重要的意义。

二、辅助生产费用的归集

辅助生产部门所发生的各项生产费用，应按成本核算对象和成本项目进行归集。辅助生产部门的成本核算对象可按生产的材料（产品）和提供劳务的部门（类别）确定。成本项目有材料费、人工费、其他直接费和间接费用。材料费是指辅助生产部门耗用的各种材料的实际成本。人工费是指辅助生产部门发生的生产工人的各种职工薪酬。其他直接费是指除材料费、人工费以外的其他直接费用，包括燃料和动力、固定资产的折旧费和修理费等。间接费用是指为组织和管理辅助生产活动所发生的费用。

【例10-4】东兴建筑公司第一项目工程部所属机修车间6月领用材料的计划成本为7 000元，材料成本差异为90元（见例10-1），发生的职工薪酬为20 370元（工资总额14 000元，其他人工费用6 370元）（见例10-2和例10-3），其中车间主任为5 238元（工资总额为3 600元，其他人工费用1 638元），接着发生下列经济业务。

（1）6月30日，收到电力公司账单，列明耗用电力7 000kW·h，每千瓦·时0.60元计4 200元，其中：机械作业部门混凝土搅拌机作业组耗用3 000kW·h，机修车间耗用4 000kW·h，账款当即签发转账支票支付，作分录如下：

借：机械作业——混凝土搅拌机作业组——燃料及动力费　　　　　　　1 800.00
　　生产成本——辅助生产成本——机修车间（其他直接费）　　　　　2 400.00
　　贷：银行存款　　　　　　　　　　　　　　　　　　　　　　　　　　4 200.00

（2）6月30日，计提机修车间本月份固定资产折旧费2 060元，作分录如下：

借：生产成本——辅助生产成本——机修车间（其他直接费）　　　　　2 060.00
　　贷：累计折旧　　　　　　　　　　　　　　　　　　　　　　　　　　2 060.00

月末根据本月编制的会计分录登记"生产成本——机修车间"明细账如图表10-4所示。

图表10-4

生产成本——辅助生产成本明细账

三级明细账户：机修车间　　　　　　　　　　　　　　　　　　　　　　　单位：元

| 2023年 | | 凭证号数 | 摘要 | 借方 | | | | | 贷方 | 借或贷 | 余额 |
月	日			材料费	人工费	其他直接费	间接费用	合计			
6	30	略	领用材料	7 000				7 000		借	7 000
			调整材料成本差异	90				90		借	7 090
			分配本月份职工工资		10 400		3 600	14 000		借	21 090
			计提其他人工费用		4 732		1 638	6 370		借	27 460
			耗用电力			2 400		2 400		借	29 860
			计提折旧			2 060		2 060		借	31 920

"生产成本"是成本类账户，用以核算企业进行工业性生产发生的各项生产费用，包括生产各种自制材料（产品）、自制工具和提供劳务等。企业辅助生产部门发生各种生产费用时，记入借方；企业辅助生产部门的完工的材料（产品）、工具或劳务的成本，经过分配转出时，记入贷方，期末如有余额在借方，表示企业辅助生产部门的在产品成本。

三、辅助生产费用的分配

（一）单一辅助生产部门生产费用的分配

施工企业发生的辅助生产费用按成本核算对象归集后，月末需要在各受益对象中进行分配。对于只有一个辅助生产部门的企业可以直接将辅助生产费用分配给受益对象，其计算公式如下：

$$辅助生产部门材料（产品） \atop 或劳务的分配率 = \frac{该辅助生产部门归集的辅助生产费用}{该辅助生产部门提供的材料（产品）或劳务总量}$$

$$各受益对象应分配 \atop 的辅助生产费用 = \frac{该受益对象获得材料}{（产品）或劳务的数量} \times \frac{受益辅助生产部门材料}{（产品）或劳务的分配率}$$

【例 10-5】 6 月 30 日，东兴建筑公司"生产成本——辅助生产成本——机修车间"账户共归集了辅助生产费用 31 920 元。该车间为各部门服务 1 050 工时，其中为机械作业部门的挖掘机作业组服务 320 工时，为混凝土搅拌机作业组服务 180 工时，为施工管理部门服务 60 工时，为东湖建筑公司服务 490 工时，分配本月辅助生产费用如下：

$$机修车间劳务分配率 = \frac{31\ 920}{1\ 050} = 30.40$$

$$挖掘机作业组应分配的修理费 = 320 \times 30.40 = 9\ 728（元）$$

$$混凝土搅拌机作业组应分配的修理费 = 180 \times 30.40 = 5\ 472（元）$$

$$施工管理部门应分配的修理费 = 60 \times 30.40 = 1\ 824（元）$$

$$东湖建筑公司应分配的修理费 = 490 \times 30.40 = 14\ 896（元）$$

根据分配的结果，作分录如下：

借：机械作业——挖掘机作业组——折旧及修理费   9 728.00
　　机械作业——混凝土搅拌机作业组——折旧及修理费   5 472.00
　　工程施工——间接费用   1 824.00
　　其他业务成本   14 896.00
　　贷：生产成本——辅助生产成本——机修车间   31 920.00

上笔分录记入"生产成本——辅助生产成本——机修车间"账户贷方后，该账户的余额为零。

（二）多个辅助生产部门生产费用的分配

当施工企业有多个辅助生产部门时，辅助生产部门也往往相互提供材料（产品）或劳务，例如修理车间为发电车间修理设备，而发电车间又为修理车间提供电力。在这种情况下，各辅助生产部门归集的生产费用实际上还包括从其他辅助部门转入的生产费用。为了正确计算各辅助生产部门材料（产品）或劳务的成本，在分配辅助生产费用之前，首先应在各辅助生产部门之间就相互提供的材料（产品）或劳务进行分配，然后才向辅助生产部门以外的受益部门进行分配，分配的方法主要有直接分配法和交互分配法。

1. 直接分配法

直接分配法是指不考虑各辅助生产部门相互提供材料（产品）或劳务的情况，将各种辅助生产费用直接分配给辅助生产部门以外的各受益的对象的方法。其计算公式如下：

$$辅助生产部门提供材料（产品） \atop 或劳务的分配率 = \frac{该辅助生产部门归集的生产费用}{该辅助生产部门提供材料 \atop （产品）或劳务的总量} - \frac{其他辅助生产部门对该材料}{（产品）或劳务的耗用量}$$

$$各受益部门应分配的 \atop 辅助生产费用 = \frac{该部门受益材料}{（产品）或劳务总量} \times \frac{辅助生产部门材料}{（产品）或劳务的分配率}$$

【例 10-6】 2023 年 6 月，天平建筑公司修理车间和发电车间两个辅助生产部门发生的辅助生产费用分别为 27 500 元和 18 900 元，向各受益对象提供劳务的资料如图表 10-5 所示。

图表 10-5

辅助生产部门向各部门提供劳务汇总表

受益对象	修理工时数	供电度数
修理车间	—	2 000
发电车间	100	—
商务楼工程	—	18 000
商品房工程	—	16 800
机械作业部门	510	2 800
施工管理部门	40	400
行政管理部门	100	2 000
华昌建筑公司	350	—
合计	1 100	42 000

采用直接分配法分配辅助生产费用如图表 10-6 所示。

$$修理车间工时费用分配率 = \frac{27\ 500}{1\ 100 - 100} = 27.50$$

$$发电车间电力费用分配率 = \frac{18\ 900}{42\ 000 - 2\ 000} = 0.472\ 5$$

图表 10-6

辅助生产费用分配表（直接分配法）

2023 年 6 月 30 日

金额单位：元

项　目		修理车间	发电车间	合计金额
辅助生产费用		27 500.00	18 900.00	46 400.00
产品或劳务的供应量		1 000	42 000	
分配率		27.50	0.472 5	
商务楼工程	耗用数量		18 000	
	分配金额		8 505.00	8 505.00
商品房工程	耗用数量		16 800	
	分配金额		7 938.00	7 938.00
机械作业部门	耗用数量	510	2 800	
	分配金额	14 025.00	1 523.00	15 348.00
施工管理部门	耗用数量	40	400	
	分配金额	1 100.00	189.00	1289.00
行政管理部门	耗用数量	100	2 000	
	分配金额	2 750.00	915.00	3 695.00
华昌建筑公司	耗用数量	350		
	分配金额	9 625.00		9 625.00
合计		27 500.00	18 900.00	46 400.00

根据辅助生产费用分配表分配的结果，作分录如下：

借：工程施工——商务楼工程合同成本　　　　　　　　　8 505.00

　　工程施工——商品房工程合同成本　　　　　　　　　7 938.00

　　　　机械作业　　　　　　　　　　　　　　　　　　　　15 348.00
　　　　生产成本——间接费用　　　　　　　　　　　　　　 1 289.00
　　　　管理费用　　　　　　　　　　　　　　　　　　　　 3 695.00
　　　　其他业务成本　　　　　　　　　　　　　　　　　　 9 625.00
　　　　　贷：生产成本——辅助生产成本——修理车间　　　　27 500.00
　　　　　　　生产成本——辅助生产成本——发电车间　　　　18 900.00

　　直接分配法简便易行，但由于没有考虑辅助生产部门内部相互提供材料（产品）或劳务的因素，因此分配的结果不够正确，这种方法仅适用于辅助生产部门之间相互提供材料（产品）或劳务不多的企业。

　　2. 交互分配法

　　交互分配法是指辅助生产部门之间先进行一次相互分配，然后再将归集的辅助生产费用在辅助生产部门以外的受益对象之间进行直接分配的方法。

　　采用交互分配法、辅助生产费用的分配应分两步进行。

　　（1）各辅助生产部门直接发生的费用被称为待分配辅助生产费用，将其在各辅助生产部门之间进行相互分配，其他部门暂不分配。其计算公式如下：

$$\text{交互分配前辅助生产部门材料（产品）或劳务的分配率} = \frac{\text{该辅助生产车间交互分配前归集的生产费用}}{\text{该辅助生产车间提供材料（产品）或劳务总量}}$$

$$\text{辅助生产部门应分配的其他辅助生产部门的费用} = \frac{\text{该辅助生产部门耗用其他辅助生产部门的材料（产品）或劳务的数量}}{} \times \text{交互分配前该被耗用的材料（产品）或劳务的分配率}$$

　　（2）将待分配辅助生产费用，加上交互分配时从其他辅助生产部门分配转入的费用，减去交互分配时转给其他辅助生产部门的费用，成为辅助生产部门交互分配后归集的生产费用，被称为对外分配的费用，再将其用直接分配法在辅助生产部门以外各受益对象之间进行分配。其计算公式如下：

$$\text{交互分配后辅助生产部门材料（产品）或劳务的分配率} = \frac{\text{该辅助生产部门交互分配后归集的生产费用}}{\text{辅助生产部门以外的受益对象耗用的材料（产品）或劳务总量}}$$

$$\text{辅助生产部门以外的受益对象应分配的辅助生产费用} = \frac{\text{该受益对象耗用的材料（产品）或劳务的数量}}{} \times \text{交互分配后该材料（产品）或劳务的分配率}$$

　　【例10-7】仍以前述直接分配法的资料，按交互分配法编制辅助生产费用分配表如图表10-7所示。

　　图表10-7

辅助生产费用分配表（交互分配法）

2023 年 6 月 30 日　　　　　　　　　　　　　　　金额单位：元

项　　目		修理车间			发电车间			合计金额
		数量/工时	单位成本（分配率）	分配金额	数量/度	单位成本（分配率）	分配金额	
待分配辅助生产费用		1 100	25.00	27 500.00	42 000	0.45	18 900.00	46 400.00
交互分配	修理车间			+900.00	-2 000		-900.00	
	发电车间	-100		-2 500.00			+2 500.00	
对外分配辅助生产费用		1 000	25.90	25 900.00	40 000	0.512 5	20 500.00	46 400.00

续表

项　目		修理车间			发电车间			合计金额
		数量/工时	单位成本（分配率）	分配金额	数量/kW·h	单位成本（分配率）	分配金额	
对外分配	商务楼工程				18 000		9 225.00	9 225.00
	商品房工程				16 800		8 610.00	8 610.00
	机械作业部门	510		13 209.00	2 800		1 435.00	14 644.00
	施工管理部门	40		1 036.00	400		205.00	1 241.00
	行政管理部门	100		2 590.00	2 000		1 025.00	3 615.00
	华昌建筑公司	350		9 065.00				9 065.00

（1）根据辅助生产车间交互分配的计算结果，作分录如下：

借：生产成本——辅助生产成本——修理车间　900.00
　　生产成本——辅助生产成本——发电车间　2 500.00
　　贷：生产成本——辅助生产成本——修理车间　2 500.00
　　　　生产成本——辅助生产成本——发电车间　900.00

（2）根据对外分配的计算结果，作分录如下：

借：工程施工——商务楼工程合同成本　9 225.00
　　工程施工——商品房工程合同成本　8 610.00
　　机械作业　14 644.00
　　工程施工——间接费用　1 241.00
　　管理费用　3 615.00
　　其他业务成本　9 065.00
　　贷：生产成本——辅助生产成本——修理车间　25 900.00
　　　　生产成本——辅助生产成本——发电车间　20 500.00

交互分配法由于在辅助生产部门内部相互提供的材料（产品）或劳务全面地进行了一次相互分配，基本上反映了辅助生产部门之间相互提供材料（产品）或劳务的关系，从而提高了分配结果的正确性。但该方法要经过两次分配，增加了计算的工作量。因此这种方法适用于各辅助生产部门之间相互提供材料（产品）或劳务较多，而提供的数量却不平衡的企业。

第四节　机械使用费的归集与分配

机械使用费是指施工企业在机械化施工过程中使用施工机械和运输设备进行机械化施工和运输作业所发生的各项费用。它包括施工企业在建筑工程和安装工程中使用自有施工机械和运输设备所发生的各种使用费和使用租入施工机械和运输设备发生的租赁费。

一、自有施工机械使用费的归集与分配

（一）自有施工机械使用费的归集

施工企业使用自有施工机械或者运输设备进行作业所发生的各项费用，应当设置"机械作业"账户，按机械类别或单机作为成本核算对象分别进行归集，通常中小型施工机械以类别作为成本核算对象，大型施工机械或特种施工机械以单机作为成本核算对象。

机械作业的成本项目有人工费、燃料费及动力费、折旧及修理费、其他直接费和间接费用五项。人工费是指操作和驾驶施工机械和运输设备人员的工资、奖金、津贴、职工福利费等各种职工薪酬。燃料及动力费是指施工机械和运输设备运转所耗用的各种燃料和电力等费用。折旧及修理费是指对施工机械和运输设备计提的折旧费，施工机械和运输设备发生的修理费，以及替换工具和部件（如轮胎、钢丝绳等）的费用等。其他直接费是指除上列各项费用以外的其他直接费用，它包括施工机械和运输设备所耗用的润滑及擦拭材料费用以及预算定额所规定的其他费用，如养路费、过渡费，以及施工机械的搬运、安装、拆卸和辅助设施费等。间接费用是指机械作业部门为组织和管理机械施工和运输作业所发生的各项费用，它包括机械作业部门管理人员的职工薪酬、劳动保护费、办公费以及管理用固定资产的折旧费和修理费等。

【例 10-8】 东兴建筑公司机械作业部门 6 月领用材料的计划成本为 12 000 元，其中：机械配件 3 000 元（掘土机作业组用 1 800 元，混凝土搅拌机作业组用 1 200 元），燃料 7 100 元（掘土机作业组用），润滑及擦拭材料 1 900 元（掘土机作业组用 1 100 元，混凝土搅拌机作业组用 800 元），材料成本差异为 150 元，其中：机械配件 60 元，燃料 90 元（见例 10-1）；发生职工薪酬为 26 190 元（工资总额 18 000 元，其他人工费用 8 190 元，见例 10-2、例 10-3），其中挖掘机作业组 12 914 元，混凝搅拌机作业组 8 038 元，管理人员 5 238 元（分摊为挖掘机作业组 3 143 元，混凝土搅拌机作业组 2 095 元），机修车间分配转入的修理费挖掘机作业组为 9 728元，混凝土搅拌机作业组为 5 472 元，接着发生下列经济业务。

（1）收到四通运输公司专用发票，开列挖掘机和混凝土搅拌机的搬运费分别为 1 300 元和1 200 元，增值税额为 225 元，账款当即签发转账支票付讫，作分录如下：

借：机械作业——挖掘机作业组——其他直接费		1 300.00
机械作业——混凝土搅拌机作业组——其他直接费		1 200.00
应交税费——应交增值税——进项税额		225.00
贷：银行存款		2 725.00

（2）6 月 30 日，计提本月份固定资产折旧费 19 950 元，其中挖掘机作业组 11 727 元，混凝土搅拌机作业组 8 223 元，作分录如下：

借：机械作业——挖掘机作业组——折旧及修理费		11 727.00
机械作业——混凝土搅拌机作业组——折旧及修理费		8 223.00
贷：累计折旧		19 950.00

月末根据本月份编制的会计分录，登记"机械作业——挖掘机作业组"和"机械作业——混凝土搅拌机作业组"明细账如图表 10-8 和图表 10-9 所示。

图表 10-8

机械作业明细账

明细账户：挖掘机作业组　　　　　　　　　　　　　　　　　　　　　　　　　　　　单位：元

2023年		凭证号数	摘　要	借　方						贷方	余额
月	日			人工费	燃料及动力费	折旧及修理费	其他直接费	间接费用	合　计		
6	30	略	领用各种材料		7 100	1 800	1 100		10 000		
			调整材料成本差异		71	36	11		118		
			分配人工费	12 914				3 143	16 057		
			分配转入修理费			9 728			9 728		
			支付掘土机搬运费				1 300		1 300		
			计提折旧费			11 727			11 727		48 930

图表 10-9

混凝土搅拌机作业组明细账

明细账户：混凝土搅拌机作业组　　　　　　　　　　　　　　　　　　　　单位：元

2023 年		凭证号数	摘　要	借　方						贷方	余额
月	日			人工费	燃料及动力费	折旧及修理费	其他直接费	间接费用	合　计		
6	30	略	领用各种材料			1 200	800		2 000		
			调整材料成本差异			24	8		32		
			分配人工费	8 038				2 095	10 133		
			耗用电力		1 800				1 800		
			分配转入修理费			5 472			5 472		
			支付混凝土搅拌机搬运费				1 200		1 200		
			计提折旧费			8 223			8 223		28 860

"机械作业"是成本类账户，用以核算企业及其内部独立核算的施工单位、机械站和运输队使用自用施工机械和运输设备进行机械化施工和运输作业等所发生的各项费用。企业发生机械作业和运输作业支出时，记入借方；月末将其各种作业成本结转各受益工程成本时，记入贷方，结转后应无余额。

（二）自有施工机械使用费的分配

机械作业各明细账户按成本核算对象分别归集的自有施工机械使用费，月末应根据各成本核算对象的受益程度，采用一定的方法进行分配。通常采用以下三种分配方法。

1. 台班分配法

台班分配法是指以工程成本核算对象实际使用施工机械的台班数进行分配的方法。其计算公式如下：

$$某种机械台班使用费分配率 = \frac{该种机械本月实际发生的使用费}{该种机械本月实际工作台班数}$$

$$\begin{matrix}某受益对象应分配的\\某种机械使用费\end{matrix} = \begin{matrix}受益对象实际使用\\该种机械台班数\end{matrix} \times \begin{matrix}该种机械台班\\使用费分配率\end{matrix}$$

【例 10-9】 1 月 31 日，嘉定建筑公司"机械作业——塔吊作业组"明细账户归集的机械使用费为 22 275 元，本月份实际工作 45 个台班，其中：厂房工程 30 个台班，办公楼工程 15 个台班，用台班分配法分配塔吊使用费如下：

$$塔吊台班使用费分配率 = \frac{22\ 275}{30+15} = 495$$

$$厂房工程应分配塔吊使用费 = 30 \times 495 = 14\ 850（元）$$

$$办公楼工程应分配塔吊使用费 = 15 \times 495 = 7\ 425（元）$$

2. 作业量分配法

作业量分配法是指以施工机械为各工程成本核算对象实际完成的作业量为基础进行分配的方法。其计算公式如下：

$$某种机械作业量分配率 = \frac{该种机械本月实际发生的使用费}{该种机械本月实际完成的作业量}$$

$$\begin{matrix} \text{某受益对象应分配的} \\ \text{某种机械使用费} \end{matrix} = \begin{matrix} \text{某种机械为该受益} \\ \text{对象提供的作业量} \end{matrix} \times \begin{matrix} \text{该种机械作} \\ \text{业量分配率} \end{matrix}$$

【例 10-10】 6月 30 日，东兴建筑公司"机械作业——挖掘机作业组"明细账户归集的机械使用费为 48 930 元，其为商品房工程完成掘土作业量 1 600m³，为商务楼工程完成掘土作业量 500m³；"机械作业——混凝土搅拌机作业组"明细账户归集的机械使用费为 28 860 元，其为商品房工程完成搅拌混凝土作业量 1 270m³，为商务楼工程完成搅拌混凝土作业量 580m³，分别用作业量分配法分配机械使用费如图表 10-10 所示。

$$\text{挖掘机作业量分配率} = \frac{48\ 930}{1\ 600 + 500} = 23.30$$

$$\text{混凝土搅拌机作业量分配率} = \frac{28\ 860}{1\ 270 + 580} = 15.60$$

图表 10-10

机械使用费分配表

2023 年 6 月 30 日

金额单位：元

受益对象	挖掘机			混凝土搅拌机			合　计
	作业量/m³	分配率	分配额	作业量/m³	分配率	分配额	
商品房工程	1 600	23.30	37 280.00	1 270	15.60	19 812.00	57 092.00
商务楼工程	500	23.30	11 650.00	580	15.60	9 048.00	20 698.00
合　计	2 100	—	48 930.00	1 850		28 860.00	77 790.00

根据分配结果，作分录如下：

借：工程施工——商品房工程合同成本——机械使用费　　　　　　57 092.00
　　工程施工——商务楼工程合同成本——机械使用费　　　　　　20 698.00
　　贷：机械作业——挖掘机作业组　　　　　　48 930.00
　　　　机械作业——混凝土搅拌机作业组　　　　　　28 860.00

3. 预算分配法

预算分配法是指以实际发生的机械使用费占预算成本的比率进行分配的方法。其计算公式如下：

$$\text{某种机械使用费分配率} = \frac{\text{该种机械实际发生的使用费}}{\text{全部受益成本核算对象的机械使用费预算成本}}$$

某受益对象应分配的机械使用费 = 该受益对象的机械使用费预算成本 × 该种机械使用费分配率

【例 10-11】 崇明建筑公司"机械作业——混凝土搅拌机作业组"明细账户归集了机械使用费为 18 810 元，各工程的机械使用费的预算成本为 19 800 元，其中：商品房工程 10 800 元，安居房工程 9 000 元，用预算分配法分配机械使用费如下：

$$\text{混凝土搅拌机分配率} = \frac{18\ 800}{19\ 800} = 0.95$$

$$\text{商品房工程应分配混凝土搅拌机使用费} = 10\ 800 \times 0.95 = 10\ 260\ （元）$$

$$\text{安居房工程应分配混凝土搅拌机使用费} = 9\ 000 \times 0.95 = 8\ 550\ （元）$$

二、租入施工机械租赁费的归集与分配

施工企业从市场或企业内部实行独立核算的施工单位、机械作业站和运输队租入施工机

械、运输设备时，应分清是经营租赁还是融资租赁。在经营租赁情况下，施工企业只根据租赁合同按期支付租赁费，因此，其支付的施工机械、运输设备的租赁费，凡是能分清受益对象的，直接计入工程施工各明细账的"机械使用费"成本项目；凡是为各受益对象共同发生的，都应采用台班分配法或作业量分配法分配给各受益对象，其分配额计入工程施工各明细账的"机械使用费"成本项目。经营租赁租入的施工机械租赁费不通过"机械作业"账户归集。

【例 10-12】 6 月 30 日，东兴建筑公司第一项目部收到泰安建筑机械租赁公司专用发票，列明本月份塔吊的租赁费 27 888 元，增值税额 3 625.44 元，当即签发转账支票支付全部账款。塔吊为商品房工作 34 个台班，为商务楼工作 22 个台班，用台班分配法分配塔吊的租赁费如下：

$$塔吊租赁费分配率 = \frac{27\,888}{34+22} = 498$$

$$商品房应分配塔吊租赁费 = 34 \times 498 = 16\,932（元）$$

$$商务楼应分配塔吊租赁费 = 22 \times 498 = 10\,956（元）$$

根据分配的结果，作分录如下：

借：工程施工——商品房合同成本——机械使用费	16 932.00
工程施工——商务楼合同成本——机械使用费	10 956.00
应交税费——应交增值税——进项税额	3 625.44
贷：银行存款	31 513.44

融资租赁的施工机械、运输设备，在使用过程中发生的各项使用费与自有施工机械使用费的核算方法相同，不再重述。

第五节　其他直接费和间接费用的归集与分配

一、其他直接费的归集与分配

其他直接费主要包括施工过程中耗用的水、电、气费，冬雨季施工费，夜间施工增加费，因场地狭小等原因而发生的材料两次搬运费，土方运输费，流动施工津贴，生产工具用具使用费，检验试验费，工程定位复测费，工程点交费和场地清理费等。

其他直接费可根据不同的情况进行不同的账务处理。施工企业在施工现场耗用的水、电、风、气和运输等作业，如果由其他企业或企业所属内部独立核算的单位供应，且能分清各受益对象的，可根据有关原始凭证中记载的实际结算金额直接记入"工程施工"总账借方及所属各明细账户"其他直接费"成本项目。对于若干项工程共同耗用的其他直接费用，如临时设施折旧费、场地清理费等，先按定额或实际耗用量等标准进行分配，然后将分配的金额记入"工程施工"各明细账的"其他直接费"成本项目中。

【例 10-13】 6 月 30 日，东兴建筑公司第一项目工程部收到电力公司专用发票，列明用电 21 800 kW·h，单价 0.60 元，计电费 13 080 元，增值税额 1 700.40 元；自来水公司专用发票，列明用水 6 200 m³，单价 1.80 元，计水费 11 160 元，增值税额 1 004.40 元；运输公司专用发票，列明运输土方 6 873 t·km，单价 4 元，计运输费 27 492 元，增值税额

2 474.28元。这三项费用均为施工现场直接耗用。电表显示商品房工程耗电 13 800 kW·h，商务楼工程耗电 8 000 kW·h；水表显示商品房工程耗水 4 000 m³，商务楼工程耗水 2 200 m³；运输记录反映运输商品房工程土方 4 354 t·km，运输商务楼工程土方 2 519 t·km。根据各工程受益程度分配其他直接费用如图表 10-11 所示。

图表 10-11

其他直接费分配表

2023 年 6 月 30 日

受益对象	电 费			水 费			运 输 费			合 计/元
	用电量/(kW·h)	单价/[元/(kW·h)]	分配额/元	用水量/m³	单价/[元/(kW·h)]	分配额/元	作业量/(t·km)	单价/[元/(t·km)]	分配额/元	
商品房工程	13 800	0.60	8 280	4 000	1.80	7 200	4 354	4.00	17 416	32 896
商务楼工程	8 000	0.60	4 800	2 200	1.80	3 960	2 519	4.00	10 076	18 836
合　计	21 800	0.60	13 080	6 200	1.80	11 160	6 873	4.00	27 492	51 732

根据其他直接费分配表，作分录如下：

借：工程施工——商品房工程合同成本——其他直接费　　　　　32 896.00
　　工程施工——商务楼工程合同成本——其他直接费　　　　　18 836.00
　　应交税费——应交增值税——进项税额　　　　　　　　　　 5 179.08
　　贷：应付账款　　　　　　　　　　　　　　　　　　　　　56 911.08

施工企业在施工现场耗用的水、电、气和运输作业，若是由企业所属辅助生产部门供应的，在这些部门发生生产费用时，应列入"生产成本——辅助生产成本"相关明细账户的借方，月末采用一定的方法进行分配后，转入"工程施工"总账账户的借方及其所属各明细账户"其他直接费"成本项目中去。

二、间接费用的归集与分配

（一）间接费用的归集

间接费用是施工企业各施工管理部门（分公司、项目工程部等）为组织和管理工程施工所发生的费用，它包括管理人员的薪酬、固定资产折旧费、修理费、工具使用费、办公费、差旅费、劳动保护费和其他间接费用。为了简化核算手续，在"工程施工"总账下设置"间接费用"二级账户，当发生间接费用时，可根据耗用材料汇总表、工资结算汇总表、其他人工费用计算分配表、待摊费用、辅助生产费用等费用分配表及相关原始凭证先在"工程施工——间接费用"账户进行归集。

【例 10-14】 6 月 30 日，东兴建筑公司第一项目工程部已列入"间接费用"明细账户的有领用材料计划成本 4 800 元，调整材料成本差异 48 元，分配职工工资 15 000 元，分配其他人工费用 6 825 元，分配机修车间转入的修理费 1 824 元，接着该工程部发生下列经济业务。

（1）计提本月固定资产折旧费 12 970 元，摊销本月临时设施费 8 110 元，用五五摊销法摊销工具、劳动保护用品费 5 785 元，摊销本月负担的财产保险费 1 100 元，作分录如下：

```
借：工程施工——间接费用                                    27 965.00
    贷：累计折旧                                           12 970.00
        临时设施摊销                                        8 110.00
        低值易耗品——低值易耗品摊销                          5 785.00
        待摊费用                                            1 100.00
```

（2）签发转账支票支付本月电费 1 800 元，增值税额 234 元，电话费 898 元，增值税额 80.82 元，作分录如下：

```
借：工程施工——间接费用                                     2 698.00
    应交税费——应交增值税——进项税费                          314.82
    贷：银行存款                                            3 012.82
```

（二）间接费用的分配

施工企业月末应将归集的间接费用采用一定的方法进行分配。间接费用分配的方法有直接费用比例分配法、人工费比例分配法和计划分配率法三种。

1. 直接费用比例分配法

直接费用比例分配法是指以各成本核算对象发生的直接费用为标准来分配间接费用的方法，其计算公式如下：

$$间接费用分配率=\frac{当期发生的全部间接费用}{当期各项工程发生的直接费用之和}$$

$$某项工程应分配间接费用=该项工程发生的直接费用×间接费用分配率$$

直接费用由该工程发生的材料费、人工费、机械使用费和其他直接费构成。

【例 10-15】 6月30日，东兴建筑公司第一项目工程部"间接费用"明细账户余额为 59 160 元，其商品房工程发生材料费 677 100 元，人工费 256 080 元，机械使用费 74 024 元，其他直接费 32 896 元；商务楼工程发生材料费 280 740 元，人工费 107 670 元，机械使用费 31 654 元，其他直接费 18 836 元，用直接费用比例分配法分配间接费用如下：

$$间接费用分配率=\frac{59\ 160}{(677\ 100+256\ 080+74\ 024+32\ 896)+(280\ 740+107\ 670+31\ 654+18\ 836)}$$

$$=\frac{59\ 160}{1\ 040\ 100+438\ 900}=\frac{59\ 160}{1\ 479\ 000}$$

$$=0.04$$

$$商品房应分配间接费用=1\ 040\ 100×0.04=41\ 604（元）$$

$$商务楼应分配间接费用=438\ 900×0.04=17\ 556（元）$$

根据分配的结果，作分录如下：

```
借：工程施工——商品房工程合同成本——间接费用                 41 604.00
    工程施工——商务楼工程合同成本——间接费用                 17 556.00
    贷：工程施工——间接费用                                  59 160.00
```

通常情况下，建筑工程的间接费用采用直接费用比例分配法。

2. 人工费比例分配法

人工费比例分配法是指以各成本核算对象发生的人工费为标准来分配间接费用的方法，其计算公式如下：

$$间接费用分配率=\frac{当期发生的全部间接费用}{当期各项工程发生的人工费之和}$$

某项工程应分配间接费用=该项工程发生的人工费×间接费用分配率

【例 10-16】 沪光安装公司第一安装工程部 8 月归集的间接费用为 41 760 元，其中：305 安装工程发生人工费 172 000 元，306 安装工程发生人工费 116 000 元，用人工费比例分配法分配间接费用如下：

$$间接费用分配率 = \frac{41\ 760}{172\ 000 + 116\ 000} = 0.145$$

$$305\ 安装工程应分配间接费用 = 172\ 000 × 0.145 = 24\ 940\ （元）$$

$$306\ 安装工程应分配间接费用 = 116\ 000 × 0.145 = 168\ 20\ （元）$$

通常情况下，安装工程的间接费用采用人工费比例分配法。

如果一个施工管理部门既有建筑工程，又有安装工程，那么间接费用要进行两次分配。第一次在建筑工程和安装工程之间用人工费比例分配法分配间接费用，在建筑工程和安装工程的间接费用分配好以后，建筑工程的间接费用采用直接费用比例分配法，安装工程的间接费用采用人工费比例分配法再进行第二次分配。

3. 计划分配率分配法

计划分配率分配法是指按照全年间接费用预算额与全年计划工作量（或预算成本）的比率来确定各成本核算对象应分配间接费用的方法，其计算公式如下：

$$计划分配率 = \frac{全年间接费用预算额}{全年计划工作量（或预算成本）}$$

$$某项工程应分配间接费用 = 该项工程实际完成工作量（或预算成本）×计划分配率$$

采用计划分配率分配法，间接费用的实际发生额与按计划分配率计算的分配额之间产生的差异，通常通过在年末调整工程合同成本来处理。

第六节　工程成本的结转与竣工成本决算

一、工程施工的明细分类核算

施工企业除了设置"工程施工"账户对工程施工中发生的合同成本和合同毛利进行总分类账户外，还应当按施工管理部门（分公司或项目工程部）设置二级明细分类账，核算其各施工管理部门发生的合同成本和合同毛利，在这一基础上再按各个单位工程设置三级明细分类账，核算各个工程的合同成本和合同毛利。

二、工程成本的结转

施工企业的单位工程竣工、验收合格时，该工程的三级明细分类账户中已归集了工程的合同成本，届时确认工程的合同毛利，据以结转已完工程成本时，借记"工程结算"账户，贷记"工程施工"账户。

【例 10-17】 6 月 30 日，东兴建筑公司第一项目工程部商品房工程已竣工，其明细分类账户已归集了工程成本 10 242 000 元（见图表 10-13 施工费用合计行次），确认工程合同毛利为 1 662 000 元，该工程验收合格，予以转账，作分录如下：

借：工程结算 11 904 000.00
　贷：工程施工——商品房工程合同成本——材料费 6 612 000.00
　　工程施工——商品房工程合同成本——人工费 2 254 700.00

工程施工——商品房工程合同成本——机械使用费	678 000.00
工程施工——商品房工程合同成本——其他直接费	300 000.00
工程施工——商品房工程合同成本——间接费用	397 300.00
工程施工——商品房工程合同毛利	1 662 000.00

现根据东兴建筑公司第一项目工程部6月发生的经济业务编制的会计分录（见例10-1至例10-17），登记"工程施工——第一项目工程部合同成本"二级明细账户及其所属的两个工程的三级明细账户如图表10-12至图表10-14所示。

图表 10-12

工程施工二级明细账

账户名称：第一项目工程部合同成本　　　　　　　　　　　　　　　　　　　　　　　单位：元

2023年 月	2023年 日	凭证号数	摘要	材料费	人工费	机械使用费	其他直接费	间接费用	合计
6	1	略	月初余额	5 934 900	1 998 620	603 976	267 104	355 696	9 160 296
	30		耗用材料计划成本	955 000					955 000
			调整材料成本差异	9 760					9 760
			摊销周转材料	12 600					12 600
			分配职工工资		250 000				250 000
			分配其他人工费用		113 750				113 750
			分配机械使用费			77 790			77 790
			支付机械设备租赁费			27 888			27 888
			分配其他直接费				51 732		51 732
			分配间接费用					59 160	59 160
6	30		本月施工费用合计	957 840	363 750	105 678	51 732	59 160	1 538 160
6	30		施工费用合计	6 892 740	2 362 370	709 654	318 836	414 856	10 698 456
6	30		结转竣工工程成本	6 612 000	2 254 700	678 000	300 000	397 300	10 242 000
6	30		月末余额	280 740	107 670	31 654	18 836	17 556	456 456

图表 10-13

工程施工三级明细账

开工日期：2022年4月1日

竣工日期：2023年6月30日

账户名称：商品房工程合同成本　　　　　　　　　　　　　　　　　　　　　　　　金额单位：元

2023年 月	2023年 日	凭证号数	摘要	材料费	人工费	机械使用费	其他直接费	间接费用	合计
6	1	略	月初余额	5 934 900	1 998 620	603 976	267 104	355 696	9 160 296
6	30		耗用材料计划成本	675 000					675 000
			调整材料成本差异	6 900					6 900
			摊销周转材料	9 000					9 000
			分配职工工资		176 000				176 000
			分配其他人工费用		80 080				80 080
			分配机械使用费			57 092			57 092
			支付机械设备租赁费			16 932			16 932
			分配其他直接费				32 896		32 896
			分配间接费用					41 604	41 604
6	30		本月施工费用合计	677 100	256 080	74 024	32 896	41 604	1 081 704

续表

2023年		凭证号数	摘 要	材料费	人工费	机械使用费	其他直接费	间接费用	合 计
月	日								
6	30		施工费用合计	6 612 000	2 254 700	678 000	300 000	397 300	10 242 000
6	30		结转竣工工程成本	6 612 000	2 254 700	678 000	300 000	397 300	10 242 000
6	30		期末余额						0

图表 10-14

工程施工三级明细账

开工日期：2023 年 6 月 1 日

竣工日期：

账户名称：商务楼工程合同成本   单位：元

2023年		凭证号数	摘 要	材料费	人工费	机械使用费	其他直接费	间接费用	合 计
月	日								
6	30	略	耗用材料计划成本	280 000					280 000
			调整材料成本差异	2 860					2 860
			摊销周转材料	3 600					3 600
			分配职工工资		74 000				74 000
			分配其他人工费用		33 670				33 670
			分配机械使用费			20 698			20 698
			支付机械设备租赁费			10 956			10 956
			分配其他直接费				18 836		18 836
			分配间接费用					17 556	17 556
6	30		本月施工费用合计	280 740	107 670	31 654	18 836	17 556	456 456
6	30		月末余额	280 740	107 670	31 654	18 836	17 556	456 456

三、竣工成本决算

施工企业承包的工程竣工后，应及时办理竣工成本决算。为了反映建造工程活动的经济效益，除了要正确计算工程实际成本外，还要配合预算部门检查工程造价是否完整。

在正确计算竣工工程的实际成本和预算造价的基础上，要及时办理工程竣工验收和交接手续，以及进行竣工成本决算，并编制"竣工工程成本决算表"，以反映工程预算的执行情况，分析工程成本降低或超支的原因，并为同类工程积累成本资料。

【例 10-18】6 月 30 日，东兴建筑公司根据"工程施工——第一项目工程部——商品房工程合同成本"三级明细账（见图表 10-13）和该工程的预算成本编制"竣工工程成本决算表"如图表 10-15 所示。

图表 10-15

竣工工程成本决算表

工程名称：商品房工程   开工日期：2022 年 4 月 1 日

建筑面积：3 600m²   竣工日期：2023 年 6 月 30 日

单位造价：2 845 元/m²   单位：元

项 目	预算成本	实际成本	降 低 额	降低率/%
材料费	6 690 000	6 612 000	78 000	1.17
人工费	2 275 000	2 254 700	20 300	0.89

续表

项　目	预算成本	实际成本	降　低　额	降低率/%
机械使用费	669 000	678 000	-9 000	-1.35
其他直接费	297 600	300 000	-2 400	-0.81
直接费用合计	9 931 600	9 844 700	86 900	0.77
间接费用	400 400	397 300	3 100	0.77
工程成本合计	10 332 000	10 242 000	90 000	0.87
单位成本	2 870	2 845	25	0.87

第七节　期间费用

一、期间费用的明细项目

(一) 管理费用的明细项目

(1) 管理人员职工薪酬。它是指企业发生的行政管理人员的工资、奖金、津贴和补贴以及按照规定计提的职工福利费、工会经费、职工教育经费、社会保险费和住房公积金等职工薪酬。

(2) 业务招待费。它是指因企业在业务交往过程中的合理需要而支付的有关业务交际费用。

(3) 技术开发费。它是指企业研究开发新技术、新工艺、新产品等而发生的各项不构成固定资产的样品样机费、技术图纸资料费、研究人员薪酬、研究设备的折旧、新产品试制费、委托其他单位进行科研试制的费用以及试制失败损失等费用。

(4) 董事会会费。它是指企业最高权力机构及其成员为履行职能而发生的各项费用,包括差旅费、会议费等。

(5) 劳动保险费。它是指企业按规定支付的离休干部的各项经费及长病假人员的工资和提取的职工福利费等。

(6) 涉外费。它是指企业按国家规定支付的因业务需要必须开支的有关费用,包括人员出国费用、接待外宾费用和驻外代表及驻外机构办公费用等开支。

(7) 租赁费。它是指企业租赁行政管理部门用房、办公设备等固定资产和低值易耗品发生的租赁费用。

(8) 咨询费。它是指企业向有关咨询机构进行科学技术、经营管理等咨询时,按有关规定所支付的费用。

(9) 诉讼费。它是指企业因经济纠纷起诉或应诉而发生的各项费用。

(10) 商标注册费。它是指企业为了取得某种商标的专利权,在国家工商行政管理局登记注册时所支付的费用。

(11) 技术转让费。它是指企业使用非专利技术时而支付的费用,包括以技术转让为前提的技术咨询、技术服务和技术培训过程中发生的有关开支等。

(12) 低值易耗品摊销。它是指为行政管理部门提供服务的低值易耗品按规定标准和摊销的办法摊销的低值易耗品费用。

(13) 折旧费。它是指企业为行政管理部门提供服务的固定资产按照规定的折旧办法计算提取的折旧额。

（14）租赁费。它是指企业租赁行政管理部门使用的房屋、办公设备等固定资产和低值易耗品发生的租赁费用。

（15）保险费。它是指企业向保险公司投保的为行政管理提供服务的固定资产和流动资产所支付的保险费用。

（16）无形资产摊销。它是指企业按规定的期限摊销列支无形资产的价值。

（17）开办费。它是指企业在筹建期间所发生的筹建人员工资、办公费、差旅费、印刷费、培训费、律师费、注册登记费、业务招待费等费用。

（18）修理费。它是指为行政管理部门提供服务的固定资产和低值易耗品所发生的修理费用。

（19）差旅费。它是指企业按照规定支付给因工作需要出差人员的住宿费、交通费和伙食补贴等费用。

（20）上交上级管理费。它是指企业支付的经财政机关批准的上级管理机构经费。

（21）聘请中介机构费。它是指企业聘请中介机构进行查账验资以及进行资产评估等发生的各项费用。

（22）其他管理费用。它是指不能列入上列各明细项目的各项管理费用，如办公费、文具纸张费、书报费、水电费、会议费等。

（二）财务费用的明细项目

（1）利息支出。它是指企业支付的短期借款利息、应付票据利息、商业汇票贴现利息，以及长期借款利息和应付债券利息中非资本化的利息。

（2）手续费。它是指企业因办理结算而支付给金融机构的手续费等。

（3）汇兑损失。它是指企业的外币货币性资产和外币货币性负债因汇率变动所造成的损失。若发生汇兑收益，则记入贷方。

（4）其他财务费用。它是指企业发生的不能列入上列各项目的筹资费用。

二、期间费用的列支方式

施工企业支付的费用一般是由当期负担的。但是，有些费用企业虽已支付，却应由以后各受益期负担；有些费用应由本期负担，而本期尚未支付。为了正确地反映本期所应负担的费用，费用的核算必须按照权责发生制的要求进行核算。凡属于本期负担的费用，不论其款项是否已经支付，均作为本期的费用处理；凡不属于本期负担的费用，即使款项已经支付，也不能作为本期费用入账。这样企业列支的费用就出现了以下四种方式。

（1）直接支付。它是指企业日常支付的属于本期负担的费用。它是根据费用凭证以货币资金支付的，如支付本月的职工工资、业务招待费、咨询费、修理费和其他各项费用等。

（2）转账摊销。它是指不通过货币结算而采用转账形式摊销应由本期负担的费用。如低值易耗品摊销费、固定资产折旧费、临时设施摊销费、无形资产摊销以及行政管理部门耗用原材料的转销等。

（3）预付待摊。它是指过去已预先支付，应由本期和以后各受益期摊销负担的费用。如预付的保险费和租赁费的摊销等。

（4）预提待付。它是指应由本期负担而在以后各期支付的费用。如预提的职工福利费、职工教育经费、短期借款利息和应付票据利息等。

三、期间费用的核算

期间费用核算的内容很广泛，它分为两个科目20多个子目，其中有不少子目在核算上具有共性。期间费用的四种列支方式中，直接支付和转账摊销的核算，在前面各有关章节中已作了详细的阐述，不再重述。

(一) 预付待摊费用的核算

施工企业拥有大量的材料、施工机械设备和其他各项实物资产，为了增强遭受水灾、火灾等灾害和意外事故损失的应变能力，企业一般向保险公司投保，以便在遭受意外损失时，可以从保险公司获得补偿，以减少对企业的影响。

企业投保时的财产保险费一般是按年度支付的，为了正确反映企业各期的利润，在支付全年保险费时，应先列入"待摊费用"账户，然后按受益期摊销时转入"管理费用"账户。

【例10-19】长宁建筑公司为本公司财产投保。

(1) 1月2日，签发转账支票支付太平洋保险公司本年度行政管理部门的财产保险费36 000元，作分录如下：

借：待摊费用——保险费　　　　　　　　　　　　　　　　　　36 000.00
　　贷：银行存款　　　　　　　　　　　　　　　　　　　　　　　　36 000.00

(2) 1月31日，摊销应由本月份负担的财产保险费3 000元，作分录如下：

借：管理费用——保险费　　　　　　　　　　　　　　　　　　3 000.00
　　贷：待摊费用——保险费　　　　　　　　　　　　　　　　　　3 000.00

此外，房屋、建筑物、施工机械等固定资产租赁费如果采用预付的方式，也可以按受益期进行摊销。

待摊费用的摊销期限，不得超过12个月，但可以跨年。

"待摊费用"是资产类账户，用以核算企业已经支付但应由本期和以后各期分别负担的分摊期限在一年以内（含一年）的各项费用。企业支付待摊费用时，记入借方；企业摊销待摊费用时，记入贷方；期末余额在借方，表示已经支付尚待摊销的费用。

"管理费用"是损益类账户，用以核算企业行政管理部门为组织和管理企业生产经营活动所发生的费用。企业发生管理费用时，记入借方；企业月末将其结转"本年利润"账户时，记入贷方。

(二) 预提待付费用的核算

企业向银行借入的短期借款，银行一般在季末结算利息。为了使企业费用负担合理，真实地反映各期利息支出的情况，就应在每个季度的前两个月计算它们当月发生的短期借款利息，予以预提列支。其计算方式如下：

$$本月短期借款利息=本月短期借款平均余额×月利率$$

$$本月短期借款平均余额=\frac{本月短期借款账户余额累计数}{30天}$$

【例10-20】长宁建筑公司第一季度短期借款情况如下。

(1) 1月短期借款账户平均余额为1 000 000元，月利率为6‰，计算该月份应负担的利息如下：

1 月份短期借款利息 = 1 000 000×6‰ = 6 000（元）

根据计算的结果，计提本月份的短期借款利息，作分录如下：

借：财务费用——利息支出　　　　　　　　　　　　　　　　　　　6 000.00
　贷：应付利息　　　　　　　　　　　　　　　　　　　　　　　　　　6 000.00

（2）2 月计提短期借款利息 6 330 元，3 月末接到银行转来"短期借款计息单"，开列本季度短期借款利息 19 080 元，计算本月份应负担利息如下：

3 月短期借款利息 = 19 080-（6 000+6 330）= 6 750（元）

根据计算的结果，作分录如下：

借：应付利息　　　　　　　　　　　　　　　　　　　　　　　　　12 330.00
　　财务费用——利息支出　　　　　　　　　　　　　　　　　　　　6 750.00
　贷：银行存款　　　　　　　　　　　　　　　　　　　　　　　　　19 080.00

"财务费用"是损益类账户，用以核算企业为筹集资金而发生的各项费用。企业在经营期间发生利息支出（予以资本化的利息除外）、支付给金融机构手续费和其他筹资费用时，记入借方；在冲转利息支出或月末转入"本年利润"账户时，记入贷方。

练 习 题

一、简答题

1. 试述费用按经济内容分类。
2. 试述费用按经济用途分类。
3. 试述大中型施工企业的管理体制以及在这一管理体制下各部门负责的工作。
4. 为了严格遵守成本开支范围，施工企业应划清哪些费用支出的界限？
5. 试述工程成本核算程序。
6. 辅助生产费用的分配有哪两种方法？分述这两种方法的优缺点和适用性。
7. 试述工程施工的明细分类核算。

二、名词解释题

材料费　机械使用费　其他直接费　管理费用　工程实际成本　定额管理制度　内部结算制度　工程成本核算程序　辅助生产费用　直接分配法　机械使用费　直接费用比例分配法

三、是非题

1. 费用是指企业在日常活动中发生的、会导致所有者权益减少的、与向所有者分配利润无关的经济利益的总流出。　　　　　　　　　　　　　　　　　　　　（　　）
2. 工程成本是指企业在施工生产中所发生的，按一定的成本核算对象归集的费用。
　　　　　　　　　　　　　　　　　　　　　　　　　　　　　　　　　（　　）
3. 工程预算成本是指施工企业根据施工图设计和预算定额、预算单价以及有关取费标准确定的工程成本。　　　　　　　　　　　　　　　　　　　　　　　　（　　）
4. 工程成本核算有做好成本核算的基础工作和严格遵守成本开支范围，划清各种费用的界限两个方面的要求。　　　　　　　　　　　　　　　　　　　　　　　（　　）
5. 定额是指施工企业在一定的施工生产技术和设备条件下，对施工生产经营过程中各种人力、物力的耗费所制定的消耗标准和应达到的水平。　　　　　　　　　（　　）

6. 施工企业的定额按其经济内容分，主要有材料消耗定额、劳动消耗定额和费用定额。
（　　）

7. 原始记录是指按照规定的格式和要求，对施工生产经营活动中各种成本费用发生的时间、地点、用途和金额所做的最初书面记录。（　　）

8. 施工企业只有辅助生产部门之间生产的材料（产品）和劳务成本确定分配以后，才能计算企业的工程成本和确定企业的期间费用。（　　）

9. 交互分配法是指辅助生产部门之间先进行一次相互分配，然后再将其归集的辅助生产费用在受益对象之间进行直接分配的方法。（　　）

10. 机械使用费包括施工企业在建筑工程和安装工程中使用自有施工机械所发生的各种使用费和使用租入机械发生的租赁费。（　　）

11. 经营租赁租入的施工机械租赁费不通过"机械作业"账户归集。（　　）

12. "竣工工程成本决算表"可以反映工程预算的执行情况，分析工程成本降低或超支的原因，并为同类工程积累成本资料。（　　）

13. 转账摊销是指不通过货币结算而采用转账形式摊销应由本期负担的费用。（　　）

14. 预付待摊是指过去已预先支付，应由本期摊销负担的费用。（　　）

四、单项选择题

1. _____是指施工管理部门为组织和管理工程施工所发生的全部支出。
   A. 其他直接费　　　B. 管理费用　　　C. 间接费用　　　D. 期间费用

2. 施工企业通常应当_____作为成本核算对象。
   A. 以每个工程
   B. 以单项建造合同工程
   C. 以部分工程
   D. 以一组建造合同工程

3. 对于领用的材料能够点清数量、分清用料对象的，应在领料凭证内填明用料对象，_____。
   A. 根据领料凭证汇总材料费分配计入各受益对象
   B. "以存计耗"倒挤材料耗用量，并据以分配计入各受益对象
   C. 采用摊销的方法分配计入各受益对象
   D. 直接计入各受益对象

4. _____的分配可以采用预算分配法。
   A. 其他直接费
   B. 间接费用
   C. 机械使用费
   D. 自有机械使用费

5. 固定资产折旧费是属于_____的列支方式。
   A. 直接支付
   B. 转账摊销
   C. 预付待摊
   D. 预提待付

五、多项选择题

1. 企业确认费用需要同时满足的条件是_____。
   A. 与费用相关的经济利益应当很可能流出企业
   B. 经济利益流出企业的结果会导致资产的减少或者负债的增加
   C. 费用是日常活动中形成的
   D. 经济利益的流出额能够可靠地计量

2. 工程成本的成本项目由_____组成。

    A. 材料费　　　　　　B. 燃料费　　　　　　C. 人工费　　　　　　D. 机械使用费

    E. 其他直接费　　　　F. 间接费用

3. 施工企业确定工程成本核算对象有以单项建造合同工程作为成本核算对象、_____等多种情况。

    A. 以每个工程作为成本核算对象

    B. 以一组建造合同工程作为成本核算对象

    C. 以全部工程作为成本核算对象

    D. 以部分工程作为成本核算对象

4. 施工企业做好成本核算的基础工作包括建立和健全科学的定额管理制度、_____等。

    A. 严格遵守成本开支范围　　　　　　B. 建立企业内部结算制度和结算价格

    C. 建立和健全原始记录制度　　　　　　D. 建立和健全财产物资管理制度

5. 辅助生产费用分配时，"生产成本——辅助生产成本"账户归集的生产费用将转入_____等账户。

    A. "工程施工"　　　　　　　　　　B. "机械作业"

    C. "管理费用"　　　　　　　　　　D. "其他业务成本"

6. 自有施工机械使用费的分配方法有_____。

    A. 台班分配法　　　　　　　　　　B. 作业量分配法

    C. 预算分配法　　　　　　　　　　D. 直接分配法

7. 间接费用分配的方法有_____。

    A. 直接费用比例分配法　　　　　　B. 人工费比例分配法

    C. 预算费用比例分配法　　　　　　D. 计划分配率分配法

8. 期间费用的列支方式有_____。

    A. 直接支付　　　B. 转账摊销　　　C. 预付待摊　　　D. 预提待付

六、实务题

习题一

一、**目的**　练习材料费、人工费和辅助生产费用的归集与分配。

二、**资料**　江宁建筑公司第一项目工程部 6 月发生下列有关的经济业务。

1. 6 月 30 日，根据 6 月领退料凭证、大堆材料耗用量计算表、集中配送耗用计算表和周转材料摊销分配表编制耗用材料汇总表如图表 10-16 所示。

图表 10-16

耗用材料汇总表

2023 年 6 月 1—30 日

编号：2109

单位：元

用料对象	主要材料（差异率-1.2%）		结构件（差异率-1%）		机械配件（差异率1%）		其他材料（差异率1.5%）		合　计		周转材料摊销额
	计划成本	成本差异	计划成本	成本差异	计划成本	成本差异	计划成本	成本差异	计划成本	成本差异	
商品房工程	550 000	-6 600	80 000	-800					630 000	-7 400	8 894

续表

用料对象	主要材料（差异率-1.2%）		结构件（差异率-1%）		机械配件（差异率1%）		其他材料（差异率1.5%）		合　计		周转材料摊销额
	计划成本	成本差异	计划成本	成本差异	计划成本	成本差异	计划成本	成本差异	计划成本	成本差异	
商务楼工程	330 000	-3 960	40 000	-400					370 000	-4 360	4 357
挖掘机作业组					2 000	20	7 600	114	9 600	134	
混凝土搅拌机作业组					800	8	1 200	18	2 000	26	
机修车间					2 400	24	4 800	72	7 200	96	
施工管理部门							2 000	30	2 000	30	
合　　计	880 000	-10 560	120 000	-1 200	5 200	52	15 600	234	1 020 800	-11 474	13 251

挖掘机作业组领用的其他材料中柴油为7 200元，润料及擦拭材料为400元，混凝土搅拌机作业组领用的其他材料均为润料及擦拭材料。

2. 6月30日，本月份编制的"工资结算汇总表"列明应发职工薪酬为308 800元，其中：商品房工程为172 000元，商务楼工程为88 000元，机械作业部门为18 400元（其中：挖掘机作业组9 000元，混凝土搅拌机作业组5 600元，管理人员3 800元），机修车间为14 400元，其中：车间主任3 400元。施工管理部门为16 000元，分配本月份职工工资。

3. 6月30日，按工资总额的14%、2%、1.5%、20%、1%和7%，分别计提职工福利费、工会经费、职工教育经费、养老保险费、失业保险费和住房公积金。

4. 6月30日，收到电力公司专用发票，列明耗用电力6 600度，每度0.60元，计3 960元，增值税额514.80元，其中：机修车间耗用3 800度，混凝土搅拌机组耗用2 800度，账款尚未支付。

5. 6月30日，计提固定资产折旧费29 365元，其中：挖掘机作业组11 156元，混凝土搅拌机作业组8 391元，机修车间2 104元，施工管理部门7 714元。

6. 6月30日，机修车间为各部门服务1 040工时，其中：挖掘机作业小组325工时，混凝搅拌机作业组185工时，施工管理部门50工时，长宁建筑公司480工时，分配本月份辅助生产费用。

三、要求

（一）编制会计分录。

（二）登记"生产成本——辅助生产成本"明细账。

习题二

一、**目的**　练习辅助生产费用的分配。

二、**资料**　南汇建筑公司7月修理车间和发电车间两个辅助生产部门发生辅助生产费用分别为31 500元和21 850元，这两个辅助生产部门向各部门提供劳务汇总表如图表10-17所示。

图表 10-17

辅助生产部门向各部门提供劳务汇总表

受益对象	修理工时数	供电度数
修理车间	——	2 500
发电车间	100	——

续表

受益对象	修理工时数	供电度数
商品房工程	—	21 000
商务楼工程	—	18 000
机械作业部门	550	3 000
施工管理部门	50	800
行政管理部门	120	2 200
奉贤建筑公司	430	—
合　　计	1 250	47 500

三、要求

（一）分别用直接分配法和交互分配法，编制"辅助生产费用分配表"。

（二）编制会计分录。

习题三

一、**目的**　练习机械使用费的核算。

二、**资料**

（一）江宁建筑公司第一项目部 6 月发生下列有关的经济业务。

1. 6 月 30 日，收到八达运输公司专用发票，列明挖掘机和混凝土搅拌机的搬运费分别为 1 420 元和 1 310 元，增值税额 245.70 元，账款当即签发转账支票支付。

2. 6 月 30 日，收到长安电器修理公司专用发票，列明电脑修理费 1 362 元，增值税额 177.06 元，账款当即签发转账支票支付。该电脑系机械作业管理部门的。

3. 6 月 30 日，分配机械作业部门的共同费用，挖掘机作业组分摊 2/3，混凝土搅拌机组分摊 1/3。

4. 6 月 30 日，挖掘机作业组为商品房工程完成掘土作业量 1 500 m³，为商务楼工程完成掘土作业量 650 m³；混凝土搅拌机作业组为商品房工程完成搅拌混凝土作业量 1 396 m³，为商务楼工程完成搅拌混凝土作业量 614 m³，分别用作业量分配法分配机械使用费。

5. 6 月 30 日，收到恒通建筑机械租赁公司专用发票，列明本月份塔吊的租赁费 28 680 元，增值税额 3 728.40 元，账款当即签发转账支票支付，本月份塔吊实际工作 60 个台班，其中：商品房工程 32 个台班，商务楼工程 28 个台班，用台班分配法分配塔吊的使用费。

（二）松江建筑公司"机械作业——推土机作业组"明细账户归集了机械使用费为 21 825 元，各工程的机械使用费的预算成本为 22 500 元，其中：建造 305 公路工程为 12 000 元，建造 306 公路工程为 10 500 元。

三、要求

（一）设置机械作业明细账，并根据本章习题一至本习题编制相关的会计分录，逐笔进行登记。

（二）根据资料（一）编制会计分录。

（三）根据资料（一）及相关资料编制"机械使用费分配表"。

（四）根据资料（二）用预算分配法分配机械使用费，并编制相应的会计分录。

习题四

一、**目的**　练习其他直接费和间接费用的归集与分配。

二、**资料** 江宁建筑公司第一项目部 6 月发生下列有关的经济业务。

1. 6 月 30 日，收到电力公司专用发票，开列用电 22 490 kW·h，单价 0.60 元，计电费 13 494 元，增值税额 1 754.22 元；自来水公司专用发票，开列用水 6 000 m³，单价 1.80 元，计水费 10 800 元，增值税额 972 元；运输公司专用发票，开列运输土方 7 019 t·km，单价 4 元，计运输费 28 076 元，增值税额 2 526.84 元，这三项费用均为施工现场直接耗用。电表显示商品房工程耗电 13 500 kW·h，商务楼工程耗费电 8 990 kW·h；水表显示商品房工程耗水 3 900 m³，商务楼工程耗水 2 100 m³；运输记录反映运输商品房工程土方 4 500 t·km，运输商务楼工程土方 2 519 t·km。根据各工程受益程度进行分配。

2. 6 月 30 日，施工管理部门收到电力公司专用发票，开列用电 3 200 kW·h，单价 0.60 元，金额 1 920 元，增值税额 249.60 元，收到电信公司专用发票，开列电话费 880 元，增值税额 79.20 元。账款当即签发转账支票支付。

3. 6 月 30 日，摊销本月份临时设施费 6 860 元，用五五摊销法摊销领用工具、劳动保护用品费 10 352 元，摊销本月份负担的财产保险费 900 元。

4. 6 月 30 日，用直接费用比例分配法分配间接费用。

三、**要求**

（一）编制会计分录。

（二）设置"工程施工——间接费用"明细账，并根据本章习题一至本习题编制的相关会计分录，逐笔进行登记。

（三）根据上列资料，重新用人工费比例分配法分配间接费用。

习题五

一、**目的** 练习工程成本的结转与竣工成本决算

二、**资料** 江宁建筑公司第一项目工程的有关资料如下。

（一）"工程施工——第一项目工程部——商品房工程合同成本"三级明细账户 6 月 1 日的期初余额为 9 882 404 元，其中：材料费 6 180 106 元，人工费 2 448 140 元，机械使用费 656 974 元，其他直接费 281 080 元，间接费用 316 104 元。"工程施工——第一项目工程部"二级明细账户 6 月 1 日的期初余额与其所属的"工程施工——第一项目工程部——商品房工程合同成本"三级明细账户相同。接着发生下列经济业务。

6 月 30 日，商品房工程竣工，验收合格，经确认该工程合同毛利为 1 805 000 元，予以转账。该工程于 2022 年 3 月 1 日开工。

（二）商品房工程的建筑面积为 3 750m²，其预算成本为 11 006 250 元，其中：材料费 6 909 000 元，人工费 2 721 000 元，机械使用费 719 500 元，其他直接费 305 000 元，间接费用 351 750 元。

三、**要求**

（一）设置"工程施工——第一项目工程部"二级明细账户及其所属的"商品房工程合同成本"和"商务楼工程合同成本"三级明细账户，并根据本章习题一至本习题编制的相关会计分录，逐笔进行登记。

（二）编制会计分录。

（三）编制商品房工程"竣工工程成本决算表"。

习题六

一、**目的**　练习期间费用的核算。

二、**资料**　东风建筑公司发生下列有关的经济业务。

1. 1 月 2 日，公司经理预支差旅费 2 000 元，以现金付讫。

2. 1 月 3 日，签发转账支票支付太平洋保险公司本年度行政管理部门的财产保险费 37 500 元。

3. 1 月 7 日，公司经理出差回来报销差旅费 1 950 元，退回多余现金 50 元，以结清预支款。

4. 1 月 10 日，经理室领用办公桌 1 只，金额 1 000 元，按五五摊销法摊销。

5. 1 月 14 日，以现金支付招待客户费用 1 080 元。

6. 1 月 15 日，工资结算汇总表中列明本月份应发行政管理人员薪酬合计为 45 000 元。代扣款项合计为 8 600 元，其中：住房公积金 3 150 元，养老保险费 3 600 元，医疗保险费 900 元，失业保险费 450 元，个人所得税 500 元。实发金额 36 400 元，据以提取现金，备发职工薪酬。

7. 1 月 15 日，发放本月份职工薪酬。

8. 1 月 18 日，计提本月份行政管理部门固定资产折旧费 1 786 元。

9. 1 月 21 日，推销应由本月份行政管理部门负担的财产保险费。

10. 1 月 25 日，分配本月份行政管理人员职工薪酬。

11. 1 月 28 日，分别按工资总额的 14%、2%、1.5%、20%、1% 和 7% 计提职工福利费、工会经费、职工教育经费、养老保险费、失业保险费和住房公积金。

12. 1 月 30 日，以银行存款支付给开户银行办理转账结算的手续费 360 元。

13. 1 月 31 日，本月份短期借款账户平均余额为 986 000 元，月利率为 6‰，计提本月份短期借款利息。

14. 3 月 31 日，接到银行转来"短期借款计息单"，开列本季度短期借款利息 17 820 元，查 2 月计提短期借款利息 5 928 元。

三、**要求**　编制会计分录。

第十一章 收 入

第一节 收入概述

一、收入的含义和特征

1. 收入的含义

收入是指企业在日常活动中的形成的、会导致所有者权益增加的、与所有者投入资本无关的经济利益的总流入。日常活动是指企业为完成其经营目标所从事的经常性活动以及与之相关的活动。施工企业的日常活动包括承包工程、销售材料或产品、提供机械作业和运输作业以及出租固定资产等。

2. 收入的特征

收入具有以下三个特征。

(1) 收入是企业日常活动中形成的。施工企业的收入是其从承包工程、销售材料或产品、提供机械作业和运输作业、出租固定资产等日常活动形成的收入。而处置固定资产、无形资产等非日常活动中形成的经济利益的流入不能确认为收入，而应当确认为利得。

(2) 收入是与所有者投入资本无关的经济利益的流入。收入应当会导致经济利益的流入，从而导致资产的增加。例如施工企业承包工程，根据完工百分比收到工程款或者取得收取工程款权利时，才能够确认收入。

(3) 收入会导致所有者权益的增加。与收入相关的经济利益的流入应当会导致所有者权益的增加，不会导致所有者权益增加的经济利益的流入，不应确认为收入。例如，施工企业向银行借入款项，尽管也导致了企业经济利益的流入，但该流入却导致企业承担了一项现时义务，应当将其确认为一项负债。

二、收入的分类

收入可以按不同标准进行分类。

1. 按照收入的性质分类

按照施工企业收入性质不同，可分为销售商品收入、提供劳务收入和让渡资产使用权收入。

2. 按照施工企业经营业务收入的主次地位分类

按照施工企业经营业务收入主次地位的不同，可分为主营业务收入和其他业务收入。

主营业务收入是指企业确认的主要经营业务活动实现的收入。施工企业的主营业务收入是建造合同收入。

其他业务收入是指施工企业确认的除主要经营业务活动以外的其他经营活动实现的收入。施工企业的其他业务收入有销售材料、产品收入、提供机械作业和运输作业收入以及出租固定资产收入等。

第二节 建造合同收入

一、建造合同的含义和特点

（一）建造合同的含义

建造合同是指为建造一项或数项在设计、技术、功能、最终用途等方面密切相关的资产而订立的合同。这里的资产是指房屋、道路、桥梁、水坝等建筑物以及船舶、飞机、大型机械设备等。

（二）建造合同的特点

建造合同属于经济合同范畴，但它不同于一般的材料采购合同和劳务合同，它的特点主要表现在以下四个方面。①先有买主（客户），后有标底（资产）。建造资产的造价在签订合同时已经确定。②资产的建设期长，一般都要跨越一个会计年度，有的长达数年。③所建造的资产体积大，造价高。④建造合同一般为不可取消的合同。

二、建造合同的分类及分立与合并

（一）建造合同的分类

建造合同按照所含风险的承担者不同，可分为固定造价合同和成本加价合同两种。

1. 固定造价合同

固定造价合同是指按照固定的合同价或固定单价确定工程款的建造合同。例如，施工企业为客户建造一座桥梁，建造合同规定总造价为 15 000 000 元。又如，施工企业为客户建造一幢商品房，合同规定商品房建筑面积 4 800 m^2，每平方米 2 850 元，这类合同均为固定造价合同。

2. 成本加价合同

成本加价合同是指以合同约定或其他方式议定的成本为基础，加上该成本的一定比例或定额费用确定工程价款的建造合同。例如，施工企业为建造一座医院，建造合同规定以建造该座医院的实际成本为基础，加收 5%的定额费用作为总造价，这个合同为成本加价合同。

（二）建造合同的分立与合并

施工企业通常应当按照单项建造合同进行会计核算。但是，在某些情况下，为了反映一项或一组合同的实质，需要将单项合同进行分立或将数项合同进行合并。

1. 建造合同的分立

建造合同分立有以下两种情况。

（1）一项包括建造数项资产的建造合同。当该建造合同同时满足下列条件的：①每项资产均有独立的建造计划；②与客户就每项资产单独进行谈判，双方能够接受或拒绝与每项资产有关的合同条款；③每项资产的收入和成本可以单独辨认。届时每项资产应当分立为单项合同。

（2）追加资产的建造。当追加资产的建造满足下列条件之一的：①追加资产在设计、技术或功能上与原合同包括一项或数项资产存在重大差异；②议定该追加资产的造价时，不需要考虑原合同价款。届时应当将其作为单项合同。

2. 建造合同的合并

一组合同无论是对应单个客户还是多个客户，同时满足下列条件的：①该组合同按"一揽子"交易签订；②该组合同密切相关，每项合同实际上已构成一项综合利润率工程的组成部分；③该组合同同时或依次履行。届时应当将该组合同合并为单项合同。

三、建造合同收入

（一）建造合同收入的组成

建造合同收入由合同初始收入和因合同变更、索赔、奖励等形成的收入组成。

1. 合同初始收入

合同初始收入是指企业与客户在双方签订的合同中最初商定的合同总金额，它构成了合同收入的基本内容。

2. 因合同变更、索赔、奖励等形成的收入

因合同变更、索赔、奖励等形成的收入，并不构成合同双方在签订合同时已在合同中商订的合同总金额，而是在执行合同过程中，由于变更、索赔、奖励等原因而形成追加收入。施工企业不能随意确认这部分收入，只能在符合规定的条件时才能构成合同总收入。

（1）合同变更。它是指客户为改变合同规定的作业内容而提出的调整。合同变更款同时满足下列条件的：①客户能够认可因变更而增加的收入；②该收入能够可靠地计量。届时才能构成合同收入。

（2）索赔款。它是指因客户或第三方的原因造成的、向客户或第三方收取的、用以补偿不包括在合同造价中的成本的款项。索赔款同时满足下列条件的：①根据谈判情况，预计对方能够同意该项索赔；②对方同意接受的金额能够可靠地计量。届时才能构成合同收入。

（3）奖励款。它是指工程达到或超过规定的标准，客户同意支付的额外款项。奖励款同时满足下列条件的：①根据合同目前完成情况，足以判断工程进度和工程质量能够达到或超过规定标准；②奖励金额能够可靠地计量。届时才能构成合同收入。

（二）建造合同收入的确认

在资产负债表日，施工企业应当准确、及时地确认合同收入，以便分析和考核合同的执行情况。届时应以建造合同的结果能否可靠估计来确定合同收入的方法。

1. 建造合同的结果能够可靠估计

建造合同的结果能够可靠估计的，施工企业在资产负债表日应当采用完工百分比法确认合同收入和合同费用。建造合同分为固定造价合同和成本加成合同两种类型，不同类型的建造合同，判断其结果能够可靠估计的前提条件也不同，现分述之。

（1）固定造价合同的结果能否可靠估计。其依据以下四个条件进行判断。①合同总收入能够可靠地计量。②与合同相关的经济利益很可能流入企业。③实际发生的合同成本能够清楚地区分和可靠地计量。④合同完工进度和为完成合同尚需发生的成本能够可靠确定。当同时满足这四个条件时，则固定造价合同的结果能够可靠估计。

（2）成本加成合同的结果能否可靠估计。其依据以下两个条件进行判断。①与合同相关的经济利益很可能流入企业。②实际发生的合同成本能够清楚区分和可靠计量。当同时满足这两个条件时，则成本加成合同的结果能够可靠估计。

2. 建造合同的结果不能可靠估计

建造合同的结果不能可靠估计的，施工企业不能采用完工百分比法确认合同收入和合同费用的，而应当遵循谨慎性会计信息质量要求，区别以下两种情况进行处理。

（1）合同成本能够收回的。在这种情况下，合同收入根据能够收回的实际合同成本予以确认，合同成本在其发生的当期确认为合用费用。

（2）合同成本不可能收回的。在这种情况下，合同成本在发生时立即确认为合同费用，不确认合同收入。

（三）完工百分比法的含义和运用

完工百分比法是指根据合同完工进度确认收入与费用的方法。运用这种方法确认合同收入和合同费用，能够为报表使用者提供有关合同进度及本期业绩的有用信息。运用完工百分比法有确定建造合同完工进度和根据完工进度确认与计量当期的合同收入和合同费用两个步骤。

1. 确定建造合同完工进度

施工企业确定建造合同完工进度可以选用以下三种方法。

（1）累计实际发生的合同成本占合同预计总成本比例法。这种方法是确定合同完工进度较常用的方法。其计算公式如下：

$$合同完工进度 = \frac{累计实际发生的合同成本}{合同预计总成本} \times 100\%$$

【例 11-1】 金陵建筑公司承建 10 000 m² 的商务楼工程，该工程 2021 年 1 月 1 日开工，预计 2023 年 6 月 30 日竣工，工期 2.5 年，该工程合同预计总成本为 3 000 万元，该企业"工程施工——商务楼工程合同成本"账户 2021 年年末余额为 1 080 万元，2022 年年末余额为 2 250 万元，计算该公司商务楼工程建造合同完工进度如下：

$$第一年建造合同完工进度 = \frac{1\,080}{3\,000} \times 100\% = 36\%$$

$$第二年建造合同完工进度 = \frac{2\,250}{3\,000} \times 100\% = 75\%$$

（2）已经完成的合同工作量占合同预计总工作量比例法。这种方法适用合同工作量容易确定的建造合同，如道路工程、土石方挖掘、砌筑工程等。其计算公式如下：

$$合同完工进度 = \frac{已经完成的合同工作量}{合同预计总工作量} \times 100\%$$

【例 11-2】 川西建筑公司承建一条 300 km 的公路，该工程自 2020 年 1 月 1 日开工，预计 2022 年 9 月 30 日竣工，工期 2 年 9 个月。该工程第一年建造了 102 千米，第 2 年建造 108 km，计算其建造合同的完工进度如下：

$$第一年建造合同完工进度 = \frac{102}{300} \times 100\% = 34\%$$

$$第二年建造合同完工进度 = \frac{102+108}{300} \times 100\% = 70\%$$

（3）实际测定完工进度法。这种方法是在无法根据上述两种方法确定合同完工进度时而采用的一种特殊的技术测量方法。这种技术测量并不是由施工企业自行随意测定的，而应由专业人员现场进行科学测定。实际测定完工进度法，适用于一些特殊的建造合同，如水下施工工程等。

2. 根据完工进度确认与计量当期的合同收入和合同费用

施工企业在确定建造合同完工进度以后，据以确认与计量当期的合同收入和合同费用，其计算公式如下：

$$当期确认的合同收入 = 合同总收入 × 完工进度 - 以前会计年度累计已确认的收入$$

$$当期确认的合同毛利 = \left(合同总收入 - 合同预计总成本 \right) × 完工进度 - 以前会计年度累计已确认的毛利$$

$$当期确认的合同费用 = 当期确认的合同收入 - 当期确认的合同毛利 - 以前会计年度预计损失准备$$

在上列公式中，完工进度实际上是累计完工进度，在实际工作中，施工企业应视建造合同实施的具体情况运用上列公式确认与计量合同收入和合同费用，现分述之。

（1）当年开工当年未完工的建造合同。在这种情况下，企业确认与计量当期合同收入和合同费用时，以前会计年度累计已确认与计量的合同收入和合同毛利均为零。

（2）以前年度开工本年仍未完工的建造合同。在这种情况下，企业可以直接运用上列公式确认与计量当期合同收入和合同费用。

（3）以前年度开工本年完工的建造合同。在这种情况下，企业当期确认与计量的合同收入，等于合同总收入扣除以前会计年度累计已确认的合同收入后的余额；当期确认与计量的合同毛利，等于合同总收入扣除实际合同总成本和以前会计年度累计已确认的合同毛利后的余额。

（4）当年开工当年完工的建造合同。在这种情况下，当期确认与计量的合同收入，等于该项合同的总收入，当期确认与计量的合同费用，等于该项合同的实际总成本。

【例11-3】 续前例，川西建筑公司承建一条 300 km 的公路，其所签订的建造合同的总金额为 9 000 万元，合同预计总成本为 7 920 万元，该工程于 2022 年 9 月 30 日竣工，实际总成本为 7 912 万元，确认与计量各年的合同收入，合同毛利和合同费用如下：

确认与计量 2020 年的合同收入 = 9 000 × 34% = 3 060（万元）

确认与计量 2020 年的合同毛利 = (9 000 - 7 920) × 34% = 367.20（万元）

确认与计量 2020 年的合同费用 = 3 060 - 367.20 = 2 692.80（万元）

确认与计量 2021 年的合同收入 = 9 000 × 70% - 3 060 = 3 240（万元）

确认与计量 2021 年的合同毛利 = (9 000 - 7 920) × 70% - 367.20 = 388.80（万元）

确认与计量 2021 年的合同费用 = 3 240 - 388.80 = 2 851.20（万元）

确认与计量 2022 年合同收入 = 9 000 - 3 060 - 3 240 = 2 700（万元）

确认与计量 2022 年合同毛利 = 9 000 - 7 912 - 367.20 - 388.80 = 332（万元）

确认与计量 2022 年合同费用 = 2 700 - 332 = 2 368（万元）

（四）建造合同收入的核算

1. 建造合同收入采用完工百分比法的核算

施工企业建造合同的结果能够可靠地估计时，建造合同收入采用完工百分比法。

【例11-4】 鸿兴建筑公司与长安房地产公司签订一项总金额为 30 000 000 元的商品房建造合同，增值税率为 9%。工程于 2020 年 4 月 1 日开工，预计于 2022 年 9 月 30 日完工。预计工程总成本为 27 000 000 元，合同完工进度采用累计发生的合同成本占合同预计总成本比例法。

（1）2020 年 12 月 31 日，"工程施工——商品房工程合同成本"账户余额为 7 560 000 元，确认与计量本年的合同收入，合同毛利和合同费用如下：

$$合同完工进度=\frac{7\,560\,000}{27\,000\,000}\times100\%=28\%$$

$$合同收入=30\,000\,000\times28\%=8\,400\,000(元)$$

$$合同毛利=(30\,000\,000-27\,000\,000)\times28\%=840\,000(元)$$

$$合同费用=8\,400\,000-840\,000=7\,560\,000(元)$$

根据确认与计量的结果,填具专用发票,列明工程款 8 400 000 元,增值税额 756 000 元,作分录如下:

借:应收账款——长安房地产公司 756 000.00
  主营业务成本——商品房工程 7 560 000.00
  工程施工——商品房工程合同毛利 840 000.00
 贷:主营业务收入——商品房工程 8 400 000.00
   应交税费——应交增值税——销项税额 756 000.00

(2) 2021 年 12 月 31 日,"工程施工——商品房工程合同成本"账户余额为 19 170 000 元,确认与计量本年的合同收入,合同毛利和合同费用如下:

$$建造合同完工进度=\frac{19\,170\,000}{27\,000\,000}\times100\%=71\%$$

$$合同收入=30\,000\,000\times71\%-8\,400\,000=12\,900\,000(元)$$

$$合同毛利=(30\,000\,000-27\,000\,000)\times71\%-840\,000=1\,290\,000(元)$$

$$合同费用=12\,900\,000-1\,290\,000=11\,610\,000(元)$$

根据确认与计量的结果填具专用发票,列明工程款 12 900 000 元,增值税额 1 161 000 元,作分录如下:

借:应收账款——长安房地产公司 1 161 000.00
  主营业务成本——商品房工程 11 610 000.00
  工程施工——商品房工程合同毛利 1 290 000.00
 贷:主营业务收入——商品房工程 12 900 000.00
   应交税费——应交增值税——销项税额 1 161 000.00

(3) 2022 年 9 月 15 日,公司承建的商品房竣工"工程施工——商品房工程合同成本"账户余额为 26 850 000 元,确认与计量本年的合同收入,合同毛利和合同费用如下:

$$合同收入=30\,000\,000-8\,400\,000-12\,900\,000=8\,700\,000(元)$$

$$合同毛利=30\,000\,000-26\,850\,000-840\,000-1\,290\,000=1\,020\,000(元)$$

$$合同费用=8\,700\,000-1\,020\,000=7\,680\,000(元)$$

根据确认与计量的结果填具专用发票,列明工程款 8 700 000 元,增值税额 783 000 元,作分录如下:

借:应收账款——长安房地产公司 783 000.00
  主营业务成本——商品房工程 7 680 000.00
  工程施工——商品房工程合同毛利 1 020 000.00
 贷:主营业务收入——商品房工程 8 700 000.00
   应交税费——应交增值税——销项税额 783 000.00

"主营业务收入"是损益类账户,用以核算企业确认与计量当期的建造合同收入。企业确认与计量当期的建造合同收入时,记入贷方;期末将确认与计量的建造合同收入结转"本年利润"账户时,记入借方。

"主营业务成本"是损益类账户，用以核算企业确认与计量的当期的建造合同费用，企业确认与计量当期的建造合同费用时，记入借方；期末将确认与计量的建造合同费用结转"本年利润"账户时，记入贷方。

建造合同的工程竣工，验收合格后，结转已完工程成本时，借记"工程结算"账户，贷记"工程施工"账户。

【例11-5】续前例，2022年9月30日，鸿兴建筑公司的商品房工程竣工，验收合格，予以转账，作分录如下：

借：工程结算——商品房工程	30 000 000.00
贷：工程施工——商品房工程合同成本	26 850 000.00
工程施工——商品房工程合同毛利	3 150 000.00

施工企业如果发生合同预计总成本将超过合同预计总收入时，应将预计合同损失确认为当期费用，届时借记"资产减值损失"账户；贷记"存货跌价准备"账户。

【例11-6】天宇建筑公司与滨海房地产公司签订一项总金额为9 000 000元的保障房建造合同，工程于2022年1月1日开工，预计2023年6月30日竣工。预计工程总成本为8 550 000元，合同完工进度采用累计发生的合同成本占合同预计总成本比例法。

(1) 2022年12月31日，"工程施工——保障房工程合同成本"账户余额为5 928 000元，而从本年下半年起，由于材料价格的大幅上涨和职工工资的提高，因此将预计总成本调整至9 120 000元，确认与计量本年的合同收入、合同毛利和合同费用如下：

$$建造合同完工进度 = \frac{5\,928\,000}{9\,120\,000} \times 100\% = 65\%$$

$$合同收入 = 9\,000\,000 \times 65\% = 5\,850\,000(元)$$

$$合同毛利 = (9\,000\,000 - 9\,120\,000) \times 65\% = -78\,000(元)$$

$$合同费用 = 5\,850\,000 - (-78\,000) = 5\,928\,000(元)$$

根据确认与计量的结果填具专用发票，列明工程款5 850 000元，增值税额526 500元，作分录如下：

借：应收账款——滨海房地产公司	526 500.00
主营业务成本——保障房工程	5 928 000.00
贷：主营业务收入——保障房工程	5 850 000.00
应交税费——应交增值税——销项税额	526 500.00
工程施工——保障房工程合同毛利	78 000.00

(2) 2022年12月31日，根据上列资料确认并计量预计合同损失如下：

$$预计合同损失 = (9\,120\,000 - 9\,000\,000) \times (1 - 65\%) = 42\,000(元)$$

根据确认与计量的结果，作分录如下：

借：资产减值损失——预计合同损失	42 000.00
贷：存货跌价准备——预计合同损失准备	42 000.00

(3) 2023年6月15日，保障房工程已竣工"工程施工——保障房工程合同成本"账户余额为9 125 000元，确认与计量该年的合同收入、合同毛利和合同费用如下：

$$合同收入 = 9\,000\,000 - 5\,850\,000 = 3\,150\,000(元)$$

$$合同毛利 = 9\,000\,000 - 9\,125\,000 - (-78\,000) = -47\,000(元)$$

$$合同费用 = 3\,150\,000 - (-47\,000) = 3\,197\,000(元)$$

根据确认与计量的结果填具专用发票，列明工程款 3 150 000 元，增值税额 283 500 元，作分录如下：

借：应收账款——滨海房地产公司　　　　　　　　　　　　　　　　　283 500.00
　　主营业务成本——保障房工程　　　　　　　　　　　　　　　　　3 197 000.00
　　贷：主营业务收入——保障房工程　　　　　　　　　　　　　　　3 150 000.00
　　　　应交税费——应交增值税——销项税额　　　　　　　　　　　283 500.00
　　　　工程施工——保障房工程——合同毛利　　　　　　　　　　　47 000.00

（4）2023 年 6 月 15 日，转销已计提的预计合同损失准备，作分录如下：

借：存货跌价准备——预计合同损失准备　　　　　　　　　　　　　42 000.00
　　贷：主营业务成本——安居房工程　　　　　　　　　　　　　　42 000.00

2. 建造合同不采用完工百分比法的核算

如果建造合同的结果不能可靠估计，施工企业就不能采用完工百分比法核算，应区别情况进行核算。如果合同成本能够收回的，在资产负债表日，应按照能够收回的实际合同成本确认与计量当期的合同收入和合同费用，不确认利润。等工程完工后，再根据实际完成的情况确认与计量合同收入、合同毛利和合同费用。

【例 11-7】　沪光隧道公司与川北铁路局签订了一项总金额为 9 800 000 万元的隧道建造合同，工程于 2021 年 5 月 31 日开工，预计于 2022 年 7 月 31 日竣工，预计工程总成本为 8 820 000 元。

（1）2021 年 12 月 31 日，"工程施工——隧道工程合同成本"账户余额 4 320 000 元，由于施工现场地质复杂，对该项工程的完工进度难以确定，而客户的信誉良好，能够履行合同，本公司发生的成本能够收回，根据成本确认收入，填具专用发票，列明工程款 4 320 000 元，增值税额 388 800 元，作分录如下：

借：应收账款——川北铁路局　　　　　　　　　　　　　　　　　388 800.00
　　主营业务成本——隧道工程　　　　　　　　　　　　　　　　　4 320 000.00
　　贷：主营业务收入——隧道工程　　　　　　　　　　　　　　　4 320 000.00
　　　　应交税费——应交增值税——销项税额　　　　　　　　　　　388 800.00

（2）2022 年 7 月 30 日，公司承建的隧道竣工，"工程施工——隧道工程合同成本"账户余额为 9 121 000 元，确认收入，填具专用发票，列明工程款为 5 480 000 元，增值税额为 493 200 元，予以转账，作分录如下：

借：应收账款——川北铁路局　　　　　　　　　　　　　　　　　493 200.00
　　主营业务成本——隧道工程　　　　　　　　　　　　　　　　　4 801 000.00
　　工程施工——隧道工程合同毛利　　　　　　　　　　　　　　　679 000.00
　　贷：主营业务收入——隧道工程　　　　　　　　　　　　　　　5 480 000.00
　　　　应交税费——应交增值税——销项税额　　　　　　　　　　　493 200.00

如果合同的成本不可能收回，则不确认与计量合同收入，将已发生的合同成本确认为当期费用，届时应借记"主营业务成本"账户，贷记"工程施工——合同毛利"账户。

四、工程价款结算

（一）工程价款结算的意义

工程价款结算是指施工企业因承包建筑安装工程，按照建造合同的规定，向建设单位点交已完工程，并收取工程价款的结算行为。施工企业通过工程价款结算，既能促使建设单位切实履行建造合同，又能及时补偿其在施工生产过程中发生的资金耗费，以保证再施工生产的顺利进行。

（二）工程价款的结算办法和结算方式

1. 工程价款的结算办法

根据财政部、建设部颁发的《建设工程价款结算暂行办法》的规定，工程价款结算应按照合同约定办理，合同未做约定或约定不明的，发、承包双方应依照下列规定与文件协商处理。①国家有关法律、法规和规章制度。②国务院建设行政主管部门、省、自治区、直辖市或有关部门发布的工程造价计价标准、计价办法等有关规定。③建设项目的合同，补充协议、变更签证和现场签证，以及经发、承包人认可的其他有效文件。④其他可依据的材料。

该办法还规定，包工包料工程的预付款按合同约定拨付。原则上预付比例不低于合同金额的10%，不高于合同金额的30%。在具备施工条件的前提下，发包人应在双方签订合同后一个月内或不迟于约定的开工日期前7日内预付工程款，发包人不按约定预付，承包人应在预付时间到期后10日内向发包人发出要求预付的通知，发包人收到通知后仍不按要求预付，承包人可在发出通知14天后停止施工，发包人应从约定应付之日起向承包人支付应付款的利息（利率按同期银行贷款利率计），并承担违约责任。预付的工程款必须在合同中约定抵扣的方式，并在工程进度款中进行抵扣。

2. 工程价款的结算方式

工程价款的结算，根据工程竣工期的长短不同，可分为以下三种结算方式。

（1）竣工后一次结算。对于当年开工，当年竣工的工程，采取竣工后一次结算的方式。

（2）分段结算与支付。对于当年开工，当年不能竣工的工程，按照工程实际进度，划分不同阶段支付工程进度款。具体划分在合同中明确。

（3）按月支付结算。对于合同工期在两个年度以上的工程，采取按月支付工程进度款，在年终进行工程盘点，办理年度结算，在工程竣工后进行清算。

施工企业按月办理工程价款结算时，应编制"已完工程月报表"和"工程价款结算账单"，其格式如图表11-1和图表11-2所示。

图表 11-1

已完工程月报表

发包单位名称：安泰房地产公司　　　　2022 年 6 月 30 日　　　　　　　　金额单位：元

单项工程名称	合同造价	建筑面积/m²	开竣工日期		至上月止累计已完工程价款	本月已完工程价款	备注
			开工日期	竣工日期			
商品房工程	66 000 000	25 000	2022 年 6 月 1 日	2023 年 11 月 30 日		3 600 000	

施工企业：静安建筑公司　　　　　　　　　　　　　　　　　　　　　　　制表：胡兆铭

图表 11-2

工程价款结算账单

发包单位名称：安泰房地产公司　　　2022 年 6 月 30 日　　　　　　　　单位：元

单项工程名称	合同造价	本期应收工程价款	本期应扣预收工程价款	本期实收工程价款	至本期止累计已收工程价款	备　注
商品房工程	66 000 000	3 600 000	540 000	3 060 000	3 600 000	

施工企业：静安建筑公司　　　　　　　　　　　　　　　　　　　制单：俞学升

（三）工程价款结算的核算

施工企业收到建设单位预付工程价款时，借记"银行存款"账户，贷记"预收账款"账户。按工程进度结算工程价款时，按应抵扣的预收工程款，借记"预收账款"；按确认的应收工程款，贷记"工程结算"账户。将两者之间的差额，列入"应收账款"账户的借方。

【例 11-8】静安建筑公司与安泰房地产公司签订一项包工包料的商品房建造合同，合同总金额为 66 000 000 元，工程于 2022 年 6 月 1 日开工，预计于 2023 年 11 月 30 日竣工。合同约定开工前 7 天预收工程款的 15%，商品房工程采取按月收取工程进度款的结算方式，届时，按比例扣除已预收的工程价款。

（1）2022 年 5 月 24 日，预收安泰房地产公司建造商品房工程款 9 900 000 元，存入银行，作分录如下：

借：银行存款　　　　　　　　　　　　　　　　　　　　　　　9 900 000.00
　　贷：预收账款——安泰房地产公司　　　　　　　　　　　　　　　　9 900 000.00

（2）2022 年 6 月 30 日，建造的商品房根据已完工程价款 3 600 000 元（见图表 11-1）填具工程价款结算账单（见图表 11-2），经安泰房地产公司签证，按已完工的比例扣除预收工程款后，向其办理结算工程价款，作分录如下：

借：预收账款——安泰房地产公司　　　　　　　　　　　　　　540 000.00
　　应收账款——安泰房地产公司　　　　　　　　　　　　　　3 060 000.00
　　贷：工程结算——安泰房地产公司　　　　　　　　　　　　　　3 600 000.00

（3）2022 年 7 月 8 日，收到安泰房地产公司付来 6 月商品房工程价款 3 060 000 元，增值税额 275 400 元，存入银行，作分录如下：

借：银行存款　　　　　　　　　　　　　　　　　　　　　　　3 335 400.00
　　贷：应收账款——安泰房地产公司　　　　　　　　　　　　　　3 335 400.00

"工程结算"是成本类账户，它是"工程施工"的抵减账户，用以核算企业根据建造合同约定向客户办理工程价款结算的累计金额。企业根据合同完工进度向客户开出工程价款结算账单并办理账款结算时，记入贷方；建造合同完工时，将其余额与相关的工程施工合同的"工程施工"账户对冲时，记入借方。对冲后应无余额。对冲前余额在贷方，表示企业尚未完工建造合同已办理结算的累计金额。

第三节　其他业务收入

施工企业除了从事建筑安装工程的施工业务，获得建造合同收入外，往往还从事一些其他经营活动，并获得其他业务收入。施工企业的其他经营业务主要有销售商品，提供劳务和让渡资产使用权。

一、销售商品业务

销售商品业务是指施工企业销售产品和材料的业务。企业确认销售商品收入必须同时满足下列五个条件。①企业已将商品所有权上的主要风险和报酬转移给购货方。②企业既没有保留通常与所有权相联系的继续管理权，也没有对已售出的商品实施有效控制。③收入的金额能够可靠地计量。④相关的经济利益很可能流入企业。⑤相关的已发生或将发生的成本能够可靠的计量。

施工企业在销售产品或材料时，按收到的款项，借记"银行存款"账户，按实现的销售收入，贷记"其他业务收入"账户；按应收的增值税额，贷记"应交税费"账户。施工企业在结转销售产品或材料的成本时，借记"其他业务成本"账户；贷记"库存商品"或"原材料"账户。

【例 11-9】浦江建筑公司所属的预制构件公司销售给嘉兴建筑公司空心板 150m³，单价 420 元，金额 63 000 元，增值税额 8 190 元。

（1）收到全部款项 73 710 元，存入银行，作分录如下：

借：银行存款	71 190.00
贷：其他业务收入——产品销售收入	63 000.00
应交税费——应交增值税——销项税额	8 190.00

（2）该空心板的单位成本为 370 元，结转其销售成本，作分录如下：

借：主营业务成本——产品销售成本	55 500.00
贷：库存商品	55 500.00

"其他业务收入"是损益类账户，用以核算企业确认的除主营业务活动以外的其他经营活动实现的收入。企业确认其他业务收入时，记入贷方；月末将其余额结转"本年利润"账户时，记入借方。

"其他业务成本"是损益类账户，用以核算企业确认的除主营业务活动以外的其他经营活动所发生的支出。企业发生其他企业成本时，记入借方；月末将其余额结转"本年利润"账户时，记入贷方。

"库存商品"是资产类账户，用以核算企业库存的各种产品的成本。当产品验收入库时记入借方；当产品领用或对外销售结转其成本时，记入贷方；期末余额在借方，表示结存库存产品的成本。

二、提供劳务

施工企业在完成施工生产主营业务的同时，往往开展多种经营，对外提供机械作业和运输作业劳务，以增加企业收入。施工企业应在劳务完成时确认收入，并在当期结转提供劳务的成本。

【例 11-10】浦江建筑公司所属机械作业站 9 月为青浦建筑公司挖掘 1 200 m³ 土方，每立方米 25 元。

（1）9 月 28 日，填具专用发票，列明挖掘土方款 30 000 元，增值税额 2 700 元，当即收到全部账款，存入银行，作分录如下：

借：银行存款　　　　　　　　　　　　　　　　　　　　32 700.00

　　贷：其他业务收入——提供劳务收入　　　　　　　　　　30 000.00

　　　　应交税费——应交增值税——销项税额　　　　　　　 2 700.00

（2）9月30日，挖掘土方，每立方米应分摊成本22元，予以转账，作分录如下：

借：其他业务成本——提供劳务成本　　　　　　　　　　　26 400.00

　　贷：机械作业　　　　　　　　　　　　　　　　　　　　26 400.00

三、让渡资产使用权业务

施工企业让渡资产使用权业务有出租固定资产业务和转让无形资产使用权业务。让渡资产使用权收入同时满足以下两个条件的：①相关的经济利益很可能流入企业；②收入的金额能够可靠地计量，才能予以确认。

施工企业确认出租固定资产收入和转让无形资产使用权收入时，贷记"其他业务收入"账户。出租固定资产计提的折旧费和因出租固定资产所发生的相关费用，以及因转让无形资产使用权而发生的费用，均应作为让渡资产使用权的成本，列入"其他业务成本"账户。

【例11-11】武泰建筑公司出租给奉贤建筑公司挖掘机2辆，合同规定每辆按月收取租金2 400元。

（1）6月28日，填具专用发票，列明本月份出租挖掘机租金4 800元，增值税额624元，收到全部账款存入银行，作分录如下：

借：银行存款　　　　　　　　　　　　　　　　　　　　 5 424.00

　　贷：其他业务收入——让渡资产使用权收入　　　　　　　 4 800.00

　　　　应交税费——应交增值税——销项税额　　　　　　　　 624.00

（2）6月30日，计提本月份出租2辆挖掘机的折旧费3 000元，作分录如下：

借：其他业务成本——让渡资产使用权成本　　　　　　　　 3 000.00

　　贷：累计折旧　　　　　　　　　　　　　　　　　　　　 3 000.00

练 习 题

一、简答题

1. 试述收入的分类。

2. 试述收入按照施工企业经营业务收入的主次地位分类。

3. 试述建造合同的分立。

4. 判定固定造价合同结果能够可靠估计的条件有哪些？

5. 什么是完工百分比法？运用完工百分比法有哪些步骤？

6. 试述工程价款的结算办法。

二、名词解释题

收入　日常活动　成本加价合同　合同变更　奖励款　工程价款结算　商品销售业务

三、是非题

1. 建造合同按照所含风险的承担者不同，可分为固定造价合同和成本加价合同两种。

（　　）

2. 固定造价合同是指按照固定的合同造价确定工程款的建造合同。　　　　（　　）

3. 一组合同同时满足下列条件的：该组合同按"一揽子"交易合同签订；该组合同密切相关，每项合同实际上已构成一项综合利润率工程的组成部分。届时应当将该组合同合并为单项合同。　　　　　　　　　　　　　　　　　　　　　　　　　　　　（　　）

4. 建造合同收入由合同初始收入和因合同变更、索赔、奖励等形成的收入组成。

（　　）

5. 合同初始收入是指企业与客户在双方签订的合同中最初商定的合同总金额，它构成了合同收入的基本内容。　　　　　　　　　　　　　　　　　　　　　　　　　　（　　）

6. 建造合同的结果不能可靠估计，合同收入根据能够收回的实际成本予以确认，合同成本在其发生的当期确认为合同费用。　　　　　　　　　　　　　　　　　　　　（　　）

7. 施工企业如果发生合同预计总成本将超过合同预计总收入时，应将预计合同损失确认为当期费用，将其列入"主营业务成本"账户。　　　　　　　　　　　　　　　　（　　）

8. 工程价款结算是指施工企业因承包建筑安装工程，按照建造合同的规定，向建设单位点交已完工程，并收取工程价款的结算行为。　　　　　　　　　　　　　　　　（　　）

9. 包工包料工程的预付款，在具备施工的前提下，发包人应在双方签订合同后一个月内或不迟于约定的开工日期前 5 日内预付工程款。　　　　　　　　　　　　　　（　　）

10. 施工企业的其他经营业务主要有销售商品、提供劳务和让渡资产使用权。（　　）

四、单项选择题

1. 建造合同是指为建造一项或数项在_____等方面密切相关的资产而订立的合同。
   A. 设计、施工、功能、最终用途　　　　B. 设计、技术、功能、最终用途
   C. 设计、施工、功能、技术　　　　　　D. 设计、技术、施工、最终用途

2. _____是指因客户或第三方的原因造成的、向客户或第三方收取的、用以补偿不包括在合同造价中的成本的款项。
   A. 奖励款　　　　B. 合同变更　　　　C. 其他收入　　　　D. 索赔款

3. _____是施工企业确定合同完工进度较常用的方法。
   A. 累计实际发生的合同成本占合同预计总成本比例法
   B. 已经完成的合同工作量占合同预计总工作量比例法
   C. 实际测定完工进度法

4. _____的建造合同，当期确认与计量的合同收入，等于该项合同的总收入；当期确认与计量的合同费用，等于该项合同的实际总成本。
   A. 当年开工当年未完工　　　　　　B. 当年开工当年完工
   C. 以前年度开工本年仍未完工　　　D. 以前年度开工本年度完工

5. 对于当年开工，当年不能竣工的工程，应采用_____的结算方式。
   A. 竣工后一次结算　　　　　　B. 按月支付结算
   C. 分段结算与支付

五、多项选择题

1. 收入具有_____特征。
   A. 收入是与所有者投入资本无关的经济利益流入
   B. 收入会导致所有者权益的增加
   C. 收入会导致资产的增加

D. 收入是企业日常活动中形成的

2. 建造合同的特点主要有_____。

    A. 所建造的资产体积大、造价高

    B. 资产的建设期长，一般都要跨越一个会计年度，有的长达数年

    C. 建造合同一般为不可取消合同

    D. 先有买主，后有标底

3. 一项包括建造数项资产的建造合同，当该建造合同同时满足下列条件的：_____。届时每项资产应当分立为单项合同。

    A. 每项资产均有独立建造计划

    B. 每项资产的合同收入与合同成本可以单独辨认

    C. 与客户就每项资产单独进行谈判，双方能够接受或拒绝与每项资产有关的合同条款

    D. 每项资产的收入和成本可以单独辨认

4. 施工企业判断成本加价合同的结果能否可靠估计必须同时满足的前提条件是_____。

    A. 合同总收入能够可靠地计量

    B. 与合同相关的经济利益很可能流入企业

    C. 实际发生的合同成本能够清楚地区分和可靠地计量

    D. 合同完工进度和为完成合同尚需发生的成本能够可靠确定

5. 企业确认商品销售收入必须同时满足的条件是：企业已将商品所有权上的主要风险和报酬转移给购货方，企业既没有保留通常与所有权相联系的继续管理权，也没有对已售出的商品实施有效的控制，_____。

    A. 相关的已发生的成本能够可靠地计量

    B. 收入的金额能够可靠地计量

    C. 相关的经济利益很可能流入企业

    D. 相关的已发生或将发生的成本能够可靠地计量

六、实务题

习题一

一、**目的**　练习完工百分比法的运用。

二、**资料**

（一）金龙建筑公司承建 150 000 m² 商品房工程，该工程于 2021 年 1 月 1 日开工，预计 2023 年 7 月 31 日竣工，工期 2 年 7 个月。该工程合同预计总成本为 3 900 万元，该企业"工程施工——商品房工程合同成本"账户 2021 年年末余额为 1 480 万元，2022 年年末余额为 2 980 万元。

（二）川北建筑公司承建 360 km 的公路，该工程自 2021 年 1 月 31 日开工，预计 2023 年 7 月 31 日完工，工期 2.5 年，该工程第一年建造了 138 km，第二年建造了 150 km。该公路所签订的建造合同总金额为 11 160 万元，合同预计总成本为 10 044 万元，实际总成本为 10 032 万元。

三、**要求**

（一）根据资料（一），用累计实际发生的合同成本占合同预计总成本比例法确定建造合同完工进度。

（二）根据资料（二），用已经完成的合同工作量占合同预计总工作量比例法确定建造合同完工进度，并确认与计量各年的合同收入、合同毛利和合同费用。

习题二

一、**目的** 练习建造合同收入的核算。

二、**资料**

（一）申光建筑公司与湖州房地产公司签订一项总金额为 45 000 000 元的商品房建造合同，工程于 2021 年 1 月 1 日开工，预计于 2023 年 7 月 31 日完工。预计工程总成本为 40 950 000 元，增值税税率为 9%，合同完工进度采用累计发生的合同成本占合同预计总成本比例法。

1. 2021 年 12 月 31 日，"工程施工——商品房工程合同成本"账户余额为 14 742 000 元，确认与计量本年的合同收入、合同毛利、合同费用和增值税额。

2. 2022 年 12 月 31 日，"工程施工——商品房工程合同成本"账户余额为 15 561 000 元，确认与计量本年的合同收入、合同毛利、合同费用和增值税额。

3. 2023 年 7 月 20 日，公司承建的商品房竣工"工程施工——商品房工程合同成本"账户余额为 40 760 000 元，确认与计量本年的合同收入、合同毛利、合同费用和增值税额。

4. 2023 年 7 月 28 日，公司竣工的商品房工程已验收合格，予以转账。

（二）文昌建筑公司与宏兴房地产公司签订一项总金额为 11 400 000 元的保障房建造合同，工程于 2021 年 2 月 1 日开工，预计 2023 年 7 月 31 日竣工，预计工程总成本为 10 800 000 元，增值税税率为 9%，合同完工进度采用累计发生的合同成本占合同预计总成本比例法。

1. 2021 年 12 月 31 日，"工程施工——保障房工程合同成本"账户余额为 4 088 700 元，而本年下半年起，由于材料价格的大幅上涨和职工工资的提高，因此将预计总成本调整至 11 550 000 元，确认与计量本年的合同收入、合同毛利、合同费用和增值税额。

2. 2021 年 12 月 31 日，根据上题资料确认并计量合同损失。

3. 2022 年 12 月 31 日，"工程施工——保障房工程合同成本"账户余额为 8 558 550 元，确认与计量本年的合同收入、合同毛利、合同费用和增值税额。

4. 2022 年 12 月 31 日，相应转销已计提的预计合同损失准备。

5. 2023 年 7 月 20 日，保障房工程已竣工，"工程施工——保障房工程合同成本"账户余额为 11 520 000 元，确认与计量本年的合同收入、合同毛利、合同费用和增值税额。

6. 2023 年 7 月 21 日，转销已计提的预计合同损失准备。

7. 2023 年 7 月 25 日，公司竣工的保障房已验收合格，予以转账。

（三）武陵隧道公司与滇西铁路局签订了一项总金额为 15 000 000 元的隧道建造合同，工程于 2021 年 7 月 1 日开工，预计于 2023 年 7 月 31 日竣工，预计工程总成本为 13 575 000 元，增值税税率为 9%。

1. 2021 年 12 月 31 日，"工程施工——隧道工程合同成本"账户余额为 3 266 000 元，由于施工现场地质复杂，对该工程的完工进度难以确定，而客户的信誉良好，能够履行合同，本公司发生的成本能够收回。

2. 2022 年 12 月 31 日，"工程施工——隧道工程合同成本"账户余额为 9 268 000 元，予以转账。

3. 2023 年 7 月 20 日，公司承建的隧道竣工，"工程施工——隧道工程合同成本"账户余额为 13 612 000 元，予以转账。

4. 2023 年 7 月 25 日，公司竣工的隧道已验收合格，予以转账。

三、要求

（一）根据资料（一）、资料（二），用完工百分比法确认合同收入、合同毛利和合同费用，并编制会计分录。

（二）根据资料（三）不采用完工百分比法编制会计分录。

习题三

一、目的 练习工程价款结算的核算。

二、资料 长宁建筑公司与长安房地产公司签订一项包工包料的商品房建造合同，合同总金额为 57 500 000 元，工程于 2021 年 8 月 1 日开工，预计于 2023 年 7 月 31 日竣工。合同约定开工前 7 天预收工程款 12%，商品房工程采取按月收取工程进度款的结算方式，届时按比例扣除已预收的工程价款。该合同发生下列有关的经济业务。

1. 2021 年 7 月 25 日，预收长安房地产公司建造商品房工程款 6 900 000 元，存入银行。

2. 2021 年 8 月 31 日，建造的商品房根据已完工程月报表所列本月已完工程 2 285 000 元，填具工程价款结算账单，经长安房地产公司签证，按已完工程的比例扣除预收工程款后，向其办理结算工程价款。

3. 2021 年 9 月 5 日，收到长安房地产公司付来 8 月商品房工程价款 2 010 800 元，增值税额 180 972 元，款项存入银行。

4. 2021 年 9 月 30 日，建造的商品房根据已完工程月报表所列的已完工程价款 2 310 000 元，填具工程价款结算账单，经长安房地产公司签证，按已完工程比例扣除预收工程款后，向其办理结算工程价款。

5. 2022 年 10 月 6 日，收到长安房地产公司付来上年 12 月商品房工程价款 2 032 800 元，增值税额 180 952 元，款项存入银行。

6. 2023 年 7 月 20 日，建造的商品房已竣工，已完工程月报表列明至上月止累计已完工程价款 55 374 000 元，本月已完工程价款 2 126 000 元，填具工程价款结算账单，经长安房地产公司签证，按已完工程比例扣除预收工程款后，向其办理价款的清算。

三、要求 编制会计分录。

习题四

一、目的 练习其他业务收入的核算。

二、资料 宁波建筑公司 9 月发生下列有关的经济业务。

1. 9 日，该公司所属的预制构件公司销售给绍兴建筑公司空心板 180 m³，单价 425 元，金额 76 500 元，增值税额 9 945 元，款项尚未收到。

2. 15 日，该公司所属的预制构件公司销售给余姚建筑公司空心板 120 m³，单价 425 元，金额 51 000 元，增值税额 6 630 元，款项当即收到，存入银行。

3. 25 日，该公司所属机械作业站 9 月为新浜建筑公司挖掘土方 1 500 m³，每立方米 26 元，金额 39 000 元，增值税额 3 510 元，当即收到全部账款，存入银行。

4. 29 日，本月份出租给宁海建筑公司载重汽车 3 辆的租金 7 800 元，增值税额 1 014 元，收到全部账款存入银行。

5. 30 日，本月份出售空心板的单位成本为 366 元，结转其销售成本。

6. 30 日，本月份为新浜建筑公司挖掘的土方，每立方米应分摊成本 22.40 元，予以转账。

7. 30 日，计提本月份出租给宁海建筑公司的载重汽车的折旧费 6 000 元。

三、**要求** 编制会计分录。

第十二章 税金和利润

第一节 税金和教育费附加

一、税金的意义

税金是指企业和个人按照国家税法规定的税率向税务部门交纳的税款。它是国家财政收入的一个重要组成部分。

（一）税收的特征

税收是指国家为了行使其职能取得的财政收入的一种方式。它实质上就是企业和个人交纳的税金。税收主要有以下三个特征。

（1）具有强制性。税收是国家以社会管理者的身份，用法律、法规等形式对征收税款加以规定，并依照法律强制征税。

（2）具有无偿性。国家征税后，税款即成为财政收入，不再归还纳税人（法律、法规规定可以退税的除外），也不支付其任何报酬。

（3）具有固定性。国家在征税之前，以法律的形式预先规定了课税对象、课税额度和课税方法等。

（二）税收的作用

税收对保证完成国家财政收入，为经济建设积累资金；对宏观调控生产和消费，调节社会成员的收入水平；对开展企业之间的竞争，促进社会主义市场经济的发展，促进企业加强经济核算，改善经营管理，提高经济效益；对推动国民经济协调发展等均具有重要的作用。

二、税金的种类

施工企业税金的种类较多，主要有增值税、企业所得税①、城市维护建设税、房产税、城镇土地使用税、车船税和印花税等。

（一）增值税

增值税是指对在我国境内销售货物或者加工、修理修配劳务（以下简称劳务），销售服务、无形资产、不动产，以及进口货物的单位和个人，就其各种销售业务中的增值额和货物进口金额计算征收的税款。

增值税税率有基本税率、低税率和零税率三种。基本税率为13%，适用于一般货物、劳务、有形动产租赁服务或者进口货物（适用于低税率、零税率的除外）；低税率有9%和6%两种。9%税率适用于销售交通运输、邮政、基础电信、建筑、不动产租赁服务、销售不动产、转让土地使用权、销售或者进口下列货物：食用植物油、食用盐、自来水、暖气、热

---

① 企业所得税将在第十二章第二节中阐述。

水、冷气、煤气、石油液化气、天然气、沼气、居民用煤炭制品、图书、音像制品、电子出版物、报纸、杂志、饲料、化肥、农药、农机、农膜和农业产品等。农业产品是指种植业、养殖业、林业、牧业、水产业生产的各种植物和动物的初级产品。6%税率适用于销售服务、无形资产（转让土地使用权除外）。零税率适用于出口货物和劳务、服务，财政部、国家税务总局另有规定的除外。

（二）城市维护建设税

城市维护建设税是指对从事工商经营交纳增值税和消费税的单位和个人征收的税款。

城市维护建设税税率根据企业的所在地确定，市区的税率为7%，县城或者镇的税率为5%，不在市区、县城或者镇的税率为1%。

（三）房产税

房产税是指以房屋为征税对象，按照房屋的计税余值或房屋的租金收入，向房产权所有人或经营人征收的税款。企业自有房屋以房产余值为计税依据，所谓房产余值是按照房产原值一次减除其10%~30%后计算求得。以房产余值为依据采用比例税率，即依房产余值计算交纳的税率为1.2%，按年计算、分季交纳。以房产出租的租金收入为计税依据，比例税率为11%，一般按月交纳。

（四）城镇土地使用税

城镇土地使用税是指以国有土地为征税对象，对拥有土地使用权的单位和个人征收的税款，其标准为：大城市1.5~30元/m²/年；中等城市1.2~24元/m²/年；小城市0.9~18元/m²/年；县城、建制镇和工矿区0.6~12元/m²/年，具体应按不同地区、地段的档次计算征收，按年计算分期交纳。

（五）车船税

车船税是指向在我国境内的车辆和船舶的所有人或者管理人按照我国车船税法征收的税款。车船税依据车船的不同情况分别规定，载货汽车和机动船舶以净吨位为计税依据；乘人汽车、摩托车和非机动车辆以辆为计税依据；各种非机动船以载重吨位为计税依据，按年征收。

（六）印花税

印花税是指对经济活动和经济交往中，书立、领受的应税凭证的行为为征税对象征收的税款。它属于行为税，以在签订的合同、产权转移书、营业账簿等凭证上粘贴印花税票的办法进行征税。

三、税金的核算

（一）增值税的核算

增值税的计算方法有扣税法和扣额法两种，我国采用扣税法。

扣税法是指先按销售货物或者应税劳务、应税服务的销售额计算增值税额（以下简称销项税额），然后再按税法规定抵扣购进货物或者应税劳务、应税服务时已交纳的增值税额（以下简称进项税额），计算其应交增值税额的方法。

增值税纳税人分为一般纳税人和小规模纳税人两种。一般纳税人是指年应征增值税销售额超过我国税法规定的小规模纳税人标准的企业。小规模纳税人是指年销售额在规定标准以下，并且会计核算不健全，不能按规定报送有关税务资料的企业。

1. 一般纳税人增值税的核算

分以下四点阐述。

1) 购进货物进项税额的确认

企业购进货物或者应税劳务、应税服务支付的进项税额并不是都能够从销项税额中抵扣的，需要确认能抵扣的进项税额。

（1）能抵扣的进项税额。企业能从销项税额中抵扣的进项税额有下列三项内容。①纳税人从销售方取得的增值税专用发票上注明的增值税额。②纳税人从海关取得进口货物增值税专用缴款书上注明的增值税额。③纳税人购进农业产品按照收购发票或者销售发票上注明的农业产品买价和11%的扣除率计算的进项税额。

（2）不能抵扣的进项税额。企业不能从销项税额中抵扣的进项税额有下列八项内容。①购进货物或者应税劳务、应税服务未按规定取得并保存增值税扣税凭证的。②购进货物或者应税劳务、应税服务的增值税扣税凭证上未按规定注明增值税额及其他有关事项，或者虽有注明但不符合规定的。③用于非增值税应税项目的购进货物或者应税劳务、应税服务。④用于免征增值税项目的购进货物或者应税劳务、应税服务。⑤用于集体福利或者个人消费的购进货物或者应税劳务。⑥非正常损失①的购进货物及相关的应税劳务。⑦非正常损失①的在产品、产成品所耗用的购进货物、加工修理修配劳务和交通运输服务。⑧财政部和国家税务总局规定的其他情形。

2) 销售货物销项税额的确认

销项税额是销售额与增值税税率的乘积。要确认销项税额，先要确定销售额。销售额是指纳税人销售货物或者提供应税劳务向购买方收取的全部价款和价外费用，但不包括收取的销项税额。

价外费用是指价外向购买方收取的手续费、补贴、基金、集资费、返还利润、奖励费、违约金（延期付款利息）、包装费、储备费、优质费、运输装卸费、代收款项，以及其他各种性质的价外费用。

凡随同销售货物或提供应税劳务向购买方收取的价外费用，无论其会计上如何核算，均应计入销售额计算应纳税额。

3) 增值税明细账户的设置

增值税是价外税，它的核算比较复杂，先在"应交税费"账户下设置"应交增值税""未交增值税"等多个二级明细分类账户。

在"应交增值税"二级明细账户下主要设置"销项税额""进项税额转出""进项税额""销项税额抵减""已交税金""减免税款""转出未交增值税""转出多交增值税"等三级明细账户。现将这些三级明细账户的核算内容说明如下。

"销项税额"明细账户。企业销售货物或提供应税劳务应收取销项税额时，记入该账户贷方；退回销售货物，应转销销项税额时，则用红字记入该账户贷方。

"进项税额转出"明细账户。企业在购入货物发生非正常损失，以及改变用途等原因时，其已入账的进项税额应转入该账户的贷方，而不能从销项税额中抵扣。

"进项税额"明细账户。企业购入货物或接受应税劳务，支付符合从销项税额中抵扣的

---

① 指企业因管理不善造成被盗、丢失和霉烂变质的损失，以及被执法部门依法没收或者强令自行销毁的货物。

进项税额时，记入该账户借方；退出所购货物冲销进项税额时，则用红字记入该账户借方。

"销项税额抵减"明细账户。企业因扣减销售额而减少销项税额时，记入借方。

"已交税金"明细账户。企业交纳当月发生的增值税额时，记入该账户借方；收到退回当月多交增值税额时，则用红字记入该账户借方。

"减免税款"明细账户。企业按规定获准减免增值税额时，记入该账户借方。

"转出未交增值税"明细账户。企业在月末发生当月应交未交增值税额时，记入该账户借方。

"转出多交增值税"明细账户。企业在月末发生当月多交纳的增值税额尚未退回时，记入该账户贷方。

在"未交增值税"二级明细账户下再设置"转入未交增值税"和"转入多交增值税"两个三级明细账户，现将这两个三级明细账户的核算内容说明如下。

"转入未交增值税"明细账户。企业在月末发生当月应交未交的增值税额转入时，记入该账户贷方；在以后交纳时，记入该账户借方。

"转入多交增值税"明细账户。企业在月末发生当月多交纳的增值税额尚未退回时，记入该账户借方；在以后退回时，记入该账户贷方。

增值税额的纳税期限由主管税务机关根据纳税人应纳税额的多少分别核定。

4）增值税的计算和核算

企业应交增值税额的计算公式如下：

$$应交增值税额 = 销项税额 + 进项税额转出 - 进项销项税 - 已交税款 - 减免税额抵减 - 转出未交增值税$$

【例 12-1】 长宁建筑公司纳税期限为 1 个月，2 月 28 日应交增值税二级账户的三级明细账户的余额如下：

销项税额	266 200 元	进项税额	130 900 元
进项税额转出	130 元	转出未交增值税	68 520 元

（1）2 月 28 日，根据上列资料计算本月应交增值税额如下：

应交增值税额 = 266 200 + 130 - 130 900 - 68 520 = 66 910（元）

根据计算的结果，作分录如下：

借：应交税费——应交增值税——转出未交增值税　　　　　　　66 910.00
　　贷：应交税费——未交增值税——转入未交增值税　　　　　　　66 910.00

（2）3 月 8 日，填制增值税缴款书，缴纳 2 月增值税额，作分录如下：

借：应交税费——未交增值税——转出未交增值税　　　　　　　66 910.00
　　贷：银行存款　　　　　　　66 910.00

如当期的销项税额小于进项税额不足抵扣时，其不足部分可结转下期继续抵扣。

2. 小规模纳税人增值税的核算

小规模纳税人销售货物或者劳务、服务所取得的销售额，按 3% 的征收率计算应纳税额，不得抵扣进项税额。

因此，小规模纳税人购进货物或者劳务、服务时，应将购进货物或接受劳务、服务时支付的价税合计金额作为商品或者劳务、服务的买价，记入"原材料"或"周转材料"等相关账户；在销售货物或者劳务、服务时，不得填制专用发票，只能采用普通发票，将销售商品或者劳务、服务取得的收入全部列入"主营业务收入"账户，这样"主营业务收入"账户反映的是含税收入，月末就需要将它调整成为真正的销售额，将增值税额从含税收入中分离出来，其调整公式如下：

$$销售额 = \frac{含税收入}{1+征收率}$$

$$应交增值税额 = 销售额 \times 征收率$$

【例12-2】 五羊建筑公司1月31日"主营业务收入"账户余额为42 230元，增值税的征收率为3%，调整含税收入，其计算结果如下：

$$销售额 = \frac{42\ 230}{1+3\%} = 41\ 000(元)$$

$$应交增值税额 = 41\ 000 \times 3\% = 1\ 230(元)$$

（1）1月31日，根据计算的结果，作分录如下：

借：主营业务收入	1 230.00
贷：应交税费——应交增值税	1 230.00

（2）2月8日，交纳上月应交的增值税额，作分录如下：

借：应交税费——应交增值税	1 230.00
贷：银行存款	1 230.00

"应交税费"是负债类账户，用以核算企业按照税法规定计提应交纳的各种税费和代扣代交的个人所得税。企业计提应交纳的各种税费时，记入贷方；企业交纳各种税费时，记入借方；期末余额在贷方，表示企业尚未交纳的税费。

（二）城市维护建设税的核算

城市维护建设税以应缴纳的增值税和消费税为计税依据，分别乘以适用的税率来计算。其计算公式如下：

$$城市维护建设税 = 增值税、消费税 \times 适用税率$$

【例12-3】 2月28日，长宁建筑公司本月份应交增值税额为66 910元，按7%税率计提城市维护建设税，作分录如下：

借：税金及附加	4 683.70
贷：应交税费——应交城市维护建设税	4 683.70

"税金及附加"是损益类账户，用以核算企业经营活动发生的消费税、城市维护建设税、关税、教育费附加及房产税、城镇土地使用税、车船税和印花税等。企业提取税金及附加时，记入借方；企业月末将其余额结转"本年利润"账户时，记入贷方。

（三）房产税、城镇土地使用税和车船税的核算

房产税有从价计征和从租计征两种，企业自用的房产采用从价计征。根据房产的余值，按1.2%的税率交纳，其计算公式如下：

$$应交房产税额 = 房产余值 \times 1.2\%$$

$$房产余值 = 房产原值 \times [1-(10\% \sim 30\%)]$$

企业出租的房产，根据房产的租金收入，按11%的税率交纳，其计算公式如下：

$$应交房产税额 = 房产租金收入 \times 11\%$$

城镇土地使用税根据实际使用土地的面积，按税法规定的单位税额交纳。其计算公式如下：

$$应交城镇土地使用税额 = 应税土地的实际占用面积 \times 适用单位税额$$

车船税以辆、净吨位和载重吨位从量计征。乘人汽（电）车、摩托车、非机动车以辆为计税标准，机动船舶和载重汽车以净吨位为计税标准，非机动船按载重吨位为计税标准。

房产税、城镇土地使用税和车船税均采取按年征收，分期交纳的方法。

【例 12-4】　锦云建筑公司拥有自用房产原值 1 800 000 元，允许减除 20% 计税，房产税年税率为 1.2%；占用土地面积为 1 020 m²，每平方米年税额为 16 元；小汽车 1 辆，每年税额 400 元；载重汽车 2 辆，计净吨位 20 t，每吨年税额 100 元；税务部门规定房产税、城镇土地使用税和车船税在月末后 10 日内交纳，1 月 31 日计算本月份应交各项税额如下：

$$应交房产税额 = \frac{1\ 800\ 000 \times (1 - 20\%) \times 1.2\%}{12} = \frac{17\ 280}{12} = 1\ 440(元)$$

$$应交城镇土地使用税额 = \frac{1\ 020 \times 16}{12} = \frac{16\ 320}{12} = 1\ 360(元)$$

$$应交车船税额 = \frac{400 + 2\ 000}{12} = \frac{2\ 400}{12} = 200(元)$$

根据计算的结果，计提应交房产税、城镇土地使用税和车船税。作分录如下：

借：税金及附加	3 000.00
贷：应交税费——应交房产税	1 440.00
应交税费——应交城镇土地使用税	1 360.00
应交税费——应交车船税	200.00

（四）印花税的核算

印花税根据各种合同、产权转移书据和股份转让书据的金额，按税法规定的税率交纳；营业账簿中记载资金的账簿，根据"实收资本"加"资本公积"两项的合计金额万分之五的税率交纳，其他账簿每件交纳 5 元；权利、许可证照每件交纳 5 元。

印花税由纳税人自行计算自行购买印花税票，自行贴花，并由纳税人在每枚税票的骑缝处盖戳注销。企业根据业务需要购买印花税票时，借记"税金及附加"账户；贷记"库存现金"或"银行存款"账户。

四、教育费附加

教育费附加是国家为了加快教育事业的发展，扩大中小学教育经费的来源，而向单位和个人征收的附加费用。以用于改善中小学基础教育设施和办学条件。

教育费附加以各单位和个人实际交纳的增值税和消费税的税额为计征依据，教育费附加率为 3%，一般月末提取，次月初交纳。其计算和核算口径与城市维护建设税相同。

【例 12-5】　长宁建筑公司 2 月应交增值税额为 66 910 元，按税额的 3% 计提教育费附加，作分录如下：

借：税金及附加	2 007.30
贷：应交税费——教育费附加	2 007.30

在下月初交纳教育费附加时，借记"应交税费——教育费附加"账户；贷记"银行存款"账户。

为了便于教学，本节仅阐述上列六种税费和教育费附加的核算，关于企业所得税将在本章第二节中阐述。

第二节　利　润

一、利润的意义

利润是指企业在一定会计期间内所实现的全部收入，抵补全部费用后的净额。如果企业在一定会计期间内所实现的全部收入抵补不了全部费用，其差额则为亏损。

利润是综合反映企业会计期间经营成果的重要指标。施工企业建筑安装工程收入和其他业务收入的多少、建筑安装工程成本和其他业务成本的升降、期间费用的省费、经济效益的高低、经营管理水平的好差等，都会通过利润指标综合地反映出来。因此企业必须准确地核算利润，以便通过利润指标的分析，不断地改善经营管理，提高经济效益。

二、利润总额的构成

企业的利润总额由营业利润和营业外收支净额两个部分组成。

（一）营业利润

营业利润是指企业从各种经营活动中所取得的利润。它由营业收入、营业成本、税金及附加、期间费用、信用减值损失、资产减值损失和其他各种收益七小部分组成。

1. 营业收入

营业收入是指企业经营主要业务和其他业务所确认的收入总额。

2. 营业成本

营业成本是指企业经营主要业务和其他业务发生的实际成本总额。

3. 税金及附加

税金及附加是指企业经营业务应负担的城市维护建设税、房产税、城镇土地使用税、车船税、印花税等税金和教育费附加。

4. 期间费用

期间费用是指企业在经营活动中发生的应当由本期负担的管理费用和财务费用。

5. 信用减值损失

信用减值损失是指企业的金融资产预计发生的信用减值损失。

6. 资产减值损失

资产减值损失是指企业的实物资产和无形资产发生的减值损失。

7. 其他各种收益

其他各种收益是指企业主营业务和其他业务以外的营业收益。它包括其他收益、投资收益、公允价值变动收益和资产处置收益。

（二）营业外收支净额

营业外收支净额是指企业发生的与经营业务无直接关系的其他各项收入与支出的差额，由营业外收入与营业外支出两部分组成。

1. 营业外收入

营业外收入是指企业发生的与经营业务无直接关系的各项收入。它主要包括下列内容。

（1）非流动资产处置利得。它是指企业处置固定资产、无形资产等非流动资产所取得的收入大于其账面价值和处置费用的差额。

（2）债务重组利得。它是指企业在进行债务重组时按规定应确认的利得。

（3）政府补助。它是指企业按规定实际取得的各项政府的补助。

（4）盘盈利得。它是指企业在财产清查中盘盈存货等资产产生的利得。

（5）捐赠利得。它是指企业接受各种捐赠而产生的利得。

（6）罚款收入。它是指企业因供货单位不履行合同或协议而向其收取的赔款，因发包单位不履行合同、协议支付工程款而向其收取的赔偿金、违约金等各种形式的罚款收入，在扣除了因对方违反合同或协议而造成的经济损失后的净收入。

2. 营业外支出

营业外支出是指企业发生的与企业经营业务无直接关系的各项支出。它主要包括下列内容。

（1）非流动资产处置损失。它是指企业处置固定资产、无形资产等非流动资产所取得的收入小于处置其账面价值和处置费用之间的差额。

（2）债务重组损失。它是指企业在进行债务重组时按规定应确认的损失。

（3）公益性捐赠支出。它是指企业对外公益性捐赠的现金及财产物资的价值。

（4）非常损失。它是指自然灾害造成的各项资产净损失，并包括由此造成的停工损失和善后清理费用。

（5）盘亏损失。它是指企业在财产清查中盘亏存货、固定资产等各种资产所造成的损失。

（6）罚款支出。它是指企业因为未履行经济合同、协议而向其他单位支付的赔偿金、违约金、罚息等。

三、利润核算前的准备工作

施工企业的利润总额是企业施工生产经营活动的总成果，为了正确地核算企业的利润总额，企业必须做好账目核对、清查财产和账项调整等准备工作。

（一）账目核对

账目核对是指企业将各种有关的账簿记录进行核对，通过核对做到账账相符。如果发现不符，应立即查明原因，予以更正。

账目核对的具体内容有：总分类账中各资产类及成本、费用类账户的余额之和应与各负债类、所有者权益类及收入类账户的余额之和核对相符；各总分类账户的期末余额应与其所统驭的明细分类账户的期末余额之和核对相符；银行存款日记账应与银行对账单核对相符；应收账款、应付账款、其他应收款和其他应付款各明细账户的余额应与其往来单位账或个人核对相符。

（二）清查财产

清查财产是指根据账簿记录对企业的现金和各项财产物资及有价证券进行清查盘点，通过清查盘点做到账实相符。

清查财产的具体内容包括库存现金、原材料、周转材料、低值易耗品、库存商品、固定资产、临时设施及股票、债券等。如果发现短缺或溢余，应及时查明原因，并进行账务处理，以保护企业财产的安全与完整，并保证核算资料的准确性和真实性。

（三）账项调整

账项调整是将属于本期已经发生而尚未入账的经济业务，包括本期应得的收入和应负担的支出，按照权责发生制的要求调整入账。

账项调整是在账账相符、账实相符的基础上进行的，其调整的具体内容有：本期已实现而尚未入账的主营业务收入及其相应的主营业务成本；本期已实现而尚未入账的其他业务收入及其相应的其他业务成本；本期已领用的原材料、周转材料、低值易耗品的转账和待摊费用的摊销；本期固定资产折旧的计提和临时设施、无形资产、长期待摊费用的摊销；本期职工福利费、工会经费、职工教育经费、职工社会保险费和住房公积金的计提；本期已实现的公允价值变动损益、投资收益、利息收入、汇兑损益和已发生的短期负债、长期负债的利息支出的入账或计提，本期应负担而尚未支付的各种税金和教育费附加的计提；本期已批准核销的待处理财产损溢的转账。本期发生减值的资产减值准备的计提或转销。

四、利润总额的核算

期末企业通过账目核对、清查财产和账项调整等一系列利润核算前的准备工作后，在试算平衡的基础上，将企业损益类账户所归集的数额全部转入"本年利润"账户，其借贷方余额相抵后的差额，即为企业实现的利润总额。

【例 12-6】 1 月 31 日，新城建筑公司账项调整后，损益类账户的余额如下：

贷方余额账户	金　额	借方余额账户	金　额
主营业务收入	1 200 000	主营业务成本	1 056 000
其他业务收入	18 000	其他业务成本	13 900
投资收益	2 500	税金及附加	16 540
公允价值变动损益	2 600	管理费用	69 800
营业外收入	2 000	财务费用	4 500
		信用减值损失	900
		资产减值损失	760
		资产处置损益	300
		营业外支出	2 200

（1）将损益类贷方余额账户结转"本年利润"账户，作分录如下：

借：主营业务收入	1 200 000.00
其他业务收入	18 000.00
投资收益	2 500.00
公允价值变动损益	2 600.00
营业外收入	2 000.00
贷：本年利润	1 225 100.00

（2）将损益类借方余额账户结转"本年利润"账户，作分录如下：

借：本年利润	1 164 900.00
贷：主营业务成本	1 056 000.00
其他业务成本	13 900.00
税金及附加	16 540.00
管理费用	69 800.00
财务费用	4 500.00

				信用减值损失						900.00
资产减值损失										760.00
资产处置损益										300.00
营业外支出										2 200.00

通过结账分录，将损益类账户的余额全部转入"本年利润"账户，从而在"本年利润"账户内集中予以反映。现将上列两笔业务登记"本年利润"账户如图表12-1所示。

图表 12-1

本年利润

单位：元

2023年		凭证	摘　　要	借　方	贷　方	借或贷	余　额
月	日	号数					
1	31	略	主营业务收入转入		1 200 000		
			其他业务收入转入		18 000		
			投资收益转入		2 500		
			公允价值变动损益转入		2 600		
			营业外收入转入		2 000		
			主营业务成本转入	1 056 000			
			其他业务成本转入	13 900			
			税金及附加转入	16 540			
			管理费用转入	69 800			
			财务费用转入	4 500			
			信用减值损失转入	900			
			资产减值损失转入	760			
			资产处置损益转入	300			
			营业外支出转入	2 200		贷	60 200
1	31		本期发生额及余额	1 164 900	1 225 100	贷	60 200

上列"本年利润"账户的贷方余额为60 200元，系新城建筑公司1月实现的利润总额。

"营业外收入"是损益类账户，用以核算企业发生的与经营业务无直接关系的各项收入。企业取得各项收入时，记入贷方；企业月末将其余额结转"本年利润"账户时，记入借方。

"营业外支出"是损益类账户，用以核算企业发生的与经营业务无直接关系的各项支出。企业发生各项支出时，记入借方；企业月末将其余额结转"本年利润"账户时，记入贷方。

五、所得税的核算

（一）利润总额与应纳税所得额之间的差异

所得税是指企业就其全年的生产经营所得和其他所得征收的税款，它是以企业全年的应纳税所得额作为依据的，然而，在经济领域中，会计和税收是两个不同的分支，分别遵循不同的原则，规范不同的对象。因此，在《企业会计准则》和税收法规中，均体现了会计和税收各自相对的独立性和适当分离的原则。

从会计核算的角度来看，应以会计年度的利润总额作为企业全年的所得额。这样往往会与税法规定的一个时期的应纳税所得额有所不同，它们之间由于确认的范围和时间不同而产生差异，从而导致会计和税收上对应纳税所得额的计算也出现差异。

（二）利润总额与应纳税所得额之间差异的种类

利润总额与应纳税所得额之间产生的差异，就其原因和性质的不同，可分为永久性差异和暂时性差异两种。

1. 永久性差异

永久性差异是指根据会计核算要求和税法对收入、费用等会计项目的确认范围不同产生的差异。这种差异可能会在各个会计期间发生，并且一旦发生，在以后的会计期间不会再转回。永久性差异的主要内容如下。

（1）利息支出。《企业会计准则》规定，所有借款的利息（固定资产在建工程用借款除外），均按实际发生数通过财务费用计入利润总额。但税法规定，企业从非金融机构借款的利息支出，高于金融机构同类、同期贷款利率的部分，不得计入应纳税所得额。

（2）违法经营的罚款和被没收财物的损失。《企业会计准则》规定，企业将违法经营的罚款和被没收财物的损失，通过营业外支出计入利润总额。但税法规定，这部分支出不得计入应纳税所得额。

（3）支付各项税收的滞纳金。《企业会计准则》规定，企业将违反税法规定而支付的各项税收的滞纳金，通过营业外支出计入利润总额。但税法规定，这部分支出不得计入应纳税所得额。

（4）公益性捐赠支出。《企业会计准则》规定，公益性捐赠均可通过营业外支出计入利润总额。但税法规定，企业用于公益的捐赠，在年度内超过利润总额12%的部分，以及用于非公益的捐赠和不通过规定的组织直接赠给受赠人的捐赠，均不得计入应纳税所得额。

（5）赞助支出。《企业会计准则》规定，各种赞助支出均可通过营业外支出计入利润总额。但税法规定，只有广告性的赞助支出可以计入应纳税所得额，而非广告性的赞助支出不得计入应纳税所得额。

（6）业务招待费。《企业会计准则》规定，业务招待费按实际发生的数额通过管理费用计入利润总额。但税法规定，企业发生的与生产经营活动有关的业务招待费支出，按照发生额的60%计入应纳税所得税，最高不得超出当年销售收入的5‰。其余40%或超出当年销售收入5‰的部分不得计入应纳税所得额。

（7）对外投资分回利润。《企业会计准则》规定，企业从其他单位分回的已交纳所得税的利润，通过投资收益计入利润总额。但《税法》规定，企业从其他单位分回的已交纳所得税的利润，可从应纳税所得额中扣除，以避免重复纳税。

（8）国债利息收入。《企业会计准则》规定，国债利息收入，通过投资收益计入利润总额。但税法规定，企业的国债利息收入，可以免交企业所得税，其数额应从应纳税所得额中扣除。

2. 暂时性差异

暂时性差异是指资产或负债的账面价值与其计税基础之间的差额。

资产的计税基础是指企业收回资产账面价值过程中，计算应纳税所得额时按照税法规定可以自应纳税经济利益中抵扣的金额。通常情况下，资产取得时其入账价值与计税基础是相同的，后续计量过程中因《企业会计准则》规定与税法规定不同，可能产生资产的账面价值与其计税基础的差异。例如，资产发生减值，提取减值准备。根据《企业会计准则》规定，资产的可变现净值或可收回金额低于其账面价值时，应当计提减值准备；而税法规定，企业提取的减值准备一般不能税前抵扣，只有在资产发生实质性损失时，才允许税前扣除，由此产生了资产的账面价值与计税基础之间的暂时性差异。又如，《企业会计准则》规定，企业自行开发的无形资产在满足资本化条件时应当资本化，将其开发阶段的支出确认为无形资产成本；而税法规定，企业无形资产开发阶段的支出可于发生当期扣除，由此产生了自行开发的无形资产在持有期间的暂时性差异。

负债的计税基础是指负债的账面价值减去未来期间计算应纳税所得额时按照税法规定可予抵扣的金额。通常，短期借款、应付账款、应付职工薪酬等负债的确认和偿还，不会对当期损益和应纳税所得额产生影响，其计税基础即为账面价值。但在某些情况下，负债的确认可能会影响损益，进而影响不同期间的应纳所得税额，使得其计税基础与账面价值之间产生差额。例如，企业因或有事项确认的预计负债，《企业会计准则》规定，按照最佳估计数确认，计入当期损益；而税法规定，与确认预计负债相关的费用在实际发生时准予税前扣除，该负债的计税基础为零，因此形成了负债的账面价值与计税基础之间的暂时性差异。

按照暂时性差异对未来期间应税金额的影响不同，可分为应纳税暂时性差异和可抵扣暂时性差异两种。

应纳税暂时性差异是指在确定未来收回资产或清偿负债期间的应纳税所得额时，将导致产生应税金额的暂时性差异。资产的账面价值大于其计税基础或者负债的账面价值小于其计税基础时，产生应纳税暂时性差异。

可抵扣暂时性差异是指在确定未来收回资产或清偿负债期间的应纳税所得额时，将导致产生可抵扣金额的暂时性差异。资产的账面价值小于其计税基础或者负债的账面价值大于其计税基础时，产生可抵扣暂时性差异。

企业应当将当期和以前期间应交未交的所得税确认为负债，将已支付的所得税超过应支付的部分确认为资产。

对于存在应纳税暂时性差异的所得额，应当按照规定确认递延所得税负债，对于存在可抵扣暂时性差异的所得额，应当按照规定确认递延所得税资产。

(三) 所得税费用的计算和核算

企业应纳所得税额是以全年的应纳税所得额为依据的，其计算公式如下：

$$应纳所得税额 = 应纳税所得额 \times 适用税率$$

由于利润总额与应纳税所得额之间存在永久性差异和暂时性差异。因此，在计算应纳所得税额时，需要将利润总额调整为应纳税所得额，其调整的公式如下：

$$应纳税所得额 = 利润总额 \pm 永久性差异 \pm 暂时性差异$$

而所得税费用由本期应纳所得税额和递延所得税费用两个部分组成，递延所得税费用又分为递延所得税负债和递延所得税资产，其计算公式分解如下：

$$本期应纳所得税额 = 应纳税所得额 \times 适用税率$$
$$递延所得税费用 = 递延所得税负债 - 递延所得税资产$$
$$递延所得税负债 = 应纳税暂时性差异 \times 适用税率$$
$$递延所得税资产 = 可抵扣暂时性差异 \times 适用税率$$
$$所得税费用 = 本期应纳所得税额 + 递延所得税负债 - 递延所得税资产$$

初始会计年度可以按照上列公式确认所得税费用。

【例 12-7】 沪昌建筑公司第一年利润总额为 720 000 元，所得税税率为 25%，该公司发生业务招待费 22 500 元，从被投资单位分得股利 16 000 元，影响计税基础的有关账户余额为：坏账准备 5 010 元，存货跌价准备 4 550 元，预计负债 75 000 元，无形资产 150 000 元，为刚确认的自行开发的专利权，尚未摊销，计算其所得税费用如下：

本期应纳所得税额 = (720 000 + 22 500 × 40% − 16 000 + 5 010 +

4 550 + 75 000 − 150 000) × 25% = 161 890(元)

递延所得税负债 = 150 000 × 25% = 37 500(元)

递延所得税资产 = (5 010 + 4 550 + 75 000) × 25% = 21 140(元)

所得税费用 = 161 890 + 37 500 − 21 140 = 178 250(元)

(1) 根据计算的结果，将本年度所得税费用入账，作分录如下：

借：所得税费用		178 250.00
递延所得税资产		21 140.00
贷：应交税费——应交所得税		161 890.00
递延所得税负债		37 500.00

(2) 将所得税费用结转"本年利润"账户，作分录如下：

借：本年利润		178 250.00
贷：所得税费用		178 250.00

后续年度确认递延所得税费用时，还应考虑"递延所得税资产"账户和"递延所得税负债"账户原有的余额。

【例 12-8】 沪昌建筑公司第二年利润总额为 780 000 元，所得税税率为 25%，该公司发生业务招待费 24 500 元，从被投资单位分得股利 17 260 元。"递延所得税资产"账户余额 21 140 元，"递延所得税负债"账户余额 37 500 元，影响计税基础的有关账户余额为：坏账准备 4 880 元，存货跌价准备 5 360 元。"无形资产"账户中有自行开发的无形资产 150 000 元，已摊销 15 000 元。计算其所得税费用如下：

本期应纳所得税额 = [780 000 + 24 500 × 40% − 17 260 + 4 880 +

5 360 − (150 000 − 15 000)] × 25% = 161 945(元)

递延所得税负债 = (150 000 − 15 000) × 25% = 33 750(元)

递延所得税资产 = (4 880 + 5 360) × 25% = 2 560(元)

上列计算的递延所得税负债和递延所得税资产的金额是这两个账户应保留的金额，在核算时应减去这两个账户原来的余额。

(1) 根据计算的结果，将本年度所得税费用入账，作分录如下：

借：所得税费用 (161 945 − 3 750 + 18 580)		176 775.00
递延所得税负债 (33 750 − 37 500)		3 750.00
贷：应交税费——应交所得税		161 945.00
递延所得税资产 (2 560 − 21 140)		18 580.00

(2) 将所得税费用结转"本年利润"账户，作分录如下：

借：本年利润		176 775.00
贷：所得税费用		176 775.00

"所得税费用"是损益类账户，用以核算企业确认的应当从当期利润总额中扣除的所得税费用。企业确认所得税费用时，记入借方；企业月末将其余额结转"本年利润"账户时，

记入贷方。

"递延所得税资产"，是资产类账户，用以核算企业确认的可抵扣暂时性差异产生的所得税资产。企业确认递延所得税资产时，记入借方；企业转销递延所得税资产时，记入贷方；期末余额在借方，表示企业已确认的递延所得税资产。

"递延所得税负债"是负债类账户，用以核算企业确认的应纳税暂时性差异产生的所得税负债。企业确认递延所得税负债时，记入贷方；企业转销递延所得税负债时，记入借方；期末余额在贷方，表示企业已确认的递延所得税负债。

（四）所得税额提取和交纳的核算

应纳所得税额虽然是以企业全年的应纳税所得额为依据，然而为了保证国家财政收入的及时和均衡，并使企业能够有计划合理地安排经营资金，一般采取按月或按季预征，年终汇算清缴，多退少补的办法。企业应纳所得税额，一般应根据当地税务部门的规定，在月末或季末预提，次月初或次季初交纳，其计算公式如下：

$$本期累计应纳所得税额 = 本期累计应纳税所得额 × 适用税率$$
$$本期应纳所得税额 = 本期累计应纳所得税额 - 上期累计已纳所得税额$$

为了简化核算手续，企业平时可按利润总额作为计算应纳所得税额的依据，在年终清算时，再将利润总额与应纳税所得额之间的永久性差异和暂时性差异进行调整。

【例12-9】飞马建筑公司11月30日已确认并交纳了所得税额125 000元，11月30日，结算后利润总额为560 000元，所得税税率为25%，计算本月份应纳所得税额如下：

$$本期累计应纳所得税额 = 560\,000 × 25\% = 140\,000（元）$$
$$本期应纳所得税额 = 140\,000 - 125\,000 = 15\,000（元）$$

（1）根据计算的结果，作分录如下：

借：所得税费用 15 000.00
　贷：应交税费——应交所得税 15 000.00

（2）将所得税费用结转"本年利润"账户，作分录如下：

借：本年利润 15 000.00
　贷：所得税费用 15 000.00

（3）次月初以银行存款交纳所得税额时，作分录如下：

借：应交税费——应交所得税 15 000.00
　贷：银行存款 15 000.00

税法规定12月或第4季度的所得税应在年终前几天预交。预交的所得税额是根据当月或当季的收入情况测算的。预交时借记"应交税费"账户；贷记"银行存款"账户。预交的所得税额和年终决算的应纳所得税额之间的差额通过汇算清交来解决。

【例12-10】承例12-9，飞马建筑公司预计12月实现利润总额为70 000元。

（1）12月26日，预交本月份所得税额，作分录如下：

借：应交税费——应交所得税 17 500.00
　贷：银行存款 17 500.00

（2）12月31日，年终决算时，利润总额为660 000元，发生业务招待费18 500元，取得国债利息收入12 500元。"递延所得税负债"账户余额为10 625元。"递延所得税资产"账户余额为15 600元，影响计税基础的有关账户余额为：坏账准备3 780元，存货跌价准备

4 820 元，固定资产减值准备 5 200 元。"无形资产" 账户中有自行开发的专利权 125 000 元，已摊销了 87 500 元，确认本年度所得税费用，并清算本年度应纳所得税额如下：

$$本年应纳所得税额 = [660\,000 + 18\,500 \times 40\% - 12\,500 + 3\,780 + 4\,820 +$$
$$5\,200 - (125\,000 - 87\,500)] \times 25\% = 157\,800 (元)$$

$$本月应纳所得税额 = 157\,800 - 140\,000 = 17\,800 (元)$$

$$递延所得税负债 = (125\,000 - 87\,500) \times 25\% = 9\,375 (元)$$

$$递延所得税资产 = (3\,780 + 4\,820 + 5\,200) \times 25\% = 3\,450 (元)$$

根据计算的结果，作分录如下：

借：所得税费用 （17 800 - 1 250 + 12 150)	28 700.00
递延所得税负债 （9 375 - 10 625)	1 250.00
贷：应交税费——应交所得税	17 800.00
递延所得税资产 （3 450 - 15 600)	12 150.00

（3）同时，将所得税费用结转 "本年利润" 账户，作分录如下：

借：本年利润	28 700.00
贷：所得税费用	28 700.00

（4）次年 1 月 12 日，清缴所得税额，其计算结果如下：

$$应清缴所得税额 = 17\,800 - 17\,500 = 300 (元)$$

根据计算的结果，清缴所得税额时，作分录如下：

借：应交税费——应交所得税	300.00
贷：银行存款	300.00

"本年利润" 是所有者权益类账户，用以核算企业在本年度内实现的净利润。在月末，企业将各收入类账户余额转入时，记入贷方；企业将各费用类账户余额转入时，记入借方。期末余额一般在贷方，表示企业实现的净利润；若期末余额在借方，则表示企业本年发生的净亏损。

第三节　利　润　分　配

一、利润分配的意义和顺序

（一）利润分配的意义

利润分配是指企业按照国家规定的政策和企业章程的规定，对已实现的净利润在企业和投资者之间进行分配。首先，企业通过提取法定盈余公积和任意盈余公积，作为企业发展生产经营规模的后备资金。其次，通过将一部分利润分配给投资者，作为企业对投资者的回报。最后，企业为了平衡各会计年度的投资回报水平，以丰补歉，留有余地，还留存一部分未分配利润。因此企业要认真做好利润分配工作，处理好企业和投资者之间的经济关系。

（二）利润分配的顺序

利润分配的顺序基本上也是按照企业和投资者的顺序进行的，有限责任公司与股份有限公司有所不同，具体分配顺序分别列示如下：

有限责任公司	股份有限公司的企业
（1）以税前利润弥补亏损	（1）以税前利润弥补亏损

（2）以税后利润弥补亏损

（3）提取法定盈余公积

（4）提取任意盈余公积

（5）向投资者分配利润

（2）以税后利润弥补亏损

（3）提取法定盈余公积

（4）分派优先股股东股利

（5）提取任意盈余公积

（6）分派普通股股东股利

二、利润分配的核算

企业对实现的利润进行分配，就意味着利润的减少。为了全面地反映整个会计年度利润的完成情况，以便与利润预算的执行情况进行对比分析，因此在利润分配时，不直接冲减"本年利润"账户，而是设置"利润分配"账户进行核算。以下将按照利润分配的顺序阐述其核算方法。

（一）弥补亏损的核算

根据我国财务制度规定，企业发生年度利润亏损后，可以用下一年度的税前利润弥补，若下一年度利润不足弥补的，可以在 5 年内延续弥补。若 5 年以内还没有以税前利润将亏损弥补足额，从第 6 年开始，则只能以税后利润弥补亏损。

由于以前年度的亏损反映为"利润分配"账户的借方余额，而本年度内实现的利润反映为"本年利润"账户的贷方余额，年终清算后，"本年利润"账户的余额转入"利润分配"账户贷方时，即对以前年度的亏损作了弥补。因此，无论是以税前利润弥补亏损，还是以税后利润弥补亏损，均不必另行编制会计分录。

（二）提取盈余公积的核算

企业的利润总额交纳所得税后，剩余的部分称为税后利润，又称净利润，它应按规定的比例提取法定盈余公积和任意盈余公积。法定盈余公积按净利润 10% 的比例提取，任意盈余公积的提取比例由公司自行确定。

【例 12-11】 飞马建筑公司全年实现净利润 502 200 元，分别按净利润的 10% 和 8% 提取法定盈余公积和任意盈余公积，作分录如下：

借：利润分配——提取法定盈余公积 50 220.00

利润分配——提取任意盈余公积 40 176.00

贷：盈余公积——法定盈余公积 50 220.00

盈余公积——任意盈余公积 40 176.00

（三）向投资者分配利润的核算

1. 有限责任公司向投资者分配利润的核算

有限责任公司的净利润在提取法定盈余公积和任意盈余公积后，剩余的部分可以作为投资者的收益，按投资的比例向投资者进行分配。在分配时，一般根据谨慎的要求而留有余地，以防将来可能遭受到意外损失。企业在确定分配给投资者利润时，借记"利润分配"账户；贷记"应付股利"账户。

【例 12-12】 承例 12-11。飞马建筑公司决定将净利润的 72% 分配给投资者，该企业新欣公司投资 75%，华安公司投资 25%，作分录如下：

借：利润分配——应付现金股利或利润 361 584.00

贷：应付股利——新欣公司 271 188.00

应付股利——华安公司   90 396.00

当以现金向投资者分配利润时，借记"应付股利"账户；贷记"银行存款"账户。

"利润分配"是所有者权益类账户，也是"本年利润"的抵减账户，用以核算企业利润的分配（或亏损的弥补）和历年分配（或弥补）后的余额。分配利润或年终亏损转入时，记入借方；将盈余公积弥补亏损，以及年终将"本年利润"账户余额转入时，记入贷方；平时期末余额一般在借方，表示年内利润分配累计数。年终"本年利润"账户余额转入后，若期末余额在贷方，表示未分配利润；若期末余额在借方，则表示未弥补亏损。

"应付股利"是负债类账户，用以核算企业应向投资者分配的现金股利或利润。企业计算出应向投资者分配的现金股利或利润时，记入贷方；企业向投资者分配现金股利或利润时，记入借方；期末余额在贷方，表示企业尚未向投资者支付的现金股利或利润。

企业年终清算，向投资者分配利润或股利时，也可以根据具体需要，将历年结余的未分配利润，并入本年度进行分配。

2. 股份有限公司向股东分派股利的核算

股份有限公司是以向股东分派股利的形式分配净利润的。股份有限公司的净利润在提取法定盈余公积后，首先是发放优先股股利，其次是提取任意盈余公积，最后是发放普通股股利。

（1）发放优先股股利的核算。优先股股利是指股份有限公司从其净利润中分配给优先股股东的作为其对公司投资的报酬。股份有限公司一般以现金发放优先股股利。优先股的股利率通常是事先约定的，在宣告发放优先股股利日，按优先股的股数乘以优先股股利率，计算出优先股股利，据以借记"利润分配"账户；贷记"应付股利"账户。

【例 12-13】3 月 3 日，申达建筑股份有限公司宣告将于 3 月 10 日分派优先股股利，每股发放 0.16 元，该公司有优先股 600 000 股，作分录如下：

借：利润分配——应付现金股利或利润   96 000.00
　贷：应付股利   96 000.00

等到发放优先股股利时，再借记"应付股利"账户，贷记"银行存款"账户。

（2）提取任意盈余公积的核算。股份有限公司在发放了优先股股利后，其净利润可以按公司章程或股东会规定的比例提取任意盈余公积。提取时，借记"利润分配"账户，贷记"盈余公积"账户。

（3）发放普通股股利的核算。普通股股利是指股份有限公司从其净利润中分配给普通股股东的，作为其对公司投资的报酬。

股份有限公司发放普通股股利，可以根据具体情况，采取现金股利或股票股利的方式进行。

① 发放现金股利的核算。现金股利是指以现金方式发放给股东的股利，这是一种最常用的方式。股东投资于股票的目的主要是期望得到较其他投资形式更高的现金收益。由于股东对股利的追求，因此股利的高低，直接影响公司股票市场价格的涨落，而公司股票市场价格的涨跌又关系到公司信誉的高低，从而间接影响公司筹资能力的大小。而公司的董事会则偏重于考虑公司长期发展的财务需要，希望限制股利发放的数额，保留一定的资金，以发展开拓经营业务。因此，董事会应权衡各个方面的利益，制订合理的发放股利的方案。

股份有限公司发放现金股利，必须同时具备下列三个条件：一是要有足够的可供分配股利的净利润；二是要有足够的现金；三是要有董事会发放现金股利的决定，并经股东会讨论批准。

股份有限公司在宣告发放普通股现金股利日，已形成了负债，届时，借记"利润分配"账户，贷记"应付股利"账户；等发放普通股现金股利时，再借记"应付股利"账户，贷记"银行存款"账户。

【例 12-14】申达建筑股份有限公司有 9 000 000 股普通股。

（1）3 月 15 日，该公司宣告将于 3 月 22 日分派普通股现金股利，每股 0.11 元，作分录如下：

借：利润分配——应付现金股利或利润　　　　　　　　　　　990 000.00
　　贷：应付股利　　　　　　　　　　　　　　　　　　　　　　　990 000.00

（2）3 月 22 日，发放普通股现金股利时，作分录如下：

借：应付股利　　　　　　　　　　　　　　　　　　　　　　990 000.00
　　贷：银行存款　　　　　　　　　　　　　　　　　　　　　　　990 000.00

② 发放股票股利的核算。股票股利是指以增发股票方式分发给股东的股利。作为股利发放股票又称送股。采取发放股票股利的方式，实质上是将一部分净利润资本化。股份有限公司发放股票权利，不必动用现金，却增加了公司的股本，增强了公司的财务实力，有利于拓展经营规模。而股东虽没有追加投资，却增加了拥有的股份，同时不影响投资者对现金的需求，因为股票随时可以在证券市场上抛售而取得现金。这种方式具有一定的灵活性。

股票股利一般按股东持有普通股份的比例，分发给普通股的股东，如每 10 股可分发 2 股股票股利，其送股比例为 10 送 2，这样通过送股后，并不会改变股东在股份有限公司中所拥有的股份比例。

股份有限公司经股东大会或类似机构决议分派给普通股股东的股票股利，应在办理好增资手续后，借记"利润分配"账户，贷记"股本"账户。

【例 12-15】承例 12-14，申达建筑股份有限公司经股东大会决议分派给普通股股东股票股利，每 10 股分派 1 股，每股面值 1 元，并已办妥增资手续，予以转账，作分录如下：

借：利润分配——转作股本的股利　　　　　　　　　　　　900 000.00
　　贷：股本——普通股　　　　　　　　　　　　　　　　　　　900 000.00

三、"本年利润"账户和"利润分配"账户的转销

年终清算后，"本年利润"账户归集了全年实现的净利润，而"利润分配"账户则归集了全年已分配的利润和历年积存的未分配利润，这时必须结束旧账，开设新账。

企业在结束旧账前，应将"本年利润"账户余额和"利润分配"账户下各明细分类账户的余额全部转入"利润分配"账户下"未分配利润"明细分类账户。

【例 12-16】飞马建筑公司 12 月 31 日有关账户余额如下：

贷方余额账户		借方余额账户	
本年利润	502 200	利润分配——提取法定盈余公积	50 220
利润分配——未分配利润	102 760	利润分配——提取任意盈余公积	40 176
		利润分配——应付现金股利或利润	361 584

（1）将"本年利润"账户余额结转"利润分配——未分配利润"账户，作分录如下：

借：本年利润　　　　　　　　　　　　　　　　　　　　　　502 200.00

　　贷：利润分配——未分配利润　　　　　　　　　　　　　　　502 200.00

（2）将"利润分配"各明细分类账户余额结转"利润分配——未分配利润"账户，作分录如下：

借：利润分配——未分配利润　　　　　　　　　　　　　　　451 980.00

　　贷：利润分配——提取法定盈余公积　　　　　　　　　　　　502 20.00

　　　　利润分配——提取任意盈余公积　　　　　　　　　　　　40 176.00

　　　　利润分配——应付现金股利或利润　　　　　　　　　　　361 584.00

根据上列两笔分录登记"利润分配——未分配利润"账户如图表 12-2 所示。

图表 12-2

利润分配——未分配利润

单位：元

2022 年		凭证号数	摘　要	借　方	贷　方	借或贷	余　额
月	日						
1	1	略	上年结转			贷	102 760
12	31		本年利润转入		502 200		
	31		提取法定盈余公积转入	50 220			
	31		提取任意盈余公积转入	40 176			
	31		应付现金股利或利润转入	361 584		贷	152 980
12	31		本期发生额及余额	451 980	502 200	贷	152 980

练　习　题

一、简答题

1. 什么是税金？谈谈税收的特征和作用。

2. 试述税金的种类。

3. 试述利润总额的构成及利润核算前应做好的准备工作。

4. 试述账目核对和清查财产的具体内容。

5. 试述账项调整的具体内容。

6. 永久性差异包括哪些内容？

7. 分述资产的计税基础和负债的计税基础。

8. 分述在什么情况下产生应纳税暂时性和可抵扣暂时性差异。

9. 什么是利润分配？试述利润分配的顺序。

二、名词解释题

增值税　企业所得税　利润　营业利润　账项调整　永久性差异　应纳税暂时性差异　可抵扣暂时性差异

三、是非题

1. 非正常损失的购进货物及相关的应税劳务已入账的进项税额，不能从销项税额中抵扣。

　　　　　　　　　　　　　　　　　　　　　　　　　　　　　　（　　）

2. 非流动资产处置损失、债务重组损失、公益性捐赠支出、非常损失、盘亏损失、罚款支出等均属于营业外支出。　　　　　　　　　　　　　　　　　　　　　　（　　）

3. 账目核对是指将企业各种有关账簿记录进行核对，通过核对做到账实相符。（　　）

4. 资产的账面价值小于其计税基础或者负债的账面价值大于其计税基础产生可抵扣暂时性差异。　　　　　　　　　　　　　　　　　　　　　　　　　　　　　　（　　）

5. 对于存在可抵扣暂时性差异的所得额应当按照规定确认递延所得税负债。　（　　）

6. 企业以税前利润弥补 5 年以内的亏损，以税后利润弥补 5 年以上的亏损均不必编制会计分录。　　　　　　　　　　　　　　　　　　　　　　　　　　　　　　　（　　）

7. 企业年终决算后，"利润分配——未分配利润"账户的余额，倘若在借方，表示未分配利润，倘若在贷方，则表示未弥补亏损。　　　　　　　　　　　　　　　　（　　）

四、单项选择题

1. ＿＿＿＿＿＿＿属于价外税。
   - A. 增值税
   - B. 房产税
   - C. 城市维护建设税
   - D. 城镇土地使用税

2. ＿＿＿＿＿＿＿属于应纳税暂时性差异。
   - A. 公益性捐赠
   - B. 计提存货跌价准备
   - C. 自行开发的无形资产
   - D. 业务招待费

3. ＿＿＿＿＿＿＿属于可抵扣暂时性差异。
   - A. 赞助支出
   - B. 预计负债
   - C. 自行开发的无形资产
   - D. 支付各项税收的滞纳金

五、多项选择题

1. 税收具有＿＿＿＿＿＿＿的特征。
   - A. 合法性
   - B. 强制性
   - C. 固定性
   - D. 无偿性

2. 企业计算应交增值税额时，应增加的项目有＿＿＿＿＿＿＿。
   - A. 销项税额
   - B. 转出未交增值税
   - C. 进项税额转出
   - D. 转出多交增值税

3. 其他各种收益由其他收益、＿＿＿＿＿＿＿组成。
   - A. 资产处置收益
   - B. 公允价值变动收益
   - C. 其他综合收益
   - D. 投资收益

4. 永久性差异有＿＿＿＿＿＿＿等内容。
   - A. 对外投资分回的利润
   - B. 国债利息收入
   - C. 被没收财物的损失
   - D. 计提的资产减值准备

5. ＿＿＿＿＿＿＿产生应纳税暂时性差异。
   - A. 资产的账面价值大于其计税基础
   - B. 负债的账面价值大于其计税基础
   - C. 资产的账面价值小于其计税基础
   - D. 负债的账面价值小于其计税基础

6. 利润分配的内容有＿＿＿＿＿＿＿。
   - A. 提取法定盈余公积
   - B. 以税前利润弥补亏损
   - C. 提取任意盈余分积
   - D. 向投资者分配利润

六、实务题

习题一

一、**目的**　练习税金和教育费附加的核算。

二、**资料**　天津建筑公司每月纳税一次，有关资料如下。

（一）2 月 1 日，"应交增值税"二级明细账户的三级明细账户的余额如下：

销项税额	352 000	进项税额转出	260
进项税额	172 500	转出未交增值税	89 960

（二）该公司接着发生下列有关的经济业务。

1. 2 月 28 日，将本月份应交未交的增值税额入账。

2. 2 月 28 日，按 7% 税率计提城市维护建设税。

3. 2 月 28 日，按 3% 的教育费附加率计提教育费附加。

4. 2 月 28 日，本公司拥有自用房产原值 1 980 000 元，允许减除 20% 计税，房产税年税率为 1.2%；占用土地面积 1 200m^2，每平方米年税额 15 元，小汽车 1 辆，每年税额 360 元，载重汽车 3 辆，计净吨位 30t，每吨年税额 100 元。计提本月份应交房产税、城镇土地使用税和车船税。

5. 2 月 28 日，将本月份"税金及附加"结转"本年利润"账户。

6. 3 月 5 日，以银行存款交纳上月的增值税、城市维护建设税和教育费附加。

三、**要求**　编制会计分录。

习题二

一、**目的**　练习利润总额的核算。

二、**资料**

（一）淮海建筑公司 1 月 31 日损益类账户余额如下。

贷方余额账户		借方余额账户	
主营业务收入	1 250 000	主营业务成本	1 092 000
其他业务收入	19 000	其他业务成本	14 100
投资收益	2 800	管理费用	72 100
公允价值变动损益	2 000	财务费用	4 200
营业外收入	1 800	信用减值损失	720
		资产减值损失	640
		资产处置损失	460
		营业外支出	2 570

（二）该公司 1 月 31 日发生下列经济业务。

1. 计提本月份短期借款利息 3 923 元。

2. 摊销应由行政管理部门本月份担的保险费 600 元。

3. 将本月份应交未交的增值税额 71 200 元入账。

4. 按已提增值税额的 7% 计提城市维护建设税，3% 计提教育费附加。

5. 将损益类贷方余额的账户结转"本年利润"账户。

6. 将损益类借方余额的账户结转"本年利润"账户。

三、要求

（一）编制会计分录。

（二）登记"本年利润"账户。

习题三

一、目的　练习所得税费用的核算。

二、资料　华欣建筑公司有关资料如下。

1. 第一年利润总额为 750 000 元，所得税税率为 25%，该公司发生业务招待费 23 000 元，从被投资单位分得股利 12 000 元，影响计税基础的有关账户余额为：坏账准备 5 570 元，存货跌价准备 4 080 元，预计负债 81 000 元。"无形资产"账户余额 120 000 元，为刚确认的自行开发的专利权，尚未摊销。

2. 第二年利润总额为 810 000 元，所得税税率为 25%，该公司发生业务招待费 24 800 元，从被投资单位分得股利 15 000 元，影响计税基础的有关账户余额为：坏账准备 5 710 元，存货跌价准备 5 090 元，"无形资产"账户中有自行开发的无形资产 120 000 元，已摊销 12 000 元。

三、要求　确认所得税费用，并编制相应的会计分录。

习题四

一、目的　练习利润的核算。

二、资料

（一）星光建筑公司 11 月 30 日各有关账户的余额如下。

贷方余额账户		借方余额账户	
主营业务收入	1 186 800	主营业务成本	1 052 000
其他业务收入	19 200	其他业务成本	12 500
投资收益	3 120	税金及附加	14 798
公允价值变动损益	1 800	管理费用	67 602
营业外收入	1 680	财务费用	3 690
		信用减值损失	600
		资产减值损失	1 080
		营业外支出	2 230

（二）接着又发生下列经济业务。

1. 11 月 30 日，将损益类贷方余额的账户结转"本年利润"账户。

2. 11 月 30 日，将损益类借方余额的账户结转"本年利润"账户。

3. 11 月 30 日，按 25% 税率确认本月份所得税费用。

4. 11 月 30 日，将所得税费用结转"本年利润"账户。

5. 12 月 10 日，以银行存款交纳上月确认的所得税额。

6. 12 月 25 日，预计本月份实现利润总额 66 000 元，按 25%税率预交本月份所得税额。

7. 12 月 31 日，年终结算利润总额为 788 000 元，已提取并交纳所得税额 174 500 元（不含预交数），发生业务招待费 23 500 元，取得国债利息收入 9 000 元，"递延所得税负债"账户余额为 11 800 元，"递延所得税资产"账户余额为 26 780 元。影响计税基础的有关账户余额为：坏账准备 3 760 元，固定资产减值准备 7 840 元，"无形资产"账户中有自行开发的专利权 118 000 元，已摊销了 82 600 元，清算本年度应纳所得税额。

8. 12 月 31 日，将所得税费用结转"本年利润"账户。

9. 次年 1 月 12 日，以银行存款清缴上年度所得税额。

三、要求 编制会计分录。

习题五

一、目的 练习利润分配的核算。

二、资料

（一）宏兴建筑公司 2022 年共实现净利润 5 500 000 元，接着又发生下列经济业务。

1. 12 月 31 日，按净利润 10%的比例计提法定盈余公积，按 8%的比例计提任意盈余公积。

2. 12 月 31 日，按净利润 70%的比例分配给投资者利润，其中光明公司投资 60%，武昌公司投资 40%。

3. 次年 1 月 18 日，以银行存款支付应付给投资者的利润。

（二）恒安建筑股份有限公司有普通股 10 000 000 股，2022 年实现净利润 3 660 000 元，接着又发生与下列有关的经济业务。

1. 12 月 31 日，按净利润 10%的比例计提法定盈余公积。

2. 12 月 31 日，按净利润 6%的比例计提任意盈余公积。

3. 次年 3 月 10 日，公司宣告将于 3 月 24 日发放现金股利，每 10 股发放现金 1.80 元。

4. 次年 3 月 24 日，经股东大会决议，向普通股股东分派股票股利，每 10 股分派 1.5 股，每股面值 1 元，并已办好增资手续，予以转账。

5. 次年 3 月 24 日，以银行存款分派普通股现金股利完毕，予以入账。

三、要求 编制会计分录。

第十三章 财务报告

第一节 财务报告概述

一、财务报告的意义

财务报告是指企业对外提供的反映企业某一特定日期财务状况和某一会计期间经营成果、现金流量等会计信息的文件。财务报告包括财务报表和其他应当在财务报告中披露的相关信息和资料。

财务报表是指对企业财务状况、经营成果和现金流量的结构性表述。施工企业在施工生产经营活动中，发生了大量的经济业务。财会部门根据反映经济业务的原始凭证编制记账凭证，并分门别类地登入开设的账户中。通过总分类核算，提供总括的信息；通过明细分类核算，提供详细的信息，以全面、系统、完整地反映企业经营活动的状况。然而通过核算在会计账簿中归集的信息是分散的，为了集中地向各有关方面提供企业的财务状况、经营成果和现金流量等会计信息，就必须将分散在账簿中的信息，进行归类、整理、分析后，定期地编制财务报表。

二、财务报表的作用

财务报表的编制是会计核算工作的组成部分，财务报表对考核企业的经营活动、经营成果和现金流量有着重要的作用，主要表现在以下四个方面。

(一) 有利于企业管理层改善经营管理

企业管理层通过财务报表可以了解企业的财务状况、经营成果和现金流量，有利于企业进行分析对比，总结经验，找出差距及改进的措施，以改善企业的经营管理，增强竞争能力，并为企业制定预算及保证决策的科学性和准确性提供了重要的信息和依据。

(二) 有利于投资者和债权人进行决策

企业的投资者、债权人通过财务报表可以分析企业的财务状况、经营成果和现金流量，从而判断企业的盈利能力和偿债能力，有助于投资者进行投资决策和债权人进行信贷决策或赊销决策。

(三) 有利于国家有关部门的检查

国家财政、税务和审计部门通过财务报表可以检查企业是否严格遵守国家规定的财务制度和财经纪律，检查企业资金运用情况和利润形成情况及各种税费的交纳情况。

(四) 有利于国家进行宏观调控

企业是国民经济的细胞，通过对企业提供的财务报表的会计信息进行汇总分析，国家有关部门可以考核国民经济各部门的运行情况，一旦发现问题，可以通过各种经济杠杆和政策倾斜，发挥政府在市场经济优化资源配置中的补充作用。

三、财务报表的组成和编制要求

（一）财务报表的组成

财务报表至少应当包括下列组成部分：①资产负债表；②利润表；③现金流量表；④所有者权益（或股东权益）变动表；⑤附注。

（二）财务报表的编制要求

由于财务报表有着重要的作用，而财务报表的质量决定了其发挥作用的程度。因此各企业必须根据《企业会计准则》的有关规定，按照以下四点要求，认真地编制财务报表。

1. 数字真实

财务报表是一个信息系统，要求各项数字真实，以客观地反映企业的财务状况、经营成果和现金流量，不得匡计数据，更不得弄虚作假，隐瞒谎报数据。

2. 计算准确

财务报表必须在账账相符、账实相符的基础上编制，并对报表中的各项指标要认真地计算，做到账表相符，以保证会计信息的准确性。

3. 内容完整

财务报表必须全面地反映企业的财务状况、经营成果和现金流量，各财务报表之间、财务报表的各项指标之间是相互联系、互为补充的。因此企业要按照《企业会计准则》规定的报表种类、格式和内容进行填报，不得漏编、漏报。

4. 报送及时

财务报表必须在规定的期限内及时报送，以便使投资者、债权人、财政、税务和上级主管部门及时了解企业的财务状况、经营成果和现金流量，保证会计信息的使用者进行决策时的时效性。

四、财务报表的分类

企业的财务报表按照不同的标准，主要有以下三种分类。

（一）按照财务报表反映的经济内容分类

企业主要的财务报表可分为以下四种。

（1）资产负债表。它是反映企业财务状况的报表。

（2）利润表。它是反映企业经营成果的报表。

（3）现金流量表。它是反映企业的现金和现金等价物流入和流出的报表。

（4）所有者权益（或股东权益）变动表。它是反映企业所有者权益结构和变动情况的报表。

（二）按照财务报表的编制时期分类

（1）月度报表（月报）。它是指月度计算报告。

（2）季度报表（季报）。它是指季度计算报告。

（3）半年度报表（半年报）。它是指半年度计算报告。

（4）年度报表（年报）。它是指年度决算报告。

（三）按照财务报表母子公司的关系分类

（1）个别财务报表。它是指由母公司或子公司编制的、仅反映母公司或子公司自身财务状况、经营成果和现金流量的报表。

（2）合并财务报表。它是指由母公司编制的，反映母公司和其全部子公司形成的企业集团整体财务状况、经营成果和现金流量的报表。

第二节　资产负债表

一、资产负债表的意义和作用

资产负债表是指反映企业在某一特定日期财务状况的报表。它反映了企业所掌握的各种资产的分布和结构，企业所承担的各种债务，以及投资者在企业中所拥有的权益。

通过对资产负债表的分析，可以了解资产的分布是否得当；资产、负债和所有者权益之间的结构是否合理；企业的财务实力是否雄厚；短期偿债能力的强弱；所有者持有权益的多少；企业财务状况的发展趋势；等等。从而为企业管理层挖掘内部潜力和制定今后发展方向等进行预测和决策提供了重要的经济信息，并为投资者和债权人服务。

二、资产负债表的结构和内容

（一）资产负债表的结构

资产负债表由表头和正表两个部分组成。

资产负债表的正表是根据资金运动的规律，即资产的总额与负债和所有者权益的总额必然相等的原理设计的。

资产负债表的正表采用账户式结构，将报表分为左右两方，左方反映企业拥有资产的分布状况；右方反映企业所负的债务和所有者拥有权益的状况，"金额栏"设有"期末余额"和"年初余额"两栏，以便于报表的使用者掌握和分析企业财务状况的变化及发展趋势。

（二）资产负债表的内容

资产负债表的表头由报表名称、编制单位、编制日期和金额单位等内容组成。

资产负债表的正表由资产、负债和所有者权益三部分组成。

1. 资产

资产按照其变现能力及耗用周期的不同，可分为流动资产和非流动资产两类。

（1）流动资产。它是指预计在一个正常营业周期中变现、出售或耗用，或者主要为交易目的而持有，或者预计在资产负债表日起一年内变现，或者自资产负债表日起一年内，交换其他资产或清偿负债能力不受限制的现金或现金等价物。它具有较强的流动性。

现金等价物是指企业持有的期限短、流动性强、易于转换为已知金额的现金、价值变动风险很小的投资。期限短，一般是从购买日起3个月内到期。现金等价物通常是指在3个月内到期的短期债券投资。

流动资产由货币资金、交易性金融资产、应收票据、应收账款、预付款项、其他应收款、存货、一年内到期的非流动资产和其他流动资产等项目组成。流动资产表明了企业的短期偿债能力，又可为下一期经营时所运用。因此，它在企业的资产中占有重要的地位。

（2）非流动资产。它是指流动资产以外的资产。它的流动性是很弱的。

非流动资产主要由债权投资、其他债权投资、长期应收款、长期股权投资、其他权益工具投资、投资性房地产、固定资产、在建工程、无形资产、开发支出、商誉、长期待摊费用、递延所得税资产和其他长期资产等项目组成。

2. 负债

负债按照其偿还期的不同，可分为流动负债和非流动负债。

（1）流动负债。它是指企业预计一个正常营业周期中清偿的，或者主要为交易目的而持有的，或者自资产负债表日起一年内到期应予以清偿的，或者企业无权自主地将清偿推迟到资产负债表日后1年以上的债务。

流动负债由短期借款、交易性金融负债、应付票据、应付账款、预收款项、应付职工薪酬、应交税费、其他应付款、一年内到期的非流动负债和其他流动负债等项目组成。

（2）非流动负债。它是指流动负债以外的负债。

非流动负债由长期借款、应付债券、长期应付款、预计负债、递延收益、递延所得税负债和其他非流动负债等项目组成。

3. 所有者权益

所有者权益由实收资本、资本公积、库存股、其他综合收益、盈余公积和未分配利润等项目组成。

三、资产负债表的编制方法

（一）资产负债表"期末余额"栏内各个栏目的填列

资产负债表"期末余额"栏内各个项目的填列，可分为以下两种情况。

1. 一般项目的填列

资产负债表的一般项目可以根据总分类账户的期末余额直接填列，如"应交税费""应付职工薪酬"等项目。

2. 需要分析计算调整的项目

资产负债表的有些项目则需要根据总分类账户和明细分类账户的资料经过分析计算调整后填列。现将有关项目的分析计算调整填制方法说明如下。

（1）"货币资金"项目。该项目根据"库存现金""备用金""银行存款""其他货币资金"账户期末余额合计数填列。

（2）"交易性金融资产"项目。该项目根据"交易性金融资产"账户的期末余额，减去预计持有期将超过一年的交易性金融资产金额后的数额填列。

（3）"应收票据"项目。该项目根据"应收票据"账户的期末余额，减去"坏账准备——应收票据"账户余额后的差额填列。

（4）"应收账款"项目。该项目根据"应收账款"账户所属各明细分类账户的期末借方余额合计数，减去"坏账准备——应收账款"明细账户期末余额后的差额填列。如"预收账款"账户所属有关明细分类账户有借方余额的，也应包括在本项目内。

（5）"预付款项"项目。该项目根据"预付账款"账户所属明细分类账户的期末借方余额合计数填列。如"应付账款"账户所属有关明细分类账户有借方余额的，也应包括在本项目内。

（6）"其他应收款"项目。该项目根据"应收利息""应收股利""其他应收款"账户期末余额，减去"坏账准备"相关明细分类账户期末余额后的差额填列。

（7）"存货"项目。该项目根据"在途物资"或者"材料采购""原材料""周转材料"

"材料成本差异""低值易耗品""库存商品""委托加工物资""存货跌价准备"等账户的期末借贷方余额相抵后的差额，再加上"工程施工"账户期末余额大于"工程结算"账户期末余额的差额后的数额填列。

（8）"一年内到期的非流动资产"项目。该项目根据"债权投资""其他债权投资""长期应收款""长期待摊费用"账户的期末余额中将于一年内到期金额的合计数填列。

（9）"其他流动资产"项目。该项目反映企业除以上流动资产项目外的其他流动资产。它可以根据"待摊费用"账户的期末余额及其他有关账户的期末余额的合计数填列。

（10）"债权投资"项目。该项目根据"债权投资"账户的期末余额，减去该账户中将于一年内到期的债权投资的数额，再减去"债权投资减值准备"账户期末余额后的差额填列。

（11）"其他债权投资"项目。该项目根据"其他债权投资"账户的期末余额，减去该账户中将于一年内到期的其他债权投资的数额，再减去"其他债权投资——公允价值变动"明细分类账户贷方余额和"其他综合收益——信用减值准备"明细分类账户贷方余额后的差额填列。

（12）"长期应收款"项目。该项目根据"长期应收款"账户的期末余额，减去该账户将于一年内收回的款项后的差额填列。

（13）"长期股权投资"项目。该项目根据"长期股权投资"账户的期末余额，减去"长期股权投资减值准备"账户期末余额后的差额填列。

（14）"投资性房地产"项目。该项目根据"投资性房地产"账户的期末余额减去"投资性房地产累计折旧"和"投资性房地产减值准备"账户期末余额后的差额填列。

（15）"固定资产"项目。该项目根据"固定资产"账户的期末余额加上"固定资产清理"账户的期末余额，减去"累计折旧"和"固定资产减值准备"账户期末余额，再加上"临时设施"和"临时设施清理"账户的期末余额，减去"临时设施摊销"和"临时设施减值准备"账户期末余额后的数额填列。

（16）"无形资产"项目。该项目根据"无形资产"账户的期末余额减去"累计摊销"和"无形资产减值准备"账户期末余额后的差额填列。

（17）"长期待摊费用"。该项目根据"长期待摊费用"账户的期末余额减去一年内（含一年）摊销的数额后的差额填列。

（18）"其他非流动资产"项目。该项目反映企业除以上其他非流动资产项目外的其他非流动资产。它可以根据"交易性金融资产"账户中预计持有期将超过一年的交易性金融资产的数额等其他相关账户的数额填列。

（19）"应付账款"项目。该项目根据"应付账款"账户所属各有关明细分类账户的期末贷方余额合计数填列。如"预付账款"账户所属明细分类账户有贷方余额的，也应包括在本项目内。

（20）"预收款项"项目。该项目根据"预收账款"账户所属有关明细分类账户的期末贷方余额合计数填列。如"应收账款"账户所属明细分类账户有贷方余额的，以及"工程结算"账户期末余额大于"工程施工"账户期末余额的差额，也应包括在本项目内。

（21）"其他应付款"项目。该项目根据"应付利息""应付股利""其他应付款"账户期末余额合计数填列。

（22）"一年内到期的非流动负债"项目。该项目根据"长期借款""应付债券""长期应付款""专项应付款""递延收益"等非流动负债账户的期末余额分析填列。

（23）"长期借款"项目。该项目根据"长期借款"账户的期末余额减去一年内到期的长期借款数额后的差额填列。

（24）"应付债券"项目。该项目根据"应付债券"账户的期末余额减去一年内到期的应付债券数额后的差额填列。

（25）"长期应付款"项目。该项目根据"长期应付款"和"专项应付款"账户的期末余额，减去"未确认融资费用"账户期末余额，再减去一年内到期的长期应付款和专项应付款数额后的差额填列。

（26）"递延收益"项目。该项目根据"递延收益"账户的期末余额，减去将在一年内实现的收入数额后的差额填列。

（27）"其他非流动负债"项目。该项目反映企业除以上非流动负债项目外的其他非流动负债。它可以根据有关账户的期末余额，减去将在一年内到期偿还数额后的差额填列。

（28）"未分配利润"项目。该项目根据"本年利润"账户期末余额与"利润分配"账户期末余额计算填列。

（二）资产负债表"年初余额"栏各个项目的填列

资产负债表"年初余额"栏内各个项目的金额是根据上年年末资产负债表"期末余额"栏内所列的数据填列的。

【例 13-1】卢湾建筑公司编制资产负债表的资料如下。

（1）2022 年 12 月 31 日总分类账户期末余额如图表 13-1 所示。

图表 13-1   **总分类账户期末余额表**

2022 年 12 月 31 日   单位：元

借方余额账户	金　　额	贷方余额账户	金　　额
库存现金	1 800	坏账准备	4 060
备用金	1 000	存货跌价准备	3 110
银行存款	193 200	固定资产减值准备	5 280
其他货币资金	20 000	累计折旧	475 000
交易性金融资产	120 000	临时设施摊销	176 000
应收票据	25 000	累计摊销	18 000
应收账款	711 560	短期借款	320 000
预付账款	40 600	应付票据	19 200
应收利息	6 000	应付账款	178 560
其他应收款	15 500	预收账款	199 500
材料采购	90 100	应付职工薪酬	65 500
原材料	338 000	应交税费	64 980
周转材料	76 900	工程结算	2 786 000
材料成本差异	6 450	应付股利	306 000

续表

借方余额账户	金　额	贷方余额账户	金　额
低值易耗品	57 400	其他应付款	8 960
工程施工	3 438 260	长期借款	150 000
待摊费用	48 000	应付债券	436 000
债权投资	182 500	递延所得税负债	13 200
固定资产	2 832 830	实收资本	3 150 000
临时设施	320 000	资本公积	19 090
在建工程	52 900	盈余公积	178 200
无形资产	90 000	本年利润	425 000
长期待摊费用	43 500		
递延所得税资产	3 750		
利润分配	286 390		
合　计	9 001 640	合　计	9 001 640

（2）有关明细分类账户余额如下。

应收账款明细分类账户借方余额 762 060 元，应付账款明细分类账户贷方余额 198 760 元。

应收账款明细分类账户贷方余额 50 500 元，应付账款明细分类账户借方余额 20 200 元。

（3）有关账户的具体资料如下。

"交易性金融资产"账户金额中，无预计持有期超过一年的交易性金融资产；"债权投资"账户中有一年内到期的债券 72 500 元，"长期待摊费用"账户中有一年内到期的长期待摊费用 7 500 元；"应付债券"账户中有一年内到期的债券 45 000 元。

根据上列资料编制资产负债表如图表 13-2 所示。

图表 13-2　　　　　　　　　资 产 负 债 表

会企01表

编制单位：卢湾建筑公司　　　　　　2022 年 12 月 31 日　　　　　　单位：元

资　　产	行次	期末余额	年初余额	负债和所有者权益 （或股东权益）	行次	期末余额	年初余额
流动资产				**流动负债**			
货币资金	1	216 000	205 000	短期借款	41	320 000	310 000
交易性金融资产	2	120 000	110 000	交易性金融负债	42		
应收票据	3	25 000	22 000	应付票据	43	19 200	18 800
应收账款	4	758 000	717 880	应付账款	44	198 760	161 200
预付款项	5	60 800	56 600	预收款项	45	250 000	213 400
其他应收款	6	21 500	16 800	应付职工薪酬	46	65 500	62 980
存货	8	1 218 000	1 180 720	应交税费	47	64 980	61 820
一年内到期的流动资产	9	80 000	70 000	其他应付款	48	314 960	290 000

续表

资　产	行次	期末余额	年初余额	负债和所有者权益（或股东权益）	行次	期末余额	年初余额
其他流动资产	10	48 000	42 000	一年内到期的非流动负债	49	45 000	41 000
				其他流动负债	51		
流动资产合计	20	2 547 300	2 421 000	流动负债合计	55	1 278 400	1 159 200
非流动资产				非流动负债：			
债权投资	21	110 000	100 000	长期借款	56	150 000	150 000
其他债权投资	22			应付债券	57	391 000	360 000
长期应收款	23			长期应付款	58		
长期股权投资	24			预计负债	59		
其他权益工具投资	25			递延收益	60		
投资性房地产	26			递延所得税负债	61	13 200	16 700
固定资产	27	2 496 550	2 358 250	其他非流动负债	62		
在建工程	28	52 900	42 800	非流动负债合计	69	554 200	526 700
无形资产	29	72 000	81 000	负债合计	70	1 832 600	1 685 900
开发支出	30			所有者权益（或股东权益）			
商誉	31			实收资本（或股东）	71	3 150 000	3 000 000
长期待摊费用	32	36 000	43 500	资本公积	72	19 090	169 090
递延所得税资产	33	3 750	6 250	减：库存股	73		
其他非流动资产	34			其他综合收益	74		
				盈余公积	75	178 200	101 700
				未分配利润	76	138 610	96 110
非流动资产合计	39	2 771 200	2 631 800	所有者权益（或股东权益）合计	79	3 485 900	3 366 900
资产总计	40	5 318 500	5 052 800	负债和所有者权益（或股东权益）总计	80	5 318 500	5 052 800

第三节　利　润　表

一、利润表的意义和作用

利润表是指反映企业在一定会计期间内利润（亏损）实现情况的报表。它反映了企业的各项收入和各项成本、费用及净利润或净亏损的构成。

通过对利润表的分析，可以检查利润预算的完成情况和营业收入、营业成本、管理费用、财务费用预算的执行情况，了解企业的盈利能力，有利于经营者掌握企业在生产经营过程中存在的问题，以促使其提高经营管理水平和经济效益，也有利于投资者做出正确的决策。

二、利润表的结构和内容

利润表由表头和正表两个部分组成。

利润表的表头由报表名称、编制单位、报表时期和金额单位等内容组成。

利润表的正表部分采用多步式结构，分为七个部分。第一部分是营业收入；第二部分是营业利润，它是以营业收入减去营业成本、税金及附加、管理费用、研发费用和财务费用，加上其他收益、投资收益、公允价值变动收益、信用减值损失、资产减值损失、资产处置收益后的数额，用以反映企业的经营成果；第三部分是利润总额，它是以营业利润加上营业外收入，减去营业外支出后的数额，用以反映企业的税前利润；第四部分是净利润，它是以利润总额减去所得税费用后的数额，用以反映企业的税后利润；第五部分是其他综合收益的税后净额，它是以"其他综合收益"账户余额，减去其应交所得税额后的差额，用以反映企业综合收益净额；第六部分是综合收益总额，它是以净利润加上其他综合收益的税后净利润的数额，用以反映企业的净收益；第七部分是每股收益。

"利润表"正表部分各项目均分设"本月金额"和"本年累计金额"两栏金额，"本月金额"栏内的金额主要反映当月利润实现的情况，"本年累计金额"栏内的金额主要反映自年度开始起，至报告期止的累计数额。

三、利润表的编制方法

利润表各项目的"本月金额"主要根据损益类总分类账户的净发生额填列；"本年累计金额"则根据各损益类总分类账户的累计净发生额填列，或者根据上月末本表的"本年累计金额"加上本表的"本月金额"后填列。

现将利润表具体项目的填列方法说明如下。

（1）"营业收入"项目。该项目根据"主营业务收入"和"其他业务收入"账户净发生额之和填列。

（2）"营业成本"项目。该项目根据"主营业务成本"和"其他业务成本"账户净发生额之和填列。

（3）"税金及附加"项目。该项目根据"税金及附加"账户净发生额填列。

（4）"管理费用"项目。该项目根据"管理费用"账户的净发生额减去其"研发费用"明细账户的净发生额后的数额填列。

（5）"研发费用"项目。该项目根据"管理费用——研发费用"明细账户的净发生额填列。

（6）"财务费用"项目。该项目根据"财务费用"账户的净发生额填列。

（7）"利息费用"和"利息收入"项目。这两个项目分别根据"财务费用"账户所属"利息费用""利息收入"明细账户净发生额填列。

（8）"其他收益""投资收益""公允价值变动收益""信用减值损失""资产减值损失""资产处置收益"项目。这些项目分别根据"其他收益""投资收益""公允价值变动收益""信用减值损失""资产减值损失""资产处置收益"账户净发生额填列。

（9）"营业利润"项目。该项目根据该表"营业收入"项目的金额减去"营业成本""税金及附加""管理费用""研发费用""财务费用"项目的金额，加上"其他收益""投资收益""公允价值变动收益""信用减值损失""资产减值损失""资产处置收益"项目的金额后的数额填列。

（10）"营业外收入"和"营业外支出"项目。这些项目分别根据"营业外收入"和"营业外支出"账户的净发生额填列。

（11）"利润总额"项目。该项目根据该表"营业利润"项目加上"营业外收入"项目的金额，减去"营业外支出"项目的金额后的数额填列。

（12）"所得税费用"项目。该项目根据"所得税费用"账户的净发生额填列。

（13）"净利润"项目。该项目根据"利润总额"项目的金额减去"所得税费用"项目的金额后的差额填列。

（14）"其他综合收益的税后净额"项目。该项目根据"其他综合收益"账户期末余额减去其应交所得税额后的差额填列。

（15）"综合收益总额"。该项目根据"净利润"项目的金额加上"其他综合收益的税后净额"项目的金额后的数额填列。

（16）"基本每股收益"项目。该项目根据该表"净利润"项目的金额除以该公司普通股的股数的商填列。

（17）"稀释每股收益"项目。该项目根据该表"净利润"项目的金额除以该公司普通股与潜在普通股之和而取得的商填列。潜在普通股主要包括可转换公司债券、认购权证等。

【例 13-2】 卢湾建筑公司 2022 年损益类账户净发生额如下。

账户名称	12 月金额	1—11 月金额
主营业务收入	1 194 000	9 868 000
其他业务收入	16 000	182 000
主营业务成本	1 030 800	8 527 400
其他业务成本	11 200	127 500
税金及附加	12 930	85 650
管理费用	76 600	787 200
财务费用	3 120	33 480
其中：利息费用	3 070	33 190
利息收入	210	2 150
投资收益	5 000	8 880
公允价值变动损益（贷方）	390	1 370
信用减值损失	1 410	2 650
资产减值损失	1 790	6 600
营业外收入	2 760	5 930
营业外支出	3 900	6 600
所得税费用	18 225	122 275

根据上列资料编制利润表如图表 13-3 所示。

图表 13-3　　　　　　　　　　　　　利　润　表

会企 02 表

编制单位：卢湾建筑公司　　　　　　　2022 年 12 月　　　　　　　　　　单位：元

项　目	行次	本月金额	本年累计金额
一、营业收入	1	1 210 000	11 260 000
减：营业成本	2	1 042 000	9 696 900
税金及附加	3	12 930	98 580
管理费用	4	76 600	863 800
研发费用	5		
财务费用	6	3 120	36 600
其中：利息费用	7	3 070	36 260
利息收入	8	210	2 360
加：其他收益	9		
投资收益（损失"–"号填列）	10	5 000	13 880
公允价值变动收益（损失以"–"号填列）	11	390	1 760
信用减值损失（损失以"–"号填列）	12	−1 410	−4 060
资产减值损失（损失以"–"号填列）	13	−1 790	−8 390
资产处置收益（损失以"–"号填列）	14		
二、营业利润（亏损以"–"号填列）	15	77 540	567 210
加：营业外收入	16	2 760	8 690
减：营业外支出	17	3 900	10 500
三、利润总额（亏损总额以"–"号填列）	18	76 400	565 500
减所得税费用	19	18 225	140 500
四、净利润（净亏损以"–"填列）	20	58 175	42 500
五、其他综合收益的税后净额	21		
（一）不能重分类进损益的其他综合收益	22		
1. 重新计量设定受益计划变动额	23		
2. 权益法下不能转损益的其他综合收益	24		
……			
（二）将重分类进损益的其他综合收益	28		
1. 权益法下可能损益的其他综合收益	29		
2. 其他债权投资公允价值变动	30		
3. 金融资产重分类计入其他综合收益的金额	31		
……			
六、综合收益总额	35	58 175	425 000
七、每股收益：			
（一）基本每股收益	37		
（二）稀释每股收益	38		

第四节　现金流量表

一、现金流量表的意义和作用

现金流量表是指反映企业一定会计期间现金和现金等价物流入和流出的报表。该表是半年度的财务报表。现金有狭义和广义之分，狭义的现金通常是指库存现金。这里所讨论的是广义的现金，是指企业的库存现金以及可以随时用于支付的存款。现金流量是指企业在一定期间的现金和现金等价物的流入和流出。

现金流量表为财务报表使用者提供企业一定会计期间内现金和现金等价物流入和流出的信息，财务报表使用者通过对现金流量表的分析，可以评价企业在未来会计期间的现金流量，评估企业偿还债务及支付企业投资者投资报酬的能力，了解企业本期净利润与经营活动中现金流量发生差异的原因，掌握本期内影响或不影响现金流量的投资活动与筹资活动，并可据以预测企业未来的现金流量。

二、现金流量表的结构和内容

现金流量表由表头、正表和补充资料三个部分组成。

现金流量表的表头部分由报表名称、编制单位、报表时期和金额单位等内容组成。

现金流量表的正表部分采用多步式结构。它由以下六个部分组成。

（一）经营活动产生的现金流量

经营活动是指企业投资活动和筹资活动以外的所有交易和事项。企业随着经营活动的开展将会产生经营活动的现金流入量和流出量。

1. 经营活动的现金流入量

这部分内容由销售商品、提供劳务收到的现金，收到的税费返还，收到其他与经营活动有关的现金三个项目组成。

（1）"销售商品、提供劳务收到的现金"项目。该项目反映企业本期承包工程、销售商品和提供劳务收到的现金，前期承包工程、销售商品和提供劳务本期收到的现金、销售商品实际收到的增值税额，以及本期预收的账款，减去本期退回本期销售的商品和前期销售本期退回的商品支付的现金。

（2）"收到的税费返还"项目。该项目反映企业收到返还的各种税费，如收到的增值税、营业税、所得税和教育费附加返还等。

（3）"收到其他与经营活动有关的现金"项目。该项目反映企业除上述各项目外，收到其他与经营活动有关的现金流入，如罚款现金收入、流动资产损失中获得赔偿的现金收入等。

2. 经营活动的现金流出量

这部分内容由购买商品、接受劳务支付的现金，支付给职工以及为职工支付的现金，支付的各项税费和支付的其他与经营活动有关的现金四个项目组成。

（1）"购买商品、接受劳务支付的现金"项目。该项目反映企业本期购进原材料、周转材料等存货接受劳务支付的现金、本期支付前期购进原材料、周转材料等存货、接受劳务的未付款项和本期预付款项。进货退出原材料、周转材料等存货收到的现金应从本项目内减去。

（2）"支付给职工以及为职工支付的现金"项目。该项目反映企业实际支付给职工的薪酬，以及为职工支付的现金。它包括本期实际支付给职工的工资、奖金、各种津贴和补贴等，以及实际支付的医疗保险费等社会保险费、住房公积金、职工福利费、工会经费和职工教育经费等，但不包括支付给离退休人员的各项费用和支付给在建工程人员的职工薪酬等。

（3）"支付的各项税费"项目。该项目反映企业按规定支付的各种税费，包括本期发生并支付的税费，以及本期支付以前各期发生的税费和预交的税金，如支付的营业税、增值税、企业所得税、城市维护建设税、教育费附加、印花税、房产税、城镇土地使用税、车船税和教育费附加等。不包括计入固定资产价值实际支付的耕地占用税等。

（4）"支付的其他与经营活动有关的现金"项目。该项目反映企业除上述各项目外，支付其他与经营活动有关的现金流出，如捐赠现金支出、罚款支出、支付的差旅费、业务招待费、保险费及企业支付的离退休人员的各项费用等。

（二）投资活动产生的现金流量

投资活动是指企业长期资产的购建和不包括在现金等价物范围内的投资及其处置活动。企业随着投资活动的开展将会产生投资活动的现金流入量和流出量。

1. 投资活动的现金流入量

这部分内容由收回投资收到的现金，取得投资收益收到的现金，处置固定资产、无形资产和其他长期资产收回的现金净额，处置子公司及其他营业单位收到的现金净额和收到其他与投资活动有关的现金五个项目组成。

（1）"收回投资收到的现金"项目。该项目反映企业出售，转让或到期收回除现金等价物以外的交易性金融资产，可供出售金融资产，长期股权投资中除处置子公司、营业单位以外而收到的现金，以及收回持有至到期投资本金而收到的现金。

（2）"取得投资收益收到的现金"项目。该项目反映企业因持有交易性金融资产，可供出售金融资产，持有至到期投资和长期股权投资而取得的现金股利和利息，以及从子公司、联营企业和合资企业分回利润收到的现金，但不包括股票股利。

（3）"处置固定资产、无形资产和其他长期资产收回的现金净额"项目。该项目反映企业处置固定资产、临时设施、无形资产和其他长期资产收回的现金，减去为处置这些资产而支付的有关费用后的净额。

（4）"处置子公司及其他营业单位收到的现金净额"项目。该项目反映企业处置子公司及其他营业单位收到的现金减去为处置这些资产而支付的有关费用后的净额。

（5）"收到其他与投资活动有关的现金"项目。该项目反映企业除上述各项目外，收到其他与投资活动有关的现金流入。

2. 投资活动的现金流出量

这部分内容由购建固定资产、无形资产和其他长期资产支付的现金，投资支付的现金，取得子公司及其他营业单位支付的现金净额和支付其他与投资活动有关的现金四个项目组成。

（1）"购建固定资产、无形资产和其他长期资产支付的现金"项目。该项目反映企业购买建造固定资产、临时设施，取得无形资产和其他长期资产支付的现金。它不包括为购建固定资产而发生的借款利息资本化的部分，以及融资租入固定资产支付的租赁费。

（2）"投资支付的现金"项目。该项目反映企业取得的除现金等价物以外的交易性金融资产、可供出售金融资产、持有至到期投资、长期股权投资中除购买子公司及其他营业单位外支付的现金，以及支付的相关交易费用。

（3）"取得子公司及其他营业单位支付的现金净额"栏目。该项目反映企业购买子公司及其他营业单位成本中以现金支付的部分。

（4）"支付其他与投资活动有关的现金"项目。该项目反映企业除上述各项目外，支付其他与投资活动有关的现金流出。

（三）筹资活动产生的现金流量

筹资活动是指导致企业资本及债务规模和构成发生变化的活动。企业随着筹资活动的开展，将会产生筹资活动的现金流入量和流出量。

1. 筹资活动的现金流入量

这部分内容由吸收投资收到的现金、取得借款收到的现金和收到其他与筹资活动有关的现金三个项目组成。

（1）"吸收投资收到的现金"项目。该项目反映企业收到的投资者投入的现金，包括以发行股票、债券等方式筹集的资金实际收到的款项净额（发行收入减去支付的佣金等发行费用后的净额）。

（2）"取得借款收到的现金"项目。该项目反映企业举借各种短期、长期借款所收到的现金。

（3）"收到其他与筹资活动有关的现金"项目。该项目反映企业除上述各项目外，收到其他与筹资活动有关的现金流入。

2. 筹资活动的现金流出量

这部分内容由偿还债务支付的现金，分配股利、利润或偿付利息支付的现金和支付其他与筹资活动有关的现金三个项目组成。

（1）"偿还债务支付的现金"项目。该项目反映企业以现金偿还债务的本金，包括偿还金融企业的借款本金、偿还债券本金等。

（2）"分配股利、利润或偿付利息支付的现金"项目。该项目反映企业实际支付的现金股利，支付给其他投资单位的利润以及支付的借款利息、债券利息等。

（3）"支付其他与筹资活动有关的现金"项目。该项目反映企业除上述各项目外，支付其他与筹资活动有关的现金流出。

（四）汇率变动对现金及现金等价物的影响

"汇率变动对现金及现金等价物的影响"项目。该项目反映企业外币现金流量及境外子公司的现金流量折算为人民币时，所采用的现金流量发生日的即期汇率折算的人民币金额与"现金及现金等价物净增加额"中外币现金净增加额按期末汇率折算的人民币金额之间的差额。

（五）现金及现金等价物净增加额

"现金及现金等价物净增加额"项目。该项目反映企业现金及现金等价物的流入量与流出量之间的差额。

（六）期末现金及现金等价物余额

"期末现金及现金等价物余额"项目。该项目反映企业期末现金余额和期末现金等价物余额的合计数。

补充资料是指未能列入现金流量表正表的需要予以披露的内容。补充资料由将净利润调节为经营活动的现金流量、不涉及现金收支的投资和筹资活动和现金及现金等价物净增加额三个部分组成。

三、现金流量表的编制方法

现金流量表正表虽然分为六个部分，但最复杂的部分是经营活动产生的现金流量净额。因为经营活动产生的现金流量净额是根据收付实现制确认的净利润反映的，而企业会计准则要求会计核算按权责发生制确认净利润。因此，在编制现金流量表时，就需要将权责发生制确认的净利润转换为收付实现制下的净利润，转换的方法有直接法和间接法两种。

直接法是指以利润表中各主要经营收支项目为基础，并以实际的现金收入和现金支出进行调整，结算出现金流入量、现金流出量和现金流量净额的方法。间接法是指以净利润为基础，以非现金费用和债权债务以及存货的变动额加以调整，结算出现金流量净额的方法。在现金流量表中，经营活动产生的现金流量净额在正表部分采用的是直接法，在补充资料部分采用的是间接法。现将现金流量表各项目的填列方法说明如下。

（一）经营活动产生的现金流量各项目的填列方法

1. "销售商品、提供劳务收到的现金" 项目

该项目根据利润表 "营业收入" 项目的金额，加上 "应交税费——应交增值税" 账户所属 "销项税额" 明细账贷方发生额，再加上资产负债表 "应收票据" "应收账款" 项目的年初余额和 "预收款项" 项目的期末余额，减去 "应收票据" "应收账款" 项目的期末余额和 "预收款项" 项目的年初余额，减去 "坏账准备——应收票据" 和 "坏账准备——应收账款" 账户的贷方发生额填列。

2. "收到的税费返还" 项目

该项目根据 "其他应收款" 和 "营业外收入" 账户的贷方发生额中收到返还的增值税、消费税、企业所得税和教育费附加填列。

3. "收到其他与经营活动有关的现金" 项目

该项目根据 "营业外收入" "其他应付款" 结合 "库存现金" "银行存款" 等有关账户发生额分析填列。

4. "购买商品、接受劳务支付的现金" 项目

该项目根据利润表 "营业成本" 项目的金额，加上 "应交税费——应交增值税" 账户所属的 "进项税额" 的借方发生额，加上存货中未列入成本减少的金额，再加上资产负债表中 "存货" 项目的期末余额，减去 "存货" 项目的年初余额，加上 "应付票据" "应付账款" 项目的年初余额和 "预付款项" 项目的期末余额，减去 "应付票据" "应付账款" 项目的期末余额和 "预付款项" 项目的年初余额，加上 "存货跌价准备" 账户的贷方发生额，减去已计入工程成本、产品成本和其他业务成本的折旧费、临时设施摊销费、职工薪酬及 "待摊费用" 和 "长期待摊费用" 账户中转入工程成本、产品成本和其他业务成本的金额后的数额填列。

5. "支付给职工以及为职工支付的现金" 项目

该项目根据 "应付职工薪酬" 账户借方净发生额，扣除列入 "在建工程" 账户中的职

工薪酬数额后的差额填列。

6. "支付的各项税费"项目

该项目根据利润表"税金及附加"项目的金额，加上"应交税费"账户的年初余额和"应交税费"账户所属"未交增值税""应交所得税"明细账户的期末余额，减去"应交税费"账户的期末余额和"应交税费"账户所属"未交增值税""应交所得税"明细账户的年初余额加上"应交税费——应交增值税——已交税金""应交税费——未交增值税——转入未交增值税""应交税费——应交所得税"三个分类账户的借方发生额之和填列。

7. "支付其他与经营活动有关的现金"项目

该项目根据利润表"管理费用""研发费用""财务费用"和"营业外支出"四个项目金额之和，减去这四个项目中不需要以现金支付的金额，再减去这四个项目中已经包含的，并且已列入本表的"支付给职工以及为职工支付的现金"项目中的职工薪酬等，还要减去已列入"财务费用"项目但将列入本表的"分配股利、利润或偿付利息支付的现金""支付其他与筹资活动有关的现金""汇率变动对现金及现金等价物的影响"这三个项目的金额，加上"待摊费用""长期待摊费用"账户借方发生额，再加上"其他应收款"账户借方发生额，减去"其他应收款"账户贷方发生额后的差额填列。

不需要以现金支付的数额是指提取的固定资产折旧费、临时设施摊销费、待摊费用、无形资产和长期待摊费用的摊销数，固定资产盘亏（扣除盘盈）、固定资产清理净损失等。

(二) 投资活动产生的现金流量各项目的填列方法

1. "收回投资收到的现金"项目

该项目根据"交易性金融资产"账户贷方发生额，减去该账户所属"现金等价物"明细账户的贷方发生额，加上"债权投资""其他债权投资""长期股权投资""其他权益工具投资""投资性房地产"账户的贷方发生额，减去"债权投资——应计利息""其他债权投资——应计利息"明细账户的贷方发生额，再减去这些账户中收回的非现金数额和处置子公司及其他营业单位收到的现金数额后填列。

2. "取得投资收益收到的现金"项目

该项目根据利润表"投资收益""公允价值变动收益"项目的金额之和，加上"应收股利""应收利息""债权投资——应计利息""其他债权投资——应计利息"这些账户的年初余额，减去这些账户的期末余额填列。

3. "处置固定资产、无形资产和其他长期资产收回的现金净额"项目

该项目根据"固定资产清理"和"临时设施清理"账户的借、贷方发生额、"投资性房地产"和"无形资产"账户的贷方发生额，并结合"银行存款"账户的发生额分析填列。

4. "处置子公司及其他营业单位收到的现金净额"项目

该项目根据"长期股权投资"账户的贷方发生额中处置子公司及其他营业单位收到的现金及现金等价物的数额填列。

5. "购建固定资产、无形资产和其他长期资产支付的现金"项目

该项目根据"固定资产""临时设施""在建工程""工程物资""无形资产""研发支出——开发支出"账户的借方发生额，加上"固定资产减值准备""无形资产减值准备"账户的贷方发生额，减去本期在建工程动用工程物资的金额、本期融资租入固定资产的价值和为购建固定资产而发生的借款利息资本化的金额，再减去因赊购、接受投资、接受捐赠或收

回投资等各种原因未支付现金而取得的固定资产、临时设施、在建工程、工程物资和无形资产金额后的数额填列。

6. "投资支付的现金"项目

该项目根据"交易性金融资产""债权投资""其他债权投资""长期股权投资"其他权益工具投资"投资性房地产"账户的借方发生额合计数，减去这些账户中未支付现金而增加投资的金额，再减去"交易性金融资产——现金等价物""债权投资——应计利息""其他债权投资——应计利息"账户的借方发生额，再减去"长期股权投资"账户中因购买子公司及其他营业单位支付的现金数额后的差额填列。

7. "取得子公司及其他营业单位支付的现金净额"项目

该项目根据"长期股权投资"账户的借方发生额中因购买子公司及其他营业单位支付的现金及现金等价物的数额填列。

（三）筹资活动产生的现金流量各项目的填列方法

1. "吸收投资收到的现金"项目

该项目有限责任公司根据"实收资本"账户贷方发生额中收到现金的金额；股份有限公司根据"股本"账户贷方发生额中收到现金的金额，然后这两种企业都要加上"资本公积"账户贷方发生额中收到现金的金额，再加上"应付债券——本金"账户贷方发生额，减去未收到现金而增加的应付债券本金的数额填列。

2. "取得借款收到的现金"项目

该项目根据"短期借款""长期借款——本金"账户贷方发生额的合计数填列。

3. "偿还债务支付的现金"项目

该项目根据"短期借款""长期借款——本金""应付债券——本金"账户的借方发生额合计数填列。

4. "分配股利、利润或偿付利息支付的现金"项目

该项目根据"应付利息""应付股利"账户借方发生额，加上"财务费用""在建工程"账户中所列支的银行借款利息和债券利息，加上"长期借款——利息""应付债券——应计利息"账户的借方发生额，减去上述两个账户的贷方发生额填列。

5. "支付其他与筹资活动有关的现金"项目

该项目根据"长期应付款"账户的借方发生额，加上"财务费用"账户中发行债券费用，再加上"实收资本"或"股本""资本公积""盈余公积"等账户借方发生额中以现金支付的金额后的数额填列。

（四）汇率变动对现金及现金等价物的影响额项目的填列方法

"汇率变动对现金及现金等价物的影响额"项目。该项目根据"财务费用——汇兑损失"账户净发生额填列。发生汇兑损失用负数表示；发生汇兑收益则用正数表示。

（五）现金及现金等价物净增加额项目的填列方法

"现金及现金等价物净增加额"项目。该项目根据资产负债表中"货币资金"项目的期末余额减去年初余额，再加上"交易性金融资产——现金等价物"账户的期末余额减去该账户的年初余额填列。其计算的结果应与前面四大部分之和相等。

（六）期末现金及现金等价物余额项目的填列方法

1. "期初现金及现金等价物余额"项目

该项目根据资产负债表中"货币资金"项目的期初余额，加上"交易性金融资产——现金等价物"账户的年初余额填列。

2. "期末现金及现金等价物余额"项目

该项目根据本表"现金及现金等价物增加额"项目与"期初现金及现金等价物余额"项目的金额之和填列。

（七）补充资料

1. 将净利润调节为经营活动的现金流量各项目的填列方法

具体表述如下。

（1）"净利润"项目。该项目根据利润表中"净利润"项目的数额填列。

（2）"资产减值准备"项目。该项目根据利润表中"信用减值损失"和"资产减值损失"项目的合计数填列。

（3）"固定资产折旧"项目。该项目根据"累计折旧"账户贷方发生额中提取固定资产折旧加上"临时设施摊销"账户贷方发生额中临时设施摊销的数额填列。

（4）"无形资产摊销"项目。该项目根据"累计摊销"账户贷方发生额分析填列。

（5）"长期待摊费用摊销"项目。该项目根据"长期待摊费用"账户贷方发生额分析填列。

（6）"处置固定资产、无形资产和其他长期资产的损失（减：收益）"项目。该项目根据"营业外支出——处置非流动资产损失"明细账户的净发生额，减去"营业外收入——处置非流动资产利得"明细账户的净发生额，再减去"其他业务收入"账户出租无形资产收入的金额，加上"其他业务成本"账户出租无形资产的成本（不含其中的职工薪酬）后的数额填列。

（7）"固定资产报废损失"项目。该项目根据"营业外支出"账户所属的"盘亏损失——固定资产盘亏"明细账户的净发生额，减去"营业外收入"账户所属的"盘盈利得——固定资产盘盈"明细账户的净发生额后的差额填列。

（8）"公允价值变动损失（减：收益）"项目。该项目根据利润表中"公允价值变动收益"项目的金额填列，收益用负数反映。

（9）"财务费用"项目。该项目根据"财务费用"账户发生的利息、筹资费用和汇兑损失的合计数填列。

（10）"投资损失（减：收益）"项目。该项目根据利润表"投资收益"项目的金额填列，收益用负数反映。

（11）"递延所得税资产减少"项目。该项目根据资产负债表"递延所得税资产"项目的年初余额减去期末余额后的差额填列。

（12）"递延所得税负债增加"项目。该项目根据资产负债表"递延所得税负债"项目的期末余额减去年初余额后的差额填列。

（13）"存货的减少（减：增加）"项目。该项目根据资产负债表"存货"项目的年初余额减去期末余额后的差额填列。

（14）"经营性应收项目的减少（减：增加）"项目。该项目根据资产负债表"应收票据""应收账款""预付款项""其他应收款"项目的年初余额之和，减去上列各项目的期末余额，减去列入本表的"资产减值准备"项目中的计提的坏账准备金额后的数额填列。

（15）"经营性应付项目的增加（减：减少）"项目。该项目根据资产负债表"应付票据""应付账款""预收款项""应付职工薪酬""应交税费""其他应付款"项目的期末余额之和，减去上述各项目的年初余额之和，再减去列入本表的"资产减值准备"项目中的计提的存货跌价准备金额后的数额填列。

（16）"其他"项目。该项目根据资产负债表"其他流动资产"项目的年初余额减去期末余额，再加上"其他流动负债"项目的期末余额减去年初余额后的数额填列。

（17）"经营活动产生的现金流量净额"项目。该项目根据前列 16 个项目之和填列。

2. 不涉及现金收支的重大投资活动和筹资活动各项目的填列方法

（1）"债务转为资本"项目。该项目反映企业本期转为资本的债券金额。根据"应付票据""应付账款""短期借款""长期借款""长期应付款"等负债账户的借方发生额中转为资本的数额填列。

（2）"一年内到期的可转换公司债券"项目。该项目反映企业一年内到期的可转换公司债券的本息。根据"应付债券——可转换公司债券"明细账户的贷方发生额分析填列。

（3）"融资租入固定资产"项目。该项目反映企业本期融资租入固定资产计入"长期应付款"账户的金额。根据"长期应付款——融资租入固定资产价款"账户的贷方发生额填列。

3. 现金及现金等价物净增加情况的各项目的填列方法

（1）"现金的期末余额""现金的期初余额"项目。这两个项目分别根据资产负债表"货币资金"项目的期末余额和年初余额填列。

（2）"现金等价物的期末余额""现金等价物的期初余额"项目。这两个项目分别根据"交易性金融资产——现金等价物"账户的期末余额和年初余额填列。

【例 13-3】 卢湾建筑公司 2022 年根据图表 13-2 资产负债表、图表 13-3 利润表及下列有关资料编制的现金流量表如图表 13-4 所示。

（1）有关明细账户的年末余额与年初余额如下：

账　户　名　称	年末余额	年初余额
交易性金融资产——现金等价物	45 000	40 000
持有至到期投资——应计利息	5 000	2 500
应交税费——未交增值税	52 930	51 270
应交税费——应交所得税	12 050	10 550

（2）有关总分类账户和明细分类账户的借贷方发生额如下：

账　户　名　称	借方金额	贷方金额
交易性金融资产	125 000	115 000
其中：现金等价物	45 000	40 000
应收利息	6 600	4 600
其他应收款	18 000	15 300
坏账准备——应收账款		4 060
存货跌价准备		3 110
待摊费用	48 000	42 000
债权投资	82 500	62 500
其中：应计利息	5 000	2 500

固定资产	445 400	145 000
累计折旧	106 000	282 000
固定资产减值准备		5 280
临时设施	92 000	
临时设施摊销		78 100
在建工程	10 100	
累计摊销		9 000
长期待摊费用		7 500
短期借款	310 000	320 000
应付职工薪酬	2 480 280	2 482 800
应交税费——应交增值税——销项税额		1 239 000
应交税费——应交增值税——进项税额	717 000	
应交税费——未交增值税——转入未交增值税	520 340	522 000
应交税费——应交所得税	140 000	141 500
应付股利	281 520	306 000
其他应付款	9 960	10 440
应付债券	41 000	76 000
其中：应计利息	2 000	3 000

(3) 管理费用有关明细账户净发生额如下：

职工薪酬	361 200
折旧费	21 800
物料消耗	13 600
低值易耗品摊销	8 170
无形资产摊销	9 000
保险费（待摊费用转入）	8 400

(4) 财务费用有关明细账户净发生额如下：

利息支出	33 900
发行债券费用	100

(5) 营业外收入有关明细账户净发生额如下：

非流动资产处置利得	2 230
罚款收入现金	6 460

(6) 营业外支出有关明细账户净发生额如下：

非流动资产处置净损失	3 060
捐赠支出现金	5 000
罚款支出现金	2 440

(7) 其他有关资料如下。

- 工程成本和其他业务成本内含固定资产折旧费 260 200 元，临时设施摊销费 78 100 元，职工薪酬 2 121 600 元，摊销租入固定资产改良支出 7 500 元，摊销保险费 33 600 元。
- 处置固定资产以现金支付处置费用 2 010 元，处置固定资产及固定资产残料收入现金 40 180 元。
- 增加的固定资产、临时设施和在建工程的金额中，除有 3 000 元系发行债券的利息外，其余部分支付的是现金。

●"累计折旧"账户的贷方发生额全部为该年提取的固定资产折旧费。

图表 13-4

现 金 流 量 表

会企 03 表

编制单位：卢湾建筑公司　　　　　　　　　　2022 年度　　　　　　　　　　单位：元

项　　目	行次	本年实际金额
一、经营活动产生的现金流量		
销售商品、提供劳务收到的现金	1	12 488 420
收到的税费返还	3	
收到其他与经营活动有关的现金	8	6 940
经营活动现金流入小计	9	12 495 360
购买商品、接受劳务支付的现金	10	7 941 300
支付给职工以及为职工支付的现金	12	2 480 280
支付的各项税费	13	758 920
支付其他与经营活动有关的现金	18	502 370
经营活动现金流出小计	20	11 682 870
经营活动产生的现金流量净额	21	812 490
二、投资活动产生的现金流量		
收回投资收到的现金	22	135 000
取得投资收益收到的现金	23	11 140
处置固定资产、无形资产和其他长期资产收回的现金净额	25	38 170
处置子公司及其他营业单位收到的现金净额	26	
收到其他与投资活动有关的现金	28	
投资活动现金流入小计	29	184 310
购建固定资产、无形资产和其他长期资产支付的现金	30	549 780
投资支付的现金	31	157 500
取得子公司及其他营业单位支付的现金净额	32	
支付其他与投资活动有关的现金	35	
投资活动现金流出小计	36	707 280
投资活动产生的现金流量净额	37	−522 970
三、筹资活动产生的现金流量		
吸收投资收到的现金	38	73 000
取得借款收到的现金	40	320 000
收到其他与筹资活动有关的现金	43	
筹资活动现金流入小计	44	393 000
偿还债务支付的现金	45	349 000
分配股利、利润或偿付利息支付的现金	46	317 420
支付其他与筹资活动有关的现金	52	100
筹资活动现金流出小计	53	666 520
筹资活动产生的现金流量净额	54	−273 520
四、汇率变动对现金及现金等价物的影响额	55	

续表

项　目	行次	本年金额
五、现金及现金等价物净增加额	56	16 000
加：期初现金及现金等价物余额	57	245 000
六、期末现金及现金等价物余额	58	261 000
补充资料	行次	本年金额
1. 将净利润调节为经营活动现金流量		
净利润	59	425 000
加：资产减值准备	60	12 450
固定资产折旧和临时设施摊销	61	360 100
无形资产摊销	62	9 000
长期待摊费用摊销	63	7 500
处置固定资产、无形资产和其他长期资产的损失（收益以"－"号填列）	64	830
固定资产报废损失	65	
公允价值变动损失（收益以"－"号填列）	66	－1 760
财务费用	67	34 000
投资损失（收益以"－"号填列）	68	－13 880
递延所得税资产减少（增加以"－"号填列）	69	2 500
递延所得税负债增加（减少以"－"号填列）	70	－3 500
存货的减少（增加以"－"号填列）	71	－37 280
经营性应收项目的减少（增加以"－"号填列）	72	－54 080
经营性应付项目的增加（减少以"－"号填列）	73	77 660
其他	74	－6 000
经营活动产生的现金流量净额	75	812 490
2. 不涉及现金收支的重大投资活动和筹资活动		
债务转为资本	76	
一年内到期的可转换公司债券	77	
融资租入固定资产	78	
3. 现金及现金等价物净增加情况		
现金的期末余额	79	216 000
减：现金的期初余额	80	205 000
加：现金等价物的期末余额	81	45 000
减：现金等价物的期初余额	82	40 000
现金及现金等价物净增加额	83	16 000

　现金流量表有关行次金额的具体计算如下：

　行次 1＝11 260 000＋1 239 000＋22 000＋717 880＋250 000－25 000－758 000－213 400－4 060＝12 488 420（元）

　行次 8＝6 460＋10 440－9 960＝6 940（元）

　行次 10＝9 696 900＋717 000＋13 600＋8 170＋1 218 000－1 180 720＋18 800＋161 200＋60 800－19 200－198 760－56 600＋3 110－260 200－78 100－2 121 600－7 500－33 600＝7 941 300（元）

　行次 13＝98 580＋52 930＋12 050＋61 820－64 980－51 270－10 550＋520 340＋140 000＝758 920（元）

　行次 18＝863 800＋36 600＋10 500－361 200－21 800－13 600－8 170－9 000－8 400－33 900－100－3 060＋48 000＋18 000－15 300＝502 370（元）

　行次 22＝115 000－40 000＋62 500－2 500＝135 000（元）

行次 23 = 1 760 + 13 880 + 4 000 + 2 500 - 6 000 - 5 000 = 11 140(元)

行次 25 = 40 180 - 2 010 = 38 170(元)

行次 30 = 445 400 + 92 000 + 10 100 + 5 280 - 3 000 = 549 780(元)

行次 31 = 125 000 - 45 000 + 82 500 - 5 000 = 157 500(元)

行次 38 = 76 000 - 3 000 = 73 000(元)

行次 45 = 310 000 + 41 000 - 2 000 = 349 000(元)

行次 46 = 281 520 + 33 900 + 3 000 + 2 000 - 3 000 = 317 420(元)

行次 72 = 22 000 + 717 880 + 56 600 + 12 800 - 25 000 - 758 000 - 60 800 - 15 500 - 4 060 = -54 080(元)

行次 73 = 19 200 + 198 760 + 250 000 + 81 500 + 48 980 + 8 960 - 18 800 - 161 200 - 213 400 - 789 80 -
　　　　 45 820 - 8 480 - 3 110 = 77 610(元)

第五节　所有者权益变动表

一、所有者权益变动表的意义和作用

所有者权益变动表是指反映企业在一定会计期间构成所有者权益的各组成部分增减变动情况的报表。它反映了企业所有者权益的结构及其增减变动情况。

通过对所有者权益变动表的分析，可以了解企业实收资本①、资本公积、库存股、其他综合收益、盈余公积和未分配利润增减变动的详细情况，了解企业增资扩股的能力及其资金的来源。

二、所有者权益变动表的内容和结构

所有者权益变动表由表头和正表两个部分组成。

所有者权益变动表的正表分为四个部分，第一部分是上年年末余额；第二部分是本年年初余额，它是上年年末余额加上会计政策变更和前期差错更正后的数额；第三部分是本年增减变动金额，它由综合收益总额、所有者投入和减少资本、利润分配和所有者权益内部结转四小部分组成；第四部分是本年年末余额，它是本年年初余额，加上或减去本年变动金额后的数额。

所有者权益变动表金额栏分为本年金额和上年金额两个部分，"本年金额"栏和"上年金额"栏均采用多栏式，分别划分为实收资本②、资本公积、库存股、其他综合收益、盈余公积、未分配利润和所有者权益，合计七栏。

所有者权益变动表的格式及其具体内容如图表13-5所示。

三、所有者权益变动表的编制方法

(一)"本年金额"栏的填列方法

(1)"上年年末金额"项目。该项目分别根据"实收资本""资本公积""库存股""其他综合收益""盈余公积""利润分配——未分配利润""所有者权益合计"账户上年年末

---

① 股份有限公司为股本。

② 股份有限公司为股本。

余额填列。

（2）"会计政策变更""前期差错更正"项目。这两个项目分别根据"盈余公积""利润分配——未分配利润"账户分析填列。

（3）"本年年初余额"项目。该项目根据图表13-5"上年年末余额"项目的金额，加上"会计政策变更""前期差错更正"两个项目金额后的数额填列。

（4）"综合收益总额润"项目。该项目根据"利润表"中的"综合收益总额"项目的金额填列。

（5）"所有者投入和减少资本"中的三个明细项目。这三个明细项目分别为"所有者投入资本""股份支付计入所有者权益的金额""其他"，分别根据"实收资本""资本公积"账户的发生额分析填列。

（6）"利润分配"中的三个明细项目。这三个明细项目分别为"提取盈余公积""对所有者（或股东）的分配"和"其他"，分别根据"利润分配"相关明细账户的净发生额填列。

（7）"所有者权益内部结转"中的四个明细项目。这四个明细项目分别为"资本公积转增资本（或股本）""盈余公积转增资本（或股本）""盈余公积弥补亏损""其他"，分别根据"实收资本""资本公积""盈余公积""利润分配——盈余公积补亏"账户的净发生额分析填列。

（8）"本年年末余额"项目。该项目根据图表13-5的"本年年初余额"项目的金额，加上"净利润"项目的金额，加上或减去"直接计入所有者权益的利得和损失"中各明细项目的金额，再加上或减去"利润分配"中各明细项目和"所有者权益内部结转"中各明细项目的金额后的数额填列。

（二）"上年金额"栏的填列方法

"上年金额"栏各个项目的数额可以根据图表13-5上一年度的"本年金额"栏各个项目的数额填列。

【例13-4】卢湾建筑公司2022年根据图表13-2资产负债表、图表13-3利润表及下列有关资料编制所有者权益变动表如图表13-5所示。

该公司本年和上年均未发生会计政策变更和前期差错更正业务，本年将150 000元资本公积转增资本，上年所有者追加投资200 000元，上年金额中的上年年末余额实收资本为2 800 000元，资本公积为169 090元，盈余公积为31 320元，未分配利润为57 010元。

图表13-5

所 有 者 权 益 变 动 表

2022年度

编制单位：卢湾建筑公司

会企04表
单位：元

项 目	行次	本年金额							上年金额						
		实收资本（或股本）	资本公积	库存股（减项）	其他综合收益	盈余公积	未分配利润	所有者权益合计	实收资本（或股本）	资本公积	库存股（减项）	其他综合收益	盈余公积	未分配利润	所有者权益合计
一、上年年末余额		3 000 000	169 090			101 700	96 110	3 366 900	2 800 000	169 090			31 320	57 010	3 057 420
加：会计政策变更															
前期差错更正															
二、本年年初余额		3 000 000	169 090			101 700	96 110	3 366 900	2 800 000	169 090			31 320	57 010	3 057 420
三、本年增减变动金额（减少以"-"号填列）		150 000	-150 000			76 500	42 500		200 000				70 380	39 100	
（一）综合收益总额								425 000							391 000
（二）所有者投入和减少资本															200 000
1. 所有者投入的资本															
2. 股份支付计入所有者权益的金额															
3. 其他															
（三）利润分配															
1. 提取盈余公积															
2. 对所有者（或股东）的分配								306 000							281 520
3. 其他															
（四）所有者权益内部结转															
1. 资本公积转增资本（或股本）															
2. 盈余公积转增资本（或股本）															
3. 盈余公积弥补亏损															
4. 设定受益计划变动额结转留存收益															
5. 其他综合收益结转留存收益															
6. 其他															
四、本年年末余额		3 150 000	19 090			178 200	138 610	3 485 900	3 000 000	169 090			101 700	96 100	3 366 900

第六节　附　　注

附注是指对资产负债表、利润表、现金流量表和所有者权益变动表等报表中列示项目的文字描述或明细资料，以及对未能在这些报表中列示项目的说明等。附注是财务报表的重要组成部分。

企业应当按照规定披露附注信息，它主要包括下列内容。

一、企业基本情况

（1）企业注册地、组织形式和总部地址。

（2）企业的业务性质和主要经营活动。

（3）母公司以及集团最终母公司的名称。

（4）财务报表的批准报出者和财务报表批准报出日。

二、财务报表的编制基础

它包括会计年度、记账本位币、会计计量所运用的计量基础等。

三、遵循企业会计准则的声明

企业应当声明编制的财务报表符合企业会计准则的要求，真实、完整地反映企业的财务状况、经营成果和现金流量等有关信息。

四、重要会计政策和会计估计

企业应当披露采用重要的会计政策和会计估计，不重要的会计政策和会计估计可以不披露。会计政策是指企业在会计确认、计量和报告中所采用的原则、基础和会计处理方法。会计估计是指企业对结果不确定的交易或者事项以其最近可利用的信息为基础所做的判断。

企业在披露重要会计政策和会计估计时，应当披露重要会计政策的确定依据和财务报表项目的计量基础，以及会计估计中所采用的关键假设和不确定因素。

五、会计政策和会计估计变更及差错更正的说明

企业应当按照《企业会计准则第 28 号——会计政策、会计估计变更和差错更正》及其应用指南的规定，披露会计政策和会计估计变更以及差错更正的有关情况。

会计估计变更是指由于资产和负债的当前状况及预期经济利益和义务发生了变化，从而对资产或负债的账面或者资产的定期消耗金额进行调整。

六、报表重要项目的说明

企业对报表重要项目的说明，应当按照资产负债表、利润表、现金流量表、所有者权益变动表及其项目列示的顺序，采用文字和数字描述相结合的方式进行披露。报表重要项目的明细金额合计，应当与报表项目金额相衔接。

第七节　财务报表的分析

施工企业定期编制的各种财务报表，主要是向企业管理层、投资者、债权人等进行决策提供会计信息。然而财务报表只能粗略地反映企业的财务状况和经营成果，为了充分地发挥财务报表的作用，还必须将财务报表上相关的财务指标有机地联系起来，通过计算、比较和综合分析，借以全面正确地评价企业财务状况的优劣、经营管理水平的高低，以及企业发展前景的好坏，以便做出正确的决策。

财务报表按照其分析的目的不同，可以分为偿债能力分析、营运能力分析和盈利能力分析三类。

一、偿债能力分析

偿债能力分析分为短期偿债能力分析和长期偿债能力分析两种。

(一) 短期偿债能力分析

短期偿债能力分析是指企业偿还流动负债的能力。反映企业短期偿债能力的指标主要有流动比率和速动比率两种。

1. 流动比率

流动比率是指企业流动资产与流动负债的比率。它用于衡量企业流动资产在短期债务到期前可以变为现金用于偿还流动负债的能力。

用流动比率来衡量资产流动性的大小，要求企业的流动资产在清偿流动负债以后，还有余力去应付日常经营活动中其他资金的需要。从债权人的角度来看，流动比率越高，债权越有保障；但从企业角度来看，过高的流动比率表明资金在生产经营过程中运转不畅，会影响企业的盈利能力。通常认为流动比率在200%左右较好，流动比率的计算公式如下：

$$流动比率 = \frac{流动资产}{流动负债} \times 100\%$$

【例 13-5】 根据图表 13-2 资产负债表的有关资料计算卢湾建筑公司 2022 年的流动比率如下：

$$流动比率 = \frac{2\ 547\ 300}{1\ 278\ 400} \times 100\% = 199.26\%$$

这一比率接近200%，表明该公司有较强的短期偿债能力，企业的流动资产在清偿流动负债后，剩余的部分仍能组织企业各项经营业务的正常进行。如果流动比率太大，就需要进一步分析，主要分析资产的结构是否合理，货币资金是否合理运用，应收账款的流动状况是否正常等。

2. 速动比率

速动比率是指企业速动资产与流动负债的比率。它用于衡量企业流动资产中可以立即用于偿还负债的能力。速动资产是指流动资产中变现能力较强的那部分资产。它是流动资产减去存货、预付款项、一年内到期的非流动负债和其他流动资产后的差额。

在流动资产中，交易性金融资产可以立刻在证券市场出售而转化为现金，应收票据和应收账款通常也能在较短时期内变为现金。而存货的流动性较差，变现时间长，不包括在速动资产内；预付款项和其他流动资产不能变现或不能直接用于偿还债务，一年内到期的非流动资产通常不会立即变现或不能变现。因此流动资产剔除这些因素后就形成了速动资产。速动比率是流动比率的补充，通常认为速动比率在 100%左右较好，但这个比率因不同行业的经营性质不同而有所区别，需参照同行业的资料和本企业的历史情况进行判断。速动比率的计算公式如下：

$$速动比率 = \frac{速动资产}{流动负债} \times 100\%$$

速动资产 = 流动资产 - 存货 - 预付款项 - 一年内到期的非流动资产 - 其他流动资产

【例 13-6】 根据图表 13-2 资产负债表的有关资料计算卢湾建筑公司 2022 年的速动比率如下：

$$速动资产 = 2\ 547\ 300 - 1\ 218\ 000 - 60\ 800 - 80\ 000 - 48\ 000 = 1\ 140\ 500(元)$$

$$速动比率 = \frac{1\ 140\ 500}{1\ 278\ 400} \times 100\% = 89.21\%$$

这一比率接近 100%，表明该公司有一定的迅速偿还流动负债的能力。

（二）长期偿债能力分析

长期偿债能力分析是指企业偿还长期负债的能力。反映企业长期偿债能力的指标是资产负债率。资产负债率是指企业负债总额与资产总额的比率。负债总额由流动负债和长期负债两部分构成。资产负债率用来衡量企业利用债权人提供资金进行经营活动的能力，反映了债权人提供贷款的安全程度。

资产负债率从债权人的角度来看越小越好，因为债权人收回债务的安全保障程度较高，该项比率越大，债权人得到的安全保障程度越低。如果资产负债率大于 100%，则表明企业已资不抵债，即将破产。从投资者的角度来看，则希望资产负债率能高一些，以充分利用社会资金为企业生产经营服务。资产负债率的计算公式如下：

$$资产负债率 = \frac{负债总额}{资产总额} \times 100\%$$

【例 13-7】 根据图表 13-2 资产负债表的有关资料计算卢湾建筑公司 2022 年的资产负债率如下：

$$资产负债率 = \frac{1\ 832\ 600}{5\ 318\ 500} \times 100\% = 34.46\%$$

这一比率表明该公司经营资金主要是投资者所有，财务状况良好，企业有足够的资产来偿还其全部债务，使债权人放心，但仅有 34.46%的经营资金是从社会筹集的，表明企业的筹资能力一般。

二、营运能力分析

营运能力分析是指对企业的资产周转速度及其影响程度所进行的分析。反映企业营运能力的指标主要有应收账款周转率、存货周转率和流动资产周转率。

1. 应收账款周转率

应收账款周转率是指企业一定时期内的营业收入与应收账款平均余额的比率。它反映了企业应收账款的周转速度。

应收账款周转率用以估计应收账款变现的速度快慢和管理效率的高低，周转迅速既可以节约资金，又表明企业信用状况良好，不易发生坏账损失。因此应收账款周转率越高越好，其计算公式如下：

$$应收账款周转率=\frac{营业收入}{应收账款平均余额}$$

$$应收账款平均余额=\frac{1}{2}\times(应收账款期初余额+应收账款期末余额)$$

【例 13-8】 根据图表 13-2 资产负债表和图表 13-3 利润表的有关资料，计算卢湾建筑公司 2022 年应收账款周转率如下：

$$应收账款平均余额=\frac{1}{2}\times(758\,000+717\,880)=737\,940(元)$$

$$应收账款周转率=\frac{11\,260\,000}{737\,940}=15.26(次)$$

这一应收账款周转率表明该公司的应收账款变现速度较快。

2. 存货周转率

存货周转率是指企业一定时期内的营业成本与存货平均余额的比率。营业成本由主营业务成本与其他业务成本构成。存货周转率用来衡量企业存货的周转速度，其计算公式如下：

$$存货周转率=\frac{营业成本}{存货平均余额}$$

$$存货平均余额=\frac{1}{2}\times(存货期初余额+存货期末余额)$$

【例 13-9】 根据图表 13-2 资产负债表和图表 13-3 利润表的有关资料，计算卢湾建筑公司 2022 年存货周转率如下：

$$存货平均余额=\frac{1}{2}\times(1\,218\,000+1\,180\,720)=1\,199\,360(元)$$

$$存货周转率=\frac{9\,696\,900}{1\,199\,360}=8.09(次)$$

这一存货周转率表明该公司的存货周转速度较快，存货周转的速度越快，表明这部分资金运用越好。

3. 流动资产周转率

流动资产周转率是指企业一定时期内的营业收入与流动资产平均余额的比率。流动资产周转率用来衡量企业流动资产的使用效率，其计算公式如下：

$$流动资产周转率=\frac{营业收入}{流动资产平均余额}$$

$$流动资产平均余额=\frac{1}{2}\times(流动资产期初余额+流动资产期末余额)$$

【例 13-10】 根据图表 13-2 资产负债表和图表 13-3 利润表的有关资料，计算卢湾建筑公司 2022 年的流动资产周转率如下：

$$流动资产平均余额=\frac{1}{2}\times(2\,547\,300+2\,421\,000)=2\,484\,150(元)$$

$$流动资产周转率=\frac{11\,260\,000}{2\,484\,150}=4.53(次)$$

这一流动资产周转率表明该公司流动资产的使用效率较强，流动资产营运能力也较强。

三、盈利能力分析

反映企业盈利能力的分析指标主要有营业利润率和营业净利率、净资产收益率、总资产报酬率。

1. 营业利润率和营业净利率

营业利润率是指企业一定时期内的营业利润与营业收入的比率。营业利润率用来衡量企业营业收入获取营业利润的能力。营业净利率是指企业一定时期内的净利润与营业收入的比率。营业净利率用来衡量企业营业收入获取净利润的能力。它们的计算公式如下:

$$营业利润率=\frac{营业利润}{营业收入}\times 100\%$$

$$营业净利率=\frac{净利润}{营业收入}\times 100\%$$

【例 13-11】 根据图表 13-3 利润表的有关资料,计算卢湾建筑公司 2022 年营业利润率和营业净利率如下:

$$营业利润率=\frac{567\ 310}{11\ 260\ 000}\times 100\%=5.04\%$$

$$营业净利率=\frac{425\ 000}{11\ 260\ 000}\times 100\%=3.77\%$$

这一指标反映了公司每 100 元的营业收入能获得营业利润 5.04 元、净利润 3.77 元,营业利润率和营业净利率越高表明企业盈利能力越强。

2. 净资产收益率

净资产收益率是指企业一定时期内的净利润与净资产平均余额的比率。净资产是总资产减去负债后的差额,属于投资者所有,其实质也就是所有者权益。

净资产收益率是用于衡量投资者投资的收益水平的指标。净资产收益率越高,表明投资者投资的收益水平越强。净资产收益率又是衡量企业负债资金成本高低的指标。从投资者的角度来看,企业通过举债所筹集的资金与投资者在投资经营活动中发挥着同样的作用。如果净资产收益率高于同期的借款利率,表示企业负债资金成本低,企业举债经营增加了投资者的利益;反之,如果净资产收益率低于同期的借款利率,表示企业负债资金成本高,企业举债经营减少了投资者的利益,净资产收益率的计算公式如下:

$$净资产收益率=\frac{净利润}{所有者权益平均余额(净资产平均余额)}\times 100\%$$

$$\begin{matrix}所有者权益平均余额\\(净资产平均余额)\end{matrix}=\frac{1}{2}\times\left(\begin{matrix}所有者权益\\期初余额\end{matrix}+\begin{matrix}所有者权益\\期末余额\end{matrix}\right)$$

【例 13-12】 根据图表 13-2 资产负债表和图表 13-3 利润表的有关资料,计算卢湾建筑公司 2022 年净资产收益率如下:

$$所有者权益平均余额=\frac{1}{2}\times(3\ 366\ 900+3\ 485\ 900)=3\ 426\ 400(元)$$

$$净资产收益率=\frac{425\ 000}{3\ 426\ 400}\times 100\%=12.40\%$$

这一指标反映了公司每 100 元净资产能获得净利润 12.40 元,净资产收益率越高表明企业净资产的盈利能力越强。该指标是投资者考虑对企业是否进行再投资的重要资料。

3. 总资产报酬率

总资产报酬率是指企业一定时期内获得的报酬总额与总资产的比率。它是反映企业资产综合利用效果的指标，也是衡量企业利用债权人资金和所有者权益总额所取得盈利的重要指标。总资产报酬率越高，表明企业对总资产的利用效益越好，整个企业的盈余能力越强，经营管理水平也越高。总资产报酬率的计算公式如下。

$$总资产报酬率 = \frac{利润总额 + 利息支出}{总资产平均余额} \times 100\%$$

$$总资产平均余额 = \frac{1}{2} \times (总资产期初余额 + 总资产期末余额)$$

【例13-13】 卢湾建筑公司2022年利息支出为33 900元，根据图表13-2资产负债表和图表13-3利润表的有关资料，计算其2022年总资产报酬率如下。

$$总资产平均余额 = \frac{1}{2} \times (5\,052\,800 + 5\,318\,500) = 5\,185\,650(元)$$

$$总资产报酬率 = \frac{565\,500 + 33\,900}{5\,185\,650} \times 100\% = 11.56\%$$

这一指标反映了企业每100元总资产能获得报酬11.56元，总资产报酬率越高，表明企业总资产的盈利能力越强。

第八节　前期差错及其更正

一、前期差错概述

（一）前期差错的含义及包括的内容

前期差错是指由于没有运用或错误运用信息，而对前期财务报表造成省略或错报。上述的信息有两种：一是编报前期财务报表时预期能够取得并加以考虑的可靠信息；二是前期财务报告批准报出时能够取得的可靠信息。

前期差错通常包括计算错误、应用会计政策错误、疏忽或曲解事实、舞弊产生的影响，以及存货、固定资产盘盈等。

（二）前期差错的类型

前期差错按其对财务报表使用者的影响程度不同，可分为以下两类。

1. 不重要的前期差错

不重要的前期差错是指不足以影响财务报表使用者对企业财务状况、经营成果和现金流量做出正确判断的会计差错。

2. 重要的前期差错

重要的前期差错是指足以影响财务报表使用者对企业财务状况、经营成果和现金流量做出正确判断的会计差错。前期差错影响的财务报表的金额越大、性质越严重，其重要性就越大。

二、前期差错的更正方法

企业对于不同类型的前期差错，采用不同的更正方法，现分别予以阐述。

（一）不重要的前期差错的更正方法

企业对于不重要的前期差错，不需要调整财务报表相关项目的期初数，但应调整发现当期的相关项目,属于影响损益的,应直接计入当期相关的损益项目。

【例 13-14】 2023 年 1 月 31 日,新光建筑公司经检查,发现 2022 年管理部门多提固定资产折旧费 1 500 元,予以更正。作分录如下:

借:累计折旧   1 500.00
  贷:管理费用——折旧费   1 500.00

企业发生固定资产盘盈往往是以前年度账务处理差错所造成的,因此也应作为前期差错更正处理。

【例 13-15】 2022 年 12 月 27 日,虹桥建筑公司盘盈电脑一台,经检查发现,该电脑系 2021 年 12 月 18 日购进,价值 4 000 元,已计入当月的管理费用。该电脑预计可使用 5 年,预计净残值率为 4%,该公司固定资产折旧采用年限平均法,予以更正。作分录如下:

借:固定资产   4 000
  贷:累计折旧   768
    管理费用   3 232

(二)重要的前期差错的更正方法

企业对于重要的前期差错,应当采用追溯重述法进行更正,但确定前期差错累积影响数不切实可行的除外。追溯重述法是指在发现前期差错时,视同该项前期差错从未发生过,从而对财务报表相关项目进行更正的方法。

企业应当在其发现重要的前期差错的当期财务报表中,调整前期比较数据。具体地说,通过下述处理对其进行追溯更正:① 追溯重述差错发生期间列报的前期比较金额;② 如果前期差错发生在列报的最早前期之前,则追溯重述列报的最早前期的资产、负债和所有者权益相关项目的期初余额。

对于发生的重要的前期差错,如果影响损益,应将其对损益的影响数调整发现差错当期的期初留存收益,财务报表其他相关项目的期初数也应一并调整;如果不影响损益,应调整财务报表相关项目的期初数。

【例 13-16】 2023 年 3 月 25 日,泸江建筑公司经检查发现 2022 年多转工程合同成本 120 000 元,该公司的所得税税率为 25%。公司分别按净利润的 10% 和 6% 计提法定盈余公积和任意盈余公积。

(1) 分析前期差错的影响数。该公司多转工程合同成本,将会少计利润总额,从而造成少计提应交所得税额和少计净利润,并造成少计提盈余公积。

(2) 编制相关项目的调整分录。分述如下。

① 转回工程合同成本,作分录如下:

借:工程施工——工程合同成本   120 000.00
  贷:以前年度损益调整   120 000.00

② 补计提应交所得税额,作分录如下:

借:以前年度损益调整   30 000.00
  贷:应交税费——应交所得税   30 000.00

③ 结转"以前年度损益调整"账户,作分录如下:

借:以前年度损益调整   90 000.00
  贷:利润分配——未分配利润   90 000.00

④ 补提法定盈余公积和任意盈余公积，作分录如下：

借：利润分配——未分配利润　　　　　　　　　　　　　　　　　　14 400.00

　　贷：盈余公积——法定盈余公积　　　　　　　　　　　　　　　　　9 000.00

　　　　盈余公积——任意盈余公积　　　　　　　　　　　　　　　　　5 400.00

（3）财务报表的调整和重述。泸江建筑公司在列报 2023 年财务报表时，应调整 2023 年资产负债表有关项目的年初余额，利润表及所有者权益变动表的上年金额也应进行调整。

① 资产负债表相关项目金额的调整。调增"存货"项目年初余额 120 000 元，调增"应交税费"项目年初余额 30 000 元；分别调增"盈余公积"项目年初余额和"未分配利润"项目年初余额 13 500 元和 76 500 元。

② 利润表项目的调整。调减"营业成本"项目上年金额 120 000 元；分别调增"营业利润"项目和"利润总额"项目上年金额各 120 000 元；分别调增"所得税费用"项目和"净利润"项目上年金额 30 000 元和 90 000 元。

③ 所有者权益变动表项目的调整。分别调增"前期差错更正"项目中"盈余公积"栏和"未分配利润"栏上年金额 14 400 元和 75 600 元，以及"所有者权益合计"栏上年金额 90 000 元。

"以前年度损益调整"是损益类账户，用以核算企业本年度发生的调整以前年度损益的事项以及本年发现的重要前期差错更正涉及调整以前年度损益的事项。企业调整增加的以前年度利润或调整减少的以前年度亏损，由于调整减少或增加以前年度利润或亏损而相应减少所得税费用，以及将以前年度多计的净利润结转"利润分配"账户时，记入该账户的贷方；企业调整减少的以前年度利润或调整增加的以前年度的亏损，由于调整增加或减少以前年度利润或亏损而相应增加的所得税费用，以及将以前年度少计的净利润结转"利润分配"账户时，记入该账户的借方。

三、前期差错更正的披露

企业应当在附注中披露与前期差错更正有关的信息：① 前期差错的性质；② 各个列报前财务报表中受影响的项目名称和更正金额；③ 无法进行追溯重述的，说明该事实和原因以及对前期差错开始进行更正的时点、具体更正情况等。

练　习　题

一、简答题

1. 什么是财务报表？为何要编制财务报表？它有哪些作用？

2. 试述财务报表的分类。

3. 什么是资产负债表？试述资产负债表的作用及其结构。

4. 什么是利润表？试述利润表的作用及其结构。

5. 试述现金流量表的作用及其结构。

6. 企业应如何进行偿债能力分析、营运能力分析和盈利能力分析？

7. 什么是前期差错？它有哪两种类型？

二、名词解释题

财务报告　现金等价物　现金流量表　现金流量　直接法　间接法　所有者权益变动表

会计政策　流动比率　资产负债率　净资产收益率　重要的前期差错　追溯重述法

三、是非题

1. 编制财务报表要求数字真实、计算准确、内容完整和报送及时。（　）

2. 资产负债表中一年内到期的非流动资产项目应根据"债权投资"、"其他债权投资"和"长期应收款"账户的期末余额中将于一年内到期的合计数填列。（　）

3. 利润表的正表由营业收入、营业利润、利润总额、净利润、其他综合收益的税后净额、综合收益总额和每股收益七个部分组成。（　）

4. 现金流量表正表部分由经营活动产生的现金流量、投资活动产生的现金流量、筹资活动产生的现金流量、现金及现金等价物净增加额及期末现金及现金等价物余额组成。（　）

5. 投资活动产生的现金流入量，应由收回投资收到的现金、取得投资收益收到的现金和收到其他与投资活动有关的现金等项目组成。（　）

6. 公允价值变动收益应作为投资活动产生的现金流量，列入取得投资收益收到的现金项目。（　）

7. 所有者权益变动表第三部分的本年增减变动金额由综合收益总额、所有者投入和减少资本、利润分配项目组成。（　）

8. 附注是指对资产负债表、利润表、现金流量表和所有者权益变动表等报表中列示的项目的文字描述或明细资料。（　）

9. 反映企业盈利能力的指标主要有营业净利率、净资产收益率和总资产报酬率。（　）

10. 企业对于不重要的前期差错，不需要调整财务报表相关项目的期初数，但应调整发现当期的相关项目，属于影响损益的，应直接计入本期相关的损益项目。（　）

11. 企业对于重要的前期差错，必须采用追溯重述法进行更正。（　）

四、单项选择题

1. 资产负债表中各项的数据应按企业本期总分类账户或明细分类账户中的_____直接填列或经过分析计算调整后填列。

A. 期初余额和发生额　　　　　　B. 期末余额
C. 期末余额和发生额　　　　　　D. 期初余额和期末余额

2. 资产负债表中"应收账款"项目内除了包括"应收账款"账户所属各明细分类账户借方余额合计数外，还应包括_____。

A. "应付账款"账户所属各明细分类账户借方余额合计数
B. "预收账款"账户所属各明细分类账户借方余额合计数
C. "预付账款"账户所属各明细分类账户借方余额合计数
D. "其他应收款"账户所属各明细分类账户借方余额合计数

3. 利润表各项项目的数据应按企业本期总分类账户的_____直接填列或经过计算后填列。

A. 发生额　　　　　　　　　　　B. 期末余额
C. 发生额和期末余额　　　　　　D. 期初余额和期末余额

4. 现金流量表中"借款收到的现金"项目根据_____账户贷方发生额的合计数填列。

    A. 应付账款、短期借款、长期借款   B. 短期借款、长期借款、应付债券

    C. 短期借款、长期借款   D. 短期借款、长期借款——本金

5. 反映企业长期偿债能力的指标有_____。

    A. 流动比率   B. 存货周转率   C. 速动比率   D. 资产负债率

五、多项选择题

1. 财务报表分为_____。

    A. 年度财务报表   B. 半年度财务报表   C. 季度财务报表   D. 月度财务报表

2. 通过对资产负债表的分析，可以了解企业资产的分布是否得当；资产、负债和所有者权益之间的结构是否合理；企业的财务实力是否雄厚；_____等。

    A. 短期偿债能力的强弱   B. 盈利能力的强弱

    C. 所有者持有权益的多少   D. 财务状况的发展趋势

3. 资产负债表中"应付账款"项目内填列的内容应包括_____。

    A. "应收账款"所属各明细分类账户的贷方发生额合计数

    B. "应付账款"所属各明细分类账户的贷方发生额合计数

    C. "预收账款"所属各明细分类账户的贷方发生额合计数

    D. "预付账款"所属各明细分类账户的贷方发生额合计数

4. 现金流量表中"经营活动产生的现金流入量"应由_____等项目组成。

    A. 收到的税费返还

    B. 销售商品、提供劳务收到的现金

    C. 处置固定资产、无形资产和其他长期资产收到的现金

    D. 收到其他与经营活动有关的现金

5. 现金流量表中"经营活动产生的现金流入量"应由_____和收到其他与经营活动有关的现金等项目组成。

    A. 销售商品、提供劳务收到的现金

    B. 收到的税费返还

    C. 取得债券利息收入收到的现金

    D. 处置固定资产、无形资产和其他长期资产收到的现金

6. 现金流量表中"经营活动产生的现金流出量"应由_____和支付其他与经营活动有关的现金等项目组成。

    A. 支付给职工以及为职工支付的现金

    B. 购建固定资产支付的现金

    C. 支付的各项税费

    D. 购买商品、接受劳务支付的现金

7. 所有者权益变动表主要反映所有者权益中的实收资本、资本公积、盈余公积、_____等项目的增减变动情况。

    A. 其他综合收益   B. 应付股利

    C. 未分配利润   D. 库存股

8. 反映企业营运能力的指标主要有_____。

    A. 流动资产周转率　　　　　　　　　　B. 存货周转率

    C. 应收账款周转率　　　　　　　　　　D. 总资产报酬率

9. 前期差错通常包括应用会计政策错误_____等。

    A. 应用会计估计错误　　　　　　　　　B. 存货、固定资产盘盈

    C. 疏忽或曲解事实　　　　　　　　　　D. 计算错误

六、实务题

习题一

一、**目的**　练习财务报表的编制。

二、**资料**　东方建筑公司 12 月 31 日的有关资料如下。

（一）年终结账后总分类账户余额如下。

借方余额账户	年末余额	年初余额	贷方余额账户	年末余额	年初余额
库存现金	2 000	1 880	坏账准备	4 210	4 000
备用金	1 200	1 100	存货跌价准备	3 220	3 060
银行存款	198 000	185 940	固定资产减值准备	5 480	5 200
其他货币资金	18 000	17 200	累计折旧	492 600	468 000
交易性金融资产	140 000	132 000	临时设施摊销	182 000	172 900
应收票据	30 000	28 500	累计摊销	20 000	10 000
应收账款	731 200	696 000	短期借款	335 000	318 000
预付账款	45 000	42 500	应付票据	19 900	18 900
应收利息	7 000	6 600	应付账款	192 960	183 310
其他应收款	16 100	15 280	预收账款	206 800	196 460
材料采购	91 200	86 640	应付职工薪酬	69 600	65 370
原材料	352 000	334 500	应交税费	65 790	63 250
周转材料	80 100	76 100	工程结算	2 889 000	2 745 000
材料成本差异	6 600	6 270	应付股利	316 728	293 760
低值易耗品	58 900	55 600	其他应付款	9 342	14 612
工程施工	3 558 600	3 390 600	长期借款	160 000	160 000
待摊费用	49 200	46 740	应付债券	450 000	420 000
债权投资	189 600	180 000	递延所得税负债	13 680	15 180
固定资产	2 918 300	2 807 570	实收资本	3 260 000	3 100 000
临时设施	332 000	315 400	资本公积	19 800	179 800
在建工程	60 000	47 500	盈余公积	184 800	105 618
无形资产	100 000	100 000	本年利润	439 900	408 000
长期待摊费用	48 000	56 000			
递延所得税资产	3 900	4 500			
利润分配	303 910	316 000			

（二）有关明细分类账户的资料如下。

	期末余额	年初余额
1. "应收账款"账户借方余额	783 300	746 200
"应收账款"账户贷方余额	52 100	50 200
2. "应付账款"账户借方余额	21 800	20 700
"应付账款"账户贷方余额	214 760	204 010

3. "债权投资"账户中一年内到期的债券 73 000 64 000

4. "长期待摊费用"账户中一年内到期的待摊费用 8 000 8 000

5. "应付债券"账户中一年内到期的债券 47 500 43 500

（三）本年损益类账户净发生额如下。

账户名称	12月余额	1—11月余额
主营业务收入	1 238 000	10 232 000
其他业务收入	17 000	188 000
主营业务成本	1 068 900	8842 900
其他业务成本	11 900	131 700
税金及附加	13 415	87 860
管理费用	79 400	817 300
财务费用	3 240	34 860
其中：利息费用	3 480	37 140
利息收入	240	2 280
投资收益	5 180	9 260
公允价值变动损益（贷方）	410	1 440
信用减值损失	1 120	3 090
资产减值损失	2 205	6 500
营业外收入	2 850	6 150
营业外支出	4 060	6 840
所得税费用	18 650	126 450

（四）有关明细账户的年末余额和年初余额如下。

账户名称	年末余额	年初余额
交易性金融资产——现金等价物	50 000	44 000
债权投资——应计利息	6 000	4 000
应交税费——未交增值税	53 240	51 500
应交税费——应交所得税	12 550	11 750

（五）有关总分类账户和明细分类账户的发生额如下。

账户名称	借方金额	贷方金额
交易性金融资产	128 000	120 000
其中：现金等价物	60 000	54 000
应收利息	7 200	6 800
其他应收款	17 220	16 400
坏账准备——应收账款		4 210
存货跌价准备		3 320
待摊费用	49 200	46 740
债权投资	73 600	64 000
其中：应计利息	6 000	4 000
固定资产	416 430	152 000
累计折旧	111 200	296 000
固定资产减值准备		5 480
临时设施	96 000	
临时设施摊销		82 000

在建工程	12 500	
累计摊销		10 000
长期待摊费用		8 000
短期借款	318 000	335 000
应付职工薪酬	2 595 370	2 599 600
应交税费——应交增值税——销项税额		1 284 250
应交税费——应交增值税——进项税额	743 450	
应交税费——未交增值税——转入未交增值税	539 060	540 800
应交税费——应交所得税	145 200	146 000
应付股利	293 760	316 728
其他应付款	15 070	9 800
应付债券	43 500	73 500
其中：应计利息	2 500	3 500

（六）有关明细账户净发生额如下。

1. 管理费用有关明细账户净发生额如下：

职工薪酬	369 600
折旧费	22 700
物料消耗	14 280
低值易耗品摊销	8 590
无形资产摊销	10 000
保险费（待摊费用转入）	8 600

2. 财务费用有关明细账户净发生额如下：

利息支出	35 100
发行债券费用	120

3. 营业外收入有关明细账户净发生额如下：

非流动资产处置利得——固定资产	2 340
罚款收入现金	6 660

4. 营业外支出有关明细账户净发生额如下：

非流动资产处置损失——固定资产	3 200
罚款支出现金	5 500
捐赠支出现金	2 200

（七）其他有关资料如下。

1. 工程成本和其他业务成本内含固定资产折旧费 273 300 元，临时设施摊销费 82 000 元，职工薪酬 2 230 000 元，摊销租入固定资产改良支出 8 000 元，摊销保险费 38 140 元。

2. 处置固定资产以现金支付处置费用 1 980 元，处置固定资产与固定资产残料收入现金 42 295 元。

3. 增加固定资产、临时设施和在建工程的金额中，除有 3 500 元系应付债券的利息外，其余部分均以现金支付。

4. "累计折旧"账户的贷方发生额全部为该年提取的固定资产折旧。

（八）利润分配明细分类账户净发生额如下。

账户名称	本年金额	上年金额
提取法定盈余公积	43 990	40 800
提取任意盈余公积	35 192	32 640
应付现金股利或利润	316 728	293 760

（九）上年综合收益总额为 408 000 元，上年年初未分配利润为 51 200 元。

（十）该公司本年和上年均未发生会计政策变更和前期差错更正业务，本年将 160 000 元资本公积转增资本，上年所有者追加投资 250 000 元，上年金额中的上年年末余额实收资本为 2 850 000 元，资本公积为 179 800 元，盈余公积为 32 178 元，未分配利润为 51 200 元。

三、要求

（一）根据"资料（一）""资料（二）"，编制资产负债表。

（二）根据"资料（三）"，编制利润表。

（三）根据"资料（四）""资料（五）""资料（六）""资料（七）"和资产负债表、损益表，编制现金流量表。

（四）根据"资料（八）""资料（九）""资料（十）"和资产负债表、利润表，编制所有者权益变动表。

习题二

一、目的 练习财务报表的分析。

二、资料 本章习题一编制的资产负债表和利润表。

三、要求 根据上列资料，进行偿债能力分析、营运能力分析和盈利能力分析。

习题三

一、目的 练习前期差错的更正。

二、资料 天虹建筑公司 2023 年发生下列有关的经济业务。

1. 2 月 10 日，经检查，发现 2022 年少提行政管理部门固定资产折旧费 1 280 元。

2. 2 月 27 日，盘盈计算机一台，经检查该计算机系 2022 年 2 月 16 日购进，价值 4 500 元，已由行政管理部门领用，并计入当月的管理费用，该计算机预计可使用 5 年，预计净残值率为 4%，该公司固定资产折旧采用年限平均法，予以更正。

3. 3 月 20 日，经检查，发现 2022 年多计工程合同成本 1 500 000 元，该公司的所得税税率为 25%。公司分别按净利润的 10% 和 6% 计提法定盈余公积和任意盈余公积。

三、要求

（一）编制会计分录。

（二）根据编制的会计分录对财务报表进行调整和重述。

附录 A　复利现值系数表

n \ i	1%	2%	3%	4%	5%	6%	7%	8%	9%	10%
1	0.990 1	0.980 4	0.970 9	0.961 5	0.952 4	0.943 4	0.934 6	0.925 9	0.917 4	0.909 1
2	0.980 3	0.961 2	0.942 6	0.924 6	0.907 0	0.890 0	0.873 4	0.857 3	0.841 7	0.826 4
3	0.970 6	0.942 3	0.915 1	0.889 0	0.863 8	0.839 6	0.816 3	0.793 8	0.772 2	0.751 3
4	0.961 0	0.923 8	0.888 5	0.854 8	0.822 7	0.792 1	0.762 9	0.735 0	0.708 4	0.683 0
5	0.951 5	0.905 7	0.862 6	0.821 9	0.783 5	0.747 3	0.713 0	0.680 6	0.649 9	0.620 9
6	0.942 0	0.888 0	0.837 5	0.790 3	0.746 2	0.705 0	0.666 3	0.630 2	0.596 3	0.564 5
7	0.932 7	0.870 6	0.813 1	0.759 9	0.710 7	0.665 1	0.622 7	0.583 5	0.547 0	0.513 2
8	0.923 5	0.853 5	0.789 4	0.730 7	0.676 8	0.627 4	0.582 0	0.540 3	0.501 9	0.466 5
9	0.914 3	0.836 8	0.766 4	0.702 6	0.644 6	0.591 9	0.543 9	0.500 2	0.460 4	0.424 1
10	0.905 2	0.820 3	0.744 1	0.675 6	0.613 9	0.558 4	0.508 3	0.463 2	0.422 4	0.385 5
11	0.896 3	0.804 3	0.722 4	0.649 6	0.584 7	0.526 8	0.475 1	0.428 9	0.387 5	0.350 5
12	0.887 4	0.788 5	0.701 4	0.624 6	0.556 8	0.497 0	0.444 0	0.397 1	0.355 5	0.318 6
13	0.878 7	0.773 0	0.681 0	0.600 6	0.530 3	0.468 8	0.415 0	0.367 7	0.326 2	0.289 7
14	0.870 0	0.757 9	0.661 1	0.577 5	0.505 1	0.442 3	0.387 8	0.340 5	0.299 2	0.263 3
15	0.861 3	0.743 0	0.641 9	0.555 3	0.481 0	0.417 3	0.362 4	0.315 2	0.274 5	0.239 4
16	0.852 8	0.728 4	0.623 2	0.533 9	0.458 1	0.393 6	0.338 7	0.291 9	0.251 9	0.217 6
17	0.844 4	0.714 2	0.605 0	0.513 4	0.436 3	0.371 4	0.316 6	0.270 3	0.231 1	0.197 8
18	0.836 0	0.700 2	0.587 4	0.493 6	0.415 5	0.350 3	0.295 9	0.250 2	0.212 0	0.179 9
19	0.827 7	0.686 4	0.570 3	0.474 6	0.395 7	0.330 5	0.276 5	0.231 7	0.194 5	0.163 5
20	0.819 5	0.673 0	0.553 7	0.456 4	0.376 9	0.311 8	0.258 4	0.214 5	0.178 4	0.148 6

附录 B　年金现值系数表

n \ i	1%	2%	3%	4%	5%	6%	7%	8%	9%	10%
1	0.990 1	0.980 4	0.970 9	0.961 5	0.952 4	0.943 4	0.934 6	0.925 9	0.917 4	0.909 1
2	1.970 4	1.941 6	1.913 5	1.886 1	1.859 4	1.833 4	1.808 0	1.783 3	1.759 1	1.735 5
3	2.941 0	2.883 9	2.828 6	2.775 1	2.723 2	2.673 0	2.624 3	2.577 1	2.531 3	2.486 9
4	3.902 0	3.807 7	3.717 1	3.629 9	3.546 0	3.465 1	3.387 2	3.312 1	3.239 7	3.169 9
5	4.853 4	4.713 5	4.579 7	4.451 8	4.329 5	4.212 4	4.100 2	3.992 7	3.889 7	3.790 8
6	5.795 5	5.601 4	5.417 2	5.242 1	5.075 7	4.917 3	4.766 5	4.622 9	4.485 9	4.355 3
7	6.728 2	6.472 0	6.230 3	6.002 1	5.786 4	5.582 4	5.389 3	5.206 4	5.033 0	4.868 4
8	7.651 7	7.325 5	7.019 7	6.732 7	6.463 2	6.209 8	5.971 3	5.746 6	5.534 8	5.334 9
9	8.566 0	8.162 2	7.786 1	7.435 3	7.107 8	6.801 7	6.515 2	6.246 9	5.995 2	5.759 0
10	9.471 3	8.982 6	8.530 2	8.110 9	7.721 7	7.360 1	7.023 6	6.710 1	6.417 7	6.144 6
11	10.367 6	9.786 8	9.252 6	8.760 5	8.306 4	7.886 9	7.498 7	7.139 0	6.805 2	6.495 1
12	11.255 1	10.575 3	9.954 0	9.385 1	8.863 3	8.383 8	7.942 7	7.536 1	7.160 7	6.813 7
13	12.133 7	11.348 4	10.635 0	9.985 6	9.393 6	8.852 7	8.357 7	7.903 8	7.486 9	7.103 4
14	13.003 7	12.106 2	11.296 1	10.563 1	9.898 6	9.295 0	8.745 5	8.244 2	7.786 2	7.366 7
15	13.865 1	12.849 3	11.937 9	11.118 4	10.379 7	9.712 2	9.107 9	8.559 6	8.060 7	7.606 1
16	14.717 9	13.577 7	12.561 1	11.652 3	10.837 8	10.105 9	9.446 6	8.851 4	8.312 6	7.823 7
17	15.562 3	14.291 9	13.166 1	12.165 7	11.274 1	10.477 3	9.763 2	9.121 6	8.543 6	8.021 6
18	16.398 3	14.992 0	13.753 5	12.659 3	11.689 6	10.827 6	10.059 1	9.371 9	8.755 6	8.201 4
19	17.226 0	15.678 5	14.323 8	13.133 9	12.085 3	11.158 1	10.335 6	9.603 6	8.950 1	8.364 9
20	18.045 6	16.351 4	14.877 5	13.590 3	12.462 2	11.469 9	10.594 0	9.818 1	9.128 5	8.513 6

附录 C 是非题、单项选择题和多项选择题答案

第一章 总 论
是非题　1.√　2.×　3.√　4.√　5.×　6.×　7.×
单项选择题　1.C　2.D　3.B　4.D
多项选择题　1.ABCD　2.AD　3.ACD　4.ABD　5.ABC

第二章 货币资金和结算业务
是非题　1.×　2.×　3.√　4.×　5.×　6.√　7.×　8.√　9.×
单项选择题　1.A　2.B　3.D　4.C　5.A
多项选择题　1.ABCD　2.ABCD　3.ACD　4.ABDE　5.BCDEF　6.ABD

第三章 存 货
是非题　1.×　2.×　3.×　4.×　5.√　6.×　7.√　8.√　9.×
单项选择题　1.C　2.A　3.C　4.D
多项选择题　1.ABD　2.ACD　3.BD　4.ABCD　5.ABCD　6.ACD

第四章 应收及预付款项
是非题　1.×　2.√　3.×　4.×　5.√　6.√
单项选择题　1.D　2.B
多项选择题　1.ABD　2.ABC　3.ABC

第五章 固定资产、临时设施、无形资产和长期待摊费用
是非题　1.×　2.√　3.√　4.×　5.×　6.√　7.√　8.×　9.×　10.√　11.×　12.√
单项选择题　1.D　2.B　3.D　4.C　5.B
多项选择题　1.AD　2.ABCD　3.BC　4.ACD　5.AC　6.ACD　7.ABCD　8.BD
　　　　　　9.ABD

第六章 金融资产
是非题　1.×　2.√　3.×　4.×　5.√　6.×
单项选择题　1.C　2.B　3.B　4.B　5.D
多项选择题　1.ABD　2.BCD　3.BCD　4.AB

第七章 长期股权投资和投资性房地产
是非题　1.√　2.×　3.×　4.×　5.√　6.√　7.×
单项选择题　1.A　2.C　3.D
多项选择题　1.BCD　2.ABD　3.ABD

第八章　负　　债

是非题　1. ×　2. ×　3. √　4. ×　5. √　6. ×　7. ×　8. √　9. ×

单项选择题　1. A　2. B　3. B

多项选择题　1. ABD　2. ABD　3. BCD　4. ACD　5. AD

第九章　所有者权益

是非题　1. ×　2. √　3. √　4. ×　5. ×　6. ×

单项选择题　1. C　2. D　3. B　4. C

多项选择题　1. ABD　2. AC　3. ABC　4. BCD　5. ACD

第十章　工程成本和费用

是非题　1. √　2. ×　3. ×　4. ×　5. ×　6. √　7. √　8. √　9. ×　10. ×　11. √　12. √

　　　　13. √　14. ×

单项选择题　1. C　2. B　3. D　4. C　5. B

多项选择题　1. ABD　2. ACDEF　3. ABD　4. BCD　5. ABCD　6. ABC　7. ABD

　　　　8. ABCD

第十一章　收　　入

是非题　1. √　2. ×　3. ×　4. √　5. √　6. ×　7. ×　8. √　9. ×　10. √

单项选择题　1. B　2. D　3. A　4. B　5. C

多项选择题　1. ABD　2. ABCD　3. ACD　4. BC　5. BCD

第十二章　税金和利润

是非题　1. ×　2. √　3. ×　4. √　5. ×　6. ×　7. ×

单项选择题　1. A　2. C　3. B

多项选择题　1. ACD　2. ACD　3. ABD　4. ABC　5. AD　6. ABC

第十三章　财务报告

是非题　1. √　2. ×　3. √　4. ×　5. ×　6. √　7. ×　8. ×　9. ×　10. √　11. ×

单项选择题　1. B　2. B　3. A　4. D　5. D

多项选择题　1. ABCD　2. ACD　3. BD　4. AB　5. ACD　6. ACD　7. ACD　8. ABC

　　　　9. BCD